부동산 조세론

정태식 · 김예기 지음

가림출판사

　부동산조세론은 오랜 공직 생활에서 정책업무를 담당한 경험(서울시, 재무부, 재정경제부, 기획재정부)을 바탕으로 조세론 분야를 꼭 필독하여야 할 7급, 9급 세무직 공무원 수험 준비생, 부동산중개사 시험 준비생, 대학교(원) 부동산학 전공수업 재학생, 부동산중개사 및 주택관리사, 빌딩경영관리사, 분양상담사 등의 현업종사자 그리고 부동산투자 및 관리에 관심 있는 일반투자자들을 대상으로 조세를 쉽게 접하여 이해할 수 있도록 집필하였다.

　부동산조세란 독립적인 세목으로 부동산세가 존재하는 것이 아니다. 부동산조세가 독립적인 조세가 아니므로 조세론에서 부동산조세의 학습할 내용을 찾아 정리하는 것이 중요하였다. 본서를 집필함에 있어 몇 가지 기준을 정하였는데, 첫째, 부동산학에서 정의하고 있는 부동산 내용을 중심으로 하였다. 즉, 토지를 포함하여 토지와 연결되고 있거나 토지와 접촉하고 있는 모든 것을 가르치는 사항이다. 둘째, 조세론이란 조세의 역사적 발달, 조세의 각종 이론과 실제 등을 나누어 조세에 둘러싼 기본적인 배경과 지식을 설명하기 위해 담은 내용이다. 그러면 부동산조세론이란 부동산과 관련된 조세에 둘러싼 기본적인 배경과 지식을 설명하기 위한 교재라 할 수 있다. 셋째, 최근 부동산관련 부문도 부동산학문에서 정의하고 있는 내용에서 더 확대되어 유동화 방향으로 발전되면서 새로운 파생상품이 출현하고 부동산 글로벌화로 인하여 국제 간의 부동산 자본이동이 빈번하게 이루어지고 있다. 이 과정에서 부동산유동화와 장래 수익목적으로 국내외 자본을 부동산부문에 투하하는 행위가 일어나는 문제로 인하여 조세부문의 해당여부 등을 부동산조세론에서 체계적으로 정리가 필요한 시점이 되었다. 넷째, 최근 한국 법제처의 조세법률 용어 변경내용에 따랐다. 다섯째, 2011년 1월 1일부터 시행되는 지방세 전부개편 내용을 중심으로 최근 세법을 정리하였다. 무엇보다도 부동산조세론 독자들의 눈높이에 맞는 필독서로 집필하도록 노력하였다. 집필할 수 있는 에너지는 부동산학 석 · 박사 학위 학습과정에서 얻은 지식과 서울시청 공무원 재직 당시 습득한 지방세 지식이 밑거름이 되었으며, 여기에 경제기획원 · 재무

부·재정경제부·기획재정부(서기관)에서 국세업무와 경제정책·재정정책·조세정책·국제금융업무 등을 담당하면서 얻은 지식이 많은 도움이 되었다. 그리고 최근 대학교 강단에서 얻은 학생들의 목마른 지식수준을 인지함으로써 더욱더 자신 있게 본서를 만들 수 있었다. 본서는 조세정책과 경제 및 금융시스템의 변화에 적응할 수 있도록 부동산관련 조세이론을 체계적으로 정리하였다. 아울러 조세론의 최대 난점인 세목 폐지와 신세 도입, 잦은 세법 개·폐정을 따라가기 위하여 부동산관련세법을 알기 쉽게 이론과 실무내용을 담아 집필하였다.

제1편에서는 조세총론, 제2편에서는 부동산관련 국내조세를 각 세목별 이론과 한국 현행세법을 구분하여 설명하였고, 제3편에서는 부동산관련 국제조세의 순으로 정리하였다.

필자는 나름대로 부동산조세론에 관련사항을 정리함으로써 많은 전문가들이 이 분야에 대한 논의를 유도하는데 미력하나마 기여할 수 있기를 바라는 마음으로 이 책을 집필하였다. 앞으로 많은 전문가들의 질책과 계속적인 연구를 통해 보완해 나갈 것을 약속하면서 이 책이 디딤돌이 되어 한국의 부동산조세론 분야에 더욱 많은 논의가 이루어지기를 기대한다.

아울러 본 책의 집필과정에서 많은 분들의 도움과 충고가 있었다. 누구보다도 필자에 늘 도움을 주신 국세관서 일선세무서 근무 및 북경인민대학교 조세학 석사이신 이화부동산중개사무소 이정섭 대표님, 한성대학교 이용만 박사 과정 지도 교수님, 경제학과 권혁재 교수님, 강남대학교 이창석 교수님, 한국사이버대학교 부동산학과 김학환 단장님, 기획재정부 상사·동료, 행정안전부 저공회 동료들에게 감사 말씀을 올린다. 끝으로 이 책을 집필하는 과정에 힘을 넣어주고 공동 집필진으로 참여해준 한국개발연구원 경제학박사 김예기 실장과 이 책을 출간할 수 있도록 협력해주신 가림출판사에 감사드린다.

경인년 암사연구실에서 대표 저자 정 태 식

차례 | Contents

제1편 조세총론

제1장 조세의 개념과 분류

제3장 조세체계와 한국의 조세 _ 84

제2편 부동산 관련 국내 조세

제6장 한국의 부동산조세정책의 변천과정 _ 319

제3편 부동산관련 국제조세

제7장 국제조세 협정에 의한 세제 _ 331

제**1**편

조세총론

조세의 개념과 분류

제1절 | 조세의 의의와 기능

1. 조세 의의

조세란 국가 또는 지방공공단체가 재정수입을 조달하기 위하여 특정한 개별보상 없이 사경제로부터 강제적으로 징수하는 화폐 또는 재화를 말한다.

그리고 조세의 특성이란 강제적으로 반대급부 없이 과세되는데, 재원 조달목적으로 보면 비용의 부담과 편익이 불일치하고 이시점적(異時點的)이며 일반적 보상 성격을 가지고 있다. 재정 권력은 국가 존립의 절대적 조건이며, 정치적 집단형성에 당연한 귀결인데 재정 권력에 대한 결정권은 원칙적으로 국민에 있다고 할 수 있다. 그러면 조세론이란 각 개별세에 대한 접근방법을 연구하는 학문이라고 할 때, 부동산 조세론이란 조세론 내용 중 부동산 관련 사항에 대하여 각 개별세목의 부동산[1] 관련 내용을 연구하는 학문이라고 말할 수 있다.

------

1) 부동산이란 토지 및 건축물(지방세법 제6조 2), 민법 제9조 ①에서는 토지 및 그 정착물이 부동산으로 보고 있다. 그러나 조세조약(OECD모델 및 UN모델 협약 제6조 제2항)에서는 당해 부동산이 소재하는 체약국법에서 규정된 의미를 갖는다. 즉 부동산이란 어떤 경우에도 부동산에 부속되는 재산·농업 및 임업에 사용되는 가축 또는 설비·토지에 관한 일반법의 규정이 적용되는 권리·부동산의 용익권(用益權), 그리고 광상(鑛末)·광천(鑛泉) 및 기타 천연자원의 채취할 권리에 대한 대가로서의 가변적 또는 고정적인 지급금에 대한 권리를 포함하며 선박과 항공기는 부동산으로 보지 아니한다.

2. 조세의 기능(목적)

1) 재원조달 기능(국고 목적)

조세의 국고 목적은 조세가 갖추어야 할 최선의 조건이다.

독일의 재정학자 와그너(A. Wagner)[2]에 의하면 조세징수는 세수 목적에 있다고 하였다. 그리고 고전학파의 이상적인 조세란 경제적 중립성을 갖는 조세이어야 한다고 주장하였다. 따라서 조세의 기능은 최저수준의 경비를 충당하기 위한 재원조달에 한정한다 할 수 있다. 그러나 조세는 개인의 소득을 감소시키고 세 부담의 전가와 같은 경제적 작용과 금지적 작용 같은 심리적 작용이 있다는 것을 인식하여야 한다. 조세의 경제 정책적 수단 반영을 시대적으로 살펴보면 중상주의 시대부터 이루어져 왔다. 관련 조세는 수입관세, 주세, 독신세, 지대과세, 버터세, 혁명세 등이 있다.

2) 사회정책적 기능

조세는 순 재정적 조세와 사회정책적 조세로 구분할 수 있는데 순 재정적 조세는 국가의 공공급부에 대한 일반적 보상으로써 재정상 필요를 충당하기 위해 개인으로부터 강제적으로 징수되는 것이다.

사회정책적 조세는 재정정책상 필요를 충당하는 동시에 재정상의 필요성 유무에 관계없이 국민의 소득 및 자산 분배를 수정하고 개인소득 및 소비를 규제할 목적으로 징수되는 조세를 말한다. 재정학자 A. Wagner는 사회정책적 기능을 강조하였다. 이를 달성하기 위한 수단으로 ① 실질적 재산과세 및 재산소득의 중과, ② 근로소득세 경과, ③ 최저생활비의 면세, ④ 불로소득세 중과, ⑤ 고소득층 누진과세를 주장하였다.

3) 경제정책적 기능

영국의 경제학자인 존 케인즈(J. M. Keynes)[3]로부터 경제정책적 기능이 강조되었다. ① 경

---

2) 와그너(Adolph Wagner, 1835 ~ 1917년) 독일의 재정학자이다.

3) 존 케인즈(John. Maynard Keynes, 1883 ~ 1946년) 영국의 경제학자로 정부는 시장에 적극적으로 개입하여 시장의 틀을 바로잡아야 한다고 주장했다.

제정책적 목적으로 누진과세제, ② 저소득층에 대하여 소득을 높일 수 있는 과세제, ③ 소비를 증대시키고 유효수요를 증대 시키는 과세제, ④ 고용증대 등의 기능을 말한다. 그리고 러너(A. P. Lerner)[4]는 기능적 재정론에서 ① 과세의 완전고용과 경제정책적 수단화, ② 국고적 목적을 설명하고 있다.

시장경제 시스템을 운영하는 모든 국가는 경제정책 작동에 조세를 이용하고 있다. 선진국에서는 경제안정을 위한 경기정책을 이용하고, 저개발국에서는 경제성장을 위하여 조세를 경기정책 수단으로 이용하고 있다.

3. 과세의 유인 기능(자극적 금지적 목적)

과세의 유인 기능이란 공공투자촉진을 위하여 정부 발행 공채에 대한 면제조치로 자극적 과세[5]효과기대를 하며 심리적 작용을 통해 목적달성을 하는 것이다. 그 사례로 소득세 공제 규정 및 감·면세, 기업이윤에 대한 감·면세, 특별상각제도 등이 있으나 그 파급효과는 불확실하다.

제2절 | 조세의 기본 용어

1. 명칭과 실체

명칭이란 가격이나 실질상 조세로 파악되는 것으로 강제적립의 국민연금, 실업보험, 공공요금, 건강보험 등이 있다. 명칭상은 조세이나 실질상은 가격인 것은 수수료와 조세를 혼합한 지방세(도시계획세, 소방시설세)가 있다.

---

4) 러너(Abba. Ptachya Lerner, 1903 ~ 1982년) 미국의 재정학자이다.
5) 과세에 의하여 경제적 생활에 자동적인 자극을 부여하여 고용증가, 경기회복 목표 달성 등이 있다.

2. 세원

1) 의의

세원(稅源)이란 조세가 사실상 지급되고 또한 지급될 것을 입법자가 예측하는 원천이다. 그런데 조세는 사경제에 의하여 형성된 소득 중 일부를 국가의 강제력에 의하여 공경제로 이전하는 것이다. 결국 세원이란 국민경제가 자본과 노동을 투하하여 생산한 생산물. 즉, 소득을 의미하는 것이다. 그리고 주로 소득에 대해서만 조세를 징수하고 재산이나 자본은 세원에서 제외되어야 한다는 것이 통설이다. 세원은 원칙적으로 소득으로 하여야 한다.

2) 지급능력 측정 기준변천

지급능력 측정 기준변천을 보면 근대 초기에는 '재산' 그 이후는 '소비'이다. 19세기 중기 이후는 '수입액'과 '소득액'이었으며 현대에 와서 '소득'이 대표적이다.

3) 조세의 근거학설

객관적 능력설 · 객관적 지표에 지불능력을 파악하면 자유소득과 소득, 재산은 쉽게 측정될 수 있어 객관적 능력설을 타당하게 인정하였다.

4) 조세원칙

재정학자 A. Wagner는 국민경제원칙에 세원의 선택에 '소득'을 원칙적으로 하여야 하며 '자본'이나 '재산'을 세원으로 선택 시 국민경제를 저해하고, 세원감소와 국민자본감소의 우려가 있다고 하였다.

3. 과세물건

과세물건(object of taxation : 조세객체, 과세대상)이란 과세대상이 되는 물건, 사물 또는 행위를 말한다. 세 종별 조세객체를 보면 소득세는 소득이고, 소비세는 소비행위와 지출행위, 상속세는 상속재산, 재산세는 재산자체, 영업세는 영업행위로 본다.

4. 과세표준

과세표준이란 조세를 부과함에 있어 그 기준이 되는 것으로 과세물건의 가격·수량·중량·용적 등을 말한다. 소득세의 경우 소득액이고 부동산의 경우 부동산 임대가격이 된다. 여기서 세액이란 과세표준에 세율을 곱한 것이라 할 수 있다.

과세표준과 세원을 보면 소득세는 양자가 동일하나 토지세는 과세표준은 자본 가치이고 세원은 토지의 수익이다. 즉 전자는 세액을 말하고 후자는 조세에 지급되는 원천 그 자체이다.

그리고 과세표준과 조세객체는 소득세는 동일하고 영업세에 있어서 과세표준은 영업수익이고 과세물건(조세객체)은 영업행위이다.

과세표준과 조세객체, 물건, 세원의 관계를 보면 소득세는 동일하지만 영업세의 경우 조세객체는 영업행위이고 세원은 영업표준수입(영업수입)이며 명목적 재산세와 주세 등도 세원과 과세물건이 불일치한다.

5. 조세주체와 객체

1) 조세주체(납세의무자)

조세주체란 조세를 납부하고 부담하는 개별 경제주체이다. 납세자와 담세자는 세법상의 납세의무자와 경제적(실질적) 납세의무자가 일치하거나(예 : 지세에 있어서는 토지) 불일치 할 수도 있다. 여기서 납세자(납세의무자)란 소득을 받는 자와 재산소유자를 말한다. 담세자(조세부담자)란 실질적 조세부담자인 소비자이다. 따라서 조세가 전가될 경우는 납세자와 담세자가 불일치한다.

2) 과세주체

과세주체(taxation subject : 과세권자)란 조세를 부과할 수 있는 조세권의 주체(국가, 공공단체 등 통치단체)를 말한다.

6. 과세단위

과세단위(tax unit)란 과세표준의 일정한 수량과 세액을 계산하는 기본금액(종가세 : 소득세, 영업세) 또는 수량(종량세 : 자동차세, 톤세, 도축세 등)으로 표시한다.

7. 세율

1) 개념

세율(tax rate)이란 부과된 세액의 과세표준에 대한 비율을 말한다.

과세단위 1단위에 대해 부과된 조세액의 비율이라고도 한다. 과세단위가 화폐 이외의 수량으로 표시될 때 세율은 금액으로 표시되지만 대체로 과세 단위는 화폐액으로 표시되고 세율은 백분비율 또는 천분비율이 된다. 세율에 따라 조세는 균일세, 비례세, 누진세, 역진세로 나눌 수 있다.

X : 과세표준, R : 세율, T : 세액이라 하면 X × R = T 또는 R = $\dfrac{T}{X}$ 가 된다. (<그림 1-1>)

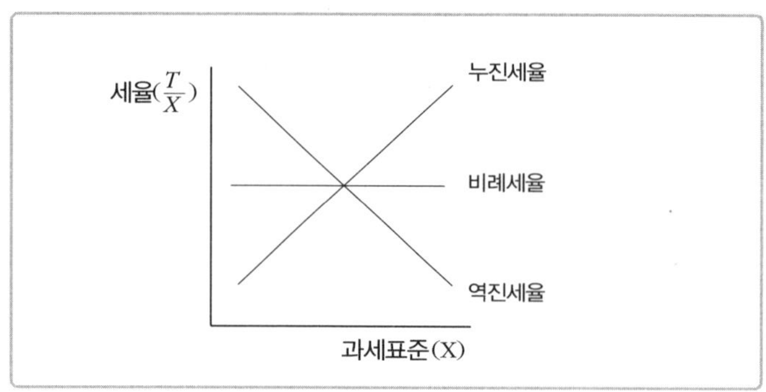

그림 1-1 | **과세표준과 세율관계**

2) 세율의 종류

① 표면세율(한계세율)은 과세액 변화를 과세표준으로 나눈 비율로 소득세의 과세표준에 대한 적용세율이다. 즉 세율적용은 소득계층 구분에 대응하는 한계세율($\frac{dT}{dX}$)을 의미한다.

② 평균세율이란 과세표준에 관계없이 소득에 대한 산출세액의 비율을 말한다. 즉 과세액을 과세표준으로 나눈 비율($\frac{T}{Y}$은 $\frac{\text{실제과세액}}{\text{순소득}}$)을 의미한다. (<그림 1-2>)

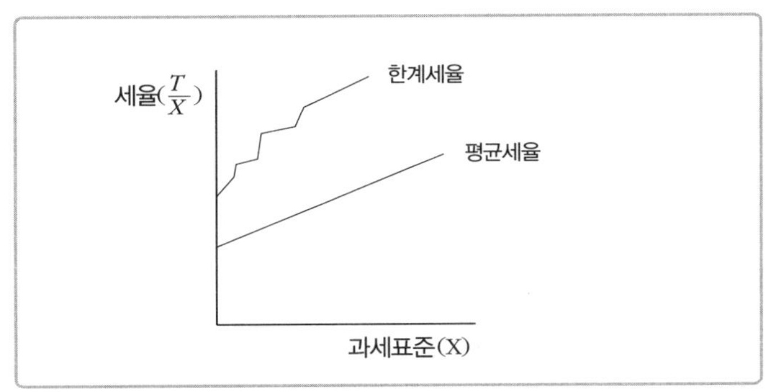

그림 1-2 | **평균세율과 과세표준**

③ 실효세율이란 실제과세액을 순소득(인적공제를 공제)으로 나눈 값을 말한다. 세법상 용인된 소득에 대한 실제과세액 비율을 말한다. 일반적으로 평균세율보다 낮으며 표면세율과 가족규모 공제액의 수준에 따라 달라진다.

따라서 진정한 누진구조 여부는 실효세율 기준으로 한다.

④ 형식세율(명목세율 = 법정세율)이란 세법에 규정하고 있는 세율을 말한다.

⑤ 표준세율이란 지방자치단체가 과세하는 경우 통상 적용해야 할 세율을 말한다.

⑥ 제한세율이란 지방자치단체가 과세하는 경우 표준세율 이상 부과해서는 아니되는 세율을 말하며, 국제간조세협약에서는 일방 체약국에서 타방 체약국의 거주자에게 지급되는 사용료에 대하여 동일방국(원천지국)에서 과세할 수 있는 최고한도세율을 말한다.

⑦ 초과세율이란 지방세에서 표준세율을 초과한 제한세율 이하의 세율을 말한다.

⑧ 최저세율과 최고세율은 각 나라별로 기준하여 비교할 수 있다.

3) 세율구조

과세물건의 크기에 따라 상대적 부담을 배분하는 방법에는 비례세율, 누진세율, 역진세율 구조가 있다.

고전학파는 보호기능을 강조하는 국가에서는 사회정의 기준 시 비례적 평등인 비례세율구조로 하였다. 특히 아담 스미스(A. Smith)[6]는 조세의 공평성원칙에서 강조하였다. 사회정책학파는 사회정책적 기능을 강조하는 국가로 사회정의의 기준이 변화한다 하며, 희생설과 균등희생 원칙에 의거한 A. Wagner는 누진세율구조를 공평의 원칙으로 보았다.

(1) 비례세율구조

과표가 증가하더라도 세율이 일정한 것을 의미한다. 이는 <그림 1-3> 및 <그림 1-4>와 같다.

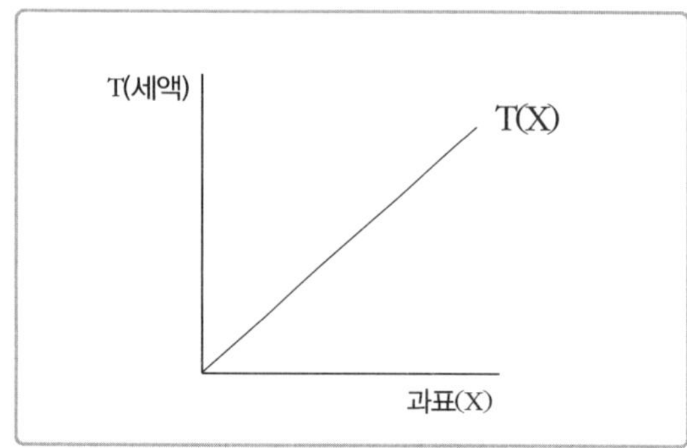

그림 1-3 | **비례세율구조**

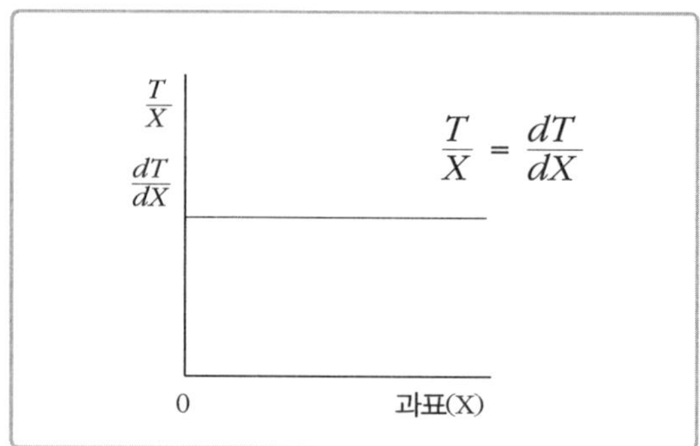

그림 1-4 | **평균세율**

한계세율($\frac{dT}{dX}$) = 평균세율($\frac{T}{X}$) 과표(X)가 상승하여도 평균세율은 불변이다

이에는 지방세의 주종적 수입을 들 수 있는데 재산세, 판매세, 물품세, 관세, 부가가치세, 자산재평가세, 특별소비세 등을 들 수 있다.

(2) 역진세율구조

역진세율구조는 과표가 증가함에 따라 세율이 감소하는 경우 누감 또는 반대 누진세라

---

6) 아담 스미스(Adam Smith, 1723~1790년) 영국의 경제학자로 자유시장경제론자이다.

칭한다. 전시와 악성 인플레이션 시기에 적용이 가능하고 생필품에 대한 소비세는 실질적 역진이 발생한다. 지방세는 점차 역진적 경향을 보인다. 역진세는 인두세와 소비세에서 <그림 1-5>로 볼 수 있다.

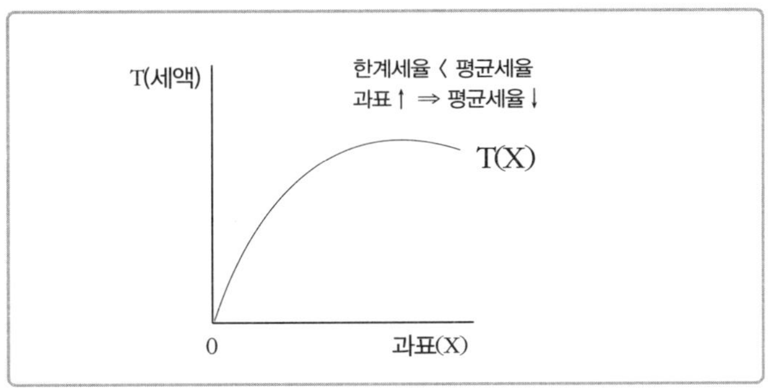

그림 1-5 | **세액과 과표(역진세율구조)**

간접적 역진이란 비례세율에 따라 일정한 과세표준을 추가할 때 발생한다.

예) 과세최저한을 인하한 경우 이때 저소득층일수록 큰 부담이 생긴다. <그림 1-6> 및 <그림 1-7>에서 보면 한계세율은 불변인데 평균세율은 과표의 증가에 따라 감소한다.

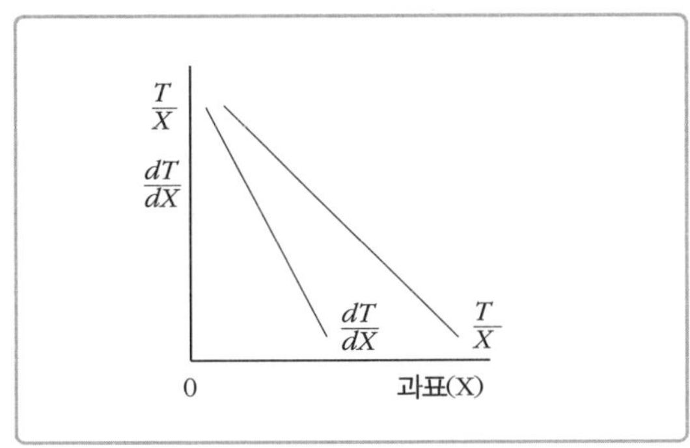

그림 1-6 | **한계세율과 과표(역진세율구조)**

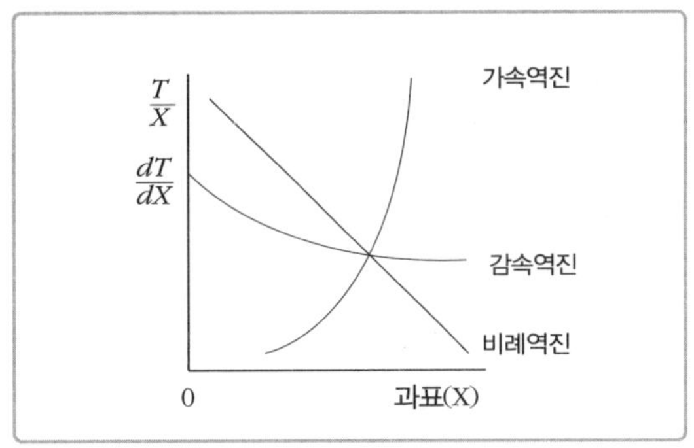

그림 1-7 | **간접적 역진구조**

(3) 정액세(Lump – Sum Tax)

모든 국민에게 균일액을 부과하는 조세로써 인두세, 주민세균등할 등이 있다. 초과부담이 없고 자원의 최적배분을 위한 조세(대체효과가 부존재)이다.

(4) 누진세율구조

<그림 1-8>과 <그림 1-9>와 같이 과표가 증가하면 세율이 증가하는 것을 말한다. 즉 한계세율 〉 평균세율로써 과표가 상승하면 평균세율도 증가한다.

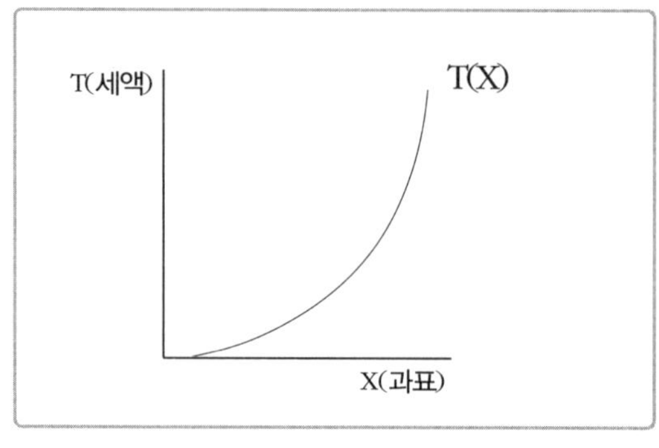

그림 1-8 |

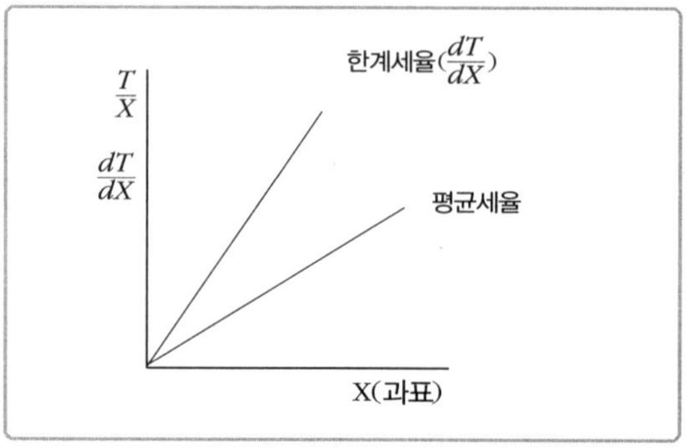

그림 1-9 |

<그림 1-8> 누진세율구조 및 <그림 1-9> 한계세율과 누진세율구조 이론상으로 소득세, 법인세, 재산세, 상속세에 해당한다.

① 누진세율의 종류

누진세율의 종류는 <그림 1-10>과 같이 단순누진, 초과누진, 누퇴세로 분류할 수 있다. 단순누진이란 세율이 소득단계마다 누진하는 경우를 말하며 초과누진(단계누진)이란 소득단계마다 초과하는 초과분에 대해 누진될 때를 말하고 누퇴세란 일정한 과표까지는 누진율이 적용되고 그 이상은 비례세를 적용하는 경우를 말한다. 그 예로 현실적인 소득세, 상속세가 있다.

(5) 간접적 누진

비례세율에 면세점이나 기초공제를 도입하므로써 실질적 누진을 도모할 수 있다. 비례세율의 과세에 기초공제를 도입한 경우 <그림 1-11>에서 세 부담 한계세율은 불변인데 평균세율은 과세표준이 증대함에 따라 증가한다. 이런 직접적 누진에 대하여 간접적 누진이라 한다.

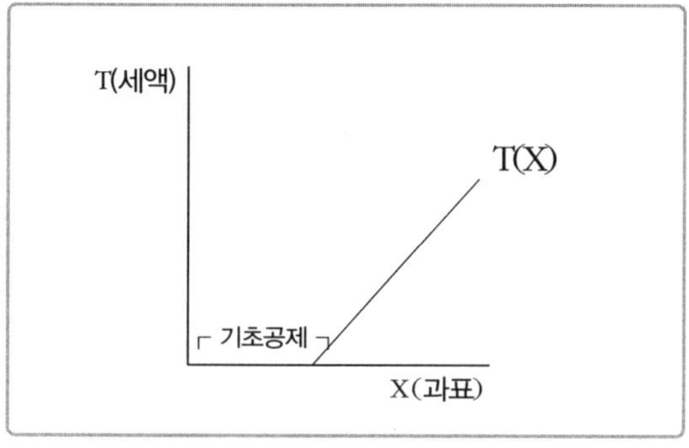

그림 1-10 | **간접적 누진세율 구조**

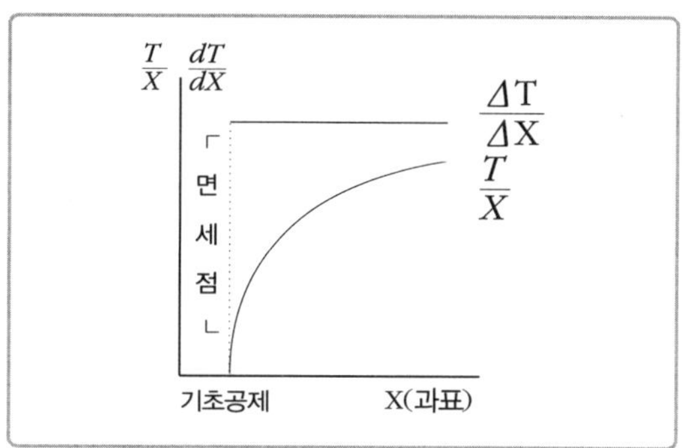

그림 1-11 | **한계세율과 간접적 누진세율**

※ 누진세의 종류

누진세율 증가의 변화에 따라 <그림 1 – 12>와 같이 누증세(초과누진), 누퇴세, 비례누진세(단순누진세)로 구분할 수 있다.

누증세란 과세물건의 증가에 따라 누진세율의 증분이 증가하는 것으로 고도의 누진세에 적용된다. 누퇴세란 과세물건의 증가에 따라 세율의 증분이 감소하는 것으로 누진세의 일정한도에서 제한되고 그 이상은 비례세가 적용된다. 비례누진세란 과세물건의 증가에 따라 누진세율의 증분이 일정하다.

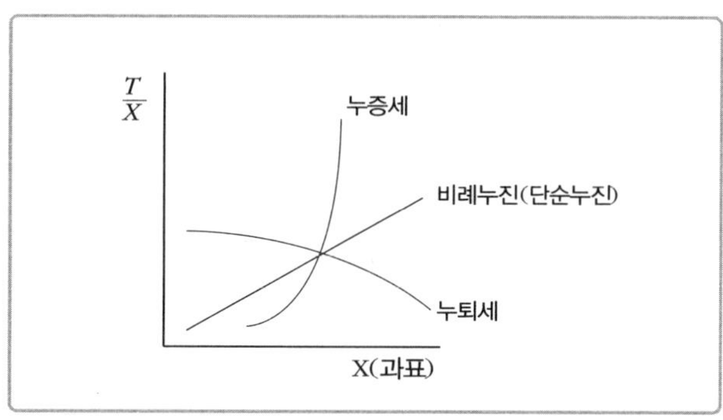

그림 1-12 | **누진세율 구조**

1. 산출 및 지출의 순환에 따른 조세

1) 소득 및 지출 순환에 따른 조세

소득세, 법인세, 부가가치세, 영업세 등 순환과정에서 부과되는 조세를 말한다.

2) 구매자에 대한 조세와 판매자에 대한 조세

소득 및 지출의 화폐적 흐름에 따라 살펴보면 특정거래에 대한 과세는 가계나 기업단계에서 다 같이 이루어질 수 있다.

3) 원천에 대한 조세와 사용(지출)에 대한 조세

<표 1-1>과 같이 가계와 기업의 지출(사용)에 대한 조세는 가계와 기업의 원천에 따라 조세와 대응하고 있다.

표 1-1 | **지출과 원천에 대한 구분**

구 분	지 출	원 천
가계	사용세, 개인소비세	소득세, 임금세(피고용자 부담)
기업	이윤세, 임금세(고용주 부담)	매상세

2. 정액세

정액세(일괄세, Lump - Sum Tax)란 경제활동이나 세 부담 능력에 관계없이 균등하게 부과하는 조세이다. 그 예로 인두세, 주민세 균등할이 있다.

그리고 그 특징을 보면 효율적 조세이나 불평등한 조세이며, 초과부담이 없는 바 자원의 최적배분을 위한 조세이다. 대체효과가 존재하지 않으며, 세제상 중요하지 않으나 경제효과 분석에 유용하다.

3. 실물세와 화폐세(조세수납의 방법 기준)

실물세란 농산물, 생산물 등 실물로 납부하는 조세를 말하며 화폐세란 화폐의 형태로 납부하는 조세를 말한다.

4. 국세와 지방세, 독립세와 부가세(과세주체 기준)

국세란 응능과세가 대부분이고 과세권의 주체가 국가인 조세를 말한다.

그리고 지방세란 응익과세가 대부분이고 과세권 주체가 지방정부인 조세를 말한다. 독립세란 부가세 외의 조세이며, 부가세(surtax)란 다른 조세에 부가되는 조세로 이에는 교육세, 농어촌특별세, 지방소득세 등이 있다.

5. 경상세와 임시세(규칙성 기준)

경상세란 매년 규칙적으로 과징되는 조세이며 임시세란 필요 또는 사정에 의해 일시적으로 징수되는 조세를 말한다. 관련세로는 부당이득세, 방위세, 교육세, 농어촌특별세 등이 있다.

경제적인 효과로 살펴보면 임시세가 포함되면 진정한 의미의 균형 예산이 아니다. 조세의 원칙은 경상세이어야 한다. 따라서 임시세는 예외(공채로 조달) 사안에 해당된다.

6. 인세와 물세(과세대상 기준)

인세(주체세)와 물세(객체세)를 구분하여 보면 인세(人稅 : personal tax)란 개인사정을 고려하여 과세하는데 응능주의에 입각하여 누진과세하는 것을 말한다. 이는 공정의 원칙에 합치되며 소득분배에서 수직적 재분배 사항이다. 관련 조세로 소득세, 법인세, 증여세, 상속세 등이 있다.

물세(物稅 : real tax)란 개인사정을 고려치 않고 외형표준에 의하여 담세능력을 포착하며 과세 행정편의 중심으로 응익주의에 입각한 비례세적 성격이다. 관련 조세는 토지, 가옥 등에 부과되는 재산세, 물품세 등이 있다. 과세방법에 따라 소득세와 소비세를 비교하면 <표 1-2>와 같다.

표 1-2 | **소득세와 소비세 비교**

구 분	과 세 물 건	분 류
소득세	급여액과세	인세
	사회보장세	물세
소비세	일반개별소비세	물세
	종합소비세	인세

7. 종률세와 대장세(조세행정절차 기준)

종률세와 대장세를 구분하여 보면 송률세(從率稅)란 과세요건이 성립할 때마다 부과하는 것을 말한다(소득세, 관세 등). 그리고 대장세(臺帳稅)란 조세대장에 의해 부과하는 것으로 토지세, 건물세, 자동차세, 재산세 등을 말한다.

8. 정률세와 배부세(조세배분방식 기준)

정률세(定率稅)와 배부세(配賦稅)를 구분하여 보면 정률세란 과세표준과 세율을 세법에 의하여 결정 적용한다. 그리고 배부세란 조세수입 총액을 미리 결정하고 개개의 조세 주체와 객체로 구분하여 과세하는 것이다. 세율과 과표는 사후에 결정하므로 자의적 배부로 불공평 요소가 있다. 배부세는 부과방법을 하급단체에 위임하여 과세하므로 세입이 확실하다.

9. 소득과 재화의 획득 사용과정의 과세(수득세, 재산세, 유통세, 소비세)(조세 체계 또는 조세부과 과정을 기준)

소득과 재화의 획득 사용과정의 과세를 보면 수득세는 소득의 수익, 획득사실에 과세하는 조세로서 수익세, 소득세 등이 있다. 재산세는 재산소유 사실에 과세하며, 유통세는 재화의 유통 즉 일반거래에 과세하는 것이다. 이를 등록세와 거래세로 구분한다. 소비세는 소득지출에 대하여 과세하는데 내국소비세, 관세가 있다.

10. 보통세(일반세)와 목적세(조세수입의 용도 기준)

보통세(일반세)와 목적세를 구분하여 보면 보통세는 목적구속금지원칙에 위배되지 않으며 일반경비를 조달하기 위한 조세이다. 목적세는 세수용도를 특정하여 그 특정경비에만 충당하기 위한 조세이다.

※ 목적세의 장단점

목적세의 장점은 ① 특정 조세를 특정 지출에 연결하여 가변비용을 수혜자에게 직접 부담시킴으로써 오는 효율성과 공평성을 동시에 달성할 수 있다. ② 소비자들이 자신의 선호를 표시하도록 유도할 수 있으며 이때 보다 적절한 정책결정을 하게 된다. ③ 용도가 명확하므로 납세자를 설득하기가 용이하다.

단점은 ① 조세의 일반수입을 효율적으로 배분하는 것을 방해하며, ② 재정의 경직성을 초래(상호 융통 불가능)하고, ③ 경비지출간의 불균형을 주며, ④ 낭비되기가 쉽다.

11. 분여세와 분부세

분여세(分與稅)와 분부세(分賦稅)를 구분하여 보면 분여세란 지방자치단체가 징수할 조세를 국가가 대신 징수하여 적당한 기준에 의하여 각 지방자치제에 교부하는 조세(일명 교부세)이다.

분부세는 국가의 조세를 지방자치단체로 하여금 징수하여 이것을 분부금 형태로 국가에 납부토록 하는 형태의 조세를 말한다.

12. 정태세와 동태세

정태세(靜態稅)와 동태세(動態稅)를 구분하여 보면 정태세란 소득 또는 재산의 정태에서 과세되는 조세를 말한다. 관련세로 소득세, 재산세 등으로 조세체계의 1차적인 조세이다. 동태세란 소득지출 또는 재산의 유통과 같은 동태인 상태에서 부과되는 조세를 말한다. 이에는 소비세, 유통세 등으로 조세체계의 2차적인 조세이다.

13. 재단적 조세와 시장적 조세

재단직 조세(裁斷的租稅)와 시장직 조세(市場的租稅)는 조세의 직·간접세 분류 방식의 제 논던을 극복하고 과세효과를 보다 힙리적으로 평가하기 위하여 조세의 진가를 기준으로 분류한 것으로 조세체계의 공평성 여부를 판단하는 데 효과적이다.

재단적 조세의 특징을 보면 ① 조세가 납세자에게 개별적으로 사정되어 과세된 결과 타인에게 전가할 수 없는 조세를 말한다. ② 납세자와 부담자가 동일한 경우에 고정소득자의 소득세, 사회보장세, 상속세, 증여세, 자동차세, 토지세 및 자연인의 재산세 등이 있다. ③ 납세자와 부담자가 다른 경우에는 고급주류에 관한 특소세 및 복권세 등이 있다.

그리고 시장적 조세의 특징은 ① 유통단계에서 과세가 이루어지는 조세로써 전가가 용이하고 과표의 실현단계에서 사정된 조세라도 가격형성과 관련이 있으면 전가되는 조세이다. ② 기업주는 이러한 조세를 비용의 추가적인 상승으로 생각하여 가격에 전가할 것이므로 이를 기업의 비용세라고도 한다. ③ 관련세로 사회보장세, 기업주의 소득세, 법인의 재산세, 토지세, 자영사업자와 농부의 소득세, 법인세, 영업세, 물품세, 소비세 등이 있다.

14. 종가세와 종량세

종가세(從價稅)와 종량세(從量稅)를 구분하여 보면 종가세(판매가격에 부과)란 과세물건의 가격에 대하여 일정세율을 적용하여 과세하는 것을 말하며, 조세의 가격탄력성이 크다. 그리고 기업의 평균수입 감소 시 가격이 절감된다. 부담이 공평하며 과세물건의 평가가 곤란하지만, 세수에는 탄력적이다.

종량세(단위 판매량에 부과)란 과세 물건의 용적이나 수량에 대하여 세율을 적용한다. 과세 시 기업의 단위당 가변비용이 상승한다. 과세가 간단하고 디플레이션 시 세수 확보가 용이하고 탈세 여지가 적다. 그러나 부담의 불공평이 일어나고 독점기업 제품에 과세 시 가격이 더욱 상승한다.

제4절 | 조세의 근거와 원칙

1. 조세의 근거

1) 개념

국가가 조세를 징수하는 권한의 근거와 국민이 조세를 납부하는 이유를 조세부담배분의 원리라 한다. 그리고 조세원칙을 이론적 근거라 한다.

2) 근거

조세는 무보상성과 강제성을 가진다고 하지만 이러한 징수에 대한 합리성 즉 근거에는
여러 가지 학설이 있으며 이익설과 능력설로 나누어 알아보자.

(1) 이익설(보상설, 교환설)

국가 활동이 국민에게 이익을 주기 때문에 국가는 공공서비스 급부에 대한 반대급부로써
조세를 징수한다는 학설이다.

여러 가지 분파가 있으나 조세는 국가가 국민의 생명 및 재산을 보호하는 활동에 대한 가
격 또는 보상으로 생각하는 점에서는 공통적이다. 그리고 납세자나 국가는 보상이라는 관점
에서 설명한다. 조세납부는 교환이라는 생각, 즉 비례과세를 찬성하였다. 루소(J. Rousseau)[7]
의 사회계약설은 이론적 기초로 자연법적 시민적 개인주의 국가관이다.

결점으로는 외부성을 고려하지 못하고 선호표명의 문제와 복지적 지출과 경제안정문제,
조세의 강제성을 설명하지 못하고 있다.

주장학자는 그로티우스(H. Grotius)[8], 홉스(T. Hobbes)[9], 로크(J. Locke)[10], 흄(O. Hume), J.
Rousseau, A. Smith 등이 있다.

(2) 보험료설

조세는 재산과 인명의 안전을 보호하기 위하여 국민이 지불하는 보험료이다.

사회계약설에 기초로 하여 국가를 보험회사, 국민은 피보험자로 간주한다.

이익설과 같이 국가의 본질 속에 공통목표를 지향하는 목적으로 사회를 인식하는 입장에
서 구성하였다.

(3) 가격설(신이익설, 자발적 교환설, 근대적 이익설)

조세를 국가의 공공서비스 급부에 대한 가격으로 간주하여 서비스에 대한 개인적 평가에

---

7) 루소(J. Rousseau, 1712~1778년) 프랑스 사회계약론자이다.
8) 그로티우스(H. Grotius, 1583~1645년) 네덜란드의 재정학자이다.
9) 홉스(T. Hobbes, 1588~1679년) 영국의 재정학자이다.
10) 로크(J. Locke, 1632~1704년) 영국의 재정학자이다.

따라 개인이 납부하는 가격 또는 자발적 지급이다.

조세부담은 주관적 평가에 의해 결정되며 자원의 배분 관점에서 분석하는 것이다.

린달(E. Lindahl)[11]은 조세가 국가 활동에 대해 개인이 인정하는 한계효용(주관적인 가치)에 의하여 결정되는 가격이며, 즉 조세는 자발적 지급(납세의무의 절대성 상실)이다.

(4) 희생설(주관적 능력설, 주관적 가치설)

조세는 공공수요를 충족시키기 위해 강제적으로 징수되는 국민들의 희생으로 본다. 객관적으로는 능력설과 마찬가지로 유기체적 국가관에 입각한다. 부담의 공평을 달성하기 위한 부담배분 원칙으로써 의의가 크다. 가치는 주관적이지만 객관절 능력설의 결점을 극복하고 있다. 적정세액 산정과 누진세의 정당화, 조세의 강제성을 설명하지 못하고 소득의 효용측정 문제가 제기 된다.

(5) 능력설(객관적 능력설)

유기체설과 의무설에 입각하여 조세는 지급능력이 있기 때문에 징수할 수 있다고 보는 학설이다. 헤겔(Hegel)의 유기체적 국가관[12]과 아리스토텔레스(Aristoteles)의 보편주의적 국가관[13]에 입각(권위주의적, 역사주의 국가관)하는 것이며 관방학파들이다. 지급능력[14]을 객관적 지표에 의해 파악하는 것이다.

결점으로는 조세의 강제성은 설명하나 타당한 세액산출이 곤란(지급세액을 정확하게 결정할 수 없다)한 한편 캐나다 왕립위원회, 구드(Goode) 등에 의해 개선(지급능력의 원형이라고도 할 수 있는 것으로 가족 수, 가족의 상황 등을 고려하여 지급세액을 결정)되었다.

---

11) 린달(E. Lindahl, 1891~1960년) 스웨덴의 재정학자이다.
12) 헤겔(Hegel, 독일, 1770~1831년)의 유기체적 국가관이란 국가는 인간생활의 역사적 발전에 따라 형성되는 자연적 필연적 산물이며 인간생활의 최고양식이라는 것이다.
13) 아리스토텔레스(Aristoteles, 그리스, BC 384~BC 322년)의 보편주의적 국가관이란 국가의 의무는 생활 속에 선을 실현하는데 있기 때문에 국가목적을 달성하기 위해서는 모든 시민이 국가에 기여한다는 것이다.
14) 지급능력 측정기준을 근대초기에는 재산, 그 이후 소비, 19세기 중기 이후는 수입액, 소득액, 현재는 소득을 최선의 기준으로 하고 있다.

2. 조세부담배분의 원칙

1) 의의

(1) 개념

조세의 과징에서 준수할 합리적인 기준으로 세제당국의 합동지침이다. 조세제도의 평가 기준이며 역사적 변화에 따라 그 기준도 변화하였다.

(2) 조세부담배분의 원칙

능력의 원칙으로 개인의 부담능력에 따라 조세를 배분하는 것이다. 그리고 최소사회가치의 원칙(최소사회희생의 원칙)은 사회적 희생이 최소가 되도록 조세를 배분하는 것이다.

(3) 이상적인 조세의 기준

첫째, 사회적 정의의 이상과 일치하여야 한다(공정성 기준).
둘째, 공공수요의 충족을 위한 충분한 수입이 확보되어야 한다(국고적 기준).
셋째, 보편적이며 경제적 제요청을 만족해야 한다(경제적 기준).
넷째, 세무행정이 간편해야 한다(세무행정의 기준).

3. 상업자본주의 시대의 조세 원칙

1) 중농주의의 조세 원칙(케네, F. Quesnay)[15]

중농주의의 조세 원칙은 국민소득의 1/10세의 조세 원칙이라 할 수 있다.

---

15) 케네(F. Quesnay, 1694~1774년) 프랑스 출신으로 중농주의를 신봉하는 경제학자이다.

2) 중상주의의 조세 원칙(페티, W. Petty)[16]

중상주의의 조세 원칙은 ① 공정의 원칙, ② 자본축적 및 불방해의 원칙, ③ 노동자 근면의 원칙이라 할 수 있다.

3) 관방학파의 조세 원칙(유스티, J. H. G. Justi)[17]

관방학파의 조세 원칙은 군주와 제후의 재정을 풍성하게 하여 국내에 산업을 육성하고 국권을 신장할 수 있도록 하는 것이다. Justi는 조세원칙으로 ① 국민의 자발적 납세방법의 채용, ② 국민의 합리적 자유와 산업을 저해하지 말 것, ③ 과세의 평등을 기할 것, ④ 징수가 신속·정확할 것, ⑤ 징세비가 적은 조세를 택할 것, ⑥ 납세시기가 적절할 것을 주장하였다.

4. 산업자본주의 시대의 조세 원칙

값싼 정부가 좋은 정부라는 이념 하에 성립된 고전파 경제학은 산업자본주의 시대의 조세 원칙으로 정부의 수입 및 경비의 양자에 대하여 최저의 경비수준, 균형예산, 조세의 경제적 중립성이라는 3가지 명제를 설정하였다.

1) J. B. Say의 조세 원칙

존 비 세이(J. B. Say)[18]의 조세 원칙은 ① 조세 부과의 비 과중, ② 징세비의 최소, ③ 조세 부담의 공평배분, ④ 국민경제 발전의 비 저해, ⑤ 국민도덕을 향상시키는 조세일 것을 주장하였다.

---

16) 페티(W. Petty, 1623~1687년) 영국의 재정학자이다.
17) 유스티(J.H.G. Justi, 1705~1771년) 독일의 재정학자이다.
18) 존 비 세이(J.B. Say, 1767~1832년) 프랑스 재정학자이다.

2) A. Smith의 조세 원칙(Justi의 조세 원칙을 이어 받음)

A. Smith의 조세 원칙은 평등, 확실성, 편의성, 징세비 절약의 원칙을 주장하였다. 이를 자세히 설명하면 다음과 같다.

(1) **평등의 원칙 :** 공평의 원칙이라고도 부르는 A. Smith의 제1원칙으로 과세의 평등을 응익원칙에서 구하였다. 국가의 보호관할에서 획득하는 수입에 비례하여 조세가 배분되어야 한다는 주장이다. 과세의 평등을 실현하기 위해서는 평등한 것을 불평등한 것으로 취급해서는 안되며 또 조세가 소득 및 재산 부문에 간섭하게 되면 공정의 기준이 파괴된다. 따라서 경제적 중립성을 갖는 조세는 A. Smith가 설정한 3대 수입원 즉 임금, 이윤, 지대 중에서 여유생산인 지대에 부과하는 조세이며 그리고 부유한 소비자에게 조세귀착 시킬 수 있는 것이 사치품에 대한 소비세 과세라 하였다.

(2) **확실성의 원칙 :** 조세납부의 시기, 방법, 금액을 명료하게 표시할 것을 요구하며 특히 확정된 세원과 평가를 요구한다.

(3) **편의성의 원칙 :** 납세자의 납부사정에 맞는 시기와 방법으로 징수되어야 한다는 원칙이다.

(4) **징세비 절약의 원칙 :** 징세비용은 가능한 적게 하려고 주장하는 것이며 최소경비로써 최대효과를 기하려는 경제사상을 반영하고 있다.

5. 독점자본주의의 조세 원칙

독점자본주의의 조세 원칙(A. Wagner)을 보면 산업자본주의가 고도로 발전하자 개인주의와 사회주의 또는 자본과 노동 간의 대립관계가 일어나기 시작하였다. 기존하는 부(富)의 분배가 공정하다고 보는 고전학파에 대하여 국가의 간섭에 의한 소득 및 부의 재분배가 요구되었다.

이의 방안으로 누진세율의 채택과 간접세보다는 직접세 등의 사회정책이 나타났다. 그 내용을 보면 다음과 같다.

1) 재정정책적 원칙

이 원칙은 국고적 목적에서 본 조세정책이다.

재정의 기본목적은 공공경비의 재원을 조달하는 데 있으므로 재정정책적 원칙은 다른 원칙보다 우위에 있다.

  (1) 수입의 충분성 : 조세는 국가경비의 재원으로 충분한 수입을 획득하여야 한다.

  (2) 과세의 신축성 : 경비의 증가, 기타 세원의 감소에도 영향을 받지 않도록 탄력성 있는 조세제도를 설정하여야 한다.

2) 국민경제적 원칙

조세는 국고수입을 조달하되 국민경제발전에 지장을 주어서는 안된다는 원칙이다.

(1) 세원의 선택 : 세원의 선택은 국민경제적 입장에서 행해야 하며 소득, 재산, 자본의 세원 중에 원칙적으로 소득을 세원으로 하여야 한다. 자본이나 재산을 세원으로 하는 경우 국민자본은 감소되고 세원이 고갈되어 국민경제를 저해할 우려가 있기 때문이다. 즉 세 수입이 세원을 고갈시켜서는 안 된다(소득, 재산, 자본 중에서 소득을 세원으로 선택).

(2) 세수의 선택 : 조세를 부과할 경우에는 전가의 유무 방향 및 정도를 고려하여 부담이 예정된 담세자에게 귀착되도록 배려해야 한다. 이것은 국민경제적 혼란을 막을 수 있기 때문이다. 그리고 조세제도 전체의 부담이 공정하게 배분되도록 조세를 선택·결합시켜야 한다.

3) 공정의 원칙

각자의 부담능력에 맞도록 조세를 부과하여야 한다는 원칙이다.

(1) 과세의 보편성 : 조세는 모든 사람과 과세물건에 부과하여야 한다. 그러나 공정의
원칙을 만족시키기 위해 특정인의 소득최저생활비에 대하여 면세하여야 한다(국민개
세주의).

(2) 과세의 평등성 : 모든 국민은 그 부담이 평등하여야 한다. 경제적 급부능력에 따라
평등하게 부담하는 균등희생에 의한 조세 부담이 가장 합리적이다. 일정액 이하의 소
득은 면세하고 누진율을 적용하여 차별적 과세 또한 필요하다.

4) 세무행정상의 제 원칙

① 과세의 명확성
② 납세의 편의성
③ 최소징세비를 위한 노력을 주장하였다.

6. 현대자본주의의 조세 원칙

현대자본주의의 조세 원칙 주장학자로 힉스(UK. Hicks), 콜롬(G. Colm), 한센(A. H Hansen),
겔로프(W. Gerloff), 노이마르크(F. Neumark), 머스그레이브(R. A. Musgrave) 등이 있으며 그 내
용은 다음과 같다.

1) UK. Hicks의 조세 원칙

① 과세의 본원적 목적은 수입조달에 있다(한계효용균등의 법칙에 적용).
② 사회적 정의에 관한 원칙으로 과세에 있어 납세자의 담세능력을 표준으로 하여야 한

다(사회정의 경제사회 발전에 따라 달라짐).

③ 효과적으로 수입을 조달하는 능률의 기준을 제시하여 조세는 보편적이어야 한다(부가적 목적에 적합한 조세의 선택에 관한 능률 기준을 제시).

2) G. Colm의 견해

① 공정의 기준 : 조세는 사회적 정의의 이상과 일치되어야 한다.
② 국고적 기준 : 조세는 충분한 수입을 조달하고 공공수입의 필요에 따라 신축성을 가져야 한다.
③ 신축적 기준 : 이상적 조세는 경제 안정에도 기여해야 한다.

3) A. H Hansen의 조세 원칙

① 경기조절적 원칙 : 경기 변동에 대응하여 조세가 징수되어야 한다. 예로 불경기인 경우 투자공제제도, 가속적인 감가상각, 개인소득세의 이중과세금지 등의 조세정책을 실시하여야 한다.
② 완전고용의 원칙 : 자동조절기능을 상실한 자본주의사회가 완전고용을 달성하도록 보정적 조세정책을 실시해야 한다.

4) W. Gerloff의 원칙(사회 총자원의 최적배분을 위한 원칙 제시)

① 조세제한의 원칙 : 공익과 사익의 비교로 조세규모 결정(재정적 기능)
② 효용 상실의 극소화 원칙 : 조세로 인한 개인적 효용상실의 극소화(경제적 기능)

5) F. Neumark의 원칙(18개의 세분 원칙 제시, A. Wagner의 4개 원칙과 비슷)

(1) 국고수입상 재정수입의 원칙

① 세수 충분성의 원칙   ② 세수 신축성의 원칙

(2) 논리적 사회정책적 원칙

③ 과세의 보편성 원칙   ④ 과세의 공평성 원칙

⑤ 개인적 급부능력에 따른 과세원칙   ⑥ 소득재산의 재분배 원칙

(3) 경제정책적 원칙

⑦ 과세의 시장기능 저해효과 배제 원칙

⑧ 과세의 시장 간섭 최소화 원칙

⑨ 경쟁 중립성의 원칙

⑩ 과세의 경기 조정적 탄력성 원칙

⑪ 과세의 자동적 탄력성 원칙

⑫ 과세의 성장촉진 원칙

(4) 세법상 세무기술상의 원칙

⑬ 통일성과 체계상의 원칙

⑭ 명료성의 원칙

⑮ 실행가능성의 원칙

⑯ 세법의 일관성 원칙

⑰ 경제성의 원칙

⑱ 편의의 원칙

6) R. A. Musgrave의 조세 원칙

① 조세부담배분은 공평해야 한다(공평의 원칙).

② 초과부담의 발생을 극소화하여야 한다(중립성의 원칙, 자원배분의 효율 추구).

③ 공평성을 저해하지 않는 범위 내에서 조세는 시장의 비효율성을 시정해야 한다(과세의 교정적 역할).

④ 조세의 구조는 경제 안정 및 성장목표를 달성하기 위한 재정정책의 이용을 조정하여야 한다(효율적인 재정정책수단, 조세변경의 기민성 요구).

⑤ 세제는 납세가 용인할수록 공평하고 자의성이 없어야 한다(세무행정상의 원칙으로 조세의 명확성, 확실성, 납세자의 편의성 요구 → 공평성 원칙과 관련).

⑥ 세무행정비나 납세협력비용은 되도록 적어야 한다(최소징세비의 원칙, 원천징수와 신고납세에서 문제).

7) 신흥개발도상국의 조세 원칙

① 충분한 과세수입

② 최소의 징세비

③ 조세배분상의 공정

④ 세무행정의 간소화

⑤ 조세 시행상의 확실성

⑥ 경제에 미치는 부작용의 최소화

7. 현대의 조세 원칙과 적용상의 문제점

크게 나누면 과세의 공정, 과세의 경제적 효율 및 최소의 징세비라 할 수 있다. 이 세 가지의 장기적 세제는 꼭 조세정책 시 고려되어야 할 사항이다.

이들 원칙은 상황에 따라 상호 충돌이나 보완관계가 있을 수 있다.

적용상의 문제는 그 사회의 경제정책의 목표와 충돌되어서는 안된다. 만약 충돌 시는 침해가 극소화되어야 한다.

8. 효율과 공평(공정)의 원칙(조세부담배분의 2대 원칙)

효율의 원칙은 자원의 최적배분을 저해하지 않는 과세와 중립성의 원칙, 과세에 의한 초과부담 발생의 회피, 응익과세에 합치되는 원칙이다.

그리고 공정의 원칙(Justice) = 공평(Equity)의 원칙을 말하며 그 내용은 ① 바람직한 소득분배의 달성이 목표, ② 응능과세에 합치되는 원칙, ③ 정액세(lump-sum tax)는 효율의 원칙에 적합한 조세이나 공정의 원칙과는 거리가 먼 조세이다.

1) 수평적 공평과 수직적 공평

수평적 공평이란 동일한 능력을 가진 사람은 균등한 조세를 부담한다는 의미이며 수직적 공평이란 상이(相異)한 경제력을 가진 사람은 상이한 조세부담을 한다는 의미이다.

(1) 수평적 공평

수평적 공평(horizontal equity)이란 동일한 경제능력을 소유한 자는 동일한 세금을 부담해야 한다는 원칙을 말한다. 공평한 사회가 되기 위해서는 모든 사람은 법 앞에 평등해야 하듯이 똑같은 사람이라면 조세상으로도 동등한 대우를 받아야 한다는 것이다. 능력에 따라 세금이 부과된다면 능력이 비슷한 사람들의 세금부담과 규모도 비슷해야 한다. 그러나 능력에 대한 판단은 각 가정마다 형편이 다르다. 어떤 세법이 수평적 공평을 만족하는지 판단하기 위해서는 각각의 가정들의 차이점 중에서 어떤 것이 세금부담에 영향을 주고 어떤 것이 상관없는지를 가려내야 한다.

전통적 개념으로 보면 두 사람이 조세가 부과되기 전에 동일한 후생을 가지고 있었다면 그들에게 조세가 부과된 후에도 동일한 후생을 누려야 한다는 원칙이다. 즉, 동일한 처지에 있는 사람은 동일하게 취급되어야 한다는 원칙이다. 수평적 형평은 경제학적 분석에 기초한다기보다는 가치판단을 수반한다고 할 수 있다.

수평적 공평의 원리를 사회 대부분의 사람들이 받아들일 것이라고 가정하여 왔으나 이 원리를 현실적으로 쉽게 적용할 수 있는 것은 아니다. 어떤 조세제도의 수평적 형평성을 파악하기 위해서는 두 사람이 동일한 후생을 가지고 있는지를 알아야 하지만 이는 현실적으로 불가능하다.

이 원칙을 실제로 적용하려고 할 때 어떤 사람을 동일한 능력의 소유자로 간주해야 하는지의 문제가 발생한다. 인종, 종교 등에 따라 차별대우를 해서는 안되며 노약자, 장애자를 특별우대해야 한다는 점에는 이견이 없을 것이다. 그러나 결혼여부나 소득의 종류에 따라 차별과세(差別課稅)해야 하는지는 논란이 있다.

펠드스타인(M. Feldstein)[19]은 조세를 납부하기 이전에 동일한 효용수준을 누리던 사람들이라면 세금을 납부하고 난 후에도 동일한 효용수준을 누릴 수 있도록 해야 한다는 효용에 입각한 수평적 공평성의 원칙을 제시하였다. 그러나 문제는 효용을 정확히 측정하는 것이 불

---

19) 펠드스타인(M. Feldstein, 1939년~) 마국 하버드대 경제학 교수이다.

가능하다는 데 있다.

(2) 수직적 공평

수직적 공평(vertical equity)이란 서로 다른 처지에 있는 사람들은 서로 다른 크기의 조세를 부담해야 한다는 것이다. 부담능력을 기초로 세금이 부과된다면 당연히 부유한 사람들이 가난한 사람들보다 더 많은 세금을 내도록 해야 한다는 것이다. 편의상 소득을 기준으로 할 때 소득수준이 높을수록 더 많은 세금을 부담해야 수직적으로 공평한 것이다.

그러나 구체적으로 경제적 능력이 커감에 따라 얼마나 누진적으로 세 부담을 늘려야 하는가에 이견이 있다. 즉, 소득수준이 높은 사람은 소득수준이 낮은 사람보다 얼마나 많은 세금을 부담해야 하는가의 문제이다. 예를 들어 A의 연간소득은 1억 원이고 B의 연간 소득이 5천만 원이라면 A가 B보다 소득이 2배나 많으므로 세금도 2배를 내야 하는지, 아니면 A가 B보다 한 푼이라도 더 많은 세금을 내면 수직적으로 공평한지 여부이다.

이러한 문제의 해결을 위해서는 사회적 가치관의 개입이 필요하다. 즉, 어떤 사회의 가치관이 저소득층에 깊은 관심을 가지고 있다면 고소득자에게 상대적으로 더 높은 세 부담을 요구할 수 있고, 반면에 사회의 가치관이 자기 중심적이고 저소득자를 배려하려는 마음이 없다면 저소득자들에게도 높은 세금을 부과할 수 있을 것이다. 가치관을 나타낼 수 있는 이론적 도구로서는 사회후생함수가 주로 이용된다. 그러나 사회후생함수도 유일하게 주어져 있는 것이 아니기 때문에 설정된 함수가 어떤 것이냐에 따라서 고소득자의 부담형태가 다르게 나타난다.

수직적 공평과 수평적 공평의 원칙 사이에는 불가분의 관계가 존재한다. 즉, 수직적 공평이 결여된 상태에서 수평적 공평의 원칙만 충족한다고 해서 효율적이라고 할 수 없을 것이다. 따라서 어느 하나의 원칙만 충족된다면 두 가지 원칙 모두가 충족되지 않는 편이 더 나을 수도 있다.

2) 효율과 공정의 비 양립성

공정의 원칙은 효율의 원칙과 상반되는 경우가 많다.
　① 사치세는 공정하고 효율은 없다. 이는 누진세나 부유세에 해당된다.
　② 인두세는 공정하지 않고 효율적이다. 이는 일반소비세에 해당한다.

③ 개인종합소비세는 공정하고 효율적이다.

그러므로 효율과 공정은 정치적 선택의 문제이다.

9. 조세와 초과부담

1) 초과부담

일반적으로 납세자들이 조세를 납부하는 과정에서 발생하는 실제로 부담하는 크기는 조세를 납부한 액수보다 더 크다. 예를 들어 어떤 납세자가 1억 원의 세금을 납부할 때 이 납세자가 실제로 지게 되는 부담의 크기가 1억 원을 초과하게 된다. 이와 같이 납세자가 납부해야 하는 세금보다 더 많은 비용을 부담하는 것을 초과부담(excess burden)이라고 한다. 즉, 세금을 납부하는 데 소요되는 납세신고 · 세금계산서 · 장부정리 등에 추가로 발생하는 비용을 말한다. 따라서 초과부담이란 조세가 가져온 실제의 부담에서 조세 징수액을 뺀 것으로 정의하기도 한다.[20] 혹자에 따라서 초과부담을 조세로 인한 사중손실(死重損失 : deadweight loss, allocative inefficiency) 또는 후생비용(welfare cost)이라고 표현하기도 한다.

2) 초과부담의 발생

조세가 부과되기 전에는 자원이 효율적으로 배분되었으나, 조세부과로 자원배분의 중립성이 저해되고 왜곡되었다면 이는 초과부담 때문이라고 할 수 있다. 따라서 조세부과로 인한 국민의 부담이 국가가 실제로 징수한 조세 총액보다 많은 것은 세금부과가 자원배분 및 경제에 왜곡을 초래하여 초과부담이라는 형태로 후생손실을 야기하기 때문이다. 조세가 초과부담을 일으키는 이유는 조세의 부과로 인해서 효율적인 자원배분의 조건이 충족될 수 없기 때문이다. 초과부담은 조세부과로 인한 상대가격의 변동때문에 발생하게 된다. 조세부과로 인한 상대가격의 변동은 사람들로 하여금 지금까지의 소비패턴을 변동시키게 한다. 즉, 세금부과로 비싸진 물건을 덜 사는 대신 과세되지 않은 물건을 더 많이 산다는 것이다. 이때 소비자는 과세되기 전에 비하여 만족도 즉, 후생의 감소가 나타난다. 세금이 부과되지 않은

---

20) 이준구, 『재정학』, 다산출판사, 1996.

상대적으로 값싼 대체재로의 수요의 변화는 소비자의 입장에서 보면 선호의 강제이전이라고 볼 수 있다.

또한 세금을 부과한 후에도 상대적으로 값싼 물건으로 대체하지 않고 그대로 쓰게 될 경우 종전에 없었던 세금을 추가적으로 지불해야 하므로 그만큼 가격이 비싸진 것을 소비하는 셈이다. 이러한 현상은 조세부과로 인한 효율성의 상실이 납세자에게 추가적으로 작용하기 때문이다. 초과부담은 생산·소비·유통과정에서도 발생할 수 있다.

(1) 소비자·생산자 잉여와 초과부담

<그림 1-13>에서 어떤 제품에 대한 공급곡선을 SS, 수요곡선을 DD라고 하자. 이 제품에 대해 정부가 조세를 부과하지 않는다면 공급곡선 SS와 수요곡선 DD가 교차하는 E_0에서 균형이 결정될 것이며, 이때 가격은 p_0, 공급량은 q_0가 될 것이다[21].

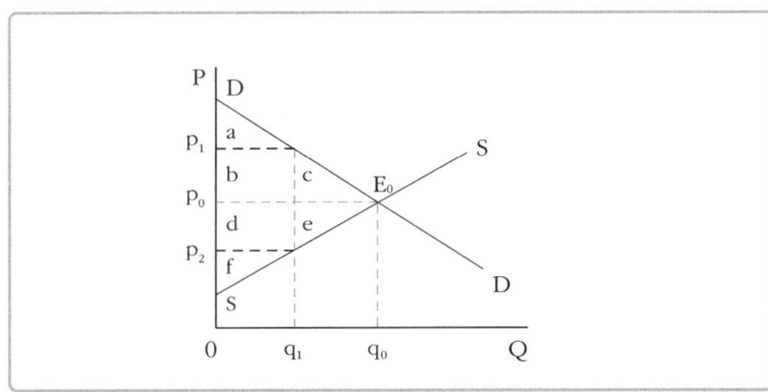

그림 1-13 | **경제적 잉여와 초과부담**

이때 소비자 잉여[22]는 a+b+c 이고, 생산자 잉여[23]는 d+e+f이다. 그리고 정부가 조세를 부과하지 않았기 때문에 정부의 조세수입은 0이다. 이때의 소비자 잉여와 생산자 잉여의 합인 총잉여는 a+b+c+d+e+f에 해당된다. 수요와 공급이 일치하는 균형상태에서 소비자와 생산자의 잉여가 극대화된다.

---

21) 김경환·김종석, 『맨큐의 경제학』, 교보문고, 1999.

22) 소비자 잉여(consumer surplus)란 소비자가 어떤 상품을 소비하기 위하여 기꺼이 지급할 용의가 있는 가격과 실제로 지급한 가격과의 차이를 말한다.

23) 생산자 잉여(producer surplus)란 생산자가 어떤 상품을 판매하여 얻어야 되겠다고 생각한 수입과 생산자가 실제로 판매하여 얻은 수입 간의 차이를 말한다.

만약 정부가 조세를 부과하여 소비자 가격은 p_0에서 p_1으로 상승하고 이때의 공급량은 q_0에서 q_1만큼 감소한다면, 이때의 소비자 잉여는 a만큼이다. 또한 생산자 가격은 p_0에서 p_2만큼 하락하게 되므로 생산자 잉여는 f만큼이 될 것이다. 이때 정부의 조세수입은 b+d가 된다. 따라서 정부가 조세를 부과한 후의 총잉여는 a+b+d+f가 된다. 이와 같이 정부가 조세를 부과하게 되면 소비자 잉여는 b+c만큼 감소하게 되고, 생산자 잉여도 d+e만큼 감소하게 된다. 또한, c+e만큼의 경제적 순손실 즉, 초과부담이 발생하게 된다.

조세를 부과할 경우 소비자와 생산자에 대한 경제적 유인의 축소로 시장규모가 최적 수준보다 작아지게 될 것이다. 결국 조세의 부과는 경제를 왜곡시켜 시장으로 하여금 비효율적인 자원배분을 하게 한다.

(2) 납세순응비용과 초과부담

납세순응비용(compliance cost)은 납세자가 세금을 납부하는 과정에서 직접 또는 간접적으로, 화폐적 또는 비화폐적 형태로 부담하게 되는 비용을 말한다. 즉, 납세자가 조세제도를 이해하고 규정에 따라 자신의 납세액을 산출하는 데 투입하는 시간 및 정신적 비용, 세무사·회계사 등 전문가의 조언에 대해 지급하는 비용, 조세 관련 업무에 종사하는 사람들에게 지급하는 월급과 이들의 작업에 필요한 시설 및 비품의 비용 등을 말한다. 그러나 이와 같은 문제는 납세순응비용의 규모를 정확히 파악하기가 어렵다는 데 있다.

(3) 징세비용과 초과부담

징세비용은 조세행정에 소요되는 공무원의 봉급·청사 운영비·사무용품·각종 집기 등에 소요되는 모든 비용을 말한다. 징세비용은 사용되는 기술과 절차에 따라 크게 달라진다. 조세정보의 전산화·과학화는 초기단계에서 징세비용의 증가를 가져올 수도 있으나 장기적으로는 징세비용의 감소를 가져오게 된다. 그러나 문제는 징세비용을 어느 정도까지 확대하는 것이 바람직한가 하는 것이다. 징세기관의 입장에서 보면 1원의 징세비용을 투입하여 1원 이상의 세금징수가 가능하면 될 것이라고 생각하기 쉬우나 이는 잘못된 생각이다. 징세비용은 징세와 관련되어 사회적으로 희생해야 하는 실질 자원의 기회비용인데 반하여, 징세액은 실제로 발생하는 추가적인 소득이라기보다는 이미 창출된 소득 중 일부를 납세자로부터 국고(國庫)로 이전시키는 것에 불과하기 때문이다. 조세순응과 조세행정은 상호 밀접한 관계를 가지고 있다. 조세행정의 강화는 높은 조세순응으로 나타난다. 일반적으로 조세순응

의 정도를 높이기 위해서 비순응 또는 탈법의 적발확률을 높이거나 적발된 경우에 엄중한
벌칙을 가하고 있다.

3) 초과부담의 결정요인

초과부담의 크기는 첫째, 수요의 가격탄력성에 의존한다. 즉, 수요가 가격에 탄력적인 재
화에 과세할수록 초과부담은 증가하게 된다. 수요가 가격탄력적이라는 의미는 가격의 변화
에 대해 수요가 민감하게 변화하게 되는 것을 말한다.

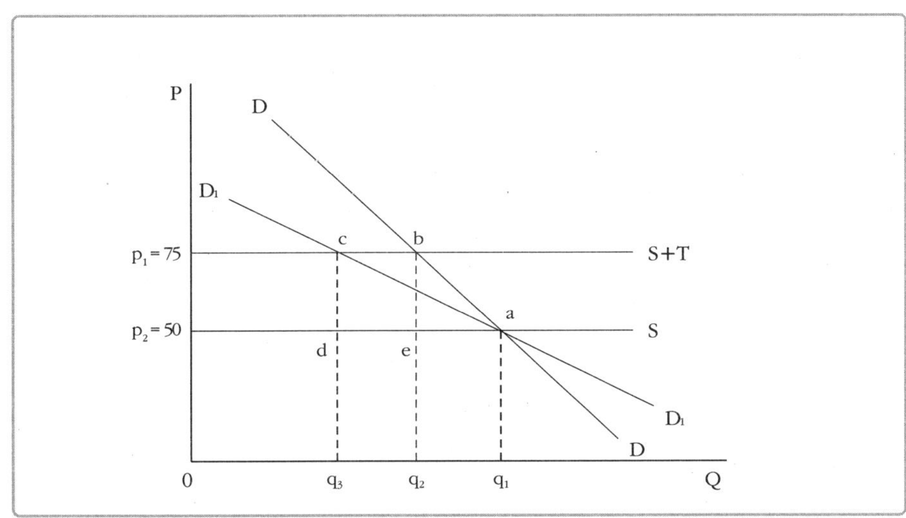

그림 1-14 | **가격탄력성과 초과부담**

<그림 1-14>에서 당초의 수요 및 공급곡선은 DD와 SS로 표시되고, 단위당 25원의 세금
이 부과되어 abe만큼의 초과부담이 발생하였다고 가정하자. 여기에 수요곡선 DD보다 가격
이 탄력적인 수요곡선 D_1D_1을 표시할 경우, 조세부과로 소비량은 q_3로 감소하며, 이때의 초
과부담은 acd이다. 그러나 단위당 세금은 cd와 be는 동일하나, 후생의 손실분인 acd는 abe
보다 크고, ad도 ae보다 크다는 것을 알 수 있다. 이는 상품의 수요에 대해 가격이 탄력적일
수록 단위당 세금의 초과부담이 커진다는 것을 보여주고 있다. 즉, 수요가 가격에 대해 비탄
력적인 상품에 과세하는 것이 초과부담을 적게 발생시키게 되며, 조세로 인한 소비량 감소
도 적어지게 된다.

그러므로 수요가 비탄력적일수록 조세부과로 인해 상대가격의 변화는 동일할지라도 소비량의 변화가 작기 때문에 자원배분의 왜곡정도가 작아지게 된다. 결국, 다른 조건이 동일하다면 수요가 비탄력적인 상품에 대해 과세하는 것이 더 바람직하다고 할 수 있다.

둘째, 초과부담은 세율의 크기에 따라 달라지게 된다. 즉, 초과부담은 세율의 제곱에 비례하여 증가한다. <그림 1-15>에서 단위당 25원만큼의 조세를 부과하면 공급곡선은 $S+T_1$이 되고, 이때의 초과부담은 abc이다. 이제 그 두 배인 단위당 50원만큼의 조세를 부과하면, 공급곡선은 $S+T_2$로 이동하게 되고 균형가격은 p_2, 수량은 q_2이며, 이때의 초과부담은 adf가 된다. 여기서 adf는 bde+bef+bcf+abc를 모두 더한 것이 된다. 이는 단위당 2배의 세율 인상은 초과부담을 4배로 확대시킨다는 뜻이다. 이와 같이 초과부담이 세율상승보다 빠른 속도로 증가하는 것은 세금의 인상으로 인해 감소된 소비로 순후생 손실이 점점 더 커지기 때문이다.

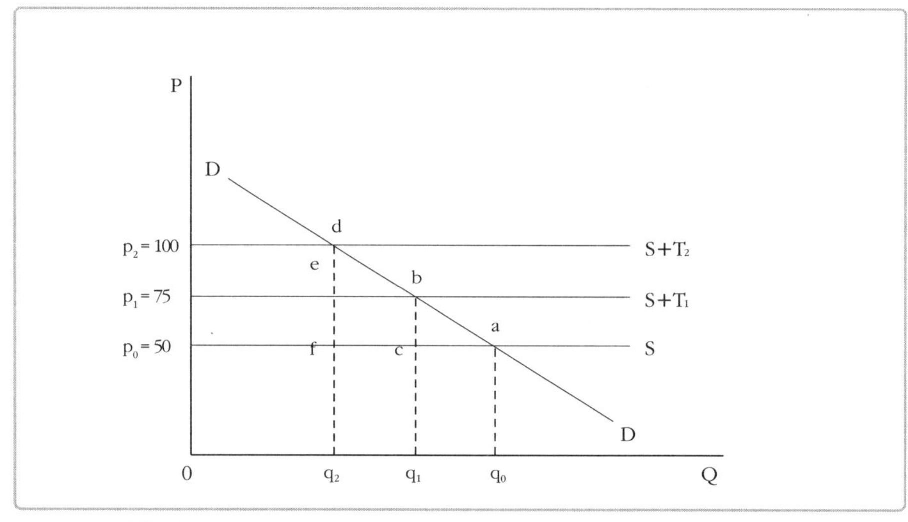

그림 1-15 | **세율과 초과부담**

4) 초과부담 최소화 방안

조세부과로 인한 상대가격의 변동은 경제주체로 하여금 비효율적인 선택을 강요하게 되므로 바람직하지는 않다. 조세의 부과로 가격탄력성이 클수록, 세율이 높을수록 초과부담의 정도가 커진다는 것을 알 수 있다. 초과부담을 최소화 시킬 수 있는 과세방식으로는 수요의 가격탄력성이 영(零)인 재화에 과세하거나, 모든 재화에 일률적으로 동등하게 부과할 수 있는 종가세 또는 종량세 등이 있다. 이러한 이유로 오늘날 일정률의 소득세나 부가가치세가 권장되고 있다. 그러나 초과부담을 극소화시킬 수 있는 과세방법이라고 해도 실제로는 이러한 세목의 집행과정에서 초과부담이 전혀 발생하지 않는다고 단정할 수는 없다. 전통적으로 정액세와 인두세가 거론되고 있다.

(1) 정액세

통상 조세는 민간부분의 경제행위에 교란을 가져오는 것으로 알려져 있다. 그러나 예외적이긴 하지만 민간의 의사결정과정에서 중립적인 영향을 미쳐 교란을 가져오지 않는 조세가 있는데, 이를 정액세(定額稅, lump sum tax)라고 한다. 정액세가 부과되었을 때 사람들이 자신의 경제행위를 변화시키더라도 조세부담에 아무런 변화가 없는 것을 알기 때문에 사람들은 종선의 행위를 변화시키려 하시 않게 된다.

정액세는 정부가 모든 국민에게 동등한 액수의 세금을 부과하는 것을 말한다. 즉, 소득의 많고 적음, 납세자의 경제활동 여부, 남녀노소를 구분하지 않고 동등하게 세금을 부과하는 것을 말한다. 따라서 정액세는 사람들의 의사결정에 있어 세금의 크기에 의해 영향을 받지 않으므로 경제적 유인을 왜곡하지 않고 경제적 순손실도 최소화할 수 있다. 누구든지 납세액을 쉽게 계산할 수 있으므로 세무사나 회계사도 고용할 필요가 없고 행정비용도 적게 든다는 이점이 있다.

이와 같이 정액세는 이론적으로나 효율성의 측면에서 본다면 초과부담을 일으키지 않으므로 가장 이상적인 조세라고 할 수 있다. 그럼에도 불구하고 대부분의 국가에서 정액세를 사용하지 않는 것은 정액세의 성격을 완벽하게 갖춘 조세대상을 찾기 어렵기 때문이다. 또한 조세부과의 목적이 단순히 효율성만이 아니기 때문이다. 즉, 정액세는 부자나 가난한 사람 모두에게 동일한 금액의 조세가 부과되므로 불공평한 세금이다. 정액세는 이론적으로는 합리적이지만 현실에서 그 예를 찾아보기가 어렵다. 또한 정액세의 성격을 지닌 조세를 찾았다고 해도 실제로 그것을 현실에 적용하는 것이 바람직한가를 생각해 볼 필요가 있다[24].

---

24) 정액세가 좋다는 것은 효율성의 관점에서 볼 때 타당한 것이며 공평성의 측면에서 볼 때는 바람직하지 않기 때문이다.

(2) 인두세

인두세(人頭稅, poll tax)는 정액세와 비슷한 성질을 가지고 있다. 인두세가 최소한 단기에서 거의 완벽한 정액세의 성격을 가지고 있다고 할 수 있다. 사람의 수를 헤아려 세금을 부과하므로 이로 인한 민간경제의 교란은 없을 것이다. 그러나 인두세가 분배적인 측면에서는 바람직하지 못하다. 아마 모든 직접세 중에서 가장 역진적인 조세의 형태이기 때문이다. 효율성 측면에서 바람직한 성격을 지녔다 해도 공평성 측면에서 심각한 문제가 있다면 그 또한 바람직한 조세라고 할 수 없다.

※ 초과부담의 사례

영국의 초대 수상이었던 로버트 월폴(Robert Walpole)[25]은 귀족들의 호화주택에 대한 과세를 시도하면서 처음에는 벽난로가 있는 집에 대해서만 세금을 부과하였다. 그러나 세리(稅吏)들의 무례한 실내출입으로 귀족들의 언성이 높아지자 나중에는 밖에서도 쉽게 볼 수 있는 창문의 수를 기준으로 과세를 하기에 이르렀다. 이를 창문세(window tax)라고 한다. 즉, 창문의 수가 많고 적음에 따라 세금을 부과하게 되면 당연히 주택의 창문이 줄어들고 실내는 어두워질 것이다. 세금부과로 밝은 빛을 제대로 볼 수 없게 되는 것 즉, 집안을 어둡게 하는 것이 초과부담에 해당된다.

또 다른 예로 제정러시아 시대의 피터 대제(the Great Peter)는 한때 귀족들의 구레나룻에 과세를 한 적이 있었다. 수염에 세금을 붙이면 수염을 기르는 사람들은 자연히 줄어들게 될 것이다. 그러면 수염을 기르며 자신의 멋과 개성을 창조할 수가 없을 것이다. 자신의 멋과 개성을 창조할 수 없는 것은 후생의 감소이기도 하고 세금부과로 인한 초과부담이기도 하다.

※ 수요의 가격탄력성

수요의 가격탄력성이란 가격이 1% 변할 때 수요량이 몇 퍼센트 변하는가를 나타낸다.

$$\text{수요의 가격탄력성(nd)} = \frac{\text{수요량의 변화율(\%)}}{\text{가격의 변화율(\%)}}$$

예를 들어 어떤 상품의 가격이 2% 상승할 때 해당 상품의 수요량이 3%하락하였다면 이 상품 수요의 가격탄력성은

$$nd = \frac{-3\%}{+2\%} = 1.5\text{가 된다.}$$

이는 가격이 1% 상승(감소)하면 수요량이 평균 1.5% 감소(증가)한다는 의미이다.

---

25) 로버트 월폴(Robert Walpole, 1676~1745년)는 영국의 초대 수상이다.

<표 1 – 3>과 같이 가격과 수요의 법칙에 따라 서로 반대방향으로 작용하기 때문에 수요량의 변화율(%)을 가격의 변화율(%)로 나눈 수요의 가격탄력성은 원래 마이너스(−) 값을 갖는다. 그러나 수요의 가격탄력성은 수요의 결정요인들의 변화에 대한 수요(량)의 변화정도만을 파악하기 때문에 절대값을 취하여 정(+)의 값으로 나타낸다. 수요의 가격탄력성은 0과 무한대(∞) 사이의 값을 갖는다.

표 1-3 | **수요의 가격탄력성**

탄력성의 크기	내용	용어
nd = 0	가격의 변화율 → ∞, 수요량의 변화율 → 0	완전 비탄력적
0 < nd < 1	가격의 변화율 > 수요량의 변화율	비탄력적
nd = 1	가격의 변화율 = 수요량의 변화율	단위 탄력적
1 < nd < ∞	가격의 변화율 < 수요량의 변화율	탄력적
nd = ∞	가격의 변화율 → 0, 수요량의 변화율 → ∞	완전 탄력적

※ 효용

효용(utility)이란 소비자가 어떤 상품이나 용역을 일정기간에 걸쳐 소비함으로써 얻게 되는 주관적인 만족도를 말한다. 개인이 향유하는 효용은 상품이나 용역의 종류에 따라 다르게 나타나지만, 동일한 종류의 상품일지라도 사람에 따라 느끼는 주관적인 만족도가 다르며, 상품이나 용역의 수량 변화에 따라 다르게 나타난다. 효용을 말할 때는 반드시 일정기간을 전제로 한다. 효용은 측정 가능성 여부에 따라 기수적 효용과 서수적 효용으로 구분한다. 기수적 효용은 상품이나 용역의 소비로 느끼는 주관적인 만족도를 수치로 나타내는 것을 말한다. 서수적 효용은 소비자의 주관적인 만족도를 구체적인 수치로 나타내지 않고 만족도의 크기에 따라 순서로만 나타낸다.

1. 총효용(total utility : TU)이란 소비자가 일정기간 동안에 일정량의 상품이나 용역을 소비함으로써 느낄 수 있는 주관적인 만족도의 총계를 말한다. 총효용을 TU로 표시하면 효용함수는 TU = f(Q)로 나타낼 수 있다.
2. 평균효용(average utility : AU)이란 소비자가 일정기간 동안 일정량의 상품이나 용역을 소비할 때 한 단위의 상품이나 용역에 대한 효용을 말한다. 평균효용은 총효용을 총소비량으로 나눈 값과 같다. 즉, AU = TU/Q(상품의 소비량)로 나타낼 수 있다.
3. 한계효용(marginal utility : MU)이란 소비자가 일정기간 동안에 일정량의 상품이나 용역을 소비할 때 상품이나 용역의 소비량을 한 단위씩 증가시켜 나감으로써 얻게 되는 총효용의 증가분을 말한다. 이는 총효용의 증가분(ΔTU)을 소비량의 증가분(ΔQ)으로 나눈 것과 같은 의미이다.

1. 전가와 귀착의 분석의 필요성

전가(轉嫁 : shifting)와 귀착(歸着 : incidence)의 분석은 조세의 공평성을 평가하는 데 필요하고, 조세를 누가 궁극적으로 부담하는가 결정하는 데 필요하다. 그리고 주어진 세제가 누진, 비례, 역진적인가 판단하는 데 필요하며, 국민경제 전체에 대한 조세의 효과를 평가하는 데 필요하다.

2. 전가와 귀착의 개념

전가와 귀착을 보면 조세가 과세되면 초기충격이 일어나는데 초기충격은 법적으로 과세 납세자이고 전가가 없으면 초기충격자가 과세를 부담한다.

개념을 정리하여 보면 전가란 조세부담할 사람이 다른 사람에게 이전시키는 과정이다. 가격의 변화, 질적 · 양적 변화, 일종의 조세부담 회피현상으로 볼 수 있다.

그리고 조세의 귀착이란 조세부담이 최종적으로 어떤 사람에게 귀착되는 현상을 말한다. 초기효과란 조세의 충격과 전가 및 귀착의 결과가 개인에게 주는 영향력이다. 경제단위의 행동변화를 초래한다. 즉 대체효과로 세 부담 회피를 하고 세 부담 효과인 소득효과가 이루어진다. 효과로 노동의욕과 생산, 저축, 소비, 투자에 영향을 미치며 수요와 공급, 자원배분, 가격, 국민소득에 영향을 미친다.

3. 조세부담의 성질

조세부담의 성질에서 자원이전이란 자원은 정부부문으로 이전되며 민간부문의 자원 이용이 억제되므로 민간부문의 부담을 발생한다. 이 부담에 대한 귀착분석은 공공부문에 의한 자원이용의 기회비용을 누가 흡수하는가를 밝혀준다. 세 부담의 소득계층별 분포를 구할 수 있다.

그리고 초과부담이란 민간부문에서 총부담이 실제로 징수된 세액을 초과하는 경우를 말한다. 투입효과란 조세부과는 요소투입에 따라 산출량의 변화를 일으키기 때문에 조세수입과 전체부담이 상이할 수 있다. 노동공급, 저축, 투자에 영향을 미쳐 산출량을 감소시킬 우려가 있다.

그리고 고용효과란 조세는 고용수준을 저하시킬 수 있다. 총수요에 영향을 주어 고용수준에 변화를 준다.

제2절 | 전가학설

조세의 전가학설을 보면 고전학파 이전에도 S. W Petty는 소비재의 최종단계에 부과되는 소비세가 소비 또는 지출 일반인에 전가되고 고용주만이 아니라 부유한 지주 및 소비자의 부담이 되는 까닭에 공평한 조세라고 하였다.

고전학파의 전가론(절대설)은 완전자유경쟁의 가정하에 지대, 이윤, 임금에 과하여진 조세가 조세의 투쟁을 통하여 전가운동을 발생시킨다고 보았다.

이에는 A. Smith의 전가론, 리카도(D. Ricardo)의 전가론, 회의설, 환원설이 있으며 그 내용은 다음과 같다.

① A. Smith의 전가론에서 지대세(地代稅 : land value tax)와 사치품세는 전가가 되지 않는다고 보았다. 이윤세와 임금세는 전가가 된다고 하였다. 원인은 정상이윤과 노동의 재생산이 요구되는 생활자료의 확보가 원인이라 보고 있다. 보통 지대세, 가옥 임대료세, 사치품세가 공정하고 중립적이라고 보고 있다. 여기서 부동산관련 조세인 지대와 가옥 임대료세를 공정하고 조세의 중립성이 있다고 보고 있다.

② D. Ricardo의 전가론은 A. Smith의 견해와 대체로 일치하며 지주는 지대세만 부담하는 것이다. 산업자본가 및 부유한 소비자가 주로 조세를 부담한다. 임금기금설에 근거로 노동의 재생산에 필요한 자연가격과 평균이윤율에 따라 전가 일반이윤세가 중립적이라 한다.

③ 회의설의 헬드(A. Held)는 조세가 한계비용을 높이고 수익을 감소시켜 전가 가능성을 갖고 있으나 조세의 전가는 기업자본, 노동 및 생산요소의 희소성 등 복잡한 요인에 좌우되기 때문에 그 결과에 대해 일반적 결론을 얻을 수 없다고 하였다.

④ 환원설(상각설)은 지대에 관하여 조세 환원 현상을 인정하고 이것을 이론적으로 설명하였다(투르게이트A. R. T Turgat).[26] 그 외에도 자본화설, 절충설 등이 있다.

제3절 | 전가의 형태

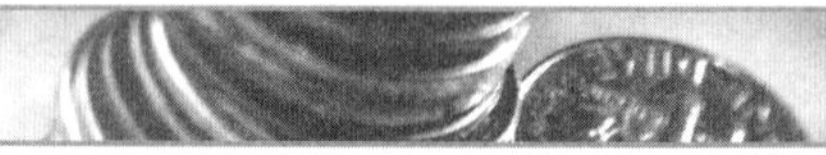

전가의 형태로 전전(前轉, forward shifting), 후전(後轉, 逆轉, backward shifting), 소전(消轉, 排轉, 質變吸收, absorption transformation), 경전(更轉, 復轉, further shifting), 조세의 환원(還元, capitalization)이 있으며 그 내용은 다음과 같다.

노동과 자본에 과세 시 기업은 도매상에게 조세를 전가하고 도매상은 소매상에 전가하고 다시 최종소비자에게 조세가 전가되는 형태로 <그림 2-1>과 같다.

---

26) 투르게이트(A. R. T Turgat, 1727~1781년) 프랑스 재정학자이다.

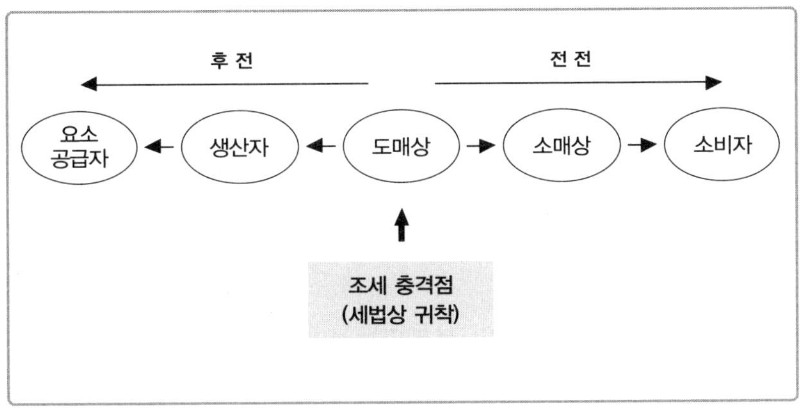

그림 2-1 | **전가와 귀착의 형태**

1. 전전

유통과정에 있어서 전자(생산자, 판매자)로부터 후자(소비자, 구매자)에 대하여 조세부담이 이전되는 현상이다.

2. 후전

상품거래 단계에 있어서 후자로부터 전자로 조세부담이 이전되는 현상이다. 요소공급자에게 조세부담이 이전되는 현상이다. 그 예로 제조업자에 조세가 부과된 경우 원료의 가격인하, 노임의 인하를 수반한다.

3. 소전

생산자에게 과세되는 경우 생산을 보다 더 능률적 · 합리적으로 이룩함으로써 그 조세액만큼 생산비를 절하하는 경우이다. 그 예로 당위수익세(생산성 향상을 자극하기 위해 부과되는 세)가 있다.

4. 경전

전전, 후전이 그 다음에도 계속 반복해서 발생하는 경우를 말한다. 철광석에서 제철, 압연공장, 기계, 제품, 소비자로 전가되는 상황이다.

5. 조세의 환원(자본환원, 조세의 자본화)

부동산 수익이나 유가증권 수입에 대하여 조세가 부과되었을 때 그 부담을 다른 사람에게 전가시킬 수 없기 때문에 부과된 조세액을 자본 환원하여 그 자본액만큼의 과세물건 가격을 하락시킴으로써 조세충격을 회피하려는 현상을 말한다.

자본환원액 = 세액 / 시장이자율이며 부담자는 과세당시의 소유자이다. 그 이후는 납세자이지만 담세자가 아니다. 조세환원은 일종의 후전이라고 할 수 있으며 과세물건 자체가 조세 부담한다고 할 수 있기 때문에 이런 현상을 물상부담(物上負擔)이라 한다.

제4절 | 전가와 귀착의 결정요인

조세의 귀착은 경제주체의 반응도에 의해 결정되며 대응하는 네 가지 조건에 의해 좌우된다. ① 과세 산정의 기초가 되는 과표가 총판매고, 순수입, 요소 지출액, 소비 지출액이냐, ② 과세의 적용범위가 얼마나 포괄적이냐, ③ 조세가 부과되는 시장구조가 경쟁적이냐, ④ 조세구조변경을 위한 조정기간이 어느 정도냐에 있다.

조세전가와 귀착은 소득분포 상황에 영향을 준다. 즉 응용 분배이론이다.

차별적 귀착은 어떤 가계의 경제적 지위를 향상시키지만 반면에 다른 가계의 지위를 저하시킨다. 과세에 의한 실질소득 분포의 변화는 소득의 원천 · 지출 · 용도 면에서 측정할 수 있다. 전가와 귀착을 결정하는 요인은 다음과 같다.

1. 세종(稅種)

단위세(종량세)는 단위당 생산비의 상승을 통해서 세 부담이 전가된다.
순세는 단위당 비용에 직접적인 영향이 없으므로 전가가 되지 않는다.

2. 기업의 비용조건

기업의 비용조건은 비용체증산업은 조세가 소비자에게 전가되며 전가에 의한 가격인상액은 과세액보다 적다.

그리고 비용체감산업은 조세부과가 과세액보다 더 큰 액수로 소비자에게 전가된다. 그리고 비용불변산업에 부과된 세액만큼 소비자에게 전가된다.

3. 경쟁조건

경쟁조건을 보면 완전경쟁시장에서는 단기에는 전가가 곤란하며, 장기에는 전가가 가능하다(단위세일 경우). 독점시장에서는 단위세는 전가된다(일부 전가). 순 소득세는 한계비용에 영향이 없으므로 전가가 불가능하다. 독점적 경쟁시장에서는 ① 재화가 처음시장에 공급되어 특정 수요자를 확보하지 못할 경우 전가가 불가능하다. 그러나 특정 수요량을 확보할 경우에는 전가가 가능하다. ② 기업이 시장에서 재화의 이질성을 충분히 발휘할 때 전가가 가능하다. 반대로 충분히 확보치 못할 경우에는 전가가 곤란하다. ③ 단위세 부과 시는 한계적 생산자는 괴리 현상이 장기적으로 발생할 경우 전가가 가능하다. 그리고 순 소득세는 전가가 가능하다.

그리고 과점시장에서 단위세는 기업에 의해 흡수된다. 즉 가격을 인상하면 수요약화로 시장점유도가 하락한다. 선도기업의 가격인하 시 조세전가가 이루어진다. 탄력성 측면에서는 수요의 탄력성이 높을수록 조세전가가 곤란하다. 공급탄력성은 비탄력적일수록 전가가 곤란하다. 기간의 차이에서 보면 즉시적 기간은 전가가 불가하고 장기에는 전가가 가능하다. 과세의 지역 크기로 보면 과세 지역이 클수록 전가가 곤란하다.

과세대상의 크기로 보면 과세대상의 범위가 광범위할수록 전가가 곤란하다.

1. 조세의 귀착

조세의 귀착은 절대적·차별적, 균형예산, 단기·장기에서의 귀착 등으로 구분하며, 부분균형에 의한 귀착은 완전경쟁시장, 독점시장, 독점적 경쟁시장, 노동시장, 이윤세, 조세귀착의 자본화 등이 있으며, 하버거(A. Harberger)[27]의 일반균형에 의한 귀착 등이 있다.

1) 귀착의 의미

이와 같은 조세부담의 최종적인 귀속을 귀착(歸着)이라 하는데, 귀착이란 결국 세 부담의 마지막 도착지인 것이다. 조세의 귀착(tax incidence)은 실제로 재화·용역·생산요소 등의 시장가격이 조세에 의해 얼마만큼 변동되느냐에 따라 좌우된다. 조세귀착의 결정은 시장에서의 경제활동에 영향을 주는 여러 가지 요인들 즉, 시장구조가 완전 경쟁적이냐 또는 불완전 경쟁적이냐, 세원의 수요 및 공급의 가격탄력성이 어느 정도이냐에 따라 다르다.

세 부담의 법적 귀착은 조세법상 누가 조세납부 의무를 지는가에 따라 결정된다. 그러나 이와 같은 개념은 형식적일 뿐이고, 실제로 나타나는 귀착과는 다르다. 그렇기 때문에 누가 조세부담을 최종적으로 지느냐는 실질적 귀착이 더 중요하다. 이를 경제적 귀착이라고 한다.

경제적 귀착이 법적 귀착과 다른 점은 세 부담이 다른 사람에게 전가되기 때문이다. 납세자의 실제부담은 조세부과로 줄어들게 되는 실질가처분 소득을 측정함으로써 가능하다. 만약 세 부담의 일부만이 전가된다면 납세자의 실질가처분 소득으로 평가될 감소폭은 원래의 세 부담보다 작을 것이다. 전가되는 현상에 의해 과세에 따른 세 부담자가 형식적 부담자와 실질적 부담자로 구분된다. 법률상의 납세의무자가 형식적 부담자가 되고, 조세의 전가를 거쳐서 최종적으로 조세를 부담하는 자가 실질적 부담자이다. 세 부담의 귀착은 개인의 가처분 소득 감소로 연결되므로 조세귀착은 소득분배와 불가분의 관계에 있다.

---

27) 하버거(Arnold Harberger, 1924년~) 미국의 재정학자이다.

2) 귀착의 구분

(1) 절대적 귀착과 차별적 귀착

절대적 귀착(absolute incidence)은 다른 세율이나 지출은 일정하다고 가정하고 특정한 조세의 효과를 분석하는 것이다. 예를 들어 소득세의 세수를 2배로 늘리면서 정부지출이나 다른 조세는 일정하다고 가정하고 그 효과를 파악하는 것을 말한다. 다시 말해서, 개인에게 소득세가 부과되면 개인의 가처분 소득이 줄어들고, 가처분 소득의 감소는 수요를 감소시키고, 더 나아가서는 소득 수준까지 감소시키게 된다. 절대적 귀착은 분석이 편리하다는 장점이 있으나 조세의 분배효과를 분석하는 데는 적합하지 못하다.

이에 비해 차별적 귀착(differential incidence)은 두 가지 조세를 비교해 이들 사이에 분배효과가 어떤 차이를 나타내는지 파악하는 것이다. 조세 자체만의 분배효과를 분석하는 가장 좋은 방법은 한 종류의 조세를 똑같은 조세수입을 가져다주는 다른 종류의 조세로 대체했을 때 어떤 분배효과가 나오는가를 비교하는 것이다. 예를 들어 부가가치세를 동일한 세수의 소득세로 대체한다고 할 때 어떤 분배 효과가 나타나는지를 보는 것이 차별적 귀착이다.

그러나 현실에서 두 개의 조세를 비교할 때 각각의 조세의 분배효과가 서로 상충되는데다가 의사결정까지 교란되어 명확한 비교가 용이하지 않다. 따라서 가상적인 중립세(中立稅)를 비교대상으로 삼아 조세의 분배효과를 측정하는 방법을 이용하기도 한다.

(2) 균형예산 귀착

균형예산 귀착(balanced-budget incidence)은 정부가 세 수입으로 특정한 사업을 수행할 때, 이에 따른 조세지출 분배효과와 정부지출 분배효과를 동시에 살펴보는 것이다. 즉, 조세징수와 지출프로그램의 효과를 함께 묶어 귀착을 분석하는 것을 말한다. 일반적으로 조세의 분배효과는 정부가 조세수입을 어떻게 사용하느냐에 따라 크게 달라지는데, 균형예산 귀착은 이러한 점을 감안하여 고안된 개념이다.

(3) 단기와 장기에서의 귀착

세 부담의 귀착에 대한 분석도 통상의 경제분석과 마찬가지로 기간을 대상으로 어떻게 분석했느냐에 따라 결과가 다르게 나타난다. 예를 들어 저축에 조세를 부과한다고 할 때, 단기적으로는 주로 저축자의 세 부담이 늘어나게 된다.

그러나 장기적으로는 저축의 감소가 자본의 감소로 이어지고, 이는 노동에 대한 수요를 감소시키게 되어 결국에는 임금하락으로 이어지게 된다. 따라서 저축에 대한 과세는 장기적으로 근로자에게까지 영향을 미친다는 것을 알 수 있다.

3) 부분균형 분석에 의한 귀착

부분균형 분석이란 특정시장에서 부과된 조세가 다른 시장에는 영향을 미치지 않고, 당해 시장에만 영향을 미친다는 가정하에서 분배효과를 파악하는 것을 말한다.

(1) 완전경쟁시장

완전경쟁시장[28]에서 물품세인 특별소비세가 종량세(從量稅, unit tax)형태로 부과되는 경우를 검토해 보자. <그림 2-2>와 같이 완전경쟁시장에서 과세하기 전의 공급곡선 SS, 수요곡선 DD로 주어진다면, 균형은 SS와 DD가 교차하는 a에서 이루어진다. 이때의 균형가격은 op_0, 균형산출량은 oq_0가 된다.

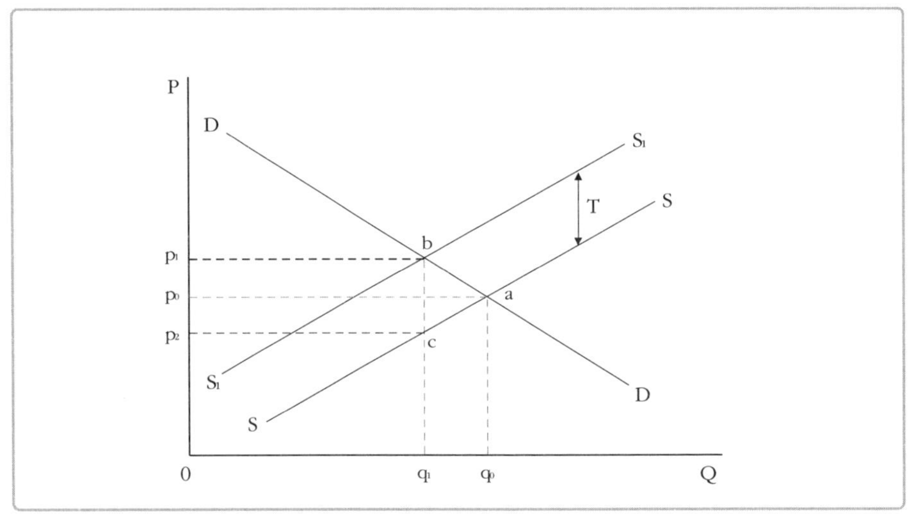

그림 2-2 | **완전경쟁시장하에서 조세귀착**

---

28) 완전경쟁시장이 성립되기 위해서는 다수의 판매자와 다수의 구매자가 존재해야 하며, 상품의 동질성과 표준화로 완전한 대체가 가능해야 한다. 또 시장의 진입과 퇴출이 자유로워야 하며, 생산요소의 완전한 이동이 가능해야 한다. 또한 이윤 극대화를 추구할 수 있으며, 완전한 정보와 정부의 규제가 없는 등의 조건이 충족되는 시장을 말한다.

재화 1단위당 T만큼의 종량세가 부과된다면 생산자는 세 부담을 생산비의 일부로 간주하거나, 순가격에 관심이 있으므로 공급곡선은 과세하기 전의 SS에서 과세한 후 S_1S_1으로 이동하게 될 것이다.

그러면 균형은 DD와 S_1S_1이 만나는 b점에서 결정되고, 이때의 균형가격은 p_1만큼 상승하며 균형산출량은 q_1만큼 하락하게 된다. 따라서 상품 한 단위당 부과된 조세 T 중에서 소비자는 p_0p_1만큼을 부담하고 생산자는 p_0p_2만큼 부담하게 된다. 즉, 조세 T 중에서 p_0p_1만큼이 소비자에게 전가되고 p_0p_2만큼이 생산자에게 전가된다[29].

완전경쟁시장에서 조세가 부과되면 조세부담은 소비자나 생산자에게 귀착되게 된다. 그러나 이들에게 귀착되는 조세부담의 크기는 수요와 공급의 가격탄력성에 의해 결정된다. 수요의 가격탄력성이란 재화의 가격이 변화할 때 수요량이 얼마나 민감하게 반응하는가를 측정하는 지표이다. 수요의 가격탄력성은 해당 재화에 대한 대체재가 많을수록 탄력적이다. 따라서 어떤 재화에 대한 수요의 가격탄력성이 크다면 조세부과의 전가가 용이하지 않기 때문에 소비자 부담이 적어질 것이다.

반면에 어떤 재화에 대한 대체재의 수가 적으면 해당 재화의 가격탄력성은 비탄력적이라고 할 수 있다. 수요가 비탄력적일 경우, 세 부담 배분이 소비자에게 그만큼 더 커지게 된다. 이는 제품을 구입할 수 있는 선택권이 상대적으로 제한되어 있는 소비자가 세를 부담할 가능성이 크기 때문이다.

반대로 공급이 탄력적일수록 생산자 부담은 감소하고 소비자 부담은 증가하며, 공급이 비탄력적일수록 생산자 부담은 증가하고 소비자 부담은 감소한다. 어떤 재화의 공급곡선은 해당 기업으로서는 일종의 비용곡선을 반영하기 때문에, 세 부담으로 기업은 생산요소·생산방법 등에 제한을 받는다는 것을 알 수 있다. 즉, 공급곡선이 탄력적이라는 것은 생산자가 세 부담을 전가시킬 수 있는 여력이 그만큼 크다는 것을 의미한다.

(2) 독점시장

독점시장[30]에서 생산되는 재화에 조세가 부과될 경우 조세부담의 배분형태는 완전경쟁시

---

29) 조세의 귀착 즉, 생산자와 소비자 간의 세 부담의 분할은 공급 및 수요의 가격탄력성에 비례하는 것으로 알려져 있다.

30) 독점시장의 성립조건으로는 한 기업과 다수의 수요자가 존재해야 하며, 동질의 제품이나 대체재를 생산하는 기업이 없기 때문에 기업 간 상호의존성이 없으며, 생산요소는 극히 제한된 범위 내에서 이동이 가능하며, 제한된 시장정보와 지식을 가지고 있어야 한다.

장의 경우와 유사하다. 수요의 탄력성이 조세부담의 배분에 미치는 효과는 동일하다. 그러나 독점시장에서는 완전경쟁시장과 같은 공급곡선이 존재하지 않는다.

독점시장체제하에서 정부가 조세를 부과하면, 독점기업은 독점적 지위를 이용하여 세 부담을 소비자가격 상승을 통하여 소비자들에게 부담을 전가시킬 것이라고 생각할 수 있다. 현실적으로 전액을 소비자에게 전가시키는 것이 가능하지만 이론적으로는 수요탄력성과 한계비용곡선의 기울기에 따라 조세부담 배분의 크기가 결정된다. 즉, 한계비용곡선의 기울기가 완만할수록 소비자들의 부담이 커지며 한계비용곡선의 기울기가 급할수록 소비자 부담이 작아진다.

만약, 한계비용곡선이 수평선이고 수요곡선이 우하향하는 경우에는 세액의 50%가 소비자가격 상승을 통해 전가되며, 수요곡선상의 모든 점에서의 탄력성이 일정한 경우에는 세액 이상의 가격상승이 이루어진다.

(3) 독점적 경쟁시장

독점적 경쟁시장[31]의 제품에 조세가 부과될 경우의 조세전가 여부는 제품의 차별성 확보 여부에 달려 있다. 즉, 자유로운 시장 진입(進入)이나 탈퇴(脫退), 다수의 소비자와 판매자 존재 등의 특성을 지닌 독점적 경쟁시장에서 어떤 제품에 조세가 부과될 경우 해당 제품에 대한 차별성이 크다면 소비자에 대한 독점력이 강해 소비자에게 더 많이 전가되고, 차별성이 작다면 소비자에 대한 독점력이 발휘될 수 없기 때문에 공급자에게 더 많이 전가된다고 할 수 있다.

(4) 노동시장의 귀착

노동시장에서의 조세부담은 기업가와 근로자들 간에 어떻게 배분되는가 하는 것이다. 노동시장에 조세가 부과될 경우, 세 부담의 배분은 노동수요와 노동공급의 임금탄력성에 따라 결정된다. 만약 노동수요가 노동공급보다 탄력적인 경우 조세를 부과한다면 노동수요자인 기업이 근로자보다 세 부담이 작아지게 된다.

반면에 노동공급이 노동수요보다 탄력적인 경우에 정부가 조세를 부과한다면 노동공급

---

31) 독점적 경쟁시장이란 같은 종류의 상품을 생산하는 기업은 많으나 각 기업들이 제품의 차별화 등을 통해 가격과 생산량을 결정하여 어느 정도 시장지배력을 가지고 있는 기업들 간의 경쟁이 이루어지고 있는 시장을 말한다. 세탁소, 이발소, 목욕탕, 약국, 음식점 등이 이에 해당한다.

자인 근로자들이 기업보다 세 부담이 작아진다. 노동수요가 탄력적일수록(임금변화에 노동수요가 민감하게 반응할 때) 근로자들의 세 부담은 증가하며 기업의 세 부담은 감소한다. 노동공급이 탄력적일수록 근로자들의 세 부담은 작아지며 기업들의 부담은 증가한다. 그러나 이와 같은 주장은 이론에 불과할 뿐 현실적으로는 노동의 수요자인 기업이 훨씬 더 유리할 것이다. 왜냐하면 근로자들은 자신의 노동시간을 마음대로 조절하기가 거의 불가능하여 노동공급이 매우 비탄력적이기 때문이다.

(5) 이윤세의 귀착

경제적 이윤에 대해 부과하는 이윤세(利潤稅, profit tax)는 기업이윤의 일정비율만큼 부과하는 조세이므로 이윤극대화를 추구하는 기업의 생산량 결정에 영향을 미치지 못하므로 왜곡되지도 않고 전가될 수도 없다. 즉, 한계수입이나 한계비용에 영향을 주지 않는다.

따라서 이윤세는 완전경쟁이나 독점기업의 균형가격이나 균형생산량에 영향을 미치지 않으며, 장기나 단기에서도 이윤세의 부과는 상품의 생산량과 가격에 아무런 영향을 미치지 못한다. 즉, 이윤세는 전적으로 생산자가 부담하고 소비자나 근로자에게 세 부담을 전가시키지 못한다. 이러한 의미에서 이윤세는 어떠한 경제적 의사결정도 교란시키지 않으므로 자원배분에 중립적인 성격을 지니고 있다.

그러나 현실적으로 이윤세를 채택하기란 쉽지 않다. 일부에서는 법인세를 이윤세의 일종으로 보아도 무방하다는 견해도 있으나 법인세의 부과대상인 이윤은 진정한 의미에서 경제적 이윤이 아니며, 법인세를 이윤세의 성격을 지니게 하려면 자본스톡의 크기, 감가상각(減價償却, depreciation)[32] 등을 정확하게 측정하여야 한다는 조건이 따르기 때문이다.

(6) 조세귀착의 자본화

토지·주택 등과 같이 상당기간 동안 공급이 고정되어 있고 내구적인 성격을 지닌 재화에 세금이 부과될 경우, 자산의 미래가격이 조세부담으로 인해 그만큼 할인된 현재가치로 평가되기 때문에 재화의 가격이 하락하게 된다. 이를 조세부담의 자본화(capitalization)[33]라고

---

32) 토지 등을 제외한 유형의 자산은 시간의 흐름에 따라 자산이 마모되고 진부화 되는 등 물리적·경제적 가치가 점차 감소되어 간다. 감가상각은 유형자산의 사용으로 창출되는 수익에 그 원가를 대응시키는 것이 주요 목적이다.

한다.

자본화는 자산의 공급이 고정되어 있어 조세의 부담이 전적으로 자산소유자에게 귀착되기 때문에 발생한다. 즉, 토지나 주택 등에 세금이 부과될 경우 매기(每期)의 세금납부는 그 시점에서 소유자가 부담하게 된다. 그러나 조세가 부과되는 시점에서 미래의 모든 납세액의 현재가치만큼 토지나 주택 등의 자산가격이 하락하므로 조세가 부과되는 시점의 소유자가 전부 부담하게 된다.

현실에서 부과된 조세의 자본화가 일어나고 있다면, 미래에 예상되는 조세부담은 현재 토지나 주택을 보유한 사람에게 전적으로 귀착된다고 할 수 있다.

그러나 이와 같은 근거는 토지나 주택의 공급이 고정되어 있음을 전제로 할 때만이 타당하다. 토지에 관한 과세율이 완화되면 지가는 다시 상승하는 경향이 있다. 만약 토지의 공급이 신축적이라면 완전한 의미에서 자본화는 발생하지 않을 것이다.

자본환원 현상은 유가증권 · 토지 · 건물 · 기타 부동산 등 자본재 또는 소득을 가져올 수 있는 자산, 미래에 과세가 신설될 가능성이 있을 때나 또는 세율이 인상될 가능성이 보일 때, 과세대상의 공급이 수요를 초과할 때 발생할 수 있다.

4) 일반균형에 의한 귀착

일반균형 분석방법은 서로 다른 시장 사이의 상호관계를 고려하여 분배효과를 파악하는 것을 말한다. 그러나 일반균형 분석에 의한 귀착은 분석과정이 복잡하여 명확한 결과를 도출하기가 어렵다. 조세귀착의 일반균형분석은 Harberger의 일반균형분석과 쇼븐(John B. Shoven)과 휠리(John Whalley)[34]의 일반균형 분석이 자주 언급되고 있다[35].

----

33) 만약 n기에 걸쳐 발생하는 기간당 임대료 수입을 R_0, R_1, R_2, … R_n 이라고 하면 토지의 가격 P는 $P = P_0 + R_1 / (1 + r) + R_2 / (1 + r)^2 + \cdots$ ①

여기에 매기마다 토지에 t_i만큼의 세금이 부과될 경우 과세 후의 토지가격의 현재가치는 $P = (R_0 - t_0) + (R_1 - t_1) / (1 + r) + (R_2 - t_2) / (1 + r)^2 + \cdots (R_n - t_n)^n / (1 + r)^n \cdots$ ②

위에서 ①과 ②를 비교하면 토지가격은 ΔP만큼 하락한 것을 알 수 있다.

즉, $\Delta P = t_0 + t_1 / (1 + r) + t_2 / (1 + r)^2 + \cdots + t_n / (1 + r)^n$

34) 쇼븐(John B. Shoven, 1947년~)은 미국 출신의 재정학자이고, 휠리(John Whalley, 1946년~)는 캐나다 출신의 재정학자이다.

35) 일반균형분석은 이 책의 범위를 넘고 있으므로 여기서는 하버거의 일반균형분석을 위한 가정과 평가에 관해서만 언급하기로 한다.

(1) Harberger의 일반균형

Harberger의 일반균형 분석모형[36]의 가정과 평가만을 살펴보기로 하자. 일반균형 분석을 위해 첫째, 경제는 X재와 Y재 두 재화만 생산되는 두 생산물만이 존재하고, 생산은 자본(K)과 노동(L)이라는 두 생산요소로 이루어지며, 생산기술은 규모에 대한 수익불변이며 X재는 자본집약적인 상품이고 Y재는 노동집약적인 상품을 가정하고 있다. 둘째, 자본과 노동은 두 산업 간에 자유로이 이동할 수 있으며, 두 산업에서의 자본과 노동의 과세 후의 한계수익률은 항상 같아야 한다. 셋째, 경제는 모든 시장에서 완전경쟁이 이루어지고 있다. 넷째, 자본과 노동의 총량은 고정되어 있고, 다섯째, 모든 소비자의 선호는 동일하다고 가정하고 있다.

Harberger의 일반균형 분석은 부분균형 모형이 지닌 한계를 극복하였다는 점에서 높이 평가받고 있다. 그러나 Harberger의 모형은 두 재화와 두 생산요소만을 가정한 단순한 경제모델에만 적용될 수 있으며, 정책변화가 보다 확장된 경제모델에 적용하기가 용이하지 않다는 지적이 있다.

제6절 | 최적의 조세

1. 최적조세구조와 차선책

최적조세구조(optimal tax structure)는 어떤 종류의 조세를 통하여 조세수입을 얻는 것이 바람직한가를 다루는 것을 말한다. 즉, 간접세가 보다 바람직한지, 직접세가 보다 바람직한지 또는 소득세가 보다 나은지, 아니면 소비세가 보다 나은지 등에 대해서 논의한다. 또 구체적으로 조세가 정해졌으면 어떻게 운영하는 것이 바람직한가에 관해 논의한다.

전통적인 이론에 의하면 최적의 과세는 조세수입의 목표가 주어졌을 때 효율성의 상실이 최소한에 그치는 것에 많은 비중을 두었다. 이와 같이 효율성의 측면에만 관심을 갖다가 효

---

36) 나성린 · 전영섭, 『공공경제학』, 학현사, 1998.

율성만으로는 최적의 과세가 될 수 없으므로 분배상의 공평성도 감안해야 한다는 인식이 싹트기 시작하였다. 최적조세구조란 효율성과 공평성을 조화시켜서 정부의 세수목표를 달성하는 동시에 사회의 후생을 극대화 할 수 있는 조세구조를 의미한다.

그러나 효율성과 공평성 간에는 상충관계가 존재하고 있어 최적의 조세구조를 모색하는 데 어려움이 있다. 효율성과 공평성 간의 상충관계를 정확히 인식하기가 어려울 뿐 아니라 양자 사이의 상충관계가 구체적으로 어느 정도가 되는지를 알 수 없어 합리적인 의사결정에 어려움을 겪고 있다. 또한 양자 사이의 상충관계는 사회제도 · 경제상황 · 역사적 배경 등의 특성에 따라 달라지기 때문에 어려움을 더하고 있다.

따라서 현실에서는 효율성과 형평성 사이의 적절한 타협을 통해서 최적의 조세구조를 찾을 수밖에 없다. 그러나 문제는 효율성과 형평성을 어떻게 평가해야 하는가에 대한 객관적인 기준이 존재하지 않는다. 따라서 어떤 나라에서는 공평성을 중시하여 누진적인 조세제도를 채택하는 반면에 다른 나라에서는 누진성이 약한 조세제도를 채택하기도 한다[37].

전통적인 최적조세이론은 최선의 방책을 찾을 수 없다는 현실을 인정하고 차선의 방식(second - best solution)을 찾는 데 주력하고 있다. 차선의 방식이란 공평성과 효율성이라는 상충된 목표에 대해 사회구성원들의 견해를 반영하면서 주어진 세수목표를 달성하는 조세구조를 의미한다. 정부는 정부가 목표로 하는 세수를 달성할 수 있어야 하고 동시에 개인의 효용을 극대화할 수 있는 최적의 조세를 고안해야 한다.

최적조세이론은 조세의 부과가 효율성의 상실을 가져옴을 인정하고 가능하면 이를 최소화하는 조세구조를 찾으려고 노력하고 있다. 따라서 전형적인 조세이론은 효율성의 관점에서 차선의 성격을 지니고 있는 조세구조를 찾고 그 위에 다시 공평성을 추가하여 가장 바람직한 조세구조를 찾는 방식으로 논의를 진행하고 있다.

2. 최적의 물품세

최적의 물품세로는 역탄력성 원칙, 램지 규칙, 콜렛 · 헤이그 규칙 등이 전통적으로 거론되고 있다.

----
37) 조세구조는 출발점에서부터 가치판단이 개입되기 때문에 객관적인 해결책을 찾기가 어렵다.

1) 역탄력성 원칙

역탄력성 원칙(inverse elasticity rule)에 의하면 재화에 적용되는 세율은 수요의 가격탄력성에 반비례하는 것이 바람직하다는 것이다. 가격탄력성이 큰 상품에 낮은 세율을 적용하고 가격탄력성이 작은 상품에는 높은 세율을 적용하는 것이 최적과세라는 것이다. 즉, 사치품에 저율(低率)의 과세를 하고 생필품에 고율(高率)의 과세를 부과해야 한다는 것이다.

수요의 가격탄력성이 큰 상품일수록 세금부과에 의한 경제적 교란이 클 것이므로 이러한 상품에 대해서 낮은 세율을 적용하는 것이 효율적이다. 그러나 수요의 탄력성이 작으면 경제교란 요인이 별로 크지 않기 때문에 높은 세율을 적용해도 무방할 것이다. 만약 탄력성이 영(零)인 상품이 있다면 필요한 조세수입을 이에 대한 과세를 통해 얻는 것이 최적이라고 할 수 있다. 수요곡선을 이용하여 역탄력성의 원칙을 설명해 보자.

<그림 2-3>에서는 조세가 부과되기 전의 상품의 가격은 p_1이고 수량은 q_1이다. 수요곡선 D_e는 탄력적임을 나타내고 수요곡선 D_i는 비탄력적임을 나타낸다. 이때 세율 t가 부과되어 가격이 $P_1(1+t)$로 상승하였다고 하자. 만약 수요곡선이 탄력적이라면 수요는 q_3로 하락하게 될 것이고 세수는 $P_1(1+t)dep$만큼이 되고 초과부담은 ade이다. 반면에 수요가 비탄력적이라면 수요는 q_2이고, 세수는 $P_1(1+t)bcp_1$이 될 것이다. 이 경우 초과부담은 abc이다. 따라서 조세수입에 대한 초과부담은 수요가 비탄력적인 경우가 탄력적인 경우보다 작게 된다. 즉, 그림에서 abc / $P_1(1+t)bcP_1$이 ade / $P_1(1+t)deP_1$보다 작다. 이는 조세 1원당 상실되는 초과부담의 크기가 탄력적인 상품에 과세할 때 더 크다는 것을 의미한다.

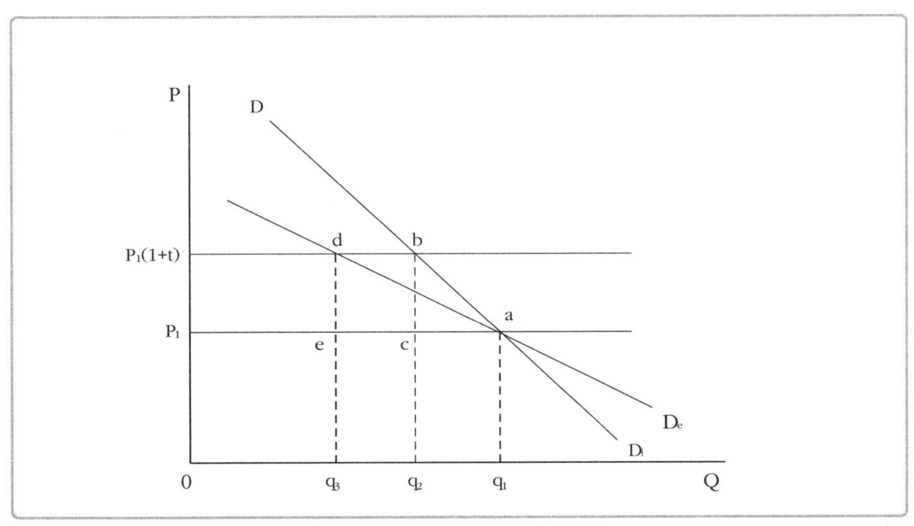

그림 2-3 | **역탄력성 원칙**

따라서 과세의 초과부담을 극소화하기 위해서는 수요의 탄력성이 작으면 작을수록 고율의 과세를 부과해야 하며 반대로 수요의 탄력성이 크면 클수록 낮은 세율을 적용해야 한다는 것이다. 이와 같이 조세 한 단위당 상실되는 효용의 크기를 모든 재화에 동일하게 할 때 사회의 후생손실을 극소화할 수 있다는 것이다. 이러한 주장은 순전히 효율성만 주장하고 있기 때문에 가능하다.

그러나 수요의 가격탄력성이 낮은 상품은 대개 필수품인데 이러한 재화들에 고율의 세금을 부과하는 것은 현실적으로 맞지 않다. 역탄력성의 원리가 효율성이나 공평성이라는 측면에서 올바르게 적용되어야 한다면 쌀·옷 등과 같은 생필품에 중과세를 해서는 안되며, 사치품 중에서도 탄력성이 영(零)인 알코올·담배 등에 중과세(重課稅)를 해야 한다는 것이다.

2) 램지(Frank P. Ramsey)[38]의 규칙

정부가 일정한 조세수입을 위해서 정액세(lump sum tax)나 인두세를 통해 세수를 확보한다는 것은 현실적으로 불가능하다. 결국 직접세 대신에 상품에 과세되는 간접세를 통해 징수해야 한다. 상품에 대한 과세는 상품가격을 상승시킨다. 따라서 모든 상품에 일률적으로 과세되는 일괄(一括) 균일세율(均一稅率)을 적용한다면 상대가격의 변동을 배제할 수 있으며 초과부담 문제를 야기하지 않을 것이다.

과세로 인해 생산자의 상대가격비나 소비자의 상대가격비가 언제나 일정할 때 사회적 후생은 극대화될 수 있음을 말해주고 있다. 이는 단일세율이 적용되는 부가가치세가 가장 효율적인 방식이라고 할 수 있다. F. Ramsey의 규칙은 물품세의 최적조세구조는 재화의 수요량이 동일한 비율로 감소되도록 모든 재화에 조세를 부과해야 한다는 것을 의미한다.

그러나 이는 여가도 과세할 수 있고 후생극대화에 왜곡을 수반하지 않는다는 전제하에서 일률과세를 한다는 명제는 비현실적이다. 현실적으로 여가를 과세할 수가 없기 때문이다.

F. Ramsey는 어떤 물품세 체계가 있다고 할 때 이로 인한 초과부담의 합을 극소화시키기 위해서는 각 상품에서 거두어들이는 조세수입의 한계초과부담(marginal excess burden)을 일치시켜야 한다고 주장한다. 만약 한계초과부담이 서로 다르다면 초과부담이 작은 쪽의 조세수입을 늘리고, 초과부담이 큰 쪽의 조세수입을 줄인다면 전체적으로 초과부담을 줄일 수

---

38) 램지(Frank P. Ramsey, 1903~1930년) 영국의 재정학자이다.

있다. 즉, 조세제도로부터 야기되는 모든 초과부담을 극소화하기 위해서는 모든 상품의 수요량에 똑같은 비율의 감소가 일어나도록 해야 한다는 것이다. 상품 X재 한 단위에 부과된 세금을 Xt라 하고 상품 X재의 증가분 또는 감소분을 △X라고 한다면 △X / Xt = △Y / Yt 가 성립해야 한다는 것이다.

F. Ramsey의 최적상품 과세론은 이론적 차원에서 초과부담문제를 해결했다는 점에서 높이 평가되고 있다. 그러나 개인 간·계층 간의 형평성 문제를 해소하지 못했다고 지적받기도 한다. F. Ramsey의 최적간접세 이론은 주로 효율성만 충족시킨다고 볼 때 공평성이 결여되고 사회적 선호를 무시한 이론으로써 완벽한 의미의 최적과세라고 보기는 어렵다고 할 수 있다.

3) W. Corlett과 D. Hague 규칙

콜렛(W. Corlett)과 헤이그(D. Hague)[39]는 여가를 제외한 다른 상품에만 물품세를 부과할 경우 그 상품이 여가와 어떤 관계를 가지고 있느냐에 따라 세율 구조를 적절하게 조정하는 것이 바람직하다고 주장하였다. 즉, 여가와 보완적인 상품에 더 높은 세율을 적용하고 대체적인 상품에는 더 낮은 세율을 적용하는 것이 바람직하다는 주장으로서 람지의 규칙 변형이라고 할 수 있다.

콜렛 - 헤이그 규칙은 직접세와 간접세 사이에 선택의 문제를 제시하고 있다. 즉, 소득세 대신에 동일한 조세수입을 가져다주는 간접세를 부과하면 사회후생이 증가할 수 있다는 시사점을 제시하고 있다. 결국 소득세를 선택할 것인가 간접세를 선택할 것인가의 여부는 물품세의 세율을 동일하게 유지하는 것이 좋은가 아니면 차등을 두는 것이 좋은가의 문제로 귀착된다고 할 수 있다. 이들은 세율에 차등을 둔 물품세 제도가 더 낫다고 주장하고 있다.

3. 최적 소득세

최적의 소득세란 적절한 누진성으로 사회후생의 극대화를 추구하고자 하는 것이다. 사회후생의 극대화란 조세와 관련된 초과부담과 공평성 사이에 적절한 균형이 이루어지는 것을

---

39) 콜렛과 헤이그(W. Corlett & D. Hague), ‘Complementarity and the excess burden of taxation’, 1953.

말한다. 그러므로 최적소득세에 대한 논의에서 불공평성을 줄이려고 할 때 어느 정도의 추가적 초과부담을 감수할 용의가 있는가에 관한 가치판단이 중요한 역할을 하게 된다. 그러나 효율성과 공평성에 대해 사람마다 서로 다른 가치판단을 가지고 있을 뿐 아니라 양자 사이의 상충관계가 어느 정도인가에 대한 실증적 분석이 충분하지 못하다는 문제가 있다. 여기서는 선형 누진 및 비선형 누진 소득세 그리고 최적 소득세가 지니고 있는 문제점 등에 대해서 살펴본다.

1) 선형 누진 소득세

선형 누진 소득세(linear progressive tax)는 소득의 증가에도 불구하고 한계세율은 일정하고 평균세율이 증가하는 조세제도를 말한다. 즉, 모든 사람들에게 일정액을 증여(lump-sum tax)해 준 다음, 모든 사람들이 벌어들인 소득에 대해서는 소득의 크기에 상관없이 일정한 세율을 적용하는 것을 말한다[40]. 선형 누진 소득세제는 면세점(免稅點)[41]과 부의 소득세(negative income tax)를 받아들이고 한계세율을 일정하게 함으로써 소득의 증가에 따라 평균세율이 증가하는 누진성을 지니고 있다.

그러나 일정액의 조세수입을 달성하기 위해서는 한계세율을 높여야 하는데, 한계세율이 높아진다는 것은 초과부담이 더 커졌음을 의미한다[42]. 만약 한계세율이 지나치게 높아져서 부유한 사람들이 노동공급을 줄이기 시작한다면 세금이 줄어들 수 있다.

2) 비선형 소득세

비선형 소득세제는 소득이 증가함에 따라 세금이 비선형으로 증가하는 것을 말한다[43]. 선형 소득세제하에서는 소득이 증가함에 따라 한계세율이 어떻게 변화해야 하는지에 대한 설명이 없다. 일반적으로 최적 비선형 소득세의 한계세율은 소득이 일정 수준 이상 증가하면

---

40) 우명동, 『재정학 방법론과 재정론』 도서출판 해남, 1999. 이를 수식으로 표현하면 $T = t(Y-E)$이다. 여기서 T : 총조세 지불액, t : 한계세율, Y : 과세전 소득, E : 면세점을 나타낸다. 평균세율은 $T/Y = t(1-E/Y)$이다.
41) 면세점이란 일정 이하의 금액에 대해 과세하지 않는다고 정할 때 그 금액을 말한다. 비과세와는 달리 그 금액을 처음부터 과세표준에 포함하지 않는 것을 의미하지 않는다.
42) 이준구, 『재정학』, 다산출판사. 1995.
43) 나성린 · 전영섭, 『공공경제학』, 학현사. $T = T(Y)$, $T' > 0$ (Y는 소득을, T는 세금을 나타낸다)

감소하는 것으로 나타나고 있다. 공평과세를 추구할 경우 소득의 증가에 따라 한계세율도 증가해야 한다는 것이다.

3) 최적 소득세의 문제점

뷰캐넌(J. Buchanan)[44]은 최적과세 이론이 후생경제학적 분석도구에 의해서 접근하고 있으므로 한 사회의 조세정책이나 제도적인 측면을 무시하고 있다고 지적하였다. 즉, 현실의 조세정책이나 제도는 이해집단 간의 역학관계에 의해서 결정되며 단순한 사회후생의 극대화 조건을 충족했다고 해서 이루어질 수 있는 것이 아니라는 것이다. 어떤 조세이념이 정책으로 구체화되기 위해서는 현실 세계의 조세정책이 어떤 메커니즘 속에서 결정되는가를 미리 알아야 한다. 왜냐하면, 조세의 공공선택의 원리를 배제한다면 탁상공론에 불과하기 때문이다. 민주주의 제도하에서 조세제도는 납세자의 선호를 바탕으로 다수결·정치적 결정에 의해서 이루어진다. 최적한계세율의 도출은 과세에 대한 노동과 여가에 대한 대체에 근거를 두고 있다. 그러나 여가나 노동에 대한 개인적 가치 내지 효용은 주관적이므로 올바른 평가가 어렵다.

리켓(M. Ricket)도 최적과세이론은 소비나 소득수준만을 후생함수의 변수로 다루고 있으나 소득과 행복은 증가함수의 관계를 갖지 않는다고 주장하였다. 그 외 명예·권력·건강·인생관·자기가치 실현 등 소득 외적인 요인을 감안한다면 공평과세 문제는 더욱 복잡해질 것이다. 또한, 명예와 권력과 부를 누린다고 해서 행복하다고 단정할 수 없다고 주장한다. 그는 또 사회적 정의에 일치하는 최적과세를 모색하는 경우 철학적·윤리적 측면을 어떻게 다루어야 할 것인가가 최적과세 이론이 극복해야 할 과제라고 강조하였다.

또한, 과세는 세원의 정확한 포착, 과세소득의 측정, 현실적인 과표 등 조세행정적인 측면을 감안해야 하고 조세부담, 조세저항 등 조세 심리적 요인도 감안해야 한다. 그런데 최적과세이론은 조세의 행정적·심리적 측면을 도외시하고 있다.

---

44) 뷰캐넌(J. Buchanan, 1919년~) 미국의 재정학자이다.

4. 직접세와 간접세

전통적인 견해에 의하면 동일한 조세수입이 가능한 소득세를 부과하게 되면 사회적 후생이 증가한다. 즉, 간접세보다 직접세가 더 우월하다고 평가하였다. 그러나 이와 같은 논리는 두 재화 사이에서의 소비자 선택이 문제가 되고 있는 제한적인 상황에서만 타당성을 갖는다. 즉, 소득이 주어져 있다고 가정하고 있으므로 주어진 시간을 여가로 사용할 것인지 아니면 노동을 공급하는 데 투입할 것인지의 선택은 문제가 되지 않기 때문에 소득세 등 직접세가 물품세 등 간접세보다 우월하다고 평가하기도 한다.

조세부담의 공평한 분배라는 측면에서 직접세가 간접세보다 더 낫다고 할 수는 있으나 효율성의 측면에서 직접세가 더 낫다는 전통적인 견해가 타당성을 갖지 못한다. 따라서 직접세가 간접세보다 우월하다는 견해는 엄밀한 의미에서 논리적 설명이 부족하다.

에킨슨(A. Atkinson)과 스티글리츠(J. Stiglitz)[45]는 어떤 종류의 조세가 최적의 조세인가를 설명하기 위해서 정보가 비대칭적으로 존재하는 상황 하에서 나타나는 선별의 이론(theory of screening)을 제시하였다. 여기서 선별이란 정보를 갖지 않은 측은 간접적인 수단에 의해 정보를 가진 쪽의 유형을 판단하려는 것이다. 정부는 납세자의 능력에 따라 조세의 부담을 분배하고 싶지만 납세자들의 감추어진 특성(hidden characteristics) 때문에 직접 관찰할 수가 없다. 따라서 어떤 관찰 가능한 특성을 대리변수로 선정하여 선별수단으로 삼아야 한다고 주장한다. 즉, 소득·임금률·소비의 수준 및 내용 등이 선별의 수단이 될 수 있고 이 중에서 가장 좋은 선택이 최적조세라는 것이다.

현실에서는 소득이 능력을 선별하는 수단으로 간주되기도 한다. 그러나 소득은 능력의 지표로써 많은 문제점을 지니고 있다. 그럼에도 불구하고 납세자들이 지니고 있는 다른 특성이 더 좋은 대리변수가 될 수 없기 때문에 많은 조세제도에서 소득을 능력의 지표로 삼고 있다.

---

45) 에킨슨(A. Atkinson) 영국의 재정학자이며, 스티글리츠(J. Stiglitz, 1943년~) 미국의 재정학자이다.

1. 조세부담의 의의

1) 조세부담의 개념

조세부담은 국민소득에 대한 조세부담의 비율($\frac{T}{Y}$)로서 민간부문으로부터 정부부문으로의 자원이전을 의미한다.

2) 조세의 한계부담의 개념

국민생활의 최소한도의 범위를 침식하지 않고 국민소득 중 조세로 흡수할 수 있는 비율을 말한다.

2. 조세부담의 한계

1) 한계의 학설

(1) 무한 과세설

중상주의 시대의 이론으로 조세부담에는 한계가 없다는 주장이다.

(2) 유한 과세설

만일 조세가 소비지출과 재투자를 위한 지출에 불과하다면 최저생활 수준의 침해와 단순재생산을 침식함으로써 국민경제의 축소 재생산을 초래하고 또한 조세가 신투자로 지출되는 소득부분에 과세된다면 국민경제의 성장을 저해할 것이다. 따라서 조세부담 능력의 한계가 있다는 것이다. 각 학자들의 견해를 보면 다음과 같다.

첫째, 클라크(C. Clark)는 국민소득의 25%가 조세부담 능력의 한계라 하였다.

둘째, J. H. Justi는 소득의 1/3을 넘으면 가혹하고, 소득의 1/4에 달하면 과중하고, 소득의 1/6에 달하면 적당하다 하였다. 그리고 11~12%이면 매우 가볍다고 하였다.

셋째, 바스테이블(C. F. Bastable)는 국민소득의 15%에 달한 과세는 과중하다 하였다.

넷째, 슈플레(A. E. Schaffle)는 국민소득의 최적 생활비를 공제한 잔액을 조세부담의 한계라고 주장하였다.

다섯째, 스테인(L. V. Stein)은 국가 활동의 재생산의 정도를 초과하지 않는 범위 내에서 조세부과는 중과 문제가 발생하지 않는다고 하였다.

2) 조세부담의 경제적 한계

(1) 경제적 한계

① 국가가 최저생활수준 기업의 최소한의 신투자를 침식하는 조세를 부과하면 부담능력의 한계에 왔음을 뜻한다.

슘페터(J. Schumpeter)[46]는 조세가 경제적 한계에 이르면 조세국가는 위기에 직면하고 근로자의 근로의욕 및 기업가의 투자의욕을 저해하게 된다고 조세국가 위기를 말하였다.

② 경제적 한계의 크기는 GDP의 크기와 생산성에 비례하고 경비지출의 방향과 직결된다. 즉 자본형성을 위한 공공투자 지출은 민간부문의 투자를 유발함으로써 GDP 증대에 기여한다.

③ 재원의 한계와 사회적 비용의 한계

담세력 한계는 조세일반의 한계사회비용이 다른 재원의 한계사회비용과 같은 점에서 결정된다. 즉 정부는 재정수입의 조정수단으로써 첫 번째로 최저의 한계사회비용을 가지는 그 조세를 선택할 것이다. 세수가 증대함에 따라 조세의 한계사회비용이 점증하면 제1의 세가 일정수준에 달할 때 그 조세의 한계사회비용은 다른 조세의 한계사회비용을 초과하게 되어 정의조세를 선택한다. 제2의 세도 마찬가지로 세수증대에 의하여 한계사회비용이 높아지므로 제3의 세가 선택되고 이와 같이 제4, 제5의 세가 선택되는 과정이 반복될 경우 최후의 세의 한계사회비용(조세일반의 한계비용)이 적자재정(공

---

46) 슘페터(J. Schumpeter, 1883~1950년) 오스트리아 경제학자이다.

채)의 한계사회비용을 초과하는 점 이상의 정부수입을 위해 차입하는 것이 바람직하다. 이때 담세력은 경제적 한계에 도달하였다고 볼 수 있다. 재정지출의 최적 규모결정과 담세력 한계결정은 별개이다.

(2) 심리적 한계

첫째, 과세의 심리적 한계는 전후 독일재정학에서 사용되고 있다. 재정심리학에서 조세정신풍토의 개념을 국민의 조세당국(정부)에 대한 태도라고 규정하고 있다. 이와 같이 조세도의와 조세정신풍토. 즉, 국민·민족·시대문화 및 사회에 따라 또는 도시·농촌에 따라 상이하다. 특히 슈몰더(G. Schmolders)는 조세의식은 국민의 국가에 대한 긍정적 과세의식에 의하여 규정된다고 한다.

둘째, 문화적 요인도 조세의 정신풍토에 영향을 미친다. 경험적 연구에 의하면 영국, 독일, 북구 제국은 조세의 정신풍토가 양호하고 프랑스, 이탈리아, 스페인 등의 남구 제국은 부정적이며 프랑스, 이탈리아 등 남구 제국은 간접세 중심이다.

셋째, 조세부담의 심리적 한계에 있어서 부담한계 소득의 25% 등은 조세부담의 양적 한계를 의미한다. 이러한 양적 한계는 나라와 국민에 따라 다르다. 즉 한 국가의 심리적 한계가 클수록 부담의 양적 한계 또한 클 것이다.

3. 조세부담의 한계결정요인

1) 경비의 성질

조세가 생산적 경비, 복지적 경비에 사용될 경우 조세부담의 한도가 증가한다.

2) 과세의 성질과 방법

간접세는 직접세보다 부담감이 적고 원천징수의 방법에 의한 징수는 고지징수보다 부담감이 적다.

3) 국민소득의 대소와 분포상태

첫째, 국민소득이 크면 조세부담의 한도가 높다.
둘째, 소득분포상태가 불평등할수록 세 부담 능력이 크다.

4) 기타 생활 관습과 납세도의 세외부담의 유무 등이다

5) 조세부담 한계의 현실적 문제

첫째, 국민경제의 발전단계와 국민소득수준
둘째, 국민적 요망으로 고복지와 고부담
셋째, 공채 누적률이다.

4. 조세부담의 국제 비교

1) 조세부담의 국제 비교

조세부담의 국제 비교에 있어서 각국의 경제적 · 사회적 · 군사적 특수성을 고려해야 한다. 따라서 조세부담 능력은 소득수준 및 경제 외적인 요인 등에 의해 영향을 받는다. 생산성이 높은 선진국에 있어서 조세부담 능력은 생산성이 낮은 개도국보다 더욱 높다. 즉 선진국의 경우 GDP의 20~35%, 후진국은 8~14%이다.

2) 조세부담의 국제 비교 시 고려할 점

조세부담의 국제 비교 시 고려할 점은 각국의 조세 및 국민소득의 개념은 항상 동일한 것은 아니다. 조세이외의 강제적 부담도 고려하여야 한다.

조세부담의 배분방법, 조세의 종류, 내용 등을 고려하여야 한다. 그리고 국가의 경제력을 나타내는 요인을 들면 국민재산 및 그 나라에서 이용할 수 있는 외국의 경제력도 고려해야 한다. 납세능력은 부가 증가함에 따라 점차 증대한다. 그리고 재정수입이 어떠한 재정지출의 형태로 국민에게 환원되는가 즉 경비구조는 국제 비교도 고려해야 한다. 경제발전에 있어 국민의 후생복지를 위하여 얼마나 지출되었는가를 고려해야 한다. 국민소득의 구성 종류 분포상태, 개인 직업의 구성, 경제구조, 생산력 발전가능성, 생계비, 국민의 생활양식 등의 제반 내용도 고려해야 한다.

그러므로 국제 간의 조세 경중 비교는 제반 요소를 종합하여 판단하여야 한다.

3) 조세부담률과 국민부담률

조세부담률과 국민부담률을 보면 조세부담률은 국세 및 지방세를 합한 조세수입이 경상 GDP에서 차지하는 비중으로 국민들의 조세부담 정도를 측정하는 지표이다.

그리고 국민부담률은 조세수입과 사회보장기여금이 경상 GDP에서 차지하는 비중으로 조세부담률보다 포괄적으로 국민부담 수준을 측정하는 지표이다. 사회보장기금은 4대 공적 연금인 국민연금, 공무원연금, 군인연금, 사학연금과 고용보험, 산업재해보상보험, 건강보험의 기여금을 말한다.

그 내용은 <표 2-1> 및 <표 2-2>와 <표 2-3>에 있다.

(1) 조세부담률

표 2-1 | **조세부담률**

(단위 : 조 원, %)

구분		2004년	2005년	2006년	2007년	2008년	2009년	2010년
	GDP	826.9	865.2	908.7	975.0	1,023	1,050	
규모	조세	151.9	163.3	179.3	204.9	212.8	211.7	212.2
	국세	117.7	127.4	138.0	161.4	167.3	164.6	168.6
	지방세	34.2	35.9	41.3	43.5	45.5	47.1	52.6
부담률	조세부담률	18.4	18.9	19.7	21.0	20.8	20.5	20.1
	국세	14.2	14.7	15.2	16.5	16.3	16.0	15.6
	지방세	4.1	4.2	4.5	4.5	4.5	4.5	4.5

자료 : 기획재정부 보도자료(2009. 12. 31)

(2) 국민부담률

표 2-2 | **국민부담률**

(단위 : %)

연도 (년)	2003년	2004년	2005년	2006년	2007년	2008년	2009년	2010년
국민부담률	23.9	23.1	23.9	24.9	26.5	26.6	26.4	26.4

자료 : 기획재정부 보도자료(2009. 9. 26)

(3) OECD 주요국의 조세 및 국민부담률(2006년 기준)

표 2-3 | **OECD 주요국의 조세 및 국민부담률**

구분	한국	미국	일본	프랑스	독일	이탈리아	영국	OECD 평균
조세부담률(%)	21.1	21.3	17.7	27.8	21.9	29.6	30.3	26.8
국민부담률(%)	26.8	28.0	27.9	44.2	35.6	42.1	37.1	35.9

자료 : OECD Revenue Statistics(2008년 판)

5. 조세의식과 이상적 조세

1) 조세의식과 세수

국가의식의 긍정성은 조세의식의 긍정도가 뒷받침하여 준다. 국민의 선거태도나 정치가나 관료의 국가봉사 정신이 긍정적인 국가 의식을 바탕으로 하고 있을 때에 건전한 조세 도의가 형성가능하다.

2) 세수 최적화 과세방식

경제적 한계를 침범하지 않고 심리적 한계에 부정적인 영향을 주지 않을 때 최적규모가 되며 세수의 지속성이 유지된다. 이런 상태를 최적 중의 최적이라 할 수 있다.

3) 상황적 조정

① 조세의식이 부정적일 때 관련 대책을 강구하여야 한다.

② 세무행정이 지나치게 강력할 경우에는 조세도의는 오히려 약화된다.

③ 조세의식의 개선이 불능인 상황에서는 강력한 세무행정과 통제수단이 세수 확보 면에
　서 유리하다.

④ 세무행정이 해이할 경우 효과적인 통제수단은 비강제적 과세방식으로(G. Schmolders)
　과세하면 세수 면에서 유리하다.

제1절 | 조세체계

1. 조세체계의 의의

1) 조세체계의 개념

조세체계는 조세원칙에 있어서 제 요구를 실현하기 위한 조세조직을 말하는데 조세체계를 설정할 조세원칙도 조세조직의 상대적 · 역사적 산물이다.

사회제도의 변천과 더불어 조세체계도 다양하게 변천되어 왔다. 가장 대표적인 것이 단세와 복세 체계이다.

2) 이상적인 조세체계

이상적인 조세체계는 첫째, 세수의 충분성을 보장해야 한다(국고적 기준). 풍부한 세원을 선택하여 기간세로 삼아야 한다. 이에는 소득세, 일반소비세(VAT)가 있다.

둘째, 조세체계는 배분의 효율과 분배적 공평에 부합해야 한다(공정과 효율성의 기준). 이는 보편적이고 과세의 중립성에 관한 요구를 충족해야 하며 사회적 정의의 이상과 일치해야 한다.

셋째, 징세비가 적은 조세로 구성되는 경제적 조세체계여야 한다. 그리고 공정하게 집행
운영되어야 하며, 납세자들이 쉽게 이해할 수 있어야 한다.

넷째, 조세체계는 민의를 수렴하는 것이어야 한다. 과세공평은 물론 세 부담을 적게 주는
조세체계가 제시되는 것이 바람직하다.

3) 개별조세의 기원과 성격

개별조세의 기원과 성격을 보면 재산세는 보호적 기능이 강조되던 시대에 산물로써 재산
만이 담세력을 표시할 수 있는 유일한 물건이라 하였다.

그리고 소득세는 국고수입의 증대수단으로 분배 상태를 시정하는 수단이다.

유통세는 시장경제의 발달과 맥락을 같이한 조세이다.

2. 조세체계의 변천

1) 시대적 상황별 조세체계

① 조세의 원천 : 생산요소의 결합을 바탕으로 소득창출 부문을 원천으로 보았고, 실현된
   소득을 지출하는 소비부문에서 세원으로 보았고, 자본이나 자산형태를 보존교체하기
   위하여 재산부문에서 세원으로 보았다. 어느 부문을 치중해서 과세하느냐에 따라 조
   세체계가 달라졌다.
② 자유방임주의 시대는 단세 또는 소수의 조세체계였다.
③ 현대는 경제구조가 복잡하고 공공수요가 증대되고 다수의 복세체계로 사회적 · 경제
   적 · 역사적 배경이 다르기 때문에 나라마다 조세체계가 다르다.

2) 단세론과 복세론

(1) 단세체계

단세체계란 단순·간편의 장점을 가지지만 비현실적이다. 17~18세기에 단세의 중요성이 주장되었다. 시대적 여건이 반영되었으며 기존 세제에 대한 비판을 토대로 공평과세를 추구한 것이 특징이다.

① 단세론의 단점

단세론의 단점은 충분한 국가 수입을 보장할 수 없으며 공정의 원칙에 위반된다. 조세를 통한 국가의 다양한 정책을 실현할 수 없다.

② 단세론의 장점

세수가 단순하고 명확하다. 그리고 징세비가 적으며 국민경제 순환을 저해치 않는다.

(2) 고전학파의 단세론

고전학파는 단일세 중 소비세가 이익에 따른 과세로써 자연의 질서에 일치한다 하였다. 그러나 소비세의 비판의 토대로 조세부담의 공평관점에서 단일사치품세, 단일가옥세, 단일재산세 도입을 주장하였다.

(3) 단세론의 대표적 주장

① 토지수익단세론(F. Quesnay)

토지만이 부의 유일한 원천이고 토지 수익세는 토지 순수익에 귀착하고 재생산을 교란하지 않는다고 하였다. 나머지 조세(간접세)는 자연적 질서를 교란 토지에 전가되어 자본을 감소시키고 순수입을 감소시키기 때문에 조세수입이 감소된다 하였다.

19세기 미국의 H. Georgy는 토지단세론(The Single Tax on Land)을 주장하였다. 이는 케네의 자연적 질서에 관한 이론과 리카도의 지대론을 기초로 경제지대(經濟地代)에 대한 단일과세를 주장하였다. 특히 토지개량주의자들은 토지투기와 토지가격 폭등을 방지하기 위해 토지세(토지 증가세)를 주장하였다.

② 소비단세론(S. W. Petty)

소비세는 소비 또는 지출일반에 전가되고 고용주뿐만 아니라 부유한 지주 및 소비자의 부담이 되므로 공평한 조세라 하였다. 즉 소비세는 자연적 정의에 일치한다고 주장하였다.

③ 소득단세론(라살, Lassale)

19세기 말에 사회주의학자들이 간접세는 저소득층에게 과중한 부담이 되고 고소득층에 특혜를 주기 때문에 폐지를 주장하고 그 대신에 고율의 누진율이 적용되는 소득세를 단일세로 도입할 것을 주장하였다.

(4) 복세 체계

다종다양한 조세의 채택으로 단일세의 결함을 극복하고 개개의 조세를 다른 조세와 상호 보완함으로써 경제시스템 전체에 동일한 공존관계를 유지할 수 있도록 하는 제도이다.

① 복세의 장점

공평과세에 접근 가능하고 국가수입증대가 가능하며, 특정행동의 자극과 억제를 할 수 있고 생산과 소비를 조절할 수 있다.

② 복세의 단점

세무행정상에 부담이 증가하고 담세력 분산으로 실제수입증가가 없는 경우에도 발생이 가능하다.

3) 세목별 조세체계의 변천

(1) 자유방임주의

자유방임주의의 기간세는 재산세, 부동산세, 보완세, 국내소비세가 포함된다. 그리고 양세(良稅)를 지세, 가옥세, 맥주세, 기호품에 대한 관세로 보았고 악세(惡稅)를 노임세, 소득세, 이자세로 보았다.

(2) 사회주의국가(사회정책학파) 시대

사회주의국가 시대 조세체계는 미국과 영국은 직접세(소득세) 중심주의였고, 프랑스와 이탈리아는 간접세(매상세, 부가가치세) 중심주의, 독일은 절충주의 조세체계였다. 그리고 소득세의 불완전성(대중과세, 특별조치로 인한 부담의 불공정으로)은 재정수요 충족부족으로 매상세를 기간세로 주장하였다.

(3) G. Colm의 견해

① 야경국가 시대

이익원칙에 의거 재산세, 부동산세가 기간세로, 소비세는 보완세 역할을 하였다.

② 사회국가 시대

능력의 원칙을 중시하여 부자에 중과하고 누진소득세, 상속세, 사치세를 이상적인 조세로 하였다.

③ 현대 사회복지국가

능력설에 지배적인 이익설이 가미되었다. 소득세, 법인세 비중이 증대되고 거래고세, 사업소세, 부가가치세의 중요성이 대두되었다.

4) 현대 조세체계의 보편화(접근) 경향

A. Spitalier는 대공항[47] 이후 각국은 접근화 경향이 있다고 하였다.

그 원인은 경비팽창에 대응하여 세원발굴을 적극 추진하고 있으며 국가 간의 교류 및 긴밀화로 노동력 및 자본의 자유이동에 따라 조세부담의 평형화의 실현이 요청되고 있다.

조세체계의 보편화 경향은 EU 통합세제의 보편화에서 뚜렷하다. 이를 위해 직접세와 법인세와의 조화를 목표로 하고 있다. 다국적 기업의 역할 증대도 조세체계의 보편화와 관련하여 투자자는 저세율 국가로 이동하며 조세회피하는 자가 많아지고 OECD, UNCTAD 등 각종 국제기구에서 조세조정을 실시하고 있다. 국가 간의 이중과세 방지를 위해 조세체계가

---

47) 대공항(Great Depression)이란 1929~1939년 시대에 닥친 미국 경제위기를 말한다.

보편화되고 조세조약도 UN 및 OECD 모델로 조세협약을 체결하여 외국납부세액을 공제하고 있다. 그러므로 세계경제는 국가 상호 간의 의존관계가 심화되는 한편 국제 간의 인적 · 물적 교류를 증대시키는 방법을 모색하고 있다.

제2절 | 한국의 조세

1. 조세 체계의 발전

삼국시대 이래 당나라 제도를 모방하여 조(租) · 용(庸) · 조(調)의 공납형 제도로 이어왔다. 1984년 갑오개혁에서 헌법에 명문화하여 지세 징수를 합법화하였다.

일제 강점기에서 전후과정을 거치면서 조세정책이 도입되었으며 최근 부동산학을 학문으로 도입함으로써 부동산조세론에서 부동산 관련세제 연구에 이르렀다.

1) 조세의 분류

(1) 조세 분류

① 과세 주체

과세 주체는 중앙정부와 지방자치단체가 있다. 중앙정부에서 관리하는 조세를 국세라고 한다. 국세는 국가가 부과하는 조세로 내국세와 관세로 분류한다. 지방정부에서 관리하는 지방세는 지방자치단체가 부과하는 조세로써 특별시 · 광역시 · 도세와 시 · 군 · 구세로 분류한다.

② 세수의 용도

세수의 용도에 따라 보통세와 목적세로 구분할 수 있다. 보통세란 세수의 용도를 확정하지 않고 일반경비에 충당하는 것을 말하며, 목적세란 세수의 용도를 특정하여 그 특정 경비에만 충당하는 조세를 말한다.

③ 다른 조세에 부가되는지 여부

다른 조세에 부가되는지 여부에 따라 독립세(獨立稅)와 부가세(附加稅)로 구분할 수 있다. 독립세란 부가세 외의 조세를 말한다. 그리고 부가세(Surtax)는 다른 조세(본세)에 부가되는 조세로써 교육세, 농어촌특별세 등이 있다.

※ 개별 세법과 일반 세법

개별 세법 : 국세에 관하여는 각 세목(조세의 종류를 '세목'이라 한다)을 별개의 법률에서 규정하고 있는데 이를 '1세목 1세법주의'라고 칭하기도 한다(다만 예외적으로 상속 및 증여세법만은 상속세와 증여세라는 두 세목을 규정). 이처럼 각 조세의 종목과 세율을 정한 세법을 개별 세법이라 한다.

일반 세법 : '1세목 1세법주의' 하에서 각 조세에 공통되는 사항을 규정한 별도의 세법을 일반 세법이라 한다.

※ 일반 세법의 종류와 내용

구 분	규정하고 있는 내용
국세기본법	국세에 관한 기본적 공통적 사항 및 위법부당한 국세처분에 대한 불복 절차
국세징수법	국세징수에 대하여 필요한 사항
조세범처벌법	조세범죄와 그에 대한 처벌
조세범처벌절차법	조세범죄에 대한 처벌 절차
조세특례제한법	조세감면 또는 중과 등 조세특례와 제한
국제조세 조정에 관한 법률	국제거래에 대한 조세의 조정에 관한 사항 및 국가 간의 조세행정 협조에 관한 사항

(2) OECD 조세분류에 따른 한국의 국세분류

구 분	내 용
소득과세(income and profits)	소득세, 법인세, 증권거래세, 농어촌특별세(소득세·법인세 감면분)
재산과세(property)	상속·증여세, 증권거래세, 인지세, 종합부동산세, 농어촌특별세(증권거래세·종합부동산세분)
소비과세(consumption)	부가가치세, 주세, 개별소비세, 관세, 교육세(주세·교통·에너지·환경세·개별소비세·금융보험업자 수입분), 농어촌특별세(개별소비세·관세 감면분)
기타(other taxes)	과년도 수입

(3) 한국의 조세 종류

한국의 국세와 지방세 비율은 <표 3-1>과 같으며 주요국의 국세와 지방세 비중은 <표 3-2>와 같다. 그리고 한국의 조세 종류는 다음과 같다.

① 조세(24개)

• 국세(내국세 12개, 관세 1개)

소득세, 법인세, 상속세·증여세, 부가가치세, 개별소비세, 주세, 교통·에너지·환경세(2002년 12월 31일 시행폐지), 인지세, 증권거래세, 교육세, 농어촌특별세, 종합부동산세, 관세

• 지방세(지방세법, 11개)

– 보통세(9개)

취득세, 등록면허세, 레저세, 담배소비세, 지방소비세, 주민세, 지방소득세, 재산세, 자동차세

– 목적세(2개)

지역자원시설세, 지방교육세

표 3-1 | **국세·지방세 비율**

구 분	2002년	2003년	2004년	2005년	2006년	2007년	2008년	2009년
국세(%)	76.7	77.6	77.5	78.0	77.0	78.8	79.2	77.6
지방세(%)	23.3	22.4	22.5	22.0	23.0	21.2	20.8	22.4

자료 : 기획재정부

구 분	연방제 국가			비연방제 국가				
	미국	독일	평균	영국	프랑스	일본	한국	평균
국세(%)	55.9	50.3	61.6	94.3	76.9	59.7	77.0	81.4
지방세(%)	44.1	49.7	38.4	5.7	23.1	40.3	23.0	18.6

자료 : 기획재정부

제2편 부동산 관련 국내 조세

제1절 | 국세기본법과 징수 제도 등

1. 국세기본법

1) 총칙의 목적 및 내용

국세기본법은 국세에 관한 기본적인 사항 및 공통적인 사항과 위법 또는 부당한 국세처분에 대한 불복절차를 규정함으로써 국세에 관한 법률관계를 확실히 하고 과세의 공정을 도모하여 국민의 납세의무의 원활한 이행에 이바지함을 목적으로 하고 있다.

(1) 총칙법으로서의 성격

한국은 1세목 1세법 주의에 입각하여 여러 가지 국세를 각각 별개의 세법에서 규정하고 있다. 따라서 각 세법의 중복적인 규정을 피하고 세법 체계의 일관성을 유지하기 위해 기본적이고 공통적인 사항은 국세기본법에서 규정하고 있다.

(2) 납세자 권리구제 절차법으로서의 성격

국세기본법은 위법 · 부당한 국세 처분에 대한 권리구제 불복 절차를 규정하고 있다.

2) 주요 용어 정의

(1) 가산세와 가산금

① 가산세(국세기본법 제2조 4호)

가산세란 세법이 규정하는 의무의 성실한 이행을 확보하기 위하여 세법이 정하는 제반 의무를 불이행한 경우에 가하는 행정상의 제재로써 그 세법에 의하여 산출된 세액에 가산하여 징수하는 금액을 말한다. 다만 가산금은 이에 포함하지 아니한다.

부과근거는 개별세법에 두고 있으며, 본세에 포함(예 : 법인세에 대한 가산세는 법인세의 일부임)하고 있다. 다만 무신고 가산세, 과소신고 가산세, 초과 환급신고 가산세, 납부 · 환급 불성실 가산세는 국세기본법에 규정하고 있다.

② 가산금(국세기본법 제2조 5호)

국세를 납부기한까지 납부하지 아니한 때에 일종의 연체이자 성격으로 국세징수법에 의하여 고지세액에 가산하여 징수하는 금액과 납부기한이 지난 후 일정기한까지 납부하지 아니할 때에 그 금액에 다시 가산하여 징수하는 금액을 말한다. 이러한 국세기본법상 '가산금'은 다음의 국세징수법상 가산금의 중가산금을 포괄하는 개념이다.

여기서 가산금이란 납세고지서상 납부기한까지 완납하지 아니한 때 체납국세의 3%를 징수한다. 그리고 중가산금은 납부기한이 지난 날부터 매1월이 지난 때마다 체납된 국세의 1.2%를 가산금에 가산하여 징수, 중가산을 가산하여 징수하는 기간은 60월을 초과하지 못하며, 중가산은 체납된 국세가 100만 원 이상일 때에만 적용된다. 그리고 부과근거는 국세징수법에 의하며 본세에 포함되지 않는다.

(2) 납세의무자와 납세자[48] · 제2차 납세의무자 · 보증인 · 원천징수

① 납세의무자 : 세법에 따라 국세를 납부할 의무(국세를 징수하여 납부할 의무 제외)가 있는 자를 말한다.

② 납세자 : 납세의무자(연대납세의무자와 납세자에 갈음하여 납부할 의무가 생긴 경우의 제2차 납세의무자 및 보증인 포함)와 세법에 따라 국세를 징수하여 납부할 의무를 지는 자를 말한다.

③ 제2차 납세의무자 : 납세자가 납세의무를 이행할 수 없는 경우에 납세자에 갈음하여 납세의무를 지는 자를 말한다.

④ 보증인 : 납세자의 국세 · 가산금 또는 체납처분비의 납부를 보증한 자를 말한다.

⑤ 원천징수 : 세법에 따라 원천징수의무자가 국세(이에 관계되는 가산세 제외)를 징수하는 것을 말한다. 이것은 일정한 소득금액 또는 수입금액을 지급하는 자가 그 지급하는 금액에서 지급 받는 개인(또는 법인)의 소득세(또는 법인세)를 차감하고 잔액만을 지급하는 것을 말하는데, 이처럼 원천징수한 소득세(또는 법인세)는 원칙적으로 다음달 10일까지 정부에 납부하도록 되어 있다.

(3) 과세기간과 과세표준(국세기본법 제2조 13호, 14호)

과세기간이란 세법에 따라 국세의 과세표준계산에 기초가 되는 기간을 말한다. 법인세법에서는 '사업연도', 소득세법에서는 그대로 '과세기간', 조세특례제한법에서는 양자를 총칭하여 '과세연도'라고 규정하고 있다.

과세표준이란 세법에 따라 직접적으로 세액산출의 기초가 되는 과세물건의 수량 또는 가액을 말한다. 과세표준이 수량으로 표시되는 조세를 '종량세'라 하고 과세표준이 금액으로 표시되는 조세를 '종가세'라 한다.

---

48) 납세자에는 납세의무자와 징수납부의무자가 있다. 납세의무자에는 본래의 납세의무자, 납세의무를 승계받은 자, 연대납세의무자, 제2차 납세의무자(물적납세의무자 포함), 납세보증인이 있다. 징수납부의무자에는 원천징수의무자, 부가가치세 대리납부의무자 등을 말한다.

2. 국세 부과의 원칙과 세법적용의 원칙

국세 부과의 원칙이란 국세의 부과과정(납세자에 대한 조세를 확정시키는 절차)에서 지켜야 할
원칙을 말한다. 세법적용의 원칙이란 <표 4-1>과 같이 세법의 적용과정에서 지켜야 할 원
칙을 말한다.

표 4-1 | **국세 부과의 원칙과 세법 적용의 원칙**

구 분	국세 부과의 원칙	세법 적용의 원칙
내 용	① 실질과세 ② 신의 성실 ③ 근거과세 ④ 조세감면의 사후관리	① 납세자 재산권의 부당한 침해금지 ② 소급과세금지 ③ 세무공무원의 재량의 한계 ④ 기업회계의 존중
국세기본법과 다른 세법과의 우선관계	개별 세법에 국세기본법과 다른 규정을 둔 경우에는 개별 세법이 국세기본법에 우선	국세기본법이 개별 세법보다 우선

※ 소급과세금지(국세기본법 제18조)

1. 개념
법적 안정성 및 예측가능성을 보장하기 위하여 행정법규 등이 효력을 발생하기 전에 완결된 사실
에 대하여 새로 제정된 법규 등을 소급하여 적용하지 않는 것을 말한다.

(1) 입법에 의한 소급과세의 금지
국세를 납부할 의무(세법에 징수의무자가 따로 규정되어 있는 국세의 경우에는 이를 징수하여 납
부할 의무)가 성립한 소득·수익·재산·행위 또는 거래에 대하여는 그 성립 후의 새로운 세법에 의
하여 소급하여 과세하지 아니한다.

(2) 해석 또는 관행에 의한 소급과세의 금지
세법의 해석 또는 국세행정의 관행이 일반적으로 납세자에게 받아들여진 후에는 그 해석 또는 관
행에 의한 행위 또는 재산은 정당한 것으로 보며, 새로운 해석 또는 관행에 의하여 소급하여 과세되지
아니한다.

2. 소급과세금지의 기준시점과 진정 소급 · 부진정 소급

(1) 기준시점

새로운 세법 또는 해석 · 관행이 소급하여 적용되었는지 여부 판정은 납세의무 성립일을 기준으로 판정한다. 즉 이미 납세의무자가 성립된 경우에는 새로운 세법 등을 소급하여 적용하는 것이 금지되나, 아직 납세의무자가 성립되지 않은 경우에는 새로운 세법 등을 적용할 수 있다.

(2) 진정 소급 · 부진정 소급

납세의무 성립일 전후로 개정된 세법 등의 소급적용 허용 여부에 따라 소급의 성격을 구분하면 <표 4-2>와 같다.

표 4-2 | **진정 소급 · 부진정 소급 구분**

구 분	개 념	소급 적용 여부
진정 소급	이미 납세 의무가 성립된 소득 등에 대하여 성립일 이후에 개정된 세법 등을 소급하여 적용하는 것을 말한다.	허용하지 아니함
부진정 소급	과세기간 중(납세의무의 성립일 전)에 개정된 세법 등을 그 과세기간 개시일부터 소급하여 적용하는 것을 말한다(이러한 소급은 진정한 의미의 소급에 해당되지 않는다).	

3. 국세기본법에서 납세의무의 성립과 확정 및 소멸

1) 납세의무의 성립

(1) 과세요건

납세의무의 성립에 필요한 법률상의 요건을 말한다. 이러한 과세요건이 충족되는 시점, 즉 과세물건이 납세의무자에게 귀속됨으로써 세법이 정하는 바에 따라 과세표준의 계산 및 세율의 적용이 가능하게 되는 시점에 납세의무가 성립하는 것이며 과세요건의 구체적인 내용은 다음과 같다.

① 납세의무자

세법에 의하여 국세를 납부할 의무(국세를 징수하여 납부할 의무를 제외)가 있는 자를 말하며, 이러한 납세의무자는 법률상의 의무자로서 재정학상의 납세자와는 다른 것이다.

② 과세물건

과세물건이란 조세법규가 과세의 대상으로 정하고 있는 물건·행위 또는 사실을 말한다.

③ 과세표준과 세율

과세표준이란 세법에 의하여 직접적으로 세액 산출의 기초가 되는 과세물건의 수량 또는 가액을 말하며 세율이란 과세표준에 대한 세액의 비율로써 종가세의 경우에는 세율이 백분비율 또는 천분비율 등으로 표시되며, 종량세의 경우에는 세율이 금액으로 표시된다.

(2) 납세의무의 성립시기(국세기본법 제21조)

원칙적인 성립시기는 <표 4-3>이고, 예외적인 성립시기는 <표 4-4>와 같다.

표 4-3 | **원칙적인 성립시기**

구 분		납세의무의 성립시기
기간과세세목[49]	① 소득세 ② 법인세 ③ 부가가치세	• 과세기간이 종료하는 때 • 청산소득에 대한 법인세 : 당해 법인이 해산(분할·분할합병으로 인한 해산포함)·합병하는 때 • 수입재화에 대한 부가가치세 : 세관장에게 수입신고를 하는 때
수시과세세목[50]	① 상속세 ② 증여세 ③ 종합부동산세 ④ 개별소비세, 주세 및 교통·에너지·환경세 ⑤ 인지세 ⑥ 증권거래세	• 상속이 개시되는 때 • 증여에 의해 재산을 취득하는 때 • 과세기준일(매년 6월 1일) • 과세물품을 제조장으로부터 반출하거나 판매장에서 판매하는 때 또는 과세장소에 입장하거나 과세유흥장소에서 유흥음식행위를 한 때, 과세영업장소에서 영업행위를 한 때 • 수입물품의 경우에는 세관장에게 수입신고를 하는 때 • 과세문서를 작성한 때 • 당해 매매거래가 확정되는 때
기 타	① 교육세 ② 농어촌특별세	• 국세에 부과되는 교육세 : 국세납세의무가 성립하는 때 • 금융·보험업자의 수익금액에 부과되는 교육세 : 과세기간이 종료하는 때 • 본세의 납세의무가 성립하는 때
가산세		이를 가산할 국세의 납세의무가 성립하는 때[51]

구　분	성립시기
원천징수하는 소득세 또는 법인세	소득금액 또는 수입금액을 지급하는 때
납세조합이 징수하는 소득세 또는 예정신고 납부하는 소득세	그 과세표준이 되는 금액이 발생한 달의 말일
중간 예납하는 소득세 · 법인세, 예정신고기간에 대한 부가가치세	중간예납기간 또는 예정신고기간이 종료하는 때
수시 부과에 의하여 징수하는 국세	수시 부과할 사유가 발생한 때

2) 납세의무의 확정(국세기본법 제22조)

(1) 의의

이미 성립한 납세의무에 대하여 과세요건사실을 파악하고 세법을 적용하여 과세표준과 세액을 계산하는 등 그 내용을 구체적으로 확인하는 절차이다.

과세요건의 충족에 의해 납세의무가 성립하면 비로소 납세의무가 객관적으로 존재하게 된다. 그러나 과연 과세요건이 충족되었는가, 충족되었다면 그 내용은 무엇인가는 아직 확인되지 않고 있기 때문에 이 단계의 납세의무는 단지 추상적인 존재일 뿐이어서 이에 관하여 아직 국가가 징수권을 행사할 수 없고 납세의무자는 이를 납부할 수 없다. 이러한 추상적 납세의무에 관하여 그 과세요건의 충족여부 및 내용을 확인하는 이른 바 확정이 이루어짐으로써 비로소 납세의무는 구체적인 것으로 전환되며 이행될 수 있는 조세채무로 되는 것이다.

(2) 확정의 방식

확정의 방식은 정부부과제도와 신고납세제도가 있다.

정부부과제도란 확정의 권한을 과세권자에게만 부여하고 있는 제도이며 이는 전통적인 방식으로써 현재 상속세 · 증여세 · 종합부동산세(신고납부방식을 선택하지 않는 경우)에 적용되

---

49) 일정한 기간을 단위로 파악된 유량(flow)에 대하여 부과하는 조세를 말한다.

50) 일정한 시점을 기준으로 파악된 저량(stock)에 대하여 부과하는 조세를 말한다.

51) 본래 가산세의 부과원인은 본세의 납세의무가 성립한 후에 발생하는 경우도 많지만(소득세 과소신고 가산세는 소득세의 납부의무가 성립한 후 과표 신고의무를 방치하는 경우에 부과된다.) 가산세와 본세를 별도로 떼어 취급하는 불리한 결과를 방지하기 위하여 가산세의 성립시기를 본세의 성립시기와 일치시킨 것이다.

고 있다.

신고납세제도란 확정권한을 1차적으로 납세의무자에게 부여하고 과세권자의 확정권은 2차적·보충적지위에 유보하는 제도를 말한다. 한국에서는 소득세·법인세·부가가치세·종합부동산세(신고납부방식을 선택한 경우)·개별소비세·주세·증권거래세·교육세에 이 제도를 채택하고 있다.

표 4-5 | **정부부과제도와 신고납세제도의 비교**

구 분		정부부과제도	신고납세제도	
의의		과세권자에게만 확정권을 부여	(1차적) 납세의무자에게 확정권 부여	(2차적) 무신고 시 과세권자가 확정
적용세목		상속세·증여세 및 종합부동산세	소득세·법인세·종합부동산세(신고납부방식을 선택한 경우)·개별소비세·주세·증권거래세·교육세 및 교통·에너지·환경세	
확정의 절차	확정의 주체	과세권자	(원칙) 납세의무자	(예외) 과세권자
	확정의 방식	과세표준과 세액의 결정	과세표준·세액신고	과세표준과 세액의 결정
	확정의 효력발생시기	결정통지서(고지서)도달 시	신고서 제출 시	결정통지서(고지서)도달 시

3) 납부의무의 소멸(국세기본법 제26조 ~ 제28조)

성립 또는 확정된 납세의무는 여러 가지 원인에 의하여 소멸하는데 그 구체적인 사유는 <표 4-6>과 같다

표 4-6 | **납부의무 소멸**

구 분	납부의무 소멸사유	내 용
만족을 얻으면서 소멸하는 사유	납부	세액을 국고에 납부하는 것
	충당	• 납부할 국세 등의 국세환급금을 상계 • 공매대금으로 체납액에 충당
만족을 얻지 못하고 소멸하는 사유	부과취소	유효하게 행해진 부과처분을 당초 처분시점으로 소급하여 효력을 상실시키는 처분
	국세부과의 제척기간의 만료(국세기본법 제26조의 2)	
	국세징수권 소멸시효의 완성(국세기본법 제27조)	

4. 납세자 권리구제

1) 국세

납세자 권리구제 청구(appeal)란 국세기본법 또는 세법에 의한 처분으로써 위법 또는 부당한 처분을 받거나 필요한 처분을 받지 못함으로써 권리 또는 이익의 침해를 당한 자가 그 처분의 취소 또는 변경이나 필요한 처분을 청구하는 것을 말한다.

국민과 행정기관의 분쟁에 대하여 행정소송을 제기하기 위해서는 먼저 행정심판법에 따라 행정심판을 거쳐야 하는데, 이를 행정심판전치주의라고 한다. 국세에 관한 처분도 행정처분의 일종이므로 이에 불복하는 자는 행정소송을 제기하기 전에 행정심판법에 의한 행정심판을 거쳐야 할 것이나, 국세의 행정처분은 그 성격이 일반적인 행정처분과는 달리 전문성을 요하며 대량적으로 발생하므로 행정심판법의 적용을 배제하고, 국세기본법 또는 감사원법에 의한 불복절차를 거치지 아니하면 행정소송을 제기할 수 없다.

그리고 구제절차의 담당기관 및 해당기간은 <표 4-7>과 같다.

표 4-7 | **구제절차의 담당기관 및 해당 기간**

구 분		이의신청(임의절차)	심사청구[52](임의절차)	심판청구(필수절차)
청구기관		세무서장 또는 지방국세청장	국세청장	조세심판원장
불복청구서의 제출기관		소관 세무서장 또는 소관 지방국세청장에 제출하거나 소관 세무서장을 거쳐 소관 지방국세청장에게 제출	소관 세무서장을 거쳐 국세청장에게 제출	소관 세무서장을 거쳐 조세심판원장에게 제출
청구기간		90일 이내	90일 이내	90일 이내
보정기간		20일 이내	20일 이내	상당한 기간
결정	기간	그 신청을 받은 날부터 30일 이내	그 청구를 받은 날부터 90일 이내	그 청구를 받은 날부터 90일 이내
	방법	이의신청심의위원회 심의를 거쳐 세무서장 또는 지방국세청장이 결정	국세심사위원회의 심의를 거쳐 국세청장이 결정	조세심판관의 심리를 거쳐 결정

---

52) 동일한 처분에 대하여 심사청구 및 심판청구를 중복하여 제기할 수 없다(국세기본법 제55조 ⑨).

2) 지방세

지방세 부과로 권리 또는 이익을 침해를 받은 자는 그 처분이 있는 것을 안 날(처분의 통지를 받은 때에는 그 통지를 받은 날)부터 90일 이내에 이의신청, 심사청구, 감사원심사청구 또는 심판청구(조세심판원)를 제기할 수 있으며, 이러한 행정심(이의신청, 심사청구, 감사원심사청구 또는 심판청구)으로도 구제 받지 못한 자는 그 행정심에 대한 결정통지를 받은 날부터 90일 이내에 행정법원에 행정소송을 제기할 수 있다.

또한 지방세 부과로 권리 또는 이익의 침해를 당한 자는 그 처분이 있는 것을 안 날(처분의 통지를 받은 때에는 그 통지를 받은 날)부터 90일 이내 바로 행정법원에 행정소송을 제기할 수 있다.

종전에는 지방세 부과에 대해 볼복할 경우에는 행정소송을 제기하기 위해서는 지방세법에 의한 행정심을 반드시 거쳐야 하는 필요적 전심제도로 되어 있다. 그러나 현행은 행정심판을 거친 후에는 행정소송을 제기할 수도 있고 행정심판을 생략하고 바로 행정소송을 제기할 수도 있는 임의적 전심제도로 변경되었다.

5. 국세징수제도

1) 목적 및 내용

국세징수법은 국세징수에 관하여 필요한 사항을 규정하여 국제수입을 확보함을 목적으로 하며 국세징수법에 규정된 국세의 징수절차를 보면

① 임의적 징수절차 : 각 세법에 의하여 확정된 조세채권에 대하여 자발적으로 납세고지 및 독촉에 의한 징수절차[53]를 말한다.

② 강제적 징수절차 : 납세고지 및 독촉에 의하여도 조세를 납부치 않을 시 재산압류 → 압

---

53) 조세징수 시에 간접적인 납세보전제도가 있다. 간접적인 납세보전제도란 납세자가 국세를 체납한 경우에는 임의적 징수절차와 강제적 징수절차를 통하여 국세를 징수하지만 국세징수법에서는 이러한 징수절차 외에도 납세자가 국세를 체납하였을 경우 별도의 불이익을 받게 하기 위하여 납부를 간접적으로 촉구하는 사전적 납세보전제도이다. 이에는 ① 납세증명서의 제출, ② 미납국세 등의 열람, ③ 관허사업의 제한, ④ 체납 또는 결손처분자료의 제공, ⑤ 고액체납자 명단공개 등이 있다.

류재산의 매각 → 청산의 과정을 통하여 강제적으로 조세채권을 실현하는 절차를 말하며 이를 체납처분 절차라고도 한다.

2) 임의적 징수절차

국세징수법상 과세관청이 체납자의 재산에 대하여 압류 등 강제적 징수절차를 집행하기 전에 납세자로 하여금 자발적으로 국세를 납부하도록 하는 임의적 징수절차는 <표 4-8>과 같으며, 징수유예[54] 사례는 <표 4-9>와 같다.

표 4-8 | **임의적 징수절차**

구 분	내 용
납세고지	납세자가 납부기한 내에 자진 납부하도록 하는 청구
독촉최고	납부기한 내에 납부치 않을 경우 재차 자진납부하도록 권하는 청구
시·군 위탁징수	징수의 편의를 위하여 국세의 징수를 시장·군수에게 위탁하는 제도
납기 전 징수	특정한 사유가 있을 때 기한의 이익을 박탈하고 납기 전에 징수하는 제도
징수유예	국세를 납부할 수 없는 사유가 있을 때 그 납부기한을 일정기간 연장하는 제도

표 4-9 | **재해 등으로 인한 징수유예(국세징수법 제15조)**

징수유예 사유	사유별 징수유예기간
① 재해 또는 도난으로 재산에 심한 손실을 받을 때 ② 사업에 현저한 손실을 받을 때 ③ 사업에 중대한 위기에 처한 때 ④ 납세자 또는 그 동거가족의 질병이나 중상해로 장기치료를 요하는 때 ⑤ 위에 준하는 사유가 있을 때	그 유예한 날의 다음날부터 9월 이내

그리고 송달불능으로 인한 징수유예와 부과철회를 할 수 있다.

세무서장은 주소·거소·영업소 또는 사무소의 불명으로 인하여 납세고지서를 송달할 수 없는 때에는 징수를 유예할 수 있는데, 이 경우 징수유예기간은 그 유예한 날의 다음날부

---

54) 납세자가 일정한 사유로 인하여 납부기한 내에 국세 또는 체납액을 납부할 수 없다고 인정되는 경우에 일정기간 동안 그 징수를 늦춰 주어 기한의 이익을 주는 제도를 말하며 이러한 징수유예는 그 발생 형태에 따라 재해 등으로 인한 징수유예와 송달불능으로 인한 징수유예가 있다.

터 9월(또는 18개월) 이내로 한다. 이와 같이 징수를 유예한 국세의 징수를 확보할 수 없다고 인정하는 때에는 그 부과의 결정을 철회할 수 있다.

3) 강제적 징수절차(체납처분절차)

(1) 개요

강제적 징수절차(체납처분절차)란 고지 또는 독촉에 의한 납부기한까지 납세자가 조세를 납부하지 아니한 경우 과세관청이 조세채권확보를 위하여 강제적으로 납세자의 재산을 압류하고 압류한 재산을 환가하여 체납액을 충당하는 절차를 말한다.

※ 체납처분절차 : 압류 → 매각 → 청산

(2) 압류의 조건

① 납세자가 독촉장(납부최고서 포함)을 받고 지정된 기한까지 국세와 가산금을 완납하지 않았을 때 한다.
② 납기 전 징수의 경우에 납세자가 납기 전에 납부의 고지를 받고 지정된 기한까지 완납하지 아니한 때에 한다.

(3) 압류재산의 매각(국세징수법 제61조 ~ 제79조)

압류재산의 매각이란 세무서장이 압류한 체납자의 재산을 처분하여 금전으로 환가하는 행정처분을 말하며 이와 같은 압류재산의 매각은 공매를 원칙으로 하되, 수의계약도 인정하고 있다. 다만, 압류된 유가증권 중 유가증권시장이나 코스닥시장에 상장된 주식은 당해 시장에서 직접 매각할 수 있다.

4) 청산(국세징수법 제80조 ~ 제84조)

청산이란 압류재산 매각대금 등 체납절차로 획득한 금전을 국세 및 기타 채권에 배분하는 금액을 확정하는 처분으로 체납처분 절차의 마지막 단계에 해당된다. 그 매각대금의 처리방법은 <표 4-10>과 같다.

구 분	처 리 방 법
매각대금이 국세 · 가산금 · 체납처분비 기타 채권의 총액보다 많은 경우	국세 · 가산금 · 체납처분비 기타 채권에 충당 또는 배분한 후 잔액은 체납자에게 지급하여야 한다.
매각대금이 국세 · 가산금 · 체납처분비 기타 채권의 총액에 부족한 경우	민법 기타 법령에 의하여 배분할 순위와 금액을 정하여 배분하여야 한다.

제2절 | 소득세

1. 소득세 관련 이론

1) 소득세의 의미

소득세[55]는 개인의 소득에 대해서 과세하는 세금이다. 소득은 경제발전에 따라 증가하며 소득의 증가는 담세력의 증가를 의미한다. 소득세[56]는 세 수입의 탄력성을 지니고 있으며 세율의 조정에 따라 세수를 조달할 수 있다. 소득세는 개인의 경제활동에 따른 결과에 대해서 부과되기 때문에 오늘날 각국의 세제에 있어서 가장 중요한 위치에 있다. 소득세가 조세 수입에서 차지하는 비중이 클 뿐 아니라 민간부문의 경제적 선택에 상당한 영향을 미치기 때문이다. 소득에 대한 세금은 자연인의 소득에 과세하는 개인소득세(personal income tax)와 주식회사, 유한회사 등 법인의 소득에 과세하는 법인소득세로 나뉜다.[57]

---

55) 소득세는 영국에서 1799년 나폴레옹전쟁 당시 전비조달을 위해 W. Pitt에 의하여 최초로 도입되었다.

56) 한국은 1994년 12월 22일 '법률 제4803호'로 전부 개정된 소득세법이 현행 소득세제의 골격을 이루고 있다. 과세소득은 종합소득, 퇴직소득, 양도소득으로 구분하고 있으며, 초과누진세율 구조를 채택하고 있다.

57) 한국의 세법은 개인소득세를 소득세라고 하며 이를 소득세법에서 규정하고 있고, 법인소득세는 법인세로 명명하며 이를 법인세법에서 규정하고 있다.

2) 과세소득의 범위

과세소득의 범위에 대해서는 소비형 소득주의와 발생형 소득주의로 구분된다. 발생형 소득주의는 소득 원천설과 순자산 증가설이 있으나 오늘날에는 순자산 증가설이 지배적이다.[58][59]

(1) 소비형 소득주의

소비형 소득주의[60](consumption type)란 각각의 개인의 수입 중에서 현재의 효용과 만족을 위하여 사용되는 부분인 소비를 과세대상으로 하는 것을 말한다. 즉, 소비되지 않는 부분인 저축을 과세대상에서 제외하여야 한다는 것이다. 소비형 소득주의는 피셔(I. Fisher)[61], 칼도(N. Kaldor)[62] 등이 주장하였다. 이들은 개인들이 사회의 자원총량을 증가시키는 행위가 소득인데 비하여 개인이 소득을 줄이는 행위가 소비이므로 소비에 대한 과세가 바람직하며, 저축이나 투자를 면세하고 소비에 대해 과세할 경우 저축 및 투자의 증가를 기대할 수 있다고 주장하였다.[63]

(2) 발생형 소득주의

발생형 소득주의(accretion type)는 각각의 개인이 취득하는 경제적 이익을 과세대상으로 하는 것이다. 이는 통상 소득을 소득세의 과세대상으로 하는 것을 말하며, 대부분의 국가에서 채택하고 있다. 발생형 소득주의는 소득 원천설과 순자산 증가설로 나뉜다.

---

58) 김용민,『알기쉬운 소득세』, (주)조세통람사, 2000.

59) 한국은 소득세법상 열거된 소득에 대해서만 과세하는 열거주의를 택하고 있으며, 외형상으로는 소득 원천설을 따르고 있다고 할 수 있다. 복권당첨, 서화, 골동품 등 일시적인 소득에도 과세한다는 점을 감안할 때 소득 원천설과 순자산 증가설의 절충형을 택하고 있다고 볼 수 있다. 열거주의는 법률에서 과세대상으로 열거하고 있는 소득세를 과세대상으로 하는 방식을 말하며, 포괄주의는 포괄적인 정의규정에 의하여 과세소득을 규정하는 방식이다.

60) 지출형 소득개념이라고도 한다.

61) 피셔, I. Fisher(1867~1947년) 미국의 재정학자이다.

62) 칼도, N. Kaldor(1908~1986년) 영국의 재정학자이다.

63) 나성린, 전영섭, 전게서

① 소득 원천설

소득 원천설(income source theory)은 소득을 노동, 사업, 재산 등과 같은 특정의 소득으로부터 주기적·반복적으로 유입되는 수입이라고 정의한다. 노이만(F. Neumann) 등이 주장하였다. 소득 원천설에 따르면 주로 요소소득만 과세되며 복권당첨, 양도차익 등 일시적이고 우발적인 소득은 과세대상에서 제외된다.

② 순자산 증가설

순자산 증가설(increased net assets theory)에 의하면 소득은 기말(期末)의 재산권의 가액에 당해 기간의 소비액을 가산하고 기초(期初)의 재산권 가액을 공제하여 얻은 결과에 과세한다. 이를 수식으로 나타내면 다음과 같다. $Y = C + (W_1 - W_0) = C + \Delta W$(여기서 T : 당해 기간의 소득, C : 당해 기간의 소비, W_1 : 기말의 재산권 가액, W_0 : 기초의 재산권 가액, ΔW : 당해 기간 중 자산의 순증가액을 나타낸다)[64]. 헤이그(R. Haig), 사이먼스(H. Simons) 등이 주장하였다. 순자산 증가설에 의한 소득의 개념을 포괄적 소득(comprehensive income)이라고 한다. 포괄적 소득개념에는 통상적인 근로소득이나 사업소득은 물론 일시적이고 우발적인 소득도 과세대상에 포함되며, 귀속소득, 미실현 자본이득, 사회보장급부 등도 과세대상에 포함된다. 그러나 미실현 자본이득, 귀속소득, 비현금소득 등의 시장가치를 계산하기가 어려우며, 비용지출의 경우에도 소득을 발생시키기 위한 지출과 순수한 소비적 지출 간의 구분이 쉽지 않다.

3) 소득공제 제도

두 사람이 동일한 종류의 소득을 동일하게 얻는다고 해서 두 사람에게 동일한 액수의 소득세를 부과한다면 공평한 과세라고 할 수 없다. 어떤 사람의 소득은 그 소득을 얻기 위해 소요된 비용을 공제하고 난 나머지 부분을 그 사람의 납세능력으로 간주하고 소득세를 부과해야 한다.

그러나 어떤 항목에 대해서 어느 수준의 공제를 허용할 것이며, 소득공제와 세액공제 중 어떤 형태를 취해야 할 것인지에 대해서는 객관적인 근거가 없다. 단지 너무 많은 항목에 대해 공제를 허용하게 되면 조세제도가 복잡해질 뿐 아니라 조세회피의 여건만 조장하는 결과를 초래할 수 있다. 따라서 불가피한 경우에만 공제를 허용해야 한다. 여러 가지 문제들을

---

64) 김용민, 전게서

고려하여 최저한도로 생활에 필요한 생계비를 고려하여 공제의 범위나 한도를 적절하게 결정해야 할 것이다. 다음과 같이 인적공제, 필요경비공제, 세액공제 등이 있다.

(1) 인적공제

인적공제(personal exemption)란 가족 구성원의 특징이나 수에 따른 모든 소득으로부터 공제하는 것을 말한다. 부양가족공제 · 장애자공제 · 경로우대공제 등이 포함된다. 인적공제는 자녀를 양육하거나 장애자나 노약자를 돌보는 데 소요되는 비용을 고려하여 과세해야 할 필요가 있기 때문이다. 그러나 일방적인 공제는 불공평할 뿐 아니라 정부의 정책의도와는 전혀 다른 결과를 초래할 수도 있기 때문에 제한을 두고 있다. 일반적으로 공제액이 커질수록 소득세는 평균세율의 측면에서 더 누진적이므로 인적공제는 저소득층의 세 부담을 완화해 주는 효과가 있다. 그러나 공제액이 동일할 경우 혜택의 절대액은 한계세율이 높은 고소득층이 한계세율이 낮은 저소득층보다 많을 수가 있다.

(2) 필요경비공제

필요경비공제(deduction)는 법률이 정한 바에 따라 특정한 지출에 대해 공제를 해주는 것을 말한다. 즉, 필요경비공제는 사회보장적 경비를 보조하기 위한 목적을 지니고 있다. 보험료 공제 · 의료비 공제 · 교육비 공제 · 무주택근로자 공제 등이 있다. 또한 필요경비공제는 지출을 증명할 수 있도록 공제 항목별로 공제해 주는 항목별 공제가 있고, 지출증명이 없이 고정액을 공제해 주는 표준공제액이 있다.

(3) 세액공제

세액공제(tax credit)는 당연히 납부해야 할 세액이지만 이중과세 방지, 자진납세제도 확립, 저축장려 등 조세정책적인 측면에서 조세부담 능력과는 상관없이 납세의무자가 일정한 조건을 구비하였을 때 산출세액에서 일정한 비율이나 금액을 공제해 주는 것을 말한다. 납세액으로부터 직접 공제해 주는 방식이라고 할 수 있다. 외국납부세액공제, 배당소득세액공제, 기장세액공제, 저축세액공제, 근로소득세액공제, 각종 투자세액공제 등이 있다. 소득공제는 한계세율에 따라 그 효과가 좌우되는데 비해, 세액공제는 한계세율이 낮은 사람에게 상대적으로 더 유리하게 작용한다고 할 수 있다.

4) 소득세의 특징과 한계

(1) 소득세의 특징

첫째, 소득세는 세 부담의 보편성이 크다고 할 수 있다. 현대사회에서 소득은 매우 다양한 형태로 존재한다. 개인은 다양한 형태로 소득을 창출하고 있으며, 그 소득에 대하여 세금을 부과하게 된다. 따라서 소득세는 세 부담의 보편적인 성격이 높다고 할 수 있다.

둘째, 납세자의 부담능력에 따른 과세가 가능하다. 소득이 많은 사람에게는 높은 세금을 부과할 수 있고, 소득이 적은 사람에게는 낮은 세금을 부과할 수 있다. 따라서 소득세는 능력에 따른 조세부담인 응능원칙(應能原則)을 적용하여 과세할 수 있으며, 납세자들의 소득 정도에 따른 누진세제도를 활용함으로써 과세의 수직적 공평을 이룰 수 있다.

셋째, 조세수입의 확보가 수월하다. 국가의 산업이 발전할수록 많은 기업이 생겨나고 더 많은 경제활동 인구를 필요로 하게 되고 개인의 소득이 증가할 것이며 이로 인한 조세수입도 증가하여 조세수입의 확보가 용이하다.

넷째, 소득의 재분배를 이룰 수 있다. 즉, 재정지출을 통하여 각종 사회보장제도를 실시하고 누진세율의 적용·각종 조세감면제도·공제제도 등을 통하여 소득의 재분배를 이룰 수 있다.

다섯째, 경기조절이 가능하다. 경기가 상승할 때에는 세금을 늘려 소비를 억제시키고, 세금우대 조치·조세감면 제도 등을 축소하여 경기를 진정시키며, 경기가 불황일 때에는 경기 활성화를 위한 각종 유인제도를 적용하여 경기를 부양시킬 수 있다.

(2) 소득세의 한계

첫째, 정확한 과세포착이 어렵다. 다양한 직종·다양한 소득에 대하여 과세할 수 있는 세무행정이 고도화되지 않고, 납세자의 조세의식이 긍정적이지 않는 한 과세를 정확하게 포착하기가 어렵다. 따라서 한 국가의 조세체계에서 소득세가 차지하는 비중은 납세자들의 납세도의(納稅道義)뿐 아니라 세무행정을 가늠할 수 있는 중요한 척도가 되기도 한다.

둘째, 고정임금 소득자와 사업소득자 간의 세 부담 공평성에 대한 문제가 대두되고 있다. 근로소득자들의 임금이나 월급은 대부분이 노출되어 있고 원천징수가 되므로 조세 부담을 회피하기가 어렵다. 그러나 자영업자나 자유직업 종사자들은 소득의 노출을 피할 수 있을 뿐만 아니라 납세허위신고·탈세 등의 가능성이 있어 고정소득자와 사업자간의 불공평 문제가 발생하기도 한다.

셋째, 조세저항을 야기할 수도 있다. 과세의 수직적 공평을 통하여 소득재분배 기능을 달성할 수 있으나 고도의 누진세율을 적용할 경우 납세자들의 조세저항을 가져올 수 있다. 소득에 따른 고도의 누진세율의 적용은 근로자들의 근로의욕을 감퇴시키고, 노동을 여가로 대체하려는 성향이 나타나게 된다.

5) 세율구조

소득세율을 몇 개의 소득구간으로 나누어야 할 것인지는 중요한 문제가 된다. 소득구간을 좁게 잡아 많은 수의 소득구간으로 세분하게 되면 조세제도가 복잡해지게 되는 반면에, 소득구간을 넓게 잡으면 소득구간 간 이동단계의 폭이 크게 되므로 한계세율이 급격하게 상승하게 된다. 일부에서는 세율구조를 단순화시켜 모든 소득에 대해 한 가지의 세율만 적용하자는 단일소득세제(flat rate income tax)를 주장하고 있다.

단일소득세제는 모든 사람 모든 소득에 대해서 하나의 세율만 적용하자는 것이다. 단일세율 지지자들은 단일소득세제를 도입하면 과세기반이 넓어져서 한계세율을 낮출 수 있고 경제효율성을 증대시킬 수 있다고 주장한다. 단일소득세제는 단순하기 때문에 원천징수가 가능하고 납세자들은 간단히 소득세 신고를 할 수 있어 세무사·변호사·회계사 등을 고용할 필요가 없어 조세행정비용을 절감할 수 있다. 단일소득세를 도입하게 되면 개인소득세와 법인세를 폐지할 수 있다고 주장한다.

이에 반해 단일소득세제는 경제후생에 대한 배려가 부족하다고 주장하기도 한다. 단일소득세제는 현행 소득세제에 비하여 누진성이 낮고 고소득층의 세 부담을 줄이는 대신에 중산층의 세 부담이 높아지게 되므로 세 부담의 형평성에 위배될 수 있다고 지적하기도 한다.

6) 과세단위의 선택

소득세의 과세단위[65]는 소득을 종합하는 인적 단위를 말한다. 과세단위는 개인단위주의(individual unit system)와 소비단위주의(consumption unit system)로 대별된다. 소비단위주의는

---

65) 한국의 소득세법은 개인단위주의를 원칙으로 한다.

소비단위의 크기에 따라 부부단위주의와 가족단위주의로 구별된다.

소비단위주의는 소득의 분할방법에 따라 합산분할주의와 합산비분할주의로 나뉜다. 합산분할주의란 소비단위의 구성원의 소득을 합산한 금액을 다시 구성원의 숫자로 나눈 금액에 각각의 세율을 적용하여 세액을 합산하는 방법이다. 합산비분할주의는 소비단위의 구성원의 소득을 합산한 금액에 그대로 세율을 적용하여 산정하는 방법이다[66].

소비단위주의는 경제생활의 기본단위가 부부 내지 가족이므로 가족구성원의 소득을 합산하여 과세하는 것이 공평의 원칙에 합치된다. 특히 가족구성원 간의 소득분할을 통한 조세회피를 방지할 수 있다.

그러나 소비단위주의는 결혼에 대한 세제의 중립성[67]을 위배할 수도 있다. 즉, 합산비분할주의는 가족의 소득이 무조건 합산되므로 높은 누진세율이 적용되어 결혼 전보다 세액이 증가하게 된다. 합산분할주의는 합산하지 않고 개인단위 위주로 과세하므로 부부 중 어느 한쪽의 소득이 낮을 경우에는 결과적으로 독신자가 기혼자보다 더 무거운 세 부담을 하게 된다. 소비단위주의는 부부 또는 가족단위별로 소득을 합산하기 위하여 많은 징세비와 납세협력비용을 필요로 한다.

표 4-11 | **과세단위의 유형**

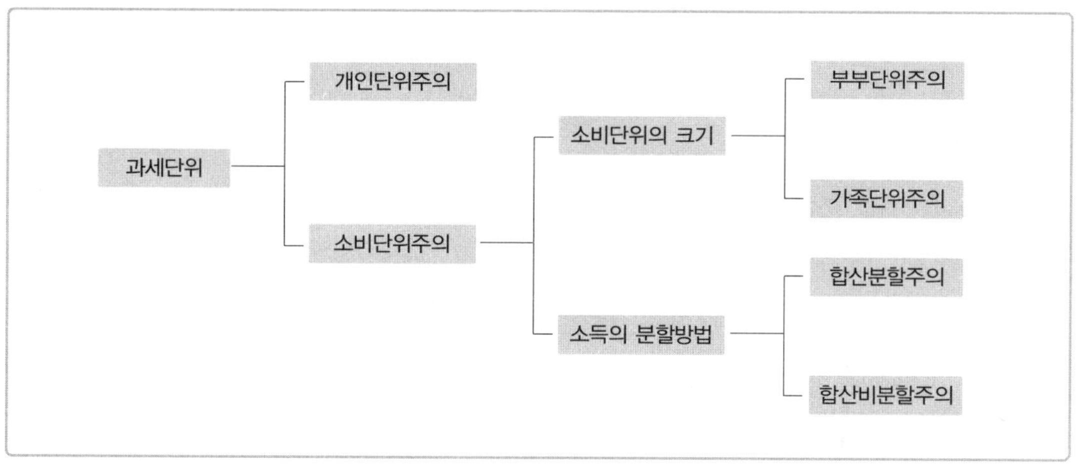

---

66) 김완석, 『소득세법론』, (주)조세통람사, 1997.
67) 세금이 결혼에 대한 선택을 왜곡시키지 않는 것을 말한다. 즉, 결혼한 부부의 세금은 결혼하기 전에 두 사람이 내던 세금의 합과 동일해야 한다는 것이다.

소득세를 과세하는 데 있어서 개인별로 과세를 해야 하는지 아니면 가족을 단위로 하여 부부의 소득을 합친 것에 과세해야 하는지 등에 대한 과세단위의 선택은 중요한 쟁점이 되고 있다.

따라서 과세단위를 선택하는 과정에서 다음을 충족시켜야 한다고 주장하고 있다. 첫째, 동일한 소득을 갖는 가정이 다른 조건까지 동일하다면 동일한 세 부담을 해야 하는 수평적 공평의 원칙을 준수해야 한다. 둘째, 한계소득세율은 소득이 증가함에 따라 증가해야 한다. 셋째, 어떤 남녀가 결혼을 했다고 해서 세 부담이 달라져서는 안 된다. 즉, 소득세의 부과가 결혼에 상관없이 중립성을 견지해야 한다는 것이다. 그러나 문제는 과세단위의 선택과정에서 위의 조건을 충족시키기가 현실적으로 어렵다는 데 있다.

7) 세 부담의 공평 논의

공평한 세 부담을 위해 다양한 경제적 능력평가 기준들이 제시되고 있으나 나름대로 문제점이 노출되고 있다. 즉, 소득은 동일하지만 지출이 서로 다른 경우, 실현되지 않은 자본이득, 귀속소득, 소득의 기복이 심한 경우, 인플레이션이 발생할 경우, 징세방법의 차이, 재산위주의 과세 등이다.

사람들의 취향의 차이 즉, 선호도가 사람에 따라 다르다면 세 부담에 대한 분석은 더욱 복잡해진다. 어떤 사람은 다른 사람에 비해 여가를 더 좋아해서 일하는 시간보다 여가시간을 더 많이 갖는다고 가정하자. 조세가 없는 상황에서 두 사람이 동일한 효용을 얻었다면 소득세는 수평적으로 불평등하다.

소득세는 여가에 대해 보다 덜 강력한 선호를 가진 사람을 불리하게 차별한다. 특정한 직업에 대한 편리성이나 불편성에 대한 주관적 느낌이 사람에 따라 차이가 있고 이러한 차이가 소득의 크기에 반영된다면 또 다른 종류의 수평적 불평등이 문제가 된다. 소득세는 특정 직업의 불편성과 위험을 추가적으로 보상해 주는 직업에 종사하는 사람을 불리하게 차별하게 되므로 불평등하게 된다.

예를 들어 A와 B 두 사람은 가장으로서 연간소득이 3,000만 원으로 서로 같다고 하자. A는 자녀가 없지만 건강이 나빠 의료비로 400만 원을 지출하고, B는 자녀가 둘이 있으며 자녀의 대학등록금으로 600만 원이 지출된다고 가정하고 알아보자.

소득 · 지출내역	A	B
연간소득	3,000만 원	3,000만 원
자 녀	없음	2명
등록금	없음	600만 원
의료비	400만 원	없음

<표 4-12>의 A와 B 두 가장의 연간 소득이 동일하므로 세금액도 같아야 할까? A의 의료비를 상쇄해주기 위해서 세제혜택을 주는 것이 더 공평할까? 아니면 B의 자녀 대학등록금 부담을 덜어주기 위해 세제혜택을 주는 것이 더 공평할까?

(1) 실현되지 않은 자본이득

토지, 건물, 유가증권과 같은 자산의 가치가 증가할 때 이는 자산의 자연증가분으로 소득세의 과표에 포함되는 것이 당연하다. 그러나 이러한 자본이득은 자산소득의 상당부분을 차지하면서도 실제로는 효율적으로 과세하지 못하고 있다.

그 이유는 자산의 가치가 단순히 증가했다는 그 자체만으로는 개인의 지급능력이 증가되었다고 볼 수 없기 때문이다. 즉, 자산가치의 증가 그 자체는 시세의 상승으로 자산가치가 증가했음을 의미할 뿐 그 증가로 인해 소득이 실현되지는 않는다. 소득의 추가적인 증가는 증가된 자산을 타인에게 판매하였을 때 비로소 가능한 것이기 때문이다.

자산이득의 실현주의 입장을 취하는 한 유가증권이나 기타 자산의 이득에 대한 과세는 부당하다고 할 수 있다. 그러나 자산이득의 발생주의 입장에서 본다면 실현되지 않은 자본이득에도 과세해야 한다는 주장이 가능하다.

그러나 실현주의에 입각한 자본이득 과세는 자본소유자가 자산이득의 실현시기를 장래로 연기하여 소득세의 납세시기를 그만큼 연기하게 하는 요인을 제공한다.

(2) 시장에서 거래되지 않은 소득

귀속소득(imputed income)이란 시장에서 거래를 거치지 않고 획득된 실질소득(화폐의 형태를 갖지 않는 소득)을 말한다. 즉, 농부가 직접 소비를 위해 재배하는 야채 · 과일 · 농산물 등은 시장을 거치지 않는다. 또 주택 · 부동산 · 자본재 등을 소득획득 수단으로서가 아니라 실제로 소유하거나 스스로 사용하고 있으면 임대소득을 얻지 못한다. 그러나 소유자가 이를 임대했을 때 실질적으로 얻을 수 있다고 생각하는 소득도 귀속소득에 속한다.

예를 들어 어떤 사람이 시가 2억 원의 아파트를 소유하고 있는데 이 아파트를 남에게 전세나 월세를 주면 월 150만 원의 임대소득을 얻을 수 있다고 하자. 그러나 남에게 빌려주지 않고 스스로 살고 있기 때문에 임대소득을 얻지 못한다.

이와는 반대로 이 아파트에 살지 않고 남에게 빌려준다면 월 150만 원의 임대소득이 발생하고 이는 귀속소득이 된다. 원칙적으로 귀속소득은 실제로 발생하지 않았을 뿐 소득의 일종이므로 과세의 대상이 되어야 한다. 그러나 현실에서는 귀속소득을 과세의 대상에 포함시키는 사례는 거의 없다. 정치적·행정적인 문제가 너무 복잡하기 때문이다.

그러나 귀속소득을 과세대상에서 제외시키는 것은 공평성의 측면에서 문제가 있다. 똑같은 두 사람이 있는데 한 사람은 자신이 소유하고 있는 집에 살고 있고, 다른 사람은 자신이 소유하고 있는 집을 남에게 임대해 주고 더 작은 집을 세 내서 살고 있다. 만약 실제로 얻은 임대료소득을 과세대상에 포함시키면서 귀속소득은 제외시킨다면 자신이 소유하는 집에서 살고 있는 사람이 내는 소득세가 훨씬 적을 것이다. 자신이 소유하는 집을 남에게 임대해 준 사람은 임대료 소득에 대한 세금을 더 내야 하기 때문에 상대적으로 더 무거운 세 부담을 지게 된다.

(3) 소득의 기복이 심한 경우

개인의 능력과 직업에 따라 사람들의 소득수준은 천차만별이다. 누진적인 한계세율이 적용될 때, 연간 소득이 일정한 사람과 연간소득의 기복이 심한 사람간의 누계소득이 같더라도 안정적인 소득을 가진 사람이 소득의 기복이 심한 사람에 비해 세금을 적게 부담한다.

예를 들어 세율구조는 처음 100만 원까지의 과세소득에 대해서는 10%의 세율을 적용하고 그 이후부터는 10만 원의 소득이 증가할 때마다 1%씩 세율이 상승한다고 가정하자. 100만 원을 초과하는 처음 10만 원에는 11%의 세율을 적용하고 그 다음 10만 원의 추가적인 소득증가에는 12%의 세율을 적용하게 된다. 즉, 한계세율이 100만 원을 초과한 매 10만 원마다 누진적으로 1%씩 상승한다.

<표 4-13>에서 납세자 갑(甲)은 매년 150만 원씩 소득이 일정하여 5년 간의 누계소득은 750만 원이다. 납세자 을(乙)의 5년간 소득은 750만 원으로 납세자 갑과 동일하나 매년 소득의 변화가 심하다고 가정하자. <표 4-12>에서와 같이 납세자 을은 소득의 기복이 심하기

때문에 납세자 갑보다 10만 원의 세금을 더 내고 있다. 한계세율의 상승때문에 소득이 높은 해의 세금 증가액은 소득이 낮은 해의 세금 감소액보다 크게 된다.

표 4-13 | **변동 소득자와 정액 소득자**

연 도	납세자 갑		납세자 을	
	소득	납세액	소득	납세액
1	150만 원	16.5%	200만 원	25.5%
2	150만 원	16.5%	100만 원	10.0%
3	150만 원	16.5%	250만 원	37.0%
4	150만 원	16.5%	100만 원	10.0%
5	150만 원	16.5%	100만 원	10.0%
총 계	750만 원	82.5%	750만 원	92.5%

그러나 형평성의 관점에서 볼 때 두 사람의 과세는 동등하게 취급되어야 한다. 이는 프로선수 · 영화배우 · 가수 · 탤런트 등 짧은 기간에 높은 소득을 올리고 나머지 기간에는 아주 낮은 소득에 그치는 사람들에게 중요한 문제가 된다.

이러한 문제를 해결하는 방안은 몇 년간 소득을 평균하여 신고하도록 하는 것이다. 세무당국이 어떤 사람의 일정기간 동안의 과세소득을 컴퓨터에 기록하면서 그 소득의 흐름에 일정한 평균공식을 적용하면 된다. 그러나 몇 년 동안의 소득을 평균공식에 적용할 것인가가 문제이다. 수평적 형평의 관점에서 보면 장기일수록 좋다고 할 수 있다. 결국 평생의 소득을 평균하는 것이 가장 이상적이라고 할 수 있다. 그러나 평생소득에 대해 평균원리를 일반적으로 적용한다고 해서 평등하다고 할 수 없을 것이다.

수평적 형평을 완전하게 적용하기 위해서는 공공지출의 상대적 편익의 크기가 두 사람이 어느 경우에 동일한 효용수준을 달성한다고 볼 수 있는지를 파악하려고 할 때 고려되어야 한다. 그러나 사람들이 공공지출로부터 얻는 편익은 시장에서 나타나지 않기 때문에 쉽지 않다.

(4) 인플레이션이 발생할 경우

인플레이션이 급속하게 진행될 때 명목소득의 증가는 새로운 소득계층으로 간주되어 납세자들의 실질 세 부담이 증가하게 된다. 즉, 인플레이션을 고려하지 않고 과세표준과 세율구조가 누진적으로 적용된다면, 인플레이션으로 인해 실질세수는 증가하게 되지만 납세자의 실질 세 부담이 늘어난다. 즉, 연간 물가 상승률이 10%이고 어떤 사람의 명목소득이 10% 상승한 경우 인플레이션에 대한 고려가 없다면 보다 높은 세율이 적용되는 과세단계로 이동하게 되어 납세액이 증가하게 된다. 따라서 인플레이션이 진행되고 있을 때는 계속해서 세율에 대한 조정을 해주어 납세자의 실질소득에 변화가 없는 한 조세부담에도 아무런 변화가 생기지 않도록 해야 한다.

그러나 인플레이션에 대한 조정을 한다는 것이 말처럼 쉽지 않기 때문에 명목소득을 과세기준으로 삼는 경우가 대부분이다. 다만 몇 년마다 세율조정을 통해 불완전하게나마 인플레이션에 대한 조정을 해주는 경우가 있다. 이를 방지하기 위해서는 세율구조 자체를 연동화(indexation)하여야 한다. 즉, 인적공제액[68]을 매년 물가 상승률만큼 인상하여야 하며 과세소득 단계도 물가상승률에 따라 인상 · 조정하여야 한다.

(5) 징세방법의 차이

대부분의 급여 소득자들은 원천징수에 의한 납세로 인해서 세원 포착률이 거의 100%에 달한다. 그러나 신고 납세에 의한 징수방법이 적용되는 기업이나 자영업자의 경우에는 급여 소득자들만큼의 높은 세원 포착률을 기대할 수 없다. 이는 저소득층 또는 중산층에 속하는 대부분의 급여 소득자들이 상대적으로 고소득 개인 기업인이나 자영업자에 비해 세 부담 측면에서 불공평하다고 볼 수 있다.

(6) 재산 위주의 과세

어떤 사람의 재산을 기준으로 하여 경제적 능력을 평가하는 것은 소득이나 다른 기준에 의해 평가하는 것보다 훨씬 사실에 가까운 판단을 할 수 있다. 그러나 납세자의 재산을 정확히 파악한다는 것은 현실적으로 불가능하고, 당국이 납세자의 재산을 파악하려는 과정에서 사생활 침해 가능성이 크다. 또한 재산 위주의 과세는 부동산 등의 재산은 많으나 소득이 거의 없는 사람들의 처지를 더욱 어렵게 할 수도 있다. 농지가격 폭등으로 재산은 증가하였으나 토지관련 세금을 못내는 농민들의 경우가 그 예이다.

---

68) 인적공제는 소득자의 가족상황을 감안하여 일정 금액을 공제하여 주는 제도이다. 소득세법상 인적공제는 종합소득이 있는 거주자의 소득금액을 계산한 후 과세표준을 계산하는 과정에서 공제된다. 상속세 및 증여세법상 인적공제는 국내 거주자의 사망으로 인하여 상속이 개시될 때 피상속인에게 배우자 · 자녀 · 미성년자 · 경로자 · 장애인이 있는 경우 규정된 금액을 상속세 과세가액에서 공제한다.

2. 부동산 관련 한국의 개인소득세

1) 소득세 과세제도 개요

(1) 개요

소득세는 자연인의 소득을 과세대상으로 하는 조세이다. 소득세는 국세, 보통세, 직접세, 인세, 수득세[69], 종가세, 독립세의 특징을 지니고 있다.

(2) 소득세제의 특징

① 종합과세

소득세법에 원칙적으로 종합과세의 방법을 채택하고 있다.

이자소득 · 배당소득 · 사업소득 · 근로소득 · 연금소득 · 기타소득을 인별로 종합하여 소득공제를 한 후 소득금액의 크기에 따라 최저 6%부터 35%까지 4단계의 초과 누진세율을 적용하여 과세하고 있다.

한편 수년간 걸쳐 형성되는 퇴직소득과 비경상적인 양도소득에 대하여는 종합소득과 구별하여 분류과세(分類課稅 : schedular taxation)[70]를 하고 있다.

② 열거주의와 유형별 포괄주의 과세방법

현행 소득세법은 종합소득세 과세방식으로 열거주의 과세방식과 유형별 포괄주의 과세방식을 병행하여 채택하고 있다. 즉 사업소득 · 근로소득 · 기타소득에 대하여는 법에 열거된 소득만을 과세하는 열거주의 과세방식을 채택하고 있고 이자소득 · 배당소득 · 연금소득에 대하여는 법에 구체적으로 열거하지 아니한 경우에도 법에 열거하고 있는 소득과 유사한 소득에 대하여 동일하게 과세하는 유형별 포괄주의 과세방식을 채택하고 있다(2002년 1월 1일 이후 발생하는 소득 분부터 적용).

---

69) 수득세란 개인 또는 법인이 일정기간 동안 얻은 수입(소득 또는 수익)에 대하여 과세하는 조세를 말하며, 소득에 과세하는 소득세와 수익에 과세하는 수익세로 나누어진다.

70) 분리과세(separate taxation)는 종합과세되는 소득을 지급받을 때 일정률의 원천징수를 하고 나면 종합소득신고 시 이를 합산하지 않는 것을 말한다. 즉, 분리과세는 소득세납부를 종결하는 경우이고, 분류과세는 결집효과가 나타나는 소득(퇴직소득, 양도소득)의 과소한 세 부담을 줄이기 위해 종합소득에 포함하지 않고 세금을 부과하는 경우를 말한다.

③ 신고납세제도

과세표준과 세액을 확정하는 방법에는 납세자가 스스로 과세표준과 세액을 신고함으로 써 구체적인 납세의무가 확정되는 신고납세제도와 과세관청의 부과처분에 의하여 납세의무가 확정되는 부과과세제도가 있다.

소득세법은 납세자의 성실납세풍토 조성과 선진민주세정 구현을 위하여 신고 납세제도를 채택하고 있는데 종합·퇴직소득에 대하여 1996년 1월 1일 이후 최초로 신고 기한이 도래하는 것부터, 양도소득에 대하여는 2000년 1월 1일 이후 최초로 양도하는 분부터 각각 종전 부과과세제도에서 신고납세제도로 전환하였다.

④ 개인별과세

종합소득세는 소득의 종합단위(과세단위)를 기준으로 하여 개인별과세·부부합산과세 및 세대합산과세로 구분할 수 있는데 과세단위가 달라지면 가족별 소득구성에 따라 실질 세 부담이 달라진다. 소득세법에서 개인별과세를 원칙으로 하고 있으나, 특수관계에 있는 자 간의 공동사업의 경우 손익분배비율을 거짓으로 정하는 등의 사유가 있는 때에는 주된 공동사업자의 소득으로 본다(소득세법 제43조의 ③).

⑤ 소득공제제도

소득세법 종합소득공제제도(소득세법 제50조~제52조)는 납세자의 가족부양·최저생활보장 및 사회보장적 차원에서 기본공제·추가공제·다자녀 추가공제·연금보험료공제·주택담보노후연금 이자비용공제·특별공제 등 소득공제제도를 채택하고 있다.

⑥ 주소지 과세제도

소득세법의 주소지를 납세지로 하여 과세함을 원칙으로 하고 예외적으로 소득발생지를 납세지로 할 수 있도록 하고 있다(소득세법 제6조).

⑦ 기타

중간예납제도, 지급조서제출, 원천징수, 각종 협력의무를 규정하고 있다.

(3) 납세의무자

① 거주자와 비거주자

거주자와 비거주자의 납세의무는 개인은 <표 4-14>, <표 4-15>, 법인은 <표 4-16>과 같다.

표 4-14 | **거주자와 비거주자**

구 분	거 주 자	비 거 주 자
구별기준	국내에 주소 또는 1년 이상 거소가 있는 자	거주자 이외의 자
납세의무의 범위	국내외 원천소득(무제한 납세의무자)	국내원천소득(제한 납세의무자)

표 4-15 | **거주자와 비거주자의 의제**

기준	거주자 의제	비거주자 의제
직업관계	계속하여 1년 이상 국내거주를 요하는 직업을 가진 경우(소득세법시행령 2 ③ 1)	계속하여 1년 이상 국외거주를 요하는 직업을 가진 경우(소령 2 ④ 1)
생활관계	국내에 생계를 같이하는 가족이 있고 그 직업 및 자산상태에 비추어 계속하여 국내에 거주할 것으로 인정되는 경우(소득세법시행령 2 ③ 2)	생계를 같이하는 가족이 거주하는 장소 또는 그 승무원의 근무시간 이외 통상 체재하는 장소가 국외에 있는 경우(소령 2 ④ 2)
외항선박·항공기 승무원	생계를 같이 하는 가족이 거주하는 장소 또는 그 승무원이 근무시간 이외의 기간 중 체재하는 장소가 국내에 있는 경우(소득세법시행령 2 ⑤)	생계를 같이하는 가족이 거주하는 장소 또는 그 승무원이 근무시간 이외의 기간 중 통상 체재하는 장소가 국외에 있는 경우(소령 2 ⑤)
공무원 등	외국근무 공무원과 거주자·내국법인의 임직원 (소득세법시행령 3)	• 주한 외교관과 그 외교관의 세대에 속하는 해외파견 가족으로 대한민국 국민이 아닌 자. • 한·미 행정협정에 규정한 합중국군대의 구성원·군무원 및 그들의 가족. 다만, 합중국의 소득세를 회피할 목적으로 국내에 있다고 신고한 경우에는 예외로 한다.

표 4-16 | **법인으로 보지 아니하는 법인격 없는 단체**(소득세법규칙 제2조)

구분	1거주자 의제	공동사업의제
구별기준	그 단체의 대표자 또는 관리인이 선임되어 있고 이익의 분배방법 및 비율이 정해져 있지 아니한 경우	1거주자에 해당되지 아니하는 경우
과세방법	• 그 단체를 1거주자로 보는 것이므로 단체의 소득을 단체의 명의로 신고하여야 한다. • 대표자 또는 관리인의 다른 소득과 합산하여 과세하지 아니한다.	단체의 소득을 각 거주자별로 그 지분 또는 손익분배의 비율에 따라 분배하여 각 거주자별로 소득금액을 계산하고, 분배된 소득을 각 거주자의 다른 소득에 합산하여 신고한다.[71]

② 납세의무의 특례

• 공동소유 또는 공동사업의 경우

공동소유 또는 공동사업의 경우에는 공유자와 공동사업자는 각자의 소득세액에 대한 납세의무만을 지므로 연대납세의무는 없다(소득세법 제2조 ①). 다만, 공동사업합산과세의 경우에는 공동사업소득이 합산되므로 주된 공동사업자 외의 특수 관계자는 당해 합산과세되는 소득금액에 대하여 그의 소득분배 비율에 해당하는 소득금액 한도로 주된 공동사업자와 연대하여 납세의무를 진다(소득세법 제2조 ① 단서).

• 상속인인 경우

소득세는 개인단위 과세 제도를 채택하고 있으므로 피상속인의 소득과 상속인의 소득을 구분하여 소득세를 계산하여야 한다(소득세법 제44조). 다만 피상속인의 소득세에 대하여는 상속재산을 한도로 상속인이 납세의무를 진다(국세기본법 제24 ①).

• 분리과세소득의 경우

원천징수되는 소득으로 종합소득에 합산되지 아니하는 소득이 있는 자는 원천징수되는 소득세에 대하여 납세의무를 진다(소득세법 제2의 2 ⑤).

(4) 납세지

🔻 소득세 납세지(소득세법 제6조)

소득세 납세지는 <표 4-17>과 같다.

표 4-17 | **소득세 납세지**

소득자	납세자
거주자인 경우	주소지, 주소지가 없는 경우는 거소지
비거주자인 경우	주된 국내사업장 소재지, 국내사업장이 없는 경우에는 국내원천소득이 발생하는 장소

---

71) 이익의 분배방법의 유무는 실질에 따라 판단하므로 명시적으로 이익의 분배방법이나 분배비율이 정하여져 있지 아니하더라도 사실상 이익이 분배되는 경우에는 그 단체를 공동사업으로 본다(소득세법규칙 제2조 ②).

▼ 납세지의 특례

① 원천징수 납세지(소득세법 제7조)

원천징수하는 소득세의 납세지는 원천징수하는 자에 따라 각각 다음과 같이 한다.

• 거주자

원천징수하는 자가 거주자인 경우에는 그 거주자의 주된 사업장의 소재지를 납세지로 한다. 그러나 주된 사업장 이외의 사업장에서 원천징수를 하는 경우에는 그 사업장의 소재지, 사업장이 없는 경우에는 그 거주자의 주소 또는 거소지를 납세지로 한다(소득세법 제7조의 ① 1호).

• 비거주자

원천징수하는 자가 비거주자인 경우에는 그 비거주자의 주된 국내사업장의 소재지를 납세지로 한다. 그러나 주된 국내사업장 이외의 국내사업장에서 원천징수하는 경우에는 그 국내사업장 소재지를 납세지로 하되, 국내사업장이 없는 경우에는 그 비거주자의 거류지 또는 체류지로 한다(소득세법 제7조 ① 2).

• 법인

원천징수하는 자가 법인인 경우에는 그 법인의 본점 또는 주사무소의 소재지를 납세지로 한다(소득세법 제7조 ① 3호)

그러나 법인의 지점·영업소 기타 사업장이 독립채산제에 의하여 독자적으로 회계 사무를 처리하는 경우에는 그 사업장의 소재지(그 사업장의 소재지가 국외에 있는 경우에는 제외함)를 납세지로 한다.

다만, 이 경우에도 법인이 국세청장으로부터 승인을 얻어 본점 또는 주사무소의 소재지를 당해 법인의 지점·영업소 기타의 사업장에서 지급하는 소득에 대한 소득세 원천징수세액의 납세지로 할 수 있으며 이 경우 국세청장은 각 소득별로 소득세 원천징수세액의 납세지를 승인할 수 있다(소득세법 제7조 ① 4, 영 제5조 ③).

• 비거주자의 국내원천소득에 대한 원천징수특례 규정에 의한 원천징수의무자가 납세지를 가지지 아니한 경우 비거주자의 국내원천소득에 대한 원천징수특례 규정(소득세법 제156조)에 의한 원천징수의무자가 위 'ⓐ~ⓒ'의 납세지를 가지지 아니하는 경우로서 비거주자에게 지급하는 소득이 영 제179조 ⑩ 각 호에서 규정하는 유가증권 양도소득인 경우에는 당해 각 호에 규정된 유가증권을 발행한 내국법인 또는 외국법인의 국내사업장 소재지를, 그 외의 소득인 경우에는 국세청장이 지정하는 장소를 소득세 원천징수액의 납세지로 한다(소득세법 제7조 ① 5호, 영 제5조 ④).

② 납세조합이 징수하는 소득세의 납세지(소득세법 제7조 ②)

납세조합이 그 조합원의 근로소득 또는 사업소득에 대하여 소득세법 제150조의 규정에 의하여 징수하는 소득세의 납세지는 그 납세조합의 소재지로 한다.

③ 상속의 경우

거주자 또는 비거주자의 사망으로 인하여 그 상속인이 피상속인에 대한 소득세의 납세의무자가 된 경우, 소득세의 납세지는 그 피상속인 · 상속인 또는 납세관리인의 주소지나 거소지 중 상속인 또는 납세관리인이 그 관할세무서장에게 납세지로 신고한 장소를 그 신고한 때부터 납세지로 한다(소득세법 제8조의 ①, ③). 그러나 신고가 없는 경우의 납세지는 앞에서 설명한 일반 예에 따라 결정된다(소득세법 제8조의 ④). 따라서 신고가 없는 경우에는 피상속인의 주소지 또는 거소지가 납세지로 된다(재정경제부 소득 1264 - 614, 1997. 2. 27).

납세지의 신고를 하고자 하는 자는 납세지 신고서를 납세지 관할세무서장에게 제출하여야 한다(소득세법시행령 제5조의 ⑤, 규칙 별지1호 서식).

④ 비거주자가 납세관리인을 둔 경우

비거주자가 납세관리인을 둔 경우의 그 비거주자에 대한 소득세의 납세지는 그 국내 사업장의 소재지 또는 그 납세관리인의 주소지나 거소지 중 납세관리인이 그 관할세무서장에게 납세지로서 신고한 장소를 그 신고한 때부터 납세지로 한다(소득세법 제8조의 ②, ③).

그러나 신고가 없는 경우의 납세지는 앞에서 설명한 일반 예에 따라 결정된다(소득세법 제8조의 ④). 납세지의 신고는 위 상속의 경우에 설명한 바와 같다(소득세법시행령 제5조의 5⑤).

⑤ 국내에 주소가 없는 공무원 등의 경우

국내에 주소가 없는 공무원 또는 거주자나 내국법인의 국외사업장 등에 파견된 임원 또는 직원으로서 거주자로 보는 자에 대한 소득세의 납세지는 그 가족의 생활 근거지 또는 소속기관의 소재지로 한다(소득세법 제8조의 ⑤, 소득세법시행령 제5조의 ⑥).

(5) 복식부기의무자

① 복식부기의무자범위(소득세법 제160조의 ①)

복식부기의무사업자는 소득금액을 계산할 수 있도록 증빙서류를 비치하고, 사업관련 거래사실이 객관적으로 파악되도록 복식부기에 의하여 장부를 관리해야 한다.

② 복식부기의무자

- 부동산임대업 · 사업서비스업 · 교육서비스업 등 : 직전년 수입금액 7,500만 원 이상
- 제조업 · 숙박 및 · 음식점업 · 건설업 등 : 직전년 수입금액 1억 5천만 원 이상
- 도매업 · 소매업 등 : 직전년 수입금액 3억 원 이상

3. 부동산관련 종합소득세

1) 종합소득 과세표준과 세액의 계산

거주자에 대하여 부과하는 소득세의 과세표준은 종합소득, 퇴직소득, 양도소득으로 구분하여 계산하며(소득세법 제14조의 ①, 제92조의 ①) 종합소득세에 대한 과세표준(종합소득 과세표준)은 법에 규정된 각 소득별 소득금액 계산방법에 따라 계산한 이자소득, 배당소득, 사업소득, 근로소득, 연금소득, 기타소득의 합계액에서 종합소득공제를 한 금액으로 한다.

그러나 종합소득 과세표준의 계산에 있어서 다음의 소득은 이를 합산하지 아니한다(소득세법 제14조의 ③).

① 조세특례제한법 또는 소득세법 제12조의 규정에 의하여 과세되지 아니하는 비과세소득의 소득금액

② 일용근로자 급여

③ 분리과세 신청한 장기채권, 장기저축의 이자소득

④ 비실명이자 · 배당소득의 소득금액

⑤ 직장공제회 초과 반환금(소득세법 제 14조의 ③ 3호, 제16조의 ① 11호)

⑥ 법인으로 보는 단체 외의 단체 중 수익을 구성원에게 배분하지 아니하는 단체로서 단체명을 표기하여 금융거래를 하는 단체가 금융기관으로부터 받는 이자 · 배당소득

⑦ 조세특례제한법에 의하여 분리과세 되는 소득금액

⑧ 이자소득 등의 종합과세 기준금액 이하의 이자 및 배당소득 금액

⑨ 분리과세 기타소득

⑩ 분리과세 연금소득

2) 이자소득

(1) 범위

① 이자소득의 범위(소득세법 제16조)

이자소득의 범위는 <표 4-18>과 같다.

표 4-18 | **이자소득의 범위**

구 분	이자소득의 범위
① 채권 · 증권의 이자와 할인액	국가 · 지방자치단체 · 외국법인이나 외국법인의 국내지점 또는 국내영업소에서 발행한 채권 또는 증권의 이자와 할인액
② 받은 예금	국내 또는 국외에서 받은 예금(적금 · 부금 · 예탁금과 우편(대체포함)의 이자와 할인액)
③ 제2금융권의 계부금이익	상호저축은행법에 따른 상호 신용계 또는 신용부금으로 인한 이익
④ 환매조건부 채권 · 증권의 매매차익	금융기관이 시장가격에 의하지 아니하고 환매기간에 따른 사전약정이율에 의해 결정된 가격으로 환매수 또는 환매도하는 조건으로 매매하는 채권 · 증권(RP : Repurchase Agreement) 매매차익
⑤ 저축성보험의 보험차익	• 보험기간이 10년 미만인 저축성보험의 보험차익 • 보험차익 = 만기보험금(또는 공제금) · 중도해약 환급금 − 납입보험료(납입공제료)
⑥ 직장공제회 초과 반환금	• 동일직장이나 직종에 종사하는 근로자들의 생활안정, 복리증진, 상호부조 등을 목적으로 구성된 공제회 · 공제조합 및 이와 유사한 단체 • 직장공제회초과반환금[72] = 근로자가 퇴직 · 탈퇴로 인하여 직장공제회로부터 받은 반환금 − 납입공제료
⑦ 비영업대금의 이익	타인에게 금전을 빌려주고 그 대가를 받은 이익을 말함
①∼⑦과 유사한 소득으로 금전사용대가성격	위의 유사소득으로 금전사용에 따른 대가성격이 있는 것

② 비과세 이자소득

<표 4-19>의 이자소득에 대하여는 소득세를 과세하지 않는다.

---

72) 직장공제회초과반환금은 1999년 1월 1일 이후 최초로 직장공제회에 가입하고 퇴직 또는 탈퇴로 인하여 받은 반환금부터 과세된다.

근 거	비과세이자소득	비 고
소득세법 제12조의 1	신탁법에 따른 공익신탁의 이익[73]	
조세특례제한법 제87조	장기주택마련저축의 이자소득	2009. 12. 31까지 가입분에 한함
조세특례제한법 제88조의 2	노인 · 장애인 등의 생계형저축의 이자소득	2011. 12. 31까지 가입분에 한함
조세특례제한법 제89조의 3	농협 등의 조합에 대한 예탁금(1명당 3천만 원 이하에 한함)의 이자소득	2007. 1. 1 ~ 2012. 12. 31까지 발생분에 한함

3) 이자소득의 수입시기(소득세법시행령 제45조)

이자소득의 수입시기는 <표 4-20>과 같다.

표 4-20 | **이자소득의 수입시기**

구 분	수입시기
(1) 이자소득해당과세기간	• 약정에 의한 상환일 • 기일 전 상환 : 상환일
(2) 채권 등으로서 무기명인 것의 이자 할인액(소령 제45조)	지급을 받은 날
(3) 채권 등으로서 기명인 것의 이자와 할인액	약정에 의한 지급일
(4) 보통예금 · 정기예금 · 적금 또는 부금의 이자	① 실제이자지급일 ② 원본에 전입하는 뜻의 특약이 있는 이자 : 원본전입일 ③ 해약으로 인하여 지급되는 이자 : 해약일 ④ 계약기간을 연장하는 경우 : 계약연장일 • 정기예금연결정기적금 : 정기예 · 적금의 해약일 또는 정기적금의 저축기간만료일
(5) 통지예금의 이자	인출일
(7) 채권 또는 증권의 환매조건부 매매차익	채권 또는 증권의 환매조건부 매매차익은 환매수일 또는 환매도일, 기일 전에 환매수 또는 환매도하는 경우에는 그 환매수일 또는 환매도일
(8) 저축성보험의 보험차익	보험금 또는 환급금의 지급일 또는 중도해지일
(9) 직장공제회 초과 반환금	약정에 의한 공제회 반환금의 지급일
(10) 채권의 보유기간 이자등 상당액	채권 등의 매도일 또는 이자등의 지급일
(11) 비영업대금의 이익	약정에 의한 이자지급일. 다만, 이자지급일의 약정이 없거나 약정에 의한 이자 지급일 전에 이자를 지급받는 경우 또는 회수불능으로 인하여 총수입금액 계산에서 제외하였던 이자를 지급받는 경우에는 그 이자 지급일
(1)~(11)호 이자소득	상속재산이 상속되거나 증여되는 경우 : 상속개시일 또는 증여일

3) 배당소득(소득세법 제17조)

(1) 범위

① 내국법인으로부터 받은 이익이나 잉여금의 배당 또는 분배금과 상법 제463조의 규정에 따른 건설이자의 배당
② 법인으로 보는 단체로부터 받는 배당 또는 분배금
③ 의제배당(擬制配當)
④ 법인세법에 따라 배당으로 처분된 금액(인정배당)
⑤ 국내 또는 국외에서 받은 집합기구로부터의 이익[74]

(2) 비과세 배당소득

비과세 배당소득은 <표 4-21>과 같다.

---

73) 공익신탁이란 학술, 종교, 자선, 기예, 기타 공익을 목적으로 하는 신탁을 말하는데(신탁법 제65조), 이러한 공익신탁의 이익이 이자소득으로 구분되는 경우는 물론이고 소득의 내용에 따라 다른 소득으로 구분되는 경우에도 소득세를 비과세 한다.

74) 집합투자란 2인 이상에게 투자를 권유하여 모은 금전 등을 투자자로부터 일상적인 운용지시를 받지 않으면서 재산적 가치가 있는 투자대상자산을 취득·처분, 그 밖의 방법으로 운용하고 그 결과 투자자에게 배분하여 귀속시키는 것을 말한다. 이러한 집합투자를 수행하는 기구(Vehicle)에는 신탁형태의 투자신탁, 회사형태의 투자회사·투자유한회사 및 투자합자회사(사모투자전문회사), 조합형태의 투자조합 및 투자익명조합이 있다. 참고로 집합투자기구로부터의 이익(배당이익)으로는 투자신탁(수익자, 수익증권), 투자회사(주주, 주식), 투자유한회사·투자합자회사(사원, 지분증권), 투자조합·투자익명조합(조합원, 지분증권) 등의 이익이 있다. 그리고 집합투자기구 외의 신탁이익(소득내용별로 구분)도 있다.

표 4-21 | **비과세 배당소득**

근 거	비과세 배당소득	비 고
소득세법 제12조 제1호	신탁업에 따른 공익신탁의 이익	
조세특례제한법 제87조	장기주택마련저축의 배당소득	2009. 12. 31까지 가입분에 한함
조세특례제한법 제88조의 2	노인, 장애인 등의 생계형저축의 배당소득	2011. 12. 31까지 가입분에 한함
조세특례제한법 제88조의 4 ⑨	장기보유 우리사주의 배당소득(액면가의 개인별 합계액 1,800만 원 이하 보유자에 한함)	
조세특례제한법 88조의 5	농협 등의 조합에 대한 출자금(1명당 1천만 원 이하에 한함)의 배당소득	2012. 12. 31까지 수령분에 한함
조세특례제한법 제91조 ①	장기보유주식의 배당소득	2010. 12. 31까지 수령분에 한함
조세특례제한법 제91조의 8	공익기부집합투자기구에서 발생하는 거주자의 배당소득(이익을 전부 또는 일부를 법정기부금 및 지정기부금으로 지출한 금액에 한함) • 기부금의 종합소득공제 또는 필요경비산입을 적용하지 않음	2010. 12. 31까지 수령분에 한함
조세특례제한법 제91조의 9 ③	장기주식형저축에 가입하여 불입한 금액	2009. 12. 31까지 가입분
조세특례제한법 제91조의 10	장기회사채형저축에 가입하여 불입한 금액에서 발생하는 배당소득	2009. 12. 31까지 가입분에 한함

(3) 배당소득에 대한 이중과세의 조정

배당소득에 대하여는 법인단계에서 법인세가 과세되고 다시 주주단계에서 소득세가 과세되는데 이것을 배당소득에 대한 이중과세라고 한다. 소득세법에서는 이런 이중과세를 조정하기 위하여 Gross-Up제도[75]를 채택하고 있다.

이것은 주주단계에서 소득세를 과세할 때 해당 배당소득에 대해 과세된 법인세 상당액(이를 귀속법인세라 한다)을 배당소득 총수입금액에 가산하여 소득세를 계산한 다음, 그 귀속법인세를 소득세 산출세액에서 공제(배당세액공제)하는 방식이다.

---

75) Gross-Up제도란 배당소득총수입액 + Gross - Up금액 = 배당소득금액이다. 산식으로 배당소득 = 배당소득금액 종합소득세율 - 배당세액공제 = 결정세액

4) 사업소득(소득세법 제19조)

(1) 사업소득의 범위(소득세법시행령 제29조)

<표4-22>와 같이 사업 소득의 '사업의 범위'에 관하여는 특별한 규정(대통령령, 기획재정부령)이 있는 것을 제외하고는 통계청장이 고시하는 한국표준산업분류를 기준으로 한다.

표 4-22 | **사업소득의 범위**

사업소득의 범위	사업소득의 범위 제외사항
1. 농업, 임업, 어업에서 발생하는 소득	작물재배업은 제외
2. 광업	
3. 제조업	
4. 전기, 가스, 증기 및 수도사업	
5. 하수 · 폐기물처리, 원료재생 및 환경복원업	
6. 건설업	
7. 도 · 소매업	
8. 운수업,	
9. 숙박 및 음식점업	
10. 출판, 영상, 방송통신 및 정보서비스업	
11. 금융 및 보험업	
12. 부동산업, 임대업	지역권(地役權) 등 대통령령으로 정하는 권리를 대여함으로써 발생하는 소득은 제외 대통령령으로 정하는 연구개발업은 제외
13. 전문, 과학 및 기술서비스업	
14. 사업시설관리 및 사업지원서비스업	
15. 교육서비스업	대통령령으로 정하는 교육기관은 제외
16. 보건업 및 사회복지사업	대통령령으로 정하는 사회복지사업은 제외
17. 예술, 스포츠 및 여가 관련 서비스업	
18. 협회 및 단체 수리 및 기타 개인서비스업	대통령령으로 정하는 협회 및 단체는 제외
19. 가구 내 고용활동에서 발생하는 소득	
20. 상기 1 ~ 19의 소득과 유사한 소득으로써 영리를 목적으로 자기의 계산과 책임 하에 계속적 · 반복적으로 행하는 활동을 통하여 얻는 소득	

※ 3주택 이상 다주택자의 전세보증금에 대한 소득세 과세(2011. 1. 1부터)

① 간주임대료 계산으로 과세방법

간주임대료 계산으로 과세방법은 <표 4-23>과 같다.

표 4-23 | **간주임대료 계산으로 과세방법**

구 분	내 용
기장	(보증금 합계 − 3억 원)의 적수 × 60% × 1/365(윤년 366) × 정기예금이자율 − 임대사업부분 발생 이자 · 배당
추계	(보증금 합계 − 3억 원)의 적수 × 60% × 1/365(윤년 366) × 정기예금이자율

② 보유 주택 수 판정은 부부 합산을 기준으로 하되, 세액계산은 인별과세 원칙을 적용한다.

(2) 비과세 사업소득

비과세 사업소득 <표 4-24>와 같다.

표 4-24 | **비과세 사업소득**(소득세법 제12조 제2호 : 2009. 12. 31 이후)

비과세 사업소득	비 고
가. 논 · 밭을 작물 생산에 이용하게 함으로써 발생하는 소득	
나. 대통령령으로 정하는 주택의 임대소득	
다. 대통령령으로 정하는 농가부업소득	
라. 대통령령으로 정하는 전통주의 제조에서 발생하는 소득	
마. 조림기간 5년 이상인 임지(林地)의 임목(林木)의 벌채 또는 양도로 발생하는 소득으로써 연 600만 원 이하의 금액	조림기간 및 세액의 계산 등 필요한 사항은 대통령령으로 정한다.

(3) 비과세 주택임대소득(소득세법 제12조의 제2호, 소득세법시행령 제8조의 2)

① 1개의 주택을 소유하는 자가 해당주택(주택부수토지포함)을 임대하고 지급받는 소득〈고가주택(기준시가 9억 원 초과)의 임대소득을 제외〉

② 주택이란 상시주거용(사업을 위한 주거용의 경우 제외)으로 사용하는 건물을 말하고 주택부수토지란 주택에 딸린 토지를 말한다.

참고로 국내에 소재하는 주택의 임대소득에 대한 과세는 주택수가 1개 이하일 경우에는 받은 임대료 및 간주임대료는 과세치 않는다. 다만 1세대 1주택이더라도 고가주택일 경우

받은 임대료는 과세를 한다. 3개 이상 주택을 소유한 경우에는 주택임대료는 과세, 간주임대료는 과세치 않는다.

> ※저소득 근로자의 사인(私人)간 차입에 의한 전세비용 소득공제(소득세법시행령)
> ① 무주택 세대주인 근로자가 금융기관으로부터 전세자금을 차입하거나, 2010. 1. 1부터 상환하는 원리금을 무주택 저소득 근로자가 이외에 사인으로부터 전세자금을 차입한 경우에도 소득공제(원리금 상환액의 40%, 연간 300만 원 한도)
> ② 부양가족이 있는 총급여 3천만 원 이하 무주택 세대주인 근로자로서 국민주택의 세입자

5) 근로소득(소득세법 제20조)

(1) 근로소득의 범위(소득세법시행령 제38조)

근로소득이란 근로계약에 의한 비독립적 지위에서 근로를 제공하고 받는 봉급, 급료, 보수, 임금, 상여, 수당 등을 말한다. 근로소득 범위에는 다음의 소득이 포함된다.

① 기밀비(판공비), 교제비, 기타 유사한 명목으로 받은 것으로 업무를 위하여 사용된 것이 분명하지 않은 급여
② 종업원이 받는 공로금 · 위로금 · 개업 축하금 · 학자금 · 장학금(종업원의 수학 중인 자녀가 사용자로부터 받는 학자금 · 장학금 포함) 기타 이와 유사한 성질의 급여
③ 근로수당 · 가족수당 · 전시수당 · 물가수당 · 출납수당 · 직무수당 기타 이와 유사한 성질의 급여
④ 보험회사 · 투자매매업자 · 투자중개업자 등 금융기관의 내근사원이 받는 집금수당과 보험가입자의 모집, 증권매매의 권유 또는 저축의 권장으로 인한 대가 기타 이와 유사한 성질의 급여
⑤ 급식수당 · 주택수당 · 피복수당 기타 이와 유사한 성질의 급여
⑥ 주택을 제공받음으로써 얻는 이익, 다만 주주 또는 출자자가 아닌 임원(주권상장법인의 소액주주인 임원 포함)과 임원이 아닌 종업원(비영리법인 또는 개인의 종업원을 포함한다) 및 국가 · 지방자치단체로부터 근로소득을 지급받는 자가 사택을 제공받는 경우는 제외한다.
⑦ 종업원이 주택(주택부수 토지 포함)의 구입 · 임차에 소요되는 자금을 저리 또는 무상으로 대여 받음으로써 얻는 이익 등이다.

(2) 비과세 근로소득(소득세법 제12조 4호, 소득세법시행령 제10조 ~ 제18조)

① 복무 중인 병이 받는 급여

② 법률에 따라 동원된 자가 동원직장에서 받는 급여

③ 각종 법률 등에 따라 받는 다음의 급여

- 산업재해보상보험법에 따라 수급권자가 지급받는 요양급여·휴업급여·장해급여 및 장의비 또는 근로의 제공으로 인한 부상·질병 또는 사망과 관련하여 근로자나 그 유족이 지급받는 배상·보상 또는 위자의 성질이 있는 급여
- 근로기준법 또는 선원법에 따라 근로자·선원 및 그 유족이 지급받는 요양보상금·휴업보상금·상병보상금·일시보상금·장해보상금·유족보상금·행방불명보상금·소지품유실보상금·장의비 및 장제비
- 고용보험법에 따라 받는 실업급여, 육아휴직급여, 산전후휴가급여와 국가공무원법·지방공무원법에 따른 공무원 또는 사립학교교직원연금법·별정우체국법의 적용을 받은 자가 관련 법령에 따라 받는 육아휴직수당
- 공무원연금법·군인연금법·사립학교교직원연금법 또는 별정우체국법에 따라 지급받는 요양비·요양일시금·장해보상금·사망조위금·유족보상금·유족일시금·유족연금부가금·재해부조금 및 재해보상금 또는 신체·정신상의 장해·질병으로 인한 휴직기간 중에 받는 급여
- 국군포로의 순환 및 대우 등에 관한 법률에 따른 국군포로가 지급받는 보수 및 퇴직일시금

④ 초·중등교육법 및 고등교육법에 따른 학교(외국에 있는 이와 유사한 교육기관 포함)와 근로자직업능력개별법에 따른 직업훈련시설의 입학금·수강료 기타 공납금 중 다음의 요건을 갖춘 학자금(해당 연도에 납입할 금액을 한도로 한다)

- 해당 근로자가 종사하는 사업체의 업무와 관련 있는 교육·훈련을 위하여 받는 것일 것
- 해당 근로자가 종사하는 사업체의 규칙 등에 따라 정해진 지급기준에 따라 받는 것일 것
- 교육·훈련 기간이 6월 이상인 경우 교육·훈련 후 해당 교육기간을 초과하여 근무하지 않을 때에는 지급받은 금액을 반납할 것을 조건으로 하여 받는 것일 것

⑤ 기타 실비변상적인 성질의 급여 등

6) 연금소득

연금소득의 범위는 <표 4-25>와 같다.

표 4-25 | **연금소득의 범위**

구　분		연금소득의 범위	적용례
공적연금소득	국민연금	국민연금법에 의하여 받는 연금	2002. 1. 1 이후 불입분을 기초로 지급받는 것부터 연금소득으로 과세
	공무원연금 등	공무원연금법·군인연금법·사립학교교직원연금법 또는 별정우체국법에 따라 받는 각종 연금	
사적연금소득	퇴직연금	퇴직보험의 보험금을 연금형태로 지급받는 경우 당해 연금 또는 이와 유사한 것으로서 퇴직자가 받는 연금	2005. 1. 1 이후 최초로 퇴직함으로써 지급받는 것부터 연금소득으로 과세
		근로자 퇴직급여보장법에 따라 받는 연금	2006. 1. 1 이후 최초로 발생하는 소득부터 과세
	개인연금	조세특례제한법상 연금저축에 가입하고 연금형태로 받는 소득	2001. 1. 1 이후에 최초로 저축분부터 연금소득으로 과세

7) 기타소득(소득세법 제21조)

(1) 기타소득의 범위

이자소득·배당소득·사업소득·근로소득·연금소득·퇴직소득·양도소득 외의 소득으로 다음의 것

- 상금·현상금·포상금 또는 이에 준하는 금품
- 복권 등에 의한 당첨금품
- 저작자 외의 자가 저작권 등의 사용료로 받는 금품
- 광업권·어업권·산업재산권·영업권 등의 양도 또는 대여로 얻은 소득
- 재산권에 관한 계약의 위약 또는 해약으로 인하여 받는 위탁금과 배상금
- 사례금, 전속계약금
- 뇌물, 알선수재 및 배임수재에 의하여 받는 금품 등

(2) 비과세 기타소득(소득세법 제12조 5호)

법령에 의하여 받는 각종 상금, 보조금, 직무발명보상금, 국가지정문화재로 지정된 서화·골동품을 박물관 또는 미술관에 양도함으로써 발생하는 소득 등

제3절 | 법인세
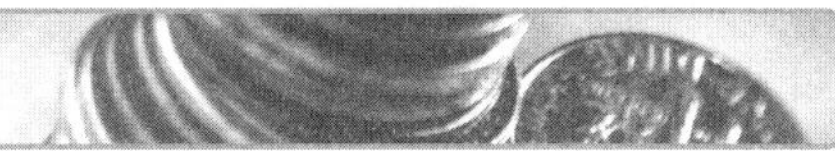

1. 법인세의 개념

(1) 법인세의 개념

법인세[76]는 주식회사 등과 같은 법인조직으로 사업을 영위하는 자에게 그 사업에서 발생한 소득에 대해서 부과하는 조세이다. 즉, 법인의 회계상 이윤에 부과되는 조세이다. 법인세는 기업의 경제적 순이윤에 대한 조세일 뿐 아니라 기업의 위험부담비용 등 귀속비용에 대한 조세이기도 하다. 법인이 권리능력을 갖는 주체로서의 역할과 기능이 보장됨에 따라 대부분의 기업활동이 법인의 형태로 운영되고 있다. 법인세의 과세대상은 원칙적으로 영리법인이며 공익법인·종교법인 등 비영리법인은 과세되지 않는다. 그러나 비영리법인도 수익사업을 할 경우 과세되고 있다. 법인세의 과세대상이 되는 법인은 주식회사, 합자회사, 합명회사, 유한회사 등이다.

(2) 과세대상과 세율구조

법인 소득세는 법인이 획득한 자본소득에 대해서만 부과된다. 주로 영리법인에 부과된다. 비법인 기업이 획득한 소득은 기업소유자의 개인소득으로 간주하여 사업소득세가 과세된다. 법인소득세의 과세대상은 각 사업연도의 순소득과 청산소득이다. 개인소득세의 과세대

---

76) 한국의 법인세는 과세소득은 각 사업연도의 소득. 청산소득, 토지 등의 양도소득에 대한 법인세가 있다(법인세법 제3조).

상은 원천별로 소득의 종류에 따라 개별적으로 법으로 규정하고 있는 데 비해 법인세의 과세는 소득의 종류에 관계없이 모든 소득을 과세대상으로 하고 있다. 즉, 법인세는 자본이나 출자에 의한 것을 제외하고는 법인에 귀속된 자산의 증가에서 자산의 감소를 뺀 순자산의 증가액이 법인의 소득이다. 청산소득(淸算所得)이란 법인이 그 업무를 종결하고 해산한 경우 및 다른 법인과 합병하는 경우에 발생하는 법인 자산가치의 순증가분을 말한다.

법인세의 과세소득은 총수입에서 사업을 영위하는 과정에서 발생한 총비용을 공제한 순소득이다. 총수입에는 판매·도급 등 모든 사업 활동으로부터의 수입금액은 물론이고 자산의 양도소득·임대료·평가차익 등이 포함된다. 총비용(손금)에는 인건비, 원재료비 등 경상비용과 고정자산의 감가상각비, 차입금이자, 자산차입료 등 자본비용도 포함된다. 일정기간 동안에 얻은 수입에서 사업에 소요된 각종 비용을 공제한 것이다.

표 4-26 | **일반적인 법인세 부과과정**

① 법인기업의 총수입	−	총비용	=	총이윤
② 총이윤	−	지출공제	=	과세가능이윤
③ 과세가능 이윤×세율	−	세액공제	=	법인세

법인세도 수입이나 비용에 어떤 항목을 빼고 어떤 항목을 포함해야 하는지 선택의 문제가 중요하게 대두되고 있다. 특히 법인세의 경우에는 개인소득세에 비해 수입이나 비용의 종류가 훨씬 많을 뿐 아니라 공공법인과 일반법인, 영리단체와 비영리단체 등으로 구분되어 있기 때문이다. 참고로 한국의 법인 구분별 과세범위는 <표 4-27>과 같다.

표 4-27 | **한국의 법인 구분별 과세범위**

구 분		각 사업연도 소득	청산소득
내국법인	영리법인	모든 소득에 과세	과세
	비영리법인	수익사업소득에만 과세	비과세
외국법인	영리법인	국내 원천소득만 과세	비과세
	비영리법인	국내 원천소득 중 수익사업소득에만 과세	비과세
국가·지방자치단체		비과세	

자료 : 기획재정부, 『조세개요』, 2009. 9.

2. 법인세의 종류

법인세는 고전적 제도, 분리세율 제도, 귀속제도, 통합제도 등으로 나눌 수 있다. 우선 고전적 제도하에서 기업이윤은 그 배당여부에 관계없이 일단 법인세율로 원천과세(源泉課稅)된다. 그리고 이윤배당은 다시 주주의 투자소득으로 간주되어 공제없이 개인소득세가 부과된다. 따라서 고전적 제도 하에서는 주주의 배당금이 이중과세 된다는 문제점이 있다. 이러한 이중과세는 법인세가 부과되는 법인기업의 배당이윤과 법인세가 부과되지 않는 비법인 기업의 배당이윤간의 불평등을 초래하게 된다. 고전적 제도는 미국 · 네덜란드 · 룩셈부르크 등에서 사용되고 있다.

분리세율제도는 사내유보이윤보다 배당이윤에 더 낮은 법인세율을 적용하는 것이다. 그러나 이러한 제도는 이중과세의 문제를 완전히 해결하지 못한다.

귀속제도는 배당금에 대해 기업이 미리 납부한 법인세액을 주주에게 귀속시켜 주주가 배당소득에 대한 개인소득세를 납부할 때 이 금액만큼의 세액을 공제받을 수 있도록 하는 제도이다. 이 제도하에서 법인세는 선납(先納)법인세와 주법인세로 구분되는데, 선납법인세는 기업이 주주에게 배당금을 배분할 때 그 배당금에 귀속세율을 곱하여 세무당국에 법인세납부 기일 이전에 미리 납부하는 것이다.

일반적으로 귀속세율은 대부분의 소득납세자들에게 적용되는 한계소득세율로 한다. 따라서 귀속세율과 동일한 한계소득세율의 적용을 받는 주주는 더 이상 배당금에 대한 개인소득세를 납부할 필요가 없게 된다. 한계소득세율이 귀속세율보다 높은 주주의 경우에는 그 차액만큼 돌려받게 된다. 한편, 주법인세는 법인의 과세가능이윤에 법인세율을 곱한 납세의무액에서 미리 지급한 선납 법인세액을 공제한 것이다.

통합제도란 법인세제도와 개인소득세제를 완전히 통합하는 것을 말한다. 이 제도하에서 법인의 모든 이윤은 주주의 주식 지분율에 따라 각 주주의 개인소득에 귀속되고, 이 귀속소득은 개인소득세의 과세대상이 된다. 기업의 이윤은 배당되든지 또는 사내유보 되든지에 관계없이 주주개인의 과세가능소득에 포함된다.

3. 법인세 통합논의

법인세와 소득세간의 통합에 대한 논의는 오래 전부터 제기되어 왔다. 한편에서는 법인세 통합을 주장하고, 다른 한편에서는 법인세는 별도로 존재해야 한다고 주장한다.

(1) 통합주의 견해

법인세 통합주의 견해(integrationist view)는 법인세와 소득세를 통합하여 일괄 과세하는 것이 바람직하다는 입장을 말한다.

첫째, 법인세는 법적으로 그 실체가 인정되고 있는 법인을 과세대상으로 삼는다는 특징을 지니고 있다. 그런데 궁극적으로 조세부담을 지는 것은 오직 개인이라는 사실을 들어 법인을 대상으로 과세를 한다는 것이 별 의미가 없다고 주장한다. 통합을 주장하는 사람들은 결국 개인이 모든 조세부담을 지게 되므로 공평과세는 오직 개인에 대해서만 적용할 수 있을 뿐이라고 강조한다. 만약 모든 소득이 그 원천에 관계없이 종합적으로 과세되는 것이 바람직하다면 법인부문에서 발생하는 소득도 개인으로 귀속시켜 다른 소득과 합쳐진 상태에서 과세되어야 마땅하다는 것이다.

둘째, 법인세가 따로 존재할 때 법인의 이윤이 분배되면 그 이윤에 두 번 과세된다. 즉, 법인단계에서 법인소득세가 과세되고, 다음에는 주주단계에서 개인소득세가 과세되어 이중과세 문제가 발생하게 된다.

셋째, 유보이윤에 대하여 법인단계에서 법인소득세의 세율로만 과세된다. 그런데 법인소득세의 세율구조는 개인단계에서 주주에게 과세되는 개인소득세의 세율구조와 다르다. 또한 주주의 개인소득세에 적용되는 한계세율은 소득의 많고 적음에 따라 다르다[77]. 예를 들어 한국의 법인들의 대부분이 28%의 세율을 적용받고 있는데, 개인소득에 적용되는 한계소득세율은 10%에서 40% 사이에 분포되어 있고 법인차원에서 일률적인 세율을 적용하게 되면, 주주들 중 소득이 많아 높은 한계세율이 적용되는 사람은 이득을 보고 반면에 소득이 낮은 사람은 상대적으로 손해를 보게 되는 문제가 발생한다.

넷째, 법인소득을 법인내부에 유보하든 주주에게 분배하든, 주주 개개인에게 적용되는 개인소득세의 한계세율이 높든 낮든, 주주 개개인에게 개인소득세만을 과세하는 방법으로

---

77) 최명근,『세무학의 이해』, 세학사, 1998.

조정되어야 한다고 주장한다. 만약 법인이 이윤을 전부 배당으로 분배하고 유보한 것이 없다면 법인소득세는 과세하지 않게 된다는 것이다. 그런데 법인이 임금을 지급할 때 개인소득세를 원천징수하는 것처럼 배당소득에 대하여도 개인소득세를 원천징수하는 것이 필요하다고 보고 있다.

(2) 독립과세주의

법인세는 독립적이고 별도로 존재하는 것이 더 바람직하다고 주장하는 견해(absolute view)는 다음과 같다.

첫째, 소유가 널리 분산되어 있고 규모가 큰 오늘날의 법인들은 나름대로 독특한 성격을 갖고 있다. 즉, 법인세는 법적 실체라는 독자성을 지니고 있으며 사회적 영향력도 점차 커지고 있다는 것이다. 또한 전문경영인에 의하여 거의 독자적으로 운영되고 있기 때문에 법인이 단순히 주주들에게 소득을 창출하여 전달해주는 역할만 하는 것으로 보기 어렵다는 것이다.

둘째, 법인은 사회로부터 여러 가지 혜택을 받기 때문에 이에 대한 대가라는 의미에서 법인세를 부과해야 한다는 것이다. 법인이 기업 활동을 할 수 있다는 것 자체가 정부로부터 법적 · 제도적인 차원에서 지원을 받고 있다는 것이다

셋째, 정부가 법인의 행동에 영향을 주는 수단으로서 법인세가 유용하게 활용될 수 있다는 것이다. 예를 들어 법인세를 적절하게 운영함으로써 기업으로 하여금 더 많은 저축과 투자를 할 수 있게 유도할 수 있다. 주주 개인에게 적용되는 소득세만으로는 정부가 원하는 방향으로 법인의 행동을 유도하기가 어렵다는 것이다. 한 경제의 성장과정에서 저축과 투자가 차지하는 중요성을 감안할 때 정부가 이와 같은 정책수단을 보유할 필요가 있다는 것이다.

넷째, 현행 소득세제가 지니고 있는 성격을 감안할 때 법인세를 별도로 유지해야 한다고 주장한다. 일반적으로 주주에게 귀속되는 법인의 이윤 중에서 정상적인 소득세 부과대상이 되는 것은 오직 배당뿐이다. 이윤 중 사내유보가 된 부분은 주주에게 자본이득을 주지만 이에 대해서는 가볍게 과세하는 것이 일반적이다. 따라서 법인차원에서 일차적으로 과세를 함으로써 사내유보를 통한 소득세부담을 줄이려는 의도를 미연에 방지해야 한다는 것이다.

4. 법인세 통합방식

1) 완전통합

완전통합(full integration)은 법인세를 폐지하고 모든 자본소득을 개인소득으로 과세하는 방안이다. 이를 위한 방식으로는 조합방식(partnership method)과 자본이득 과세방식(capital gains method)이 있다.

(1) 조합방식

조합방식(partnership method)은 법인의 주주를 조합의 조합원과 같이 간주하여 법인의 이윤을 주주에게 완전하게 귀속시킨 다음 소득세를 부과하는 방법이다. 이 방식은 유보 · 배당을 불문하고 모든 이윤을 주주에게 귀속시켜 개인소득세를 부과하는 방법이다.

배당은 실제로 주주에게 지급된 것이므로 아무런 문제가 없다. 사내유보 이윤의 경우 법인은 각 주주에게 일정액을 그 주주의 몫으로 유보해 두었다고 통보한다. 그 다음 주주는 이 금액을 자기의 과세소득에 합산하는 방식이다. 이 금액은 이윤발생 시점에서 이미 과세되었으므로 사내유보를 반영하여 주가가 상승함으로써 발생하는 자본이득은 비과세 되어야 한다. 이는 주주에게 주식취득비용에 자신에게 귀속된 내부유보이윤을 합산하도록 허용함으로써 이루어질 수 있다.

예를 들어 A라는 주주에게 300만 원의 이윤이 할당되었고 법인차원에서 20%의 원천과세를 하기로 하였다고 하자. 그러면 A라는 주주는 300만 원의 이윤에 대해 법인의 단계에서 이미 60만 원을 납부한 셈이 된다. 만약 이 주주의 한계세율이 25%라면 이 주주는 300만 원에 대해 75만 원의 세금을 내야 할 것이다. 그런데 이미 60만 원이 원천징수 되었으므로 15만 원만 더 납부하면 된다. 만약 주주의 한계세율이 법인의 원천징수인 25%보다 낮은 경우에는 환급될 것이다.

그러나 조합방식은 규모가 크고 소유가 광범위하게 분산되어 있는 대기업의 경우에는 적용하기가 어려우며, 투자를 촉진시키기 위해 제공되는 혜택이 주주에게로 돌아갈 수 있으며, 조합방식의 통합이 누진성을 높이게 된다면 주주의 반발이 야기될 수도 있다는 문제점을 지니고 있다.

(2) 자본이득 방식

법인세를 철폐하되 실현되지 않은 부분을 포함한 모든 자본이득에 소득세를 부과하게 된다면 실질적으로 두 조세가 완전히 통합된 결과가 나타날 것이다. 법인이 얻은 이윤 중 배당된 부분은 주주의 소득으로 나타날 것이며, 사내유보가 된 부분은 주주의 자본이득으로 나타나게 된다. 그러므로 일반적인 방식에 따라 배당금을 소득세의 과세대상에 포함시킨 다음 자본이득까지 과세대상에 포함시키면 법인의 이윤은 전적으로 주주의 단계에서 소득세의 형태로 과세된다.

자본이득 방식을 채택하게 되면 정기적으로 주주가 얻은 자본이득을 알아내어 소득세를 부과해야 한다. 그러나 주가(株價)에는 기업의 미래 기대수익률에 영향을 미치는 수많은 요인들이 있기 때문에 적절히 반영하기가 어려우며, 실현되지 않은 자본이득까지 계산하여 과세대상으로 삼는다는 것도 세무행정상 문제가 발생할 수도 있다.

2) 부분통합

부분통합(partial integration)은 최소한 법인의 이윤 중 배당되는 부분에 대한 이중과세만이라도 제거하자는 의도에서 거의 모든 국가의 세제에서 허용하고 있다. 이는 법인세를 실제로 누가 부담하는지가 불확실하기 때문이라고도 할 수 있다. 또한 법인세와 소득세의 통합은 세수의 감소를 초래할 수도 있다. 이 세수의 결손은 보다 큰 경제적 비효율성을 초래하는 다른 조세로 보충해야 한다는 문제가 있다. 법인소득 중 사내유보(社內留保)[78]분에 대한 법인세는 개인소득단계에서 자본이득에 대한 우대조치를 통해 부분적으로 구제해 주고 있다.

(1) 배당에 대한 법인세액의 공제

법인의 모든 소득에 과세하되 이 중에서 배당분에 귀속되는 세액은 주주의 소득세에 대한 원천징수로 간주하여 그만큼을 주주의 소득세에서 공제하여 주는 제도이다. 이때 주주는 조합방식에서와 마찬가지로 실제로 수취한 배당만이 아니라 그 배당에 대해 원천징수된 법

---

[78] 사내유보란 기업의 이익 중 일부를 자본의 누적으로 사내에 유보하고 있는 것을 말한다. 사내유보는 상법이 적립을 강제로 하느냐, 임의로 하느냐에 따라 강제 사내유보와 임의 사내유보가 있다. 이익준비금 · 자본준비금 등은 강제 사내유보이고 별도적립금 등은 임의 사내유보이다. 임의 사내유보는 사용에는 제약이 없으나, 강제 사내유보는 자본전입 · 결손보전 이외의 용도로는 사용이 불가능하다.

인세액까지 과세소득에 합산하여 소득세액을 산출하여야 한다.

(2) 지급배당에 대한 공제방식

주주에게 지급한 배당을 법인세의 과세표준에서 공제하여 주고 개인단계에서는 수취배당 전액을 과세하는 방식이다. 이 경우 법인세는 기업의 유보소득에 대해서만 과세한다. 이 방식은 현행 법인세가 지급이자의 손금(損金)[79]산입을 허용하면서 배당의 손금산입을 허용하지 않음으로써 신주발행을 통한 자금조달을 부당하게 차별하는 문제도 시정할 수 있다. 그러나 배당에 대한 조세의 원천징수기구가 없어지므로 실제적으로는 세수가 크게 감소하게 되며 외국주주에 대한 과세가 어렵다는 문제가 있다.

5. 법인세의 귀착 논의

명목상 법인세의 부담이 실제로 누구에게 귀착되는가에 대해서는 경제적 이윤, 준 매상세, 자본에 대한 과세라는 견해 등이 논의되고 있다.

1) 경제적 이윤

1920년대의 지배적인 견해로 기업의 이윤에 대한 과세를 의미한다. 경제적 이윤이란 기업의 수입 중에서 모든 기회비용을 차감한 나머지 순이윤에 과세하는 것을 말한다. 따라서 법인세가 경제적 이윤에 대한 과세의 성격을 갖고 있다는 것은 결국 법인세가 기업의 선택에 아무런 영향을 미치지 않는다는 것을 의미한다. 법인이 실질적으로 직접 부담하게 될 것이며 이러한 과세로 인해 재화의 가격이나 생산량에 영향을 주지 않는다.

법인세가 이윤에 대해 부과되는 과세의 성격을 갖는다면 법인세의 부담은 법인의 소유주 즉, 주주에게 전적으로 귀착된다는 것을 의미한다. 이윤에 대한 과세일 경우 법인의 주주가 다른 사람에게 부담을 전가시킬 수 있는 방법이 없다. 그러므로 과세의 초과부담은 없다고 주장한다.

---

79) 손금(損金)이란 법인의 순자산을 감소시키는 거래로 인하여 발생하는 손비(損費)금액을 말한다. 또한 기업의 경영에 있어서 소비된 경제가치를 비용이라고 하는데 이 비용을 세법상 손금(損金)이라고 한다.

그러나 이는 현실에서 기업의 행동을 고려할 때 설득력이 약하다. 법인세의 과표의 크기는 기업이 투입요소의 비용을 어떻게 계산해서 결정하느냐에 따라 다르기 때문이다. 즉, 필요 이상으로 비용을 크게 계상하면 과표는 작아지고 그만큼 법인세 부담도 작아지게 된다. 기업이 법인세의 일부를 비용으로 간주할 때 비용계산은 기업의 세 부담에 유리한 방향으로 이루어질 것이다. 따라서 법인세는 전가될 가능성이 높아진다. 만약 법인세의 전가가 후전된다면 자본가 · 원자재공급자 · 노동자 등에게 전가될 가능성이 있기 때문이다.

2) 준 매상세

법인기업이 법인세를 일단 비용으로 간주한다면 비용처리를 위한 수단은 여러 형태로 추구될 것이다. 그 중 가장 손쉬운 방법은 가격에 세액을 포함시키는 것이다. 가격에 세액을 포함시켜 소비자에게 전가시킬 때 법인기업의 법인소득세는 일종의 매상세로 볼 수 있다. 그러나 가격전가의 경우 기업의 매상고는 그만큼 상승함으로써 비용조건의 조정을 하지 않는 한 법인의 조수입(粗收入)[80]은 증가할 것이다. 따라서 법인세액도 증가한다면 법인의 순수입인 이윤은 가격전가 전과 비교해서 별로 늘어나지 않을 것이다.

여기에 바로 법인세가 산출단위에 과세되는 매상세나 물품세와는 달리 순소득에 과세되는 순소득세의 특성을 지니는 것이며 법인세는 타인에게 전가될 수 없다고 할 수 있다. 또 만약 법인세가 전가된다면 그것은 매상세의 성격을 띠는 것이며 이런 상황에서 법인세와 배당세에 대한 이중과세의 조정은 필요가 없다고 주장할 수 있다. 한편 법인세의 전가로 인해 세 부담은 역진성을 나타낼 것이며, 이러한 역진성을 완화하기 위해서는 오히려 법인세와 배당소득세의 완전통합이 요구되기도 한다.

3) 자본에 대한 과세

법인세의 과표에 자본의 기회비용이 포함되어 있음을 감안한다면 법인세는 곧 기업의 자본에 과세된다고 볼 수 있다. 기업이 지출하게 되는 비용의 산출은 자본비용을 주어진 외부수익률로 할인한 현재가치를 적용해야 하기 때문이다. 또한 법인세가 자본에 대해 과세된다면 기업은 법인세가 과세되지 않는 지역으로 이동할 것이다. 법인과세로 인한 자본의 지역

---

80) 소요된 경비를 빼지 않은 상태의 수입을 말한다. 따라서 조수입(粗收入)에서 경비를 뺀 것이 소득이다.

간의 이동 내지 부문 간 이동은 과세 후 이윤율이 전국적으로 동일하게 될 때까지 계속될 것이다. 특히 이러한 법인의 자본이동은 결과적으로 비법인의 이윤율도 저하시킬 것이다.

단기적으로 법인세를 자본에 대한 과세로 본다면 법인세의 부과는 자본으로부터 나오는 세후 순이익률을 낮추는 결과를 가져올 것이며 이는 전적으로 법인부문에 투자된 자본의 소유자인 주주들에게 귀착된다. 그러나 장기에서 자본의 공급이 완전 탄력적인 경우에는 자본이 아무 부담을 지지 않고 노동공급자나 상품의 소비자에게 전부 전가된다.

6. 한국의 법인세제

1) 법인의 구분

(1) 내국법인

법인은 영리법인과 비영리법인으로 나누어진다. 영리법인은 상법상 합명, 합자, 유한, 주식회사로 나누어지며 비영리법인에는 민법상 사단 · 재단법인과 사립학교법 기타 특별법에 의하여 설립된 법인(이익배당법인 제외), 국세기본법상 법인으로 보는 단체, 국가 · 지방자치단체로 나누어진다.

(2) 외국법인

외국법인에는 영리법인과 비영리법인이 있다. 비영리법인에는 외국 정부 · 지자체와 비영리목적 법인이 있다.

2) 법인세율(2010년 1월 1일 현재)

법인세율은 <표 4-28>과 같다.

구 분				세율(%)	비 고
법인세율	일반법인	과세표준	2억 원 초과	20	
			2억 원 이하	10	
	조합법인			9	
	원천징수세율			14	

3) 법인세법상 과세소득개념

법인세법 제14조 제1항에서 각 사업연도의 소득은 그 사업연도에 속하는 익금총액에서 그 사업연도에 속하는 손금총액을 공제한 금액이라고 규정하고 동법 제15조 제1항에서 익금을 자본 출자의 납입 및 법인세법에서 규정하는 익금 불신입 항목을 제외하고 당해 법인은 순자산을 증가시키는 거래로 인하여 발생하는 수익의 금액으로 규정하였고, 동법 제19조 제1항에서 손금을 자본 또는 출자의 환급, 잉여금의 처분 및 법인세법에서 규정하는 손금불산입 항목을 제외하고 당해 법인의 순자산을 감소시키는 거래로 인하여 발생하는 손비의 금액으로 규정하고 있다. 따라서 법인세법상의 소득개념은 원칙적으로 순자산증가설의 입장에 있다고 할 수 있다. 그러나 법인세법은 비영리법인에 대하여는 과세소득범위를 법인세법 제3조 제2항에서 별도로 열거하여 소득원천설의 입장에 있다고 할 수 있다. 따라서 법인세법은 영리법인에 대하여는 순자산증가설의 입장에 있고 비영리법인에 대하여 소득원천설의 입장에 있다고 할 수 있다.

4) 익금의 범위

익금은 당해법인의 순자산을 증가시키는 거래로 인하여 발생되는 수익에서 출자의 납입 및 법인세법에서 규정하는 익금불산입 항목을 제외한 금액을 말하며, 구체적으로는 기업 회계상 수익에 조세정책상 익금산입항목을 가산하고 입금불산입 항목을 차감한 금액을 말한다.

(1) 익금의 종류

익금의 종류는 ① 간주익금(법 제15조의 ②), ② 배당금 또는 분배금, ③ 일반적 익금(법인세법시행령 제11조)의 의제금액(법인세법 제16조)이 있다.

(2) 익금불산입의 범위

익금불산입의 범위는 ① 자본거래로 인한 수익의 익금불산입(법인세법 제17조) ② 평가차익 등의 익금불산입(법인세법 제18조) ③ 지주회사의 수입배당금 익금불산입(법인세법 제18조의 2) ④ 일반내국법인의 수입배당금 익금불산입(법인세법 제18조의 3)이 있다.

(3) 손금의 범위

손금은 법인의 순자산을 감소시키는 거래로 인하여 발생하는 손비로써 법인의 사업과 관련하여 지출된 손실 또는 비용으로써 일반적으로 용인되는 통상적인 것이거나 수익과 직접 대응된 것 중 자본 또는 출자의 환급, 잉여금의 처분 등에 의한 것과 부실경비지출억제 등 조세정책목적으로 손비 부인하는 금액을 차감한 금액을 말한다.

▼ 손금의 종류(법인세법시행령 제19조)

법인의 일반적인 손금으로 판매한 상품 또는 제품의 매입가액(기업회계기준에 의한 에누리와 매입할 금액을 제외함), 양도한 자산의 양도당시의 장부가액, 인건비, 고정자산의 수선비, 고정자산에 대한 감가상각비, 특수 관계자로부터 자산을 고가 양수 시 시가와 장부가액과의 차액에 대한 감가상각비와 저가 양수 시 장부가액과 양수가액과의 차액, 자산의 임차료, 차입금이자, 대손금(부가가치세 미수금 중 대손세액공제 받은 금액 제외), 자산의 평가손, 제세공과금, 조합 또는 협회 등에 지급한 회비, 광산업의 탐광비, 새마을진료권에 의한 무료진료비, 음식료 제조업 및 도소매업자가 잉여식품을 잉여식품활용사업자에게 무상기증 시 잉여식품의 장부가액, 업무와 관련 있는 해외시찰 · 훈련비, 근로청소년을 위한 특별학급 또는 산업체 부설 중 · 고등학교의 운영비, 우리사주조합에 출연하는 자사주의 장부가액 또는 금품, 기타 법인에 귀속되었거나 귀속될 금액 등을 예시적으로 열거하고 있다.

▼ 조세정책목적 등에 의한 손금불산입

① 기부금의 손금불산입(법인세법 제24조)
② 접대비의 손금불산입(법인세법 제21조)
③ 감가상각비의 손금불산입(법인세법 제23조)
④ 과다경비 손금불산입(법인세법 제26조)

⑤ 업무무관 경비 손금불산입

- 업무무관 부동산, 동산의 취득·관리로 인한 발생비용은 손금불산입한다.
- 업무무관 부동산 판정기준 : 취득 후 법인의 고유업무에 직접 사용하지 않는 부동산(유예기간동안은 예외)을 말한다. 유예기간은 건축물 또는 시설물신축용 토지 및 부동산매매업을 주업으로 하는 법인이 취득한 매매용부동산 5년, 기타 2년이다. 유예기간 내에 매각하는 부동산(부동산매매업 주업 법인은 제외)
- 업무무관 부동산에 대한 추가규제는 자산가액상당 차입금 지급이자 비용 부인

⑥ 수입배당금 익금불산입

🔻 충당금 및 준비금의 손금산입

① 퇴직급여충당금　　　② 손익의 귀속사업연도
③ 지급배당 소득공제　　④ 결손금 공제

5) 기업구조조정과 세제지원

지원유형으로　① 재무구조개선　　② 사업구조조정
　　　　　　　③ 경영조직의 구조조정　④ 금융산업의 구조개선

6) 토지 등 양도소득에 대한 법인세

(1) 개요

지가급등지역에 소재하는 토지 및 건물(건물에 부속된 시설물과 구축물을 포함하여 '토지 등' 이라 한다)에 100분의 10(미등기 토지 등의 양도소득에 대하여는 100분의 20)을 곱하여 산출한 세액을 토지 등 양도소득에 대한 법인세로 하여 법인세 과세표준에 법인세법 제55조의 규정에 의한 세율을 적용하여 계산한 법인세액에 추가하여 납부하는 제도이다.

그리고 양도하는 주택으로써 다음에 해당하는 주택을 제외한 주택양도에 대하여는 100분의 30(미등기 주택의 양도소득에 대하여 100분의 40)을 곱하여 납부하여야 한다. 비사업용 토지도 양도소득에 대하여 100분의 30(미등기 시 100분의 40)을 곱하여 납부하여야 한다.

① 임대주택법에 의해 5호 이상의 국민주택을 임대하고 있는 법인이 10년 이상 임대한
국민주택

② 주주 등이나 출연자가 아닌 임원(소액주주인 임원 포함) 및 사용인에게 제공하는 사택 및
그 밖에 무상으로 제공하는 법인소유의 주택으로써 사택제공기간 또는 무상제공기간
이 10년 이상인 주택

③ 저당권의 실행으로 인하여 취득하거나 채권변제를 대신하여 취득한 주택으로써 일정
한 요건을 갖춘 주택 등

> ※ 산식을 보면
> 토지 등 양도소득세에 대한 법인세 = 토지 등 양도소득 × 10%, 30%(미등기 시 등의 경우에는 20%, 40%)
> – 양도당시의 장부가액.

(2) 각 사업연도에 2개 이상의 토지 등을 양도하는 경우 양도소득의 계산

이 경우 법인이 각 사업연도에 토지 등 양도소득에 대한 법인세가 과세되는 2이상의 토
지 등을 양도하는 경우에 있어서 토지 등 양도소득의 계산은 당해 사업연도에 양도한 자산
별로 계산한 토지 등 양도소득을 합산한 금액으로 한다. 이 경우 양도한 자산 중 양도당시의
장부가액이 양도금액을 초과하는 토지 등이 있는 경우에는 그 초과하는 금액을 차감하여 토
지 등 양도소득을 계산한다.

(3) 지가급등지역의 범위

'지가급등' 이라 함은 다음에 해당하는 지역 중 지가가 급등하거나 급등할 우려가 있는
지역으로서 세법이 정하는 지역을 말한다.

① 조세특례제한법시행령 [별표 7]에 규정된 대도시권의 지역

② 개발이익환수에 관한 법률 제2조 제2호의 규정에 의한 개발사업이 진행 중이거나 예
정되어 있는 지역 및 그 인근지역

(4) 비과세

다음에 해당하는 토지 등 양도소득에 대하여는 토지 등 양도소득에 대한 법인세를 과세하지 아니한다. 다만, 미등기토지 등에 대한 토지 등 양도소득에 대하여는 그러하지 아니한다.

① 파산선고에 의한 토지 등의 처분

파산선고에 의한 토지 등의 처분으로 인하여 발생하는 소득

② 법인이 직접 경작하던 농지의 교환 등의 경우

법인이 직접 경작하던 농지로서 소득세법시행령 제153조 ①의 규정에 의한 농지교환 또는 분합으로 인하여 발생하는 소득

③ 도시 및 주거환경정비법 등의 규정에 의한 환지처분 등

도시 및 주거환경정비법 그 밖의 법률규정에 의한 환지처분 등 다음에 정하는 사유로 인하여 발생하는 소득에 대하여는 법인세를 과세하지 아니한다.

- 도시 및 주거환경정비법 그 밖의 법률에 의한 환지처분 등으로 지목 또는 지번이 변경되거나 체비지로 충당됨으로 발생하는 소득, 이 경우 환지처분 및 체비지는 소득세법시행령 제152조의 규정에 의한 것으로 한다.
- 분할·현물출자·조직변경 및 교환으로 인하여 발생하는 소득
- 한국주택토지공사법에 의한 한국주택토지공사가 동법에 의한 토지개발사업으로 조성한 토지 중 주택건설 용지로 양도함으로써 발생하는 소득
- 주택을 신축하여 판매(임대주택법에 의한 건설임대주택을 동법에 의하여 분양하는 경우를 포함한다)하는 법인이 그 주택 및 부수되는 토지로서 건물이 정착된 면적에 5배(도시계획구역 외의 토지의 경우에는 10배를 말한다)를 곱하여 산정한 면적 이내의 토지를 양도함으로써 발생하는 소득
- 그 밖에 공공목적을 위한 양도 등 세법이 정하는 사유로 인하여 발생하는 소득

(5) 미등기 토지 등의 범위

토지 등 양도소득에 대한 법인세의 비과세가 적용 배제되는 '미등기 토지 등' 이라 함은 토지 등을 취득한 법인이 그 취득에 관한 등기를 하지 아니하고 양도하는 토지 등을 말한다.

다만 장기할부조건으로 취득한 토지 등으로서 그 계약 조건에 의하여 양도 당시 그 토지 등의 취득등기가 불가능한 토지 등 그 밖에 다음에 정하는 토지 등을 제외한다(법인세법 제55조의 2③ 및 동법시행령 제92조의 2제 ④).

① 법률의 규정 또는 법원의 결정에 의하여 양도 당시 취득에 관한 등기가 불가능한 토지 등
② 법인이 직접 경작하는 토지

(6) 토지 등 양도소득의 귀속사업연도

① 통상적 인도의 경우와 장기할부조건의 경우

토지 등 양도소득의 일반적인 귀속사업연도는 그 대금을 청산한 날로 한다. 다만, 대금을 청산하기 전에 소유권 등의 이전등기(등록을 포함한다)를 하거나 당해자산을 인도하거나 상대방이 당해 자산을 사용수익 하는 경우에는 그 이전 등기일(등록일을 포함한다) · 인도일 또는 사용수익일 중 빠른 날로 한다.

② 예약매출의 경우

예약매출에 의하여 토지 등을 양도하는 경우에는 그 계약일에 토지 등이 양도된 것으로 본다(법인세법시행령 제92조 2 ⑦).

이 경우 계약일에 토지 등이 양도되는 것으로 보는 경우의 토지 등 양도소득은 법인세법시행령 제69조 ②의 규정에 의한 작업진행률을 기준으로 하여 계산한 수익과 비용 중지가 급등지역에 포함되는 기간에 상응하는 수익과 비용을 각각 해당 사업연도의 익금과 손금으로 하여 계산한다. 다만 법인세법시행령 제69조 ②의 규정에 의한 작업진행률을 계산할 수 없다고 인정되는 경우로써 세법이 정하는 경우에는 계약 금액 및 총공사 예정비를 그 목적물의 착수일부터 인도일까지의 기간에 균등하게 배분한 금액 중 지가급등지역에 포함되는 기간에 상응하는 금액을 각각 해당 사업연도의 익금과 손금으로 하여 계산한다(법인세법시행령 제92조의 2 ⑧).

7) 비영리법인 과세제도

(1) 납세의무

① 수익사업에서 발생한 수입 또는 소득에 대하여 법인세 과세

② 타인으로부터 자산순증 시 증여세 과세(일정요건을 갖춘 경우 비과세)

(2) 과세특례

① 고유목적사업 준비금의 손금산입

- 설정한도 : 이자소득 및 배당소득의 100%와 수익사업소득의 50%
- 사용한도 : 고유목적사업 또는 지정기부금에 사용
- 익금산입 : 설정일로부터 5년 이내 사용하지 아니한 경우

② 이자소득이 있는 경우 원천징수방법에 의하여 과세 종결 가능

③ 토지, 건물, 주식 또는 출자지분의 자산양도소득만 있는 경우 소득세법상 양도소득세를 계산하여 법인세로 납부가능

④ 복식부기에 의한 기장 및 장부비치 의무 배제(수익사업 제외) 등

8) 연결납세제도

(1) 개요

모회사와 자회사가 경제적으로 결합되어 있는 경우 경제적 실질에 따라 해당 모회사와 자회사를 하나의 과세단위로 보아 소득을 통산하여 법인세를 과세하는 제도이다.

(2) 적용대상

연결납세방식 적용신청의 승인을 받은 내국법인과 해당 내국법인이 완전지배하는 다른 내국법인이다.

(3) 연결사업연도 소득에 대한 과세표준

① 연결사업연도의 소득의 범위에서 다음 금액을 순차로 공제하여 산출한다.

연결이월결손금, 비과세소득, 소득공제액

② 다음의 결손금은 공제를 제한
- 연결납세방식적용 전에 발생한 결손금
- 연결 모 법인이 다른 법인을 합병한 경우 피 합병법인으로부터 승계한 이월결손금
- 연결 모 법인이 다른 법인을 합병한 경우 합병 후 5년 이내 발생한 연결 모 법인의 결손금 중 승계사업 귀속분
- 타인의 지분을 취득하여 완전 자회사가 된 법인의 결손금으로서 완전자회사가 된 날부터 5년 이내에 발생한 결손금

> ※ 아파트 자치관리기구에서 아파트 수선 등 고유목적을 위해 적립 시 법인세 50% 감면허용예정(2010년.
> 10월. 1일 이후 개시하는 사업연도부터 적용(법인세법 제29조 동법령 처리 예정)

제4절 | 양도소득세

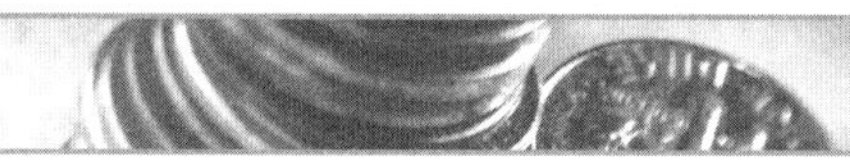

1. 자본이득세

1) 의의

자본적 이득이란 주식이나 채권, 토지 기타재산 등이 자산가치가 상승할 때 발생하지만 실현은 그 자산을 판매함으로써 비로소 이루어지며. 발생된 자본이득은 재산의 양도 처분 시 자본이득에 대한 과세문제가 대두된다. 소득 원천설에 의거 자본이득을 비과세하는 것과 순자산 증가설에 의거 자본이득은 과세하는 것을 특혜적이고 제한적으로 과세 방법이 선택에 이르고 있다. 최근의 한국 정부에서도 국내주식시장에서 외국인들의 자본이득 부문에 대하여 과세제도 도입 여부를 검토하고 있으나 이는 자본이득 과세가 현실적으로 많은 문제를 가지고 있다.

프랑스와 독일, 이탈리아에서는 과세대상에서 제외하고 있다. 그리고 한국과 일본, 영국, 미국에서는 과세를 하되 경과 및 우대조치를 하고 있다.

2) 실현된 이득과 미실현된 이득

자본이득은 실현된 이득과 미실현된 이득으로 구분되며 이들에 대한 논쟁이 많다. 즉 미실현된 이득에 대하여는 비과세하고 실현된 것만 과세 시는 각각의 장단점을 지니고 있다.

실현된 이득은 정상적인 영업활동을 위해 보유하는 자산에서 생긴 것이 아니라 재산의 매도 또는 처분에서 발생되는 이득이다.

실현된 이득에 대해 과세하는 나라에서는 장기자본이득을 과세상 우대를 하는데 그 예로 미국에서는 장기자본이득을 40%만 조정하여 총소득에 산입하고 나머지 60%는 선택한다. 한국은 자산보유기간에 따라 특별공제액이 늘어나도록 하고 있다.

문제는 실현된 이득에 대한 우대조치의 정당성이 있느냐 하는 것이며 과세상의 특례를 정당화시킬 근거는 없다. 이는 세 부담 능력은 대표가 결정하기 때문이다.

과세 특례에 대한 근거로 첫째, 자본이득은 불연속적 변동이기 때문에 정상소득보다 과중하므로 평균과세 조치로 문제해결이 가능하다.

둘째, 자본이득이 기대된 소득이 아니라는 것이다. 결국 실현된 이득은 정상 소득과 같이 취급되어야 공정하다는 논리이다.

그러므로 자본이득은 얻은 자에게 부와 담세력을 늘리게 하면 공정원칙 측면에서 보면 실현된 이득은 정상소득으로 취급하여야 한다는 논리이다.

미실현이득은 순자산증가설(실현과 미실현소득 모두를 과세소득에 포함)에 의하면 자본이득의 실현 결정은 자본보유 특성의 관리문제(자산운용문제)이지 소득 창출문제는 아니라는 논리이다.

여기서 제기된 논의를 정리하여 보면 ① 미실현이득은 소비에 충당될 수 없기 때문에 비과세하여야 한다. ② 미실현이득은 평가할 수 없기 때문에 비과세하여야 한다. ③ 미실현이득 과세는 현금화되지 않은 이득에 납세의무를 강요하기 때문에 불합리하다. ④ 소득과 자산이득은 분리하여 생각하여야 한다는 것이다.

그러나 이들의 논의를 종합하여 보면 공정이라는 관점에서 미실현 이득도 과세소득에 당연히 포함시켜야 한다는 논리이다.

3) 시행상의 문제

실현된 소득은 과세상 기술적 곤란이 없다. 미실현이득은 시행상의 기술적 곤란이 있다. 그러나 미실현소득을 과세하지 않고서는 실현소득을 효과적으로 과세할 수 없다.

만약에 미실현 이득을 비과세하고 실현된 이득에 완전 과세 시 자본시장에서는 자본이동의 억제효과가 발생된다. 즉 Lock in effect(봉쇄효과, 동결효과, 자물쇠효과, 고정화효과)가 발생한다.

그리고 미실현소득을 경상가액 기준으로 과세 시 Lock in effect는 발생되지 않는다. 이는 모든 자산가치를 매년 평가해야 가능하므로 비현실적이다. 학자들은 추정적인 실현제시로 상속과 증여 시에 이득이 실현되는 것으로 보고 발생이득에 과세방법도 제시하고 있다.

4) 양도세의 경제적 효과

양도소득세는 부동산거래에 대한 대표적인 조세로서 부동산 등을 양도할 경우에 발생하는 양도차익에 대해 부과되는 조세이다. 또한, 양도소득세제는 조세수입과 소득재분배 등의 목적도 있지만 부동산투기억제 등 사회·정책적 목적이 우선시 되는 제도이며 경기부양을 위한 경제적 목적도 중요한 위치를 가지고 있다. 따라서 양도소득세의 시장효과는 주택공급에 대한 동결효과(lock-in effect)의 유무와 정도에 따라 거래량, 가격 및 조세의 전가·귀착여부가 달라진다. 그리고 양도소득세는 자본이득이 실현되었을 때 부과되는 조세이므로 납세를 지연하면 이익이 발생하게 되지만, 납세 지연에 의한 이익이 무한정 계속되지는 않는다. 보유자산의 기대수익이 다른 자산에서 얻을 수 있는 기대수익에 미치지 못할 경우에는 해당 자산을 처분할 것이기 때문이다. 따라서 양도소득세 강화의 시장효과는 '동결효과 등에 의한 공급감소'와 '기대수익 감소에 의한 신규 수요 감소효과' 중 어느 쪽이 더 비중이 높은가에 의해서 결정된다고 보아야 한다. 만약 동결효과가 없다면 양도소득세 강화가 미치는 효과의 방향은 재산세의 경우와 동일할 것이다. 양도소득세율의 인상은 자본이득을 줄여 실질사용자 비용을 증가시키고, 수요를 감소시켜 거래가 줄고 주택가격은 하락한다. 그러나 거래량은 더욱 감소할 수 있다. 따라서 동결효과에 따른 주택가격 상승은 저소득층의 주거비용 부담을 증가시키게 된다.

양도소득세의 부과는 이러한 시장효과 외에도 보유자산의 처분에 의한 양도차익에 대하여 누진과세하는 소득재분배효과를 갖고 있지만, 주택소유자는 조세납부를 연기함으로써 증가된 자산가치에 대한 양도소득세만큼 소득보전을 받는 것과 같은 효과를 얻게 되어 소득분배를 악화시킨다.

또한 주거 및 노동이동을 제약하여 생산요소의 효율적 배분을 저해할 가능성이 있다. 즉 투자자는 높은 투자대상에 투자하려 하기 때문에 양도소득세는 자원배분에 관한 의사결정에 부정적 영향을 주고, 경제의 효율성을 저해하는 요소로 작용한다. 일반적으로 양도소득세에 대한 세제상 우대는 제조업과 같은 생산업종의 투자보다는 부동산과 같은 비생산적인 부문에 투자를 유도한다. 무주택자가 대부분인 근로자들에 비하여 대도시 및 주변 개발지의 토지 양도 시 지가상승에 의한 거액의 불로소득이 누적적으로 실현되어 빈부의 격차가 더욱 커지고 있다. 정부는 이러한 고액의 불로소득이 발생하지 않도록 사전에 정책적인 대책을 세워 정상적인 투자의 대가 외에는 고액의 불로소득을 차단해야 하겠지만, 그렇지 못할 경우 지가상승의 결과인 불로소득에 대하여 고율의 양도소득세를 부과하고, 징수한 그 세수에 대하여 다른 재원에 충당함이 바람직할 것이다.

2. 한국의 양도소득세

1) 의의

양도라 함은 자산에 대한 등기 또는 등록에 관계없이 매도 · 교환 · 법인에 대한 현물출자 등으로 인하여 그 자산이 사실상 유상으로 이전되는 것을 말한다(소득세법 제88조의 ①). 양도소득이라 함은 토지 · 건물 및 부동산에 관한 권리 등 자본적 자산가치가 상승함으로써 발생하는 소득을 말하며 일반적으로 자본적 자산의 시가 또는 처분가액에서 그 취득가액 등 필요경비를 공제한 차익이 양도 소득이 된다.

양도로 보지 않는 경우는 자산이 유상으로 소유권이 이전되었다 하더라도 양도로 보지 않는 경우이다. ① 환지처분 또는 체비지에 충당하는 것으로 도시개발법 기타 법률에 따른 환지처분으로 지목 또는 지번이 변경되거나 체비지로 충당하는 경우(소득세법 제88조 ②). ② 양도담보로 비록 소유권이전의 형식을 취하지만 그 실질이 채권담보에 해당하기 때문에 양도로 보지 않는다. 다만, 양도담보 계약을 체결한 후 채권불이행으로 인하여 변제에 충당한 때에는 그 때에 이를 양도한 것으로 본다(소득세법시행령 제151조).

2) 양도소득의 과세대상

(1) 토지와 건물

토지란 지적법에 따라 지적공부에 등록되어야 할 지목에 해당하는 것을 말한다. 건물에는 건물에 부속된 시설물과 구축물을 포함한다.

(2) 부동산에 관한 권리

지상권·전세권과 등기된 부동산 임차권, 부동산을 취득할 수 있는 권리

(3) 유가증권

① 주권상장 법인주식

직전사업연도 종료일 현재 3% 이상 또는 시가총액 100억 이상인 대주주 등이 양도하는 주식과 장외 거래하는 주식과 장외 거래하는 주식

② 주권상장법인이 아닌 법인의 주식 등

(4) 기타자산

① 과점주주 주식

해당법인의 자산 총액 중 토지·건물 및 부동산에 관한 권리의 가액의 합계액이 50% 이상이고 해당법인의 주식 합계액 중 주주(출자자 포함) 1인과 기타 주주(주주 또는 출자자 1인과 특수관계 있는 자)가 소유하고 있는 주식 합계액이 50% 이상인 법인의 주식을 주주 1인 및 기타 주주가 해당법인의 주식을 주주 1인 및 기타주주 외의 자에 양도하는 경우의 해당주식을 말한다.

② 사업용고정자산과 함께 양도하는 영업권

③ 특정시설물 이용권

이용권·회원권 그밖에 명칭에 관계없이 시설물을 배타적으로 이용하거나 일반 이용자에 비하여 유리한 조건으로 이용할 수 있도록 약정한 단체의 일원이 된 자에게 부여되는 시설물 이용권을 말하는 것으로 골프장 회원권, 콘도미니엄 회원권, 종합시설 회원권 등이

있다.

④ 부동산 과다보유 법인의 주식

골프장 · 스키장 · 휴양콘도미니엄 또는 전문휴양시설을 건설 또는 취득하여 직접 경영하거나 분양 또는 임대하는 사업을 영위하는 법인의 자산 총액 중 토지 · 건물 및 부동산의 권리의 가액의 합계액이 80% 이상인 법인의 주식

3) 자산의 양도로 보지 아니하는 경우

(1) 환지처분

소득세법 제88조 제2항 '도시계획법이나 그 밖의 법률에 따른 환지처분으로 지목 또는 지번이 변경되거나 체비지로 충당하는 경우에는 제1항에서 규정하는 양도로 보지 아니한다'고 규정하고 있다. 소득세법시행령 제152조 제1항은 '환지처분'이라 함은 '도시개발법'에 의한 도시개발사업, '농어촌정비법'에 의한 농업생산기반 경비사업 기타 법률에 의하여 사업시행자가 사업완료 후에 사업구역 내의 토지소유자 또는 관계인에게 종전의 토지대신에 그 구역 내의 다른 토지로 바꾸어주는 것(사업시행에 따라 분할 · 합병 또는 교환하는 것을 포함한다)을 말한다고 규정하고 있다.

따라서 환지처분으로 교부받은 토지는 종전토지로 보는 것이므로 환지청산금을 교부받은 경우 그 환지청산금에 상당하는 감소된 토지 면적이 양도에 해당하지 아니하는 것으로 해석될 수도 있으나 이를 과세대상으로 보지 아니하는 경우 수용토지에 대한 보상금 수령 시 양도소득세를 과세하는 것이 형평상 문제가 발생하는 점 등의 이유로 국세청 예규 등에서 환지청산금을 교부받는 경우 과세대상으로 보고 있다.

(2) 양도담보

채무자가 채무변제를 담보하기 위하여 자산을 양도하는 계약을 체결한 경우에 다음 각 호의 요건을 갖춘 계약서의 사본은 과세표준 확정 신고서에 첨부하여 신고한 때에는 이를 양도로 보지 아니한다(소득세법시행령 제151조).

① 당사자 간에 채무의 변제를 담보하기 위하여 양도한다는 의사표시가 있을 것

② 당해자산을 채무자가 원래대로 사용·수익한다는 사용표시가 있을 것

③ 현금·이율·변제기한·변제방법 등에 관한 약정이 있을 것

위 규정에 의한 계약을 체결한 후 동항의 요건에 위배하거나 채무불이행으로 인하여 당해 자산을 변제에 충당한 때에는 그 때에 양도한 것으로 본다.

(3) 공유물의 분할

공동소유의 토지를 공유지분별로 단순히 분할하는 것은 공유자 상호간의 지분권에 대한 소유형태만이 변경된 것이므로 소득세법 제88조 제1항에 의한 유상양도에 해당되지 아니하며 양도소득세가 비과세된다. 그러나 공동소유의 토지를 공유지분을 변경하거나 분할하는 경우에는 그 지분이 변경되는 부분은 유상양도에 해당되어 양도소득세가 과세된다. 또한 각각 2분의 1의 지분을 소유하고 있는 공유지분 토지 2필지에 대하여 각자 자신의 공유지분을 서로 양도(교환)하여 1필지씩 단독소유로 하는 경우는 당해 자산의 지분이 유상으로 양도되는 것으로 보아 양도소득세가 과세한다.[81]

(4) 명의신탁

명의신탁은 한국의 특수한 여건에 실정법상 근거 없이 판례에 의하여 판례법에서 발전된 신탁 행위의 일종으로서 '당사자 신탁에 관한 채권계약에 의하여 신탁자가 실질적으로 그의 소유에 속하는 부동산의 등기명의를 실체적인 거래 관계가 없는 수탁자에게 매매 등의 형식으로 이전하여 두는 것'을 말하며, 판례에서는 명의신탁 법률관계를 대내적 관계와 대외적 관계로 구분한다. 대내적 관계는 신탁계약의 당사자 전원 상호간의 법률관계를 말하며, 대외적 관계는 대내적 관계를 제외한 나머지 제3자와의 관계를 말한다.

따라서 명의신탁에 의하여 소유권이전 등기를 하는 경우 자산이 사실상 유상 이전되는 것이 아니므로 양도소득세의 과세대상이 되지 아니한다. 다만, 1995. 7. 1부터 시행되는 '부동산 실권리자 명의 등기에 관한 법률'에서는 명의 신탁 약정에 따라 행하여진 등기에 의한 부동산에 관한 물권변동은 무효로 본다(단서규정 제외)고 규정함으로써 부동산에 대한 명의신탁 자체를 법률로 금지하고 있다.

---

81) 공유물 분할에 대한 관별 해석기준을 보면 대법원은 공유물 분할은 해당하지 아니한다. 조세심판원은 연접한 토지는 공유물 분할 전과 분할 후 재산가액 차액만 과세한다. 국세청과 재정부예규는 당초 소유분이 변경된 부분은 과세 대상으로 보고 있다.

(5) 계약해제 및 환원등기 등

소득세법 규정에 의한 '양도'라 함은 사실상 유상으로 이전되는 경우를 말하는 것이므로 부동산을 매매함에 있어서는 그 부동산의 대가가 사회통념상 지급되었다고 볼만한 정도의 대금지급이 이행되어야만 유상양도로 볼 수 있는 것이므로 부동산에 대한 매매계약이 합의 해제되면 그 효력은 상실되어 양도로 볼 수 없는 것이며, 이와 같은 해석은 대금 청산 후에 계약이 해제되었다고 해서 달리 해석될 수는 없다.

따라서 아래 국세청 예규는 '대금을 청산하기 전'에 계약해제 또는 원인무효로 환원등기 되는 경우에만 양도에 해당되지는 아니하는 것으로 해석될 수 있으나 국세심판례(1995 구 184, 1995. 8. 22), 대법원판례(90누 1991, 1990. 713) 등은 대금청산 전ㆍ후의 계약해제를 달리 해석하고 있지는 않다.

(6) 협의 분할 및 재산 분할 등

① 상속재산의 협의 분할

공동소유의 토지를 소유지분별로 단순히 분할만하는 경우에는 양도로 보지 아니하나 이 경우 공유지분이 변경되는 부분은 양도로 보는 것이며, 2인 이상이 공동 소유하던 각 필지를 각 1인 단독소유로 지분 정리하는 것은 한 필지의 자기 지분 감소분과 다른 필지의 자기 지분 증가분을 교환하는 것이므로 이는 양도소득세 과세대상이다.

그러나 민법 제1013조에 규정된 상속재산의 협의 분할은 민법 제1015조의 규정에 의하여 상속 개시된 때에 소급하여 그 효력을 인정하고 있으므로 공동 상속인들의 협의에 의하여 상속재산을 분할하는 경우 상속인중 1인이 고유의 상속지분을 초과하여 재산을 취득하게 되더라도 이는 상속개시 당시에 피상속인으로부터 직접 상속받은 것으로 보는 것으로 양도소득세 과세 대상이 되지 아니한다.

상속재산의 과도적 공유관계를 종료시키고 공동상속인들이 협의하여 재산을 나누어 가지는 일종의 청산행위이므로 원칙적으로 양도소득세의 과세대상으로 볼 수 없으나 과세관청은 토지를 지분 이전함에 있어서 그 등기원인으로 공유물분할 형식이 아니고 설사 협의분할의 형식으로 이전한 경우에도 그 경제적 실질은 특정토지의 지분을 이전하고 그 대가로 다른 특정토지의 지분을 받은 전형적인 교환에 해당하는 것으로 보아 양도소득세를 과세하는 사례가 있다.

② 부부의 재산 분할

부부의 일방이 혼인 전부터 가진 고유재산과 결혼 중 자기명의로 취득한 재산은 그 특유재산으로 하며 부부의 어느 누구에게 속한 것인지 분명하지 아니한 재산은 부부의 공유로 추정한다(민법 제830). 1991년 1월 1일 시행 민법에서는 재산분할청구권을 신설하였는 바, 민법 제839조의 2 규정은 그 제1항에 '협의상 이혼한 자의 일방은 다른 일방에 대하여 재산분할을 청구할 수 있다'고 규정하고, 그 제2항에는 '제1항의 재산분할에 협의가 되지 아니하거나 협의할 수 없을 때에는 가정법원은 당사자의 청구에 의해 의하여 당사자 쌍방의 협력으로 이룩한 재산의 액수, 기타 사정을 참작하여 분할의 액수와 방법을 정한다'고 규정하고 있다.

따라서 이혼이 성립되는 경우 부부간 재산관계의 청산과 이혼 후의 자녀 부양문제 등을 고려하여 이혼을 한 당사자의 일방이 다른 일방에 대하여 재산분할을 청구할 수 있다. 재산분할청구권은 이혼한 날부터 2년을 경과한 때에는 소멸한다.

(7) 양도·취득시기(소득세법 제98조)

양도·취득시기는 <표 4-29>와 같다.

표 4-29 | **양도 · 취득시기**(소득세법시행령 제162조)

구 분	내 용
(1) 원칙	양도 또는 취득시기는 원칙적으로 당해 자산의 대금을 청산한 날이다.
(2) 대금청산일이 없이 불분명한 경우	등기부 · 등록부 또는 명부 등에 기재된 등기 · 등록접수일 또는 명의개시일이다.
(3) 대금청산하기 전에 소유권이전등기(등록 및 명의개서를 포함한다)를 한 경우	등기부 · 등록부 또는 명부 등에 기재된 등기접수일이다.
(4) 장기할부조건으로 매매하는 경우	소유권 이전등기(등록 및 명의 개서 포함) 접수일 · 인도일 또는 사용수익일 중 빠른 날
(5) 자기가 건설한 건축물의 취득시기	사용검사필증교부일이다. 그러나 사용검사 전에 사실상 사용하거나 사용승인을 얻은 경우에는 그 취득 시기는 사실상의 사용일 또는 사용승인일이다. 건축허가를 받지 아니하고 건축하는 건축물에 있어서는 그 사실상의 사용일로 한다.
(6) 완성 또는 확정되지 않은 자산을 취득 또는 양도할 경우	당해 자산의 대금을 청산한 날까지 그 목적물이 완성 또는 확정된 날이 취득 및 양도시기가 된다.
(7) 상속 또는 증여에 따라 취득한 자산의 취득시기	그 상속이 개시된 날 또는 증여를 받은 날이다.
(8) 도시개발법 기타 법률에 의한 환지처분으로 인하여 취득한 토지의 취득시기	환지 전의 토지취득일이다. 다만, 교부받은 토지의 면적이 환지처분에 의한 권리면적보다 증가 또는 감소된 면적의 토지에 대한 취득시기 또는 양도시기는 환지처분의 공고가 있은 날의 다음날이다
(9) 의제 취득시기	• 양도소득세 과세 대상 자산 중 토지 · 건물 부동산에 관한 권리 및 기타 자산으로서 1984. 12. 31 이전에 취득한 것은 1985. 1. 1에 취득한 것으로 본다. • 2001. 1. 1 이후 양도하는 상장주식으로서 1985. 12. 31 이전에 취득한 것은 1986. 1. 1에 취득한 것으로 본다.

4) 1세대 1주택 비과세

(1) 개요

1세대가 양도일 현재 국내에 당해 양도주택하나(고가주택 제외)만을 보유하고 있는 경우로서 다음의 비과세 요건[82]을 충족한 주택을 말하며, 이때 딸린 토지(주택부수토지)가 도시지역

---

82) 비과세요건은 서울, 과천, 신도시지역 3년 이상 보유하고 보유기간 중 2년 이상 거주하여야 한다. 여기서 신도시 지역이란 택지개발예정지구로 지정 고시된 5대 신도시(분당, 일산, 평촌, 산본, 중동) 지역을 말한다. 기타지역은 3년 이상만 보유만 해도 된다.

안에 있으면 주택정착 면적의 5배까지, 도시지역 밖에 있으면 10배까지 양도소득세가 과세
되지 않는 1세대 1주택에 해당한다.

(2) 장기저당담보주택의 비과세 특례(소득세법시행령 제155조의 2)

1세대 1주택자가 장기저당담보대출계약을 체결하고 소유주택을 담보로 연금식 대출을
받은 경우 그 주택 양도 시에는 1세대 1주택 비과세 요건 중 거주기간요건을 적용하지 아니
한다. 다만 장기저당담보주택을 담보대출 계약기간만료 이전에 양도하면 위 특례규정이 적
용하지 아니한다. 그리고 장기저당담보대출 계약요건(①, ②, ③ 모두 충족)
　① 계약체결일 현재 주택 담보 제공 가입자가 60세 이상일 것
　② 장기저당담보 계약기간이 10년 이상으로서 만기 시까지 매월 · 매분기별 등으로 대출
　　금을 수령하는 조건일 것
　③ 만기에 당해주택을 처분하여 일시 상환하는 계약조건일 것

(3) 보유기간 및 거주기간 제한을 받지 않는 경우

　① 취학, 1년 이상 질병의 치료 · 요양, 근무상 형편으로 1년 이상 살던 주택을 팔고 세대
　　원 모두가 다른 시 · 군 지역으로 이사할 경우
　②『해외이주법』에 따른 해외이주로 세대전원이 출국하는 경우(다만, 출국 일부터 2년 이내에
　　양도하는 경우에 한함)
　③ 1년 이상 계속하여 국외 거주를 필요로 하는 취학 또는 근무상의 형편으로 세대원 전
　　원이 출국하는 경우(다만, 출국 후 2년 이내에 양도하는 경우에 한함)
　④ 재개발 · 재건축사업에 참여한 조합원이 사업시행 기간 중에 일시 취득하여 1년 이상
　　살던 집을 재개발 · 재건축된 주택으로 세대 전원이 이사(완공 후 2년 이내)하게 되어 팔
　　게 된 경우(다만 이 경우에는 재개발 · 재건축의 완공 전 또는 완공 후 2년 이내에 양도하고, 완공된
　　주택에서 1년 이상 거주하여야 함)
　⑤ 임대주택법에 의한 건설임대주택을 분양받아 파는 경우로서 당해주택의 임차일로부
　　터 양도일까지의 거주기간이 5년 이상인 경우
　⑥ 공공용지로 협의 매수되거나 수용되는 경우(사업인정고시일 전 취득한 경우에 한함)

(4) 1세대 2주택이더라도 양도소득세를 과세하지 않는 경우

① 이사를 가기 위해 일시적으로 두 채의 집을 갖게 될 경우

양도소득세가 비과세되는 집 한 채를 가지고 있는 1세대가 이사를 가기 위해 새 집을 사고 2년 안에 전에 있던 집을 팔게 되면 양도소득세가 과세되지 않는다. 다만 수도권 소재 기업(공공기관)의 지방이전으로 종사자가 이전(인접)지역으로 이사하는 경우에는 5년 안에 팔게 되면 양도소득세가 과세되지 않는다.

② 상속을 받아 두 채의 집을 갖게 될 경우

1주택 보유자가 1주택을 상속받아 1세대 2주택이 된 경우로서 일반주택을 먼저 팔 때는 상속주택에 관계없이 국내에 1개의 주택을 소유한 것으로 보아 비과세 여부를 판단한다. 그러나 상속주택을 먼저 팔 때에는 양도소득세가 과세된다.

③ 한 울타리 안에 두 채의 집이 있을 경우

한 울타리 안에 집이 두 채 있어도 1세대가 주거용으로 모두 사용하고 있을 때에는 1세대 1주택으로 본다.

④ 집을 사간 사람이 등기이전을 해가지 않아 두 채가 된 경우

양도소득세가 해당되지 않는 1세대 1주택을 팔았으나, 집을 사간 사람이 등기이전을 해가지 않아서 1세대 2주택으로 나타난 경우에도 매매계약서 등에 의하여 종전 주택을 판사실이 확인되면 양도소득세가 과세 되지 않는다.

⑤ 직계존속을 모시기 위하여 세대를 합쳐 두 채의 집을 갖게 된 경우

1주택을 소유하고 있는 1세대 1주택을 소유하고 있는 1세대가 1주택을 소유하고 있는 60세 이상의 직계 존속(배우자의 직계존속 포함)을 모시기 위하여 세대를 합친 경우에는 합친 날로부터 5년 이내에 먼저 양도하는 주택(비과세 요건을 갖춘 경우에 한함)은 양도소득세가 과세되지 않는다.

⑥ 결혼으로 두 채의 집을 갖게 된 경우

각각 1주택을 소유한 남녀가 결혼하여 1세대 1주택이 된 경우에는 혼인한 날로부터 5년 이내에 먼저 양도하는 주택(비과세 요건을 갖춘 경우에 한함)은 양도소득세가 과세되지 않는다.

⑦ 농어촌 주택을 포함하여 두 채의 집을 갖게 될 경우

1주택(일반주택)을 소유한 1세대가 농어촌 주택을 취득하여 1세대 2주택이 된 이후에 일반주택(비과세 요건을 갖춘 경우에 한함)을 팔면 양도소득세가 과세되지 않는다.

여기서 농어촌 주택이라 함은 서울, 인천, 경기도를 제외한 읍면지역(도시지역 내는 제외)에 소재한 다음 주택을 말한다.

- 상속주택 : 피상속인이 취득 후 5년 이상 거주한 사실이 있는 주택
- 이농주택 : 농어업에 종사하던 자가 취득일로부터 5년 이상 거주한 사실이 있는 주택
- 귀농주택 : 농어업에 종사하고자 하는 자와 그 배우자 및 그들의 직계존속의 본적 또는 원적이 있거나 5년 이상 거주사실이 있는 곳에 1,000㎡ 이상의 농지와 함께 취득하여 거주하고 있는 주택(대지면적 660㎡ 이내)
  또한, 1주택을 소유한 1세대가 2003년 8월 1일(고향주택은 2009년 1월 1일)부터 2011년 12월 31일 기간 중에 농어촌지역에 소재하는 일정규모 이하의 주택을 취득하여 1세대 2주택이 된 경우에는 일반주택 양도 시 비과세 해당여부는 농어촌주택을 제외하고 판단(이때는 농어촌주택을 3년 이상 보유하여야 함)
- 농어촌 주택은 읍 · 면(수도권, 도시지역, 토지거래허가구역, 투기지역, 관광단지 지역은 제외)지역을 말하고, 주택규모는 대지 600㎡, 건물 150㎡(공동주택 116㎡) 이내를 말하며, 주택가격은 농어촌주택 취득 시 기준시가 2억 원 이하를 말한다.
- 고향주택이란 10년 이상 거주한 사실이 있는 시 지역(수도권, 도시지역, 토지거래허가구역, 투기지역, 관광단지 지역은 제외)에서 주택규모 대지 660㎡, 건물 150㎡(공동주택 116㎡) 이내, 주택가격은 고향주택 취득 시 기준시가 2억 원 이하를 말한다.

(5) 기타 양도소득세가 과세되지 않는 경우

① 점포가 딸린 건물에서 주택부분이 점포보다 클 경우

<표 4-30>과 같이 1세대 1주택 자가 점포가 딸린 주택(비과세 요건을 갖춘 경우에 한함)을 팔았을 때에는 주택 면적이 점포면적보다 큰 경우에는 점포를 주택으로 보아 양도소득세가 과세되지 않는다.

표 4-30 | **점포가 딸린 건물(겸용주택)에서 주택부분에 대한 비과세 여부**

구 분	비과세 여부
주택 〉 점포	점포를 주택으로 보아 비과세
주택 〈 점포	주택부분은 비과세, 점포부분만 과세

② 재개발(재건축)조합원이 취득한 아파트를 팔았을 경우

보유하던 주택(종전 주택)이 재개발(재건축)사업에 의하여 헐린 후, 당초 재개발(재건축) 조합원으로서 분양받은 아파트가 완공되어 이를 팔게 되면 다음의 기간을 통산하여 비과세 요건을 갖춘 경우에는 양도소득세가 과세되지 않는다.

여기서 재개발(재건축)주택의 보유기간이란 종전주택의 보유기간, 공사기간, 완공주택의 보유기간을 통산한다.

③ 입주권(재개발 · 재건축)을 팔았을 경우

보유하던 주택(종전 주택)이 재개발(재건축) 사업으로 인해 조합원으로서 취득하는 입주자로 선정된 지위(입주권)를 팔았을 때에는 종전 주택이 다음에 해당되는 경우 부동산을 취득할 수 있는 권리임에도 불구하고 양도소득세가 과세되지 않는다.

비과세요건으로는 종전 주택이 관리처분계획인가일과 주택의 철거일 중 빠른 날 현재 1세대 1주택 비과세 요건을 충족하고 양도일 현재 다른 주택이 없는 경우와 양도일 현재 조합원 입주권 외에 1주택을 소유한 경우로서 1주택을 취득한 날로부터 2년 이내에 조합원 입주권을 양도한 경우를 말한다.

5) 농지에 대한 양도세 감면 및 비과세

(1) 양도소득세의 감면

🔻 자경농지에 대한 양도소득세 감면(조세특례제한법 제69조)

농지소재지에 거주하면서 8년 이상 자기가 경작한 사실이 있는 농지를 양도하는 경우에는 양도소득세가 감면된다.

① 여기서 농지소재지란 농지가 소재하는 시 · 군 · 구(자치구) 안의 지역이나 이와 붙어 있는 시 · 군 · 구 안의 지역 또는 농지로부터 20km 이내의 지역을 말한다.

경작 개시 당시에는 농지소재지에 해당하였으나 행정구역의 개편 등으로 이에 해당하지 아니한 경우에도 농지소재지에서 경작한 것으로 본다.

또한, 농지유동화 촉진 및 농업구조개선을 위하여 다음의 농지를 한국 농어촌공사 또는 농업법인(영농조합법인·영농회사법인)에 양도하는 경우에는 <표 4-31>과 같이 자경농지에 대한 감면요건(자경기간)이 완화되었다.

표 4-31 | **대상농지 및 자경기간**

대상농지	자경기간	적용기간
경영이양 직접지불보조금의 지급대상이 되는 농지	3년 이상	2010. 12. 31

그러나 다음 농지는 감면되지 않는다.

시 지역(광역시의 군 지역, 시의 읍면지역은 제외)주거지역, 상업지역, 공업지역 안에 있는 농지로서 이들 지역(대규모 개발사업 지역은 제외)에 편입된 날로부터 3년이 지난 농지를 말한다.

② 대규모 개발사업 지역

- 사업지역 내의 토지소유자가 1,000명 이상인 지역
- 사업시행면적이 100만㎡ 이상인 지역(택지개발사업 또는 대지조성사업의 경우에는 10만㎡)
- 농지 외의 토지로의 환지예정지의 지정이 있는 경우로서 그 환지예정지 지정일로부터 3년이 지난 농지
- 또한 농지가 2002년 1월 1일 이후『국토의 계획 및 이용에 관한 법률』에 의하여 주거지역, 상업지역, 공업지역에 편입되거나, 환지예정지로 지정된 때에는 그 편입(지정)된 날로부터 3년이 지나지 않아 감면되는 자경농지의 요건을 갖춘 경우라도 취득일로부터 그 편입(지정)일까지 발생한 양도소득에 대해서만 양도소득세가 감면된다.
- 상속인이 상속받은 농지(8년 자경요건을 갖춘 농지)를 경작하지 않은 경우 상속받은 후 3년이 지난 농지이며 감면한도는 자경농지 대토 감면과 합산하여 5년간 3억 원(1년간 2억 원, 2008년 1월 1일 이후)이어야 한다.

농지대토에 대한 양도소득세 감면(조세특례제한법 제70조)

경작상 필요에 의하여 다음과 같이 농지를 팔고 다른 농지를 샀을 때에도 양도소득세가

감면 된다.

- 종전농지를 판 날로부터 1년 안에 양도농지면적이 1/2 이상 또는 양도농지가액의 1/3 이상인 다른 농지를 사야 한다(다른 농지를 먼저 샀을 때에는 그 산 날로부터 1년 안에 종전 농지를 팔아야 함).
- 산 농지를 그 농지 소재지에 거주하면서 산 날로부터 계속하여 3년 이상 경작한 농지여야 한다.
- 판 농지는 그 농지 소재지에 거주하면서 농지소유기간 중 3년 이상 경작하여야 한다. 감면 한도액은 자경농지 감면과 합산하여 5년간 3억 원(2008년 1월 1일 이후), 단 대토 감면 한가지 만 적용될 경우 5년간 1억 원이다.

(2) 양도소득세 비과세(소득세법 제89조 ① 2호)

경작상 필요에 의하여 다음과 같이 농지를 교환하는 때에는 양도소득세가 과세되지 않는다. 교환하는 쌍방 토지가액의 차액이 큰 편의 1/4 이하이어야 하며, 교환으로 취득한 농지를 그 농지소재지에 거주하면서 3년 이상 경작하여야 한다.

6) 비사업용 토지(소득세법 제104조의 3)

(1) 과세방법

비사업용토지에 대해서는 2009년 3월 16일 ~ 2010년 12월 31일 양도하는 분에 한하여 장기보유특별공제를 적용하지 아니하며 투기지역에 해당하는 토지를 양도하는 경우에는 일반세율에 10% 세율을 가산하여 적용한다.

(2) 비사업용 토지 판정방법

소유기간 중 일정기간 이상 사업에 사용하지 아니한 경우에는 비사업용 토지[83]로 분류된다.

---

83) 사업용 토지는 양도일 직전 3년 중 2년 이상을 사업에 직접 사용하거나, 양도일 직전 5년 중 3년 이상을 사업에 직접 사용하거나, 보유기간의 80% 이상을 사업에 직접 사용하는 것을 말한다.

(3) 부득이한 사유 시 사업용 토지로 인정되는 경우

① 사업에 사용한 기간으로 간주하는 기간

- 토지 취득 후 법령에 따라 사용이 금지 · 제한된 경우 : 사용이 금지 · 제한된 기간
- 토지 취득 후 건축법상 건축허가 · 착공이 제한된 경우 : 건축허가 · 착공이 제한된 기간
- 토지취득 후 도시계획 변경 등으로 사업에 사용하지 않는 경우 : 당해 사유 발생 기간

② 사업용 토지로 간주하는 것

- 공익사업용으로 협의매수 · 수용되는 토지 : 사업인정고시일이 2006. 12. 31 이전인 경우 또는 사업인정 고시일부터 5년 이전에 매입한 경우

(4) 대상토지의 사업성 판단기준

토지지목의 판정은 사실상의 현황에 의한다. 그러나 사실상의 현황이 불분명한 경우는 공부상의 등재현황에 의한다(소득세법시행령 제168조의 7).

▼ 농지의 범위 등(소득세법시행령 제168조의 8)

① 원칙

- 소유자가 재촌 · 자경하지 않는 농지는 중과 대상
  - 재촌 : 농지소재지와 동일 인접 시 · 군 · 구, 20km 이내 지역에 주민등록이 되어 있고 사실상 거주한 자
  - 자경 : 농 작업에 상시 종사하거나 농작업 1/2 이상을 자기의 노동력에 의해 경작
  - 농작업 등에 따라 소유가 허용되는 농지는 중과 제외
- 도시지역(녹지지역 · 개발제한구역 제외) 안의 농지 중과 대상
  - 1년 이상 재촌 · 자경하던 농지가 도시지역으로 편입된 경우 편입일부터 3년 내 양도하면 중과 제외

② 예외

- 농지법 등에 의해 소유할 수 있는 농지는 재촌 · 자경 여부에 관계없이 중과 제외
  - 농지법에서 소유가 인정되는 농지
  - 종자생산자 · 농업기자재 생산자가 소유한 농지, 주말 · 체험 농지, 매립농지, 농자 전

용 후 전용목적으로 사용하는 토지 등

- 상속 · 이농농지(상속개시 · 이농일부터 5년 내 양도하는 경우)

- 종중소유 농지(2005. 12. 31 이전 취득분에 한함)

- 부득이한 사유로 자경할 수 없는 농지

- 5년 이상 재촌 · 자경 자가 질병(1년 이상 치료 · 요양 필요) · 고령(65세 이상) · 징집 · 취학 선거에 의한 공직취임 · 교도소 · 구치소 · 보호감호소 수용 등 부득이한 사유로 임대 · 사용대(使用貸)하는 경우(사유발생 후에도 재촌요건)

- 공익 목적의 비영리사업자가 사업에 직접 사용하는 농지

- 한국농어촌공사가 8년 이상 수탁하여 임대 · 사용대(使用貸)한 농지

▼ 임야의 범위 등(소득세법시행령 제168조의 9)

① 원칙

• 임야는 중과 대상이나 공익상의 필요 · 산림보호육성에 필요한 임야는 제외한다. 그리고 소유자가 재촌하는 임야는 제외, 거주 · 사업과 직접 관련된 임야는 제외한다.

② 예외

• 공익상 필요 · 산림의 보호육성에 필요한 임야는 중과 제외

- 산림유전자원보호림 · 보안림 · 채종림 · 시험림, 사찰림 · 동유림(洞有林)

- 영림계획인가를 받아 사업 중인 임야 · 특수산림사업지구안 임야[도시지역(보전녹지지역 제외)으로 편입된 경우 편입일부터 3년 내 양도하면 중과 제외]

- 공원자연보존지구 · 공원자연환경지구 · 도시공원 · 문화재보호구역 · 개발제한구역 · 군사시설보호구역 · 연안구역 · 상수원보호구역 안의 임야 등

• 거주 · 사업과 직접 관련된 임야는 중과 제외

- 임업후계자 · 종묘생산업자 · 임산물 · 산림용 종묘의 생산에 사용하는 임야

- 자연휴양림 · 수목원조성 · 관리 · 운영사업에 사용되는 임야

- 산림계 · 공익목적의 비영리사업자가 그 사업에 직접 사용하는 임야

- 상속임야(상속일부터 5년 내 양도하는 경우)

- 종중소유 임야(2005년 12월 31일 이전 취득 분야에 한함) 등

🔻 목장용지의 범위 등(소득세법시행령 제168조 10)

① 원칙

- 축산업자 소유 목장용지로서 기준면적[84]초과 토지는 중과대상
- 축산업자가 아닌 자의 토지는 중과 대상
- 도시지역(녹지지역·개발제한구역 제외) 안의 축산용 토지는 중과 대상
  - 도시지역으로 편입된 경우 편입일부터 3년 내 양도하면 중과 제외

② 예외

- 사업과 직접 관련된 목장용지는 중과 제외
  - 상속 목장용지(상속개시 일부터 5년 내 양도하는 경우)
  - 종중 목장용지(2005년 12월 31일 이전 취득분에 한함)
  - 공익 목적의 비영리사업자가 그 사업에 직접 사용하는 목장용지 등

🔻 기타 토지

① 원칙

- 재산세 중과 대상 토지는 중과 대상
  - 건축물이 없는 일반적 의미의 나대지, 공장건축물 부속토지 기준면적 초과분, 일반건축물 부속토지 기준면적 초과분 등
- 주택부속 토지 중 기준 면적 초과분(도시지역 안 5배, 밖 10배)
- 별장 및 그 부속토지는 중과 대상
  - 일정요건을 모두 충족하는 농어촌 주택과 그 부속토지는 중과 제외

② 예외

- 재산세 중과 대상 토지 중에서도 거주·사업과 직접 관련된 토지는 중과 제외
  - 체육시설 토지
  - 선수전용·종업원용 체육시설용 토지(기준면적 이내), 체육시설업용 토지(시설기준 충족), 경기장운영업용 토지 등
  - 주차장용 토지

---

84) 기준면적이란 가축별 기준면적과 가축두수를 적용하여 계산한다.

- 건축물 부설주차장용 토지(기준면적 이내), 업무용 자동차의 주차장용 토지(시설기준 충족), 경기장운영업용 토지 등
- 개발사업 시행자가 조성하는 토지(토지 조성 후 3년 내 양도하는 경우)
- 휴양시설업용 토지(옥외동물 방목장·옥외식물원·부설 주차장용 토지)
- 무주택 1세대가 소유하는 토지(660㎡ 이내) 등
- 연간수입금액 / 토지가액 비율기준을 적용하여 중과 대상여부 판정
  - 주차장운영업용 토지(3% 이상)
  - 블록·석물·토관제조업용 토지(20% 이상)
  - 화훼판매시설업·조경작물식재업용 토지(7% 이상)
  - 학원용 토지(자동차정비·중장비운전·중장비정비학원 10% 이상, 농업교육학원 7% 이상 등)

7) 양도소득의 부당행위계산 부인(소득세법 제101조)

거주자의 행위 또는 재산이 거주자와 그 특수 관계자와의 거래로 인하여 당해 소득에 대한 조세의 부담을 부당하게 감소시킨 것으로 인정되는 때에는 실질 과세원칙 또는 조세부담의 공평원칙에 반하므로 경제적·사회적 합리성의 기준에 의하여 거주자의 행위·계산을 부인하고 거주자의 소득 금액을 다시 계산할 수 있다.

따라서 거주자의 특수관계자(소득세법시행령 제98조 ① 각 호에 열거된 자)와 거래하면서 시가를 초과하여 취득하거나, 시가에 미달하게 저가로 양도하여 조세의 부담을 부당히 감소시킨 것으로 인정되는 때에는 거주자의 행위·계산을 부인하고 그 취득가액 또는 양도가액을 시가에 의해 당해 소득금액을 계산한다.

8) 배우자 등 증여재산에 대한 이월과세

(1) 적용대상 자산

배우자 및 직계존비속이 이월과세가 적용되는 자산(토지·건물 및 시설물이용권)을 증여받은 후 수증일부터 5년 이내에 타인에게 양도하는 경우

(2) 납세의무자

증여받은 배우자 및 직계존비속이 납세의무자로서 증여받은 자산의 양도에 따른 양도차익 계산 시 증여당시 가액을 공제하는 것이 아니라 증여한 배우자 및 직계존비속의 당초 취득가액을 공제한다.

(3) 증여상당세액의 필요경비 공제

증여세의 납세의무자와 양도소득세의 납세의무자가 동일하므로 양도차익 계산 시 증여세액상당액을 공제한다. 다만 증여세액 상당액은 양도차익을 한도로 공제한다.

(4) 장기보유 특별공제

당초 증여자가 취득한 날부터 양도하는 날까지 보유기간에 따른 장기보유특별공제율을 적용한다.

9) 오피스텔 · 상업용 건물기준시가 국세청장 고시제도[85]

건물에 부수되는 토지를 공유하고 건물을 구분 소유하는 것으로 국세청장이 당해건물의 용도 · 면적 및 구분 소유하는 건물의 수 등을 감안하여 지정하는 지역에 소재하는 오피스텔 및 상업용 건물에 대한 기준시가는 건물의 종류 · 규모 · 거래상황 · 위치 등을 참작하여 매년 1회 이상 국세청장이 토지와 건물에 대하여 일괄하여 산정 · 고시한다.

10) 과세표준 계산기준

(1) 양도취득가액결정

양도 · 취득가액결정 <표 4-32>와 같다.

---

85) 오피스텔 상업용 건물기준시가 국세청장 고시제도는 소득세법 제99조 제1항 제1호 다목 및 동법영 제161조 제10항, 상속세법 및 증여세법 제61조 제1항 제3호 및 동령 제50조 제3항에 따라 국세청장이 고시하는 상업용건물 및 오피스텔 기준시가가 적용되는 지정지역은 서울특별시, 6개광역시(부산, 대구, 인천, 광주, 대전, 울산), 경기도 지역이다.

표 4-32 | **양도취득가액결정**

구　분	거래가격	비　　고
• 토지 · 건물 • 부동산에 관한 권리	실지거래가액	• 실지거래가액을 확인할 수 없는 경우 매매사례가액 → 감정가액 → 환산가액 → 기준시가
• 기타자산 • 주식과 출자지분	실지거래가액	

(2) 필요경비 개산공제(실지거래가액 이외의 방법으로 과세 시 공제범위)

필요경비 개산공제범위는 <표 4-33>과 같다.

표 4-33 | **필요경비 개산공제범위**

구　분	공제범위
토지	개별공시지가의 3%(미등기자산 0.3%)
건물 • 일반건물 • 특정아파트 등	국세청기준시가의 3%(미등기자산 0.3%)
지상권 · 전세권 · 등기된 부동산임차권	취득 시 기준시가의 7%(미등기자산 1%)
상장주식 · 비상장주식 · 부동산을 취득할 수 있는 권리 · 기타자산	취득 시 기준시가의 1%

(3) 장기보유특별공제(2008년 1월 1일 이후)

🔽 적용대상 : 3년 이상 보유한 토지 · 건물

🔽 미등기자산 : 1세대 2주택 이상 소유주택 비사업용 토지 : 적용 배제

🔽 일반부동산으로서 3년 이상 보유 시 매년 3%씩 공제

　• 3년 : 10%, 10년 이상 30%

🔽 1세대 1주택으로서 3년 이상 보유 시

① 2008년 1월 1일 ~ 3월 20일 양도분은 매년 3%씩 공제

　• 3년 : 10%, 15년 이상 : 45%

② 2008년 이후 양도분은 매년 4%씩 공제

　　• 3년 : 12%, 4년 : 16%, 20년 이상 : 80%

🔻 과세표준 계산기준(1996년 이후)

　• 양도차익 = 양도가액 − 취득가액 − 제경비

　• 양도소득금액 = 양도차익 − 장기보유특별공제

　• 양도소득 과세표준 = 양도소득금액 − 기본공제(250만 원)

① 과세표준

　• 양도가액 − 취득가액 등 = 양도차익

　• 양도차익 − 장기보유특별공제 = 양도소득금액

　• 양도소득금액 − 양도소득기본공제 = 과세표준

　• 과세표준 · 세율 = 산출세액

② 장기보유특별공제제도(2009년 1월 1일 이후)

적용대상은 3년 이상 보유한 토지와 건물이다.

미등기자산, 1세대 2주택 이상 소유 주택, 비사업용 토지는 적용을 배제하고 있다.

　• 일반부동산은 매년 3%씩 공제함

　　3년은 10%, 4년은 12%, 9년은 27%, 10년 이상은 30%(한도)이다.

　• 1세대 1주택은 매년 8%씩 공제함

　　3년은 24%, 4년은 32%, 9년은 72%, 19년은 80%(한도)이다.

(4) 양도소득기본공제(소득세법 제103조)

미등기양도자산을 제외한 자산(양도소득공제를 1996년 1월 1일 양도소득 기본공제로 전환)에 대하여 연 250만 원 공제한다.

11) 세율

양도소득세 세율은 <표 4-34>와 같다.

표 4-34 | **양도소득세 세율(2010. 1. 1 이후)**

구 분		세율(%)	
		국내분	국외분
토지·건물 부동산에 관한 권리	1년 미만 보유	50%	6 ~ 33%
	1 ~ 2년 미만 보유	40%	
	2년 이상 보유	6 ~ 33%	
	일정 1세대 3주택 이상	60%	
	일정 1세대 주택[86]	50%	
	비사업용 토지[87]	60%	
	미등기 전매	70%	
주식 또는 출자 지분	중소기업의 주식 등	양도소득과세표준의 10%	
	중소기업 외의 법인주식으로 대주주가 1년 미만 보유한 주식 등	양도소득과세표준의 30%	
기타자산	기타주식	양도소득과세표준의 20%	
	1,200만 원 이하	6%	
	1,200만 원 초과 ~ 4,600만 원 이하	72만 원 + 1,200만 원 초과금액의 15%	
	1,200만 원 초과 ~ 8,800만 원 이하	616만 원 + 4,600만 원 초과금액의 25%	
	8,800만 원 초과	1,666만 원 + 8,800만 원 초과금액의 15%	

자료: 기획재정부

12) 분납 및 물납(소득세법 제112조 및 제112조의 2)

분납은 납부기간 경과 후 2개월 이내를 말하며 납부할 세액이 2천만 원 이하는 1천만 원을 초과하는 금액을, 납부할 세액이 2천만 원 초과하는 때에는 그 세액의 50% 이하 금액을 말한다.

물납은 납부할 세액이 1천만 원을 초과하는 경우로서 공공사업 시행자가 발행한 보상채권으로 물납할 수 있다.

---

86) 일정 1세대 2주택 및 비사업용 토지는 2007년부터 적용한다.
87) 2009. 1. 1 ~ 2010. 12. 31 양도하거나 취득하는 2주택 3주택 이상 기본세율 적용한다.

13) 기타

양도소득세의 신고납세제도로의 전환은 양도소득세제의 기본틀을 종전 정부부과 과세제도에서 신고납세제도로 전환하여 2000년 1월 1일 이후 최초로 양도하는 분부터 적용하도록 하고 있다.

그리고 비상장주식 고가양도 시 양도소득세 및 증여세 조정에 있어서는 양도주식의 시가 상당액을 양도가액으로 간주하여 양도소득세를 과세하고, 시가초과분을 양도자의 상여·배당 등으로 보아 종합소득세를 과세한다.

부동산의 소유권이 매매·교환, 법인에의 현물출자, 공매·경매·수용, 대물변제로 이전되는 경우 부동산양도신고를 강제하던 것을 2002년 7월 1일 이후 양도하는 분부터 동 신고제도를 폐지하여 납세편의를 도모하였다.

14) 지정지역의 운영(소득세법 제104조의 2)

기획재정부장관은 해당지역 부동산가격 상승률이 전국 소비자물가 상승률보다 높은 지역으로서 전국 소비자물가 상승률보다 높은 지역으로서, 전국 부동산가격이 급등하였거나 급등할 우려가 있는 경우 부동산가격안정심의위원회[88]의 심의를 거쳐 그 지역을 지정한 지역을 말한다.

(1) 지정요건

🔻 기본요건

첫째, 주택 및 그 부속토지에 대하여 매월별 ①과 ②(개별사업 등이 진행 중인 지역 ①과 ③), 대규모개발사업지역 ④ 요건 충족 시는 지정지역으로 지정한다.

① 직전월 주택매매가격상승률 〉 직전 2개월 전국 소비자물가 상승률 × 130%

② (a) 또는 (b)중 하나 이상 충족

- 직전 2개월 월평균 주택매매가격상승률 > 직전월 2개월 월평균

---

88) 부동산가격안정심의위원회의 구성은 기획재정부차관(위원장)을 포함하여 위원 12인(국토해양부차관, 관계부처차관급 또는 고위공무원 2명, 경제 및 부동산에 관한 학식과 경험이 풍부한 자 8명)으로 구성되며 회의는 재적위원 과반수 출석으로 개의하고 출석위원 과반수 찬성으로 의결한다.

전국주택매매가격상승률 × 130%

- 직전월 이전 1년간 주택매매가격상승률 > 직전월 이전 3년간 연평균 전국 주택매매
가격 상승률

③ 직전월 주택매매가격 상승률 〉 직전월 전국소비자 물가상승률 130%

④ 직전월 주택매매가격 상승률 〉 소비자물가상승률

둘째, 주택 및 그 부속토지 이외의 부동산(매월별)은 ①과 ②대규모 개발사업지역 ③)요건 모두 충족 시 지정지역으로 지정한다.

① 직전월 지가상승률 〉 직전월 전국 소비자물가 상승률 × 130%

② ⓐ 또는 ⓑ 중 하나 이상 충족 시에는 지정지역으로 지정한다.

- 직전 2개월 지가상승률 > 직전 2개월 전국 지가 상승률 × 130%
- 직전월 이전 1년간 지가상승률 > 직전월 이전 3년간 연평균 전국 지가 상승률

③ 직전월 지가상승률 〉 소비자물가 상승률

🔻 추가요건

기본요건에 해당하는 지역으로서 전국부동산가격동향 및 당해 지역의 부동산 가격동향 및 당해 지역의 특성을 고려하여 당해 지역의 부동산가격상승이 지속될 가능성이 있거나 다른 지역으로 확산될 우려가 있다고 판단되는 경우 부동산가격안정심의위원회에서 지정한다.

그리고 지정지역 과세방법은 2010년까지 지정지역 안의 3주택 이상 비사업용 토지는 기본세율에 10p% 추가과세 한다.

15) 국외자산양도에 대한 양도소득세

(1) 납세의무자 및 과세대상

납세의무자는 당해 국외자산 양도일까지 국내에 5년 이상 계속하여 주소 또는 거소를 둔 경우에 한하여 국외자산에 대한 양도소득세를 과세한다.

비거주자 등이 국내에 5년 미만 거주하면서 국내외 투자기업 등에 근무하는 경우에는 제외한다. 과세대상은 국내의 양도소득세 과세대상과 대체로 동일하다.

(2) 양도가액

양도가액에서 실제거래가액을 확인할 수 있는 경우에는 양도당시의 실지거래가액으로 한다.

양도당시의 실지거래가액을 확인할 수 없는 경우에는 양도자산이 소재하는 국가의 양도당시 현황을 반영한 시가에 의하되 시가를 산정하기 어려운 때에는 당해 자산의 종류 · 규모 · 거래상황 등을 참작하여 정하는 방법에 의하여 구체적인 사항은 다음의 시가산정(4)에 의한다.

(3) 필요경비

취득가액은 실지거래가액을 확인할 수 있는 경우에는 국내자산의 취득가액 산정방법을 준용한다. 실지거래가액을 확인할 수 없는 경우에는 다음의 시가산정(4)에 의한다. 그리고 자본적지출액 · 양도비는 국내 자산의 산정방법을 준용한다.

(4) 시가산정

🔻 시가의제

국외자산의 시가를 산정하는 경우 다음에 해당하는 가액이 확인되는 때에는 이를 당해 자산의 시가로 한다. 다만, 소득세법 영 제178조의 2 ②에 의거 주식 등과 동조의 ③에 의한 자산 중 특정시설물 이용권 및 과점주주의 주식 등 부동산 과다보유법인 주식 등(소득세법 시행령 제158조 제1항 제1호 · 제5호 자산)의 경우에는 ② ~ ④의 규정을 적용하지 않는다.

① 국외자산 양도에 대한 과세와 관련하여 이루어진 외국정부의 평가가액
② 국외자산의 양도일 또는 취득일 전후 6월 이내에 이루어진 실지거래가액
③ 국외자산의 양도일 또는 취득일 전후 6월 이내에 평가된 감정평가기관의 감정가액
④ 국외자산의 양도일 또는 취득일 전후 6월 이내에 수용 등을 통하여 확정된 국외자산의 보상가액

🔻 시가의 보충적 평가방법

양도 · 취득당시의 시가를 산정하기 어려운 때에는 다음 규정에 의하여 시가를 평가한다.
① 부동산 및 부동산에 관한 권리는 상속 및 증여세법 제61조 · 제62조 · 제65조를 준용

하여 국외자산가액을 평가하는 것이 적절치 않을 경우에는 부동산 가격공시 및 감정평가에 관한 법률에 의하여 설립된 감정평가법인이 평가하는 것을 말한다.
② 유가증권은 상속세 및 증여세법 제63조의 평가방법에 준용한다.

(5) 외화환산

양도차익을 계산함에 있어서는 양도가액 및 필요경비를 수령하거나 지출한 날 현재 외국환거래법에 의한 기준환율 또는 재정환율에 의하여 계산한다.

(6) 장기보유특별공제 배제 및 세율

국외자산의 양도에 대해서는 장기보유특별공제를 배제한다.
그리고 세율은 국내자산과 동일하게 적용한다.

(7) 외국납부세액공제

국외에서 납부하였거나 납부할 세액(그 부가세액을 포함)에 대하여는 외국에서 납부한 세액을 공제 받거나 필요경비에 산입하는 방법 중 하나를 선택할 수 있다.

그리고 국외자산양도소득세액의 범위는 개인의 양도소득금액을 과세표준으로 하여 과세된 세액과 개인의 양도소득금액을 과세표준으로 하여 과세된 세액의 부가세액이다. 관련 공제신청은 국외자산 양도소득세액 공제신청서를 신고기한 내에 납세지 관할 세무서장에게 제출한다.

(8) 기타 준용규정

국외자산 양도에 따른 양도소득세의 과세에 관하여 위에서 설명한 것 외에는 국내자산의 양도에 적용되는 조항을 준용하여 적용한다.

16) 법인의 토지·건물 양도에 대한 추가과세제도

(1) 과세대상

국내 소재 주택 및 비사업용토지의 양도소득에 대하여 과세한다.

(2) 과세요건

국토해양부장관이 조사하여 발표한 당해지역의 직전분기의 평균지가가 직전전 분기 대비 3% 이상 상승하거나 전년도 동 분기 대비 10% 이상 상승한 지역으로서 다음에 해당하는 지역 중 시행규칙이 정하는 지역(2005. 8현재 지정한 지역이 없음)에 소재하는 토지 또는 건물을 양도하는 경우이다.

① 대도시권의 지역(조세특례제한법 영 별표 7)

② 개발사업(개발이익 환수에 관한 법률 제2조 제2호)이 진행 중이거나 예정되어 있는 지역 및 그의 인근지역

(3) 과세 표준 및 세율

과세표준은 양도금액 − 장부가격이며 세율은 30%(미등기 양도 시 40%)이다.

(4) 비과세 대상

① 다음에 해당하는 토지 · 건물(이하 토지 등으로 표현함)의 양도소득에 대하여는 비과세하나 미등기 양도 토지 등은 과세 조치한다.

- 파산선고에 의한 토지 등의 처분으로 인하여 발생한 소득
- 법인이 직접 경작하던 농지로서 농지의 교환 또는 분합으로 발생한 소득

② 도시개발법과 그밖에 법률에 의한 환지처분으로 지목 또는 지번이 변경되거나 체비지로 충당됨으로써 발생하는 소득

③ 요건을 갖춘 분합 · 요건을 갖춘 현물출자, 조직변경 및 요건을 갖춘 교환으로 인하여 발생하는 소득

④ 한국토지주택공사가 도시개발사업으로 조성한 토지 중 주택건설용지로 양도함으로써 발생하는 소득

⑤ 주택을 신축하여 판매(건설임대주택 분양 또는 다른 임자사업자에게 매각하는 경우 포함)하는 법인이 그 주택 및 부수토지로써 그 면적이 다음 면적 중 넓은 면적 이내의 토지를 양도함으로써 발생하는 소득

- 주택의 연면적(지하층 면적, 지상층 주차장 면적, 주민공동시설 면적 제외)
- 건물이 정착된 면적에 5배(도시지역 밖은 10배)를 곱하여 산정한 면적

⑥ 그 밖에 공공의 목적을 위한 양도 등 시행규칙이 정하는 사유로 인하여 발생한 소득

(5) 양도차 손익의 통산 및 이월공제 배제

과세기간 중에 토지 등의 양도로 인하여 발생한 양도차 손익은 통산하되, 동 제도의 도입 취지를 감안하여 통산결과 차손이 발생한 경우 소급공제 및 이월공제를 배제한다.

(6) 양도소득의 귀속연도

원칙적으로 각 사업연도 소득에 대한 손익의 귀속 사업연도를 준용한다.

장기할부조건에 의한 양도는 계약일에 양도된 것으로 보아 작업진행률을 기준으로 하여 계산한 수익과 비용 중에서 과세기간에 해당하는 기간에 상응하는 수익과 비용을 각각 해당 사업연도의 익금과 순금으로 하여 양도소득으로 계산한다.

(7) 적용시기

2009. 3. 16.부터 2010. 12. 30.까지 양도하는 부동산에 대한 추가과세(39%, 미등기 40%)는 적용하지 아니한다. 지정지역 안의 부동산을 양도하는 경우에는 10%의 세율로 산출한 세액 을 법인세에 추가하여 과세한다.

제5절 | 상속세 및 증여세

1. 상속세 및 증여세의 의의

상속세(inheritance tax, inheritance acquisition tax)의 최초 기원은 고대 로마시대부터 현대의 사유재산제도가 확립된 이후에 이르기까지 형성된 조세이다. 상속 또는 유증에 의하여 재산 이 이전되는 사실과 이전하는 재산을 포착하여 과세하는 조세이다. 피상속인(유증인)의 사망 시 유산을 상속받는 사람에게 부과되는 조세이다. 상속세는 피상속인이 생존 시 누락되었던 납세의무를 사망하는 시점에서 총결산하여 부과하는 조세이다.

상속세는 소득과 부의 형평분배차원에서 특정계층에 재산이 집중되는 것을 방지하려는 성격을 지니고 있다. 또한 상속세는 세수확보를 주된 목적으로 하기보다는 소득이나 부의 편재(偏在)를 시정할 수 있다는 점에 의의가 있다. 상속세는 상속인의 상속액에 부과되는 것으로서 개인소득세와 마찬가지로 일정수준까지는 인적공제를 포함한 다양한 공제를 해주고 그 공제액을 넘어서는 상속액에 대해서 누진세율로 부과된다.

그러나 상속세의 효과에 대해서는 의문이 제기되고 있다. 대부분의 유산 기증자들이 동원 가능한 수단과 방법으로 상속세를 피해나가고 있기 때문에 상속세 세수가 전체 세수에서 차지하는 비중은 아주 미미하다. 그러나 소득세를 보완하여 순자산 증가설 입장에서의 폭넓은 평균과세방식으로 누진과세방식이다. 상속세를 소득세에서 분리 과세하는 이유는 ① 직계 또는 배우자에 대한 재산의 유증이 반드시 상속인의 실질적 소득을 증가시키는 것은 아니다. ② 상속 및 증여에 대한 우연소득의 발생은 규칙적인 것이 아니기 때문이다. ③ 재산의 이전사실을 다른 소득의 발생과 같이 용이하게 포착할 수 없다. ④ 유증은 단순히 재산이 이전되는 까닭에 그 이전 횟수만 보고 과세하면 사회적으로 불합리한 결과를 초래한다. ⑤ 재산의 유증은 상속인과 피상속인간의 관계에서 이루어진다. 경제적 이득도 불규칙적이며 소액 증여에 의한 탈세 방지를 고려하여 과세를 하는 조세이다 .

상속재산에 대한 과세방법은 유산세(taxation method bequest)와 유산취득세(taxation method on legatee)가 있는데 과세재산에 따라 상이하다. 유산세의 과세재산은 사망한 사람이 남긴 유산총액이며 과표는 총유산액에서 장례비용, 유산관리비, 피상속인의 채무 등을 공제한 유산액으로 과세하는 것으로 미국과 영국, 독일 등에서 채택하고 있다. 유산취득세(고유한 상속세)는 과세자산은 상속 유증에 의해 개인이 취득한 재산에 과세하는 것이다. 과표는 개인이 취득한 재산의 금액에서 채무 등을 공제한 잔여액이다. 통례적으로 각종 공제(소액공제, 배우자공제, 미성년자 공제, 기초공제 등)를 허용하고 있다. 세율은 소득과 재산의 재분배 목적으로 고율누진세율이다.

경제적 효과를 보면 첫째, 근로의욕에 대한 효과를 미친다. T. Veblen[89]에 의하면 노동 동기의 근로 의지는 본능으로 보기 때문에 상속세는 노동의욕을 감소시키지 않는다고 보고 있다. 그러나 자본축적에 주는 효과는 저해가 크다고 한다. 둘째, 저축과 소비에 대한 효과로 모든 사람의 저축을 저해하고 소비를 확장시킨다고 볼 수 없다. 이는 상속세는 기존 저축에

---

89) T. Veblen(1857~1929년) 미국의 경제학자이다.

서 지급되므로 저축 저해효과는 소득세보다 크지 않으며 간접세에 비해 소비지출 저해효과도 작다. 가장 큰 저해 작용은 납세를 위하여 자산의 유동화를 강요하고 있다. 즉, 상속자의 손실을 가중시키고 능률적인 기업발전을 저해시키고 있기 때문에 캐나다 등 일부 국가에서는 상속세 폐지에 대하여 거론을 하고 있다. 셋째, 상속인의 경제행위에 대한 효과로는 상속인의 취향 동기 및 상속재산의 크기에 따라 다르지만 상속인의 소비저축투자를 위축시킨다.

넷째, 소득분배효과가 긍정적이다. 다섯째, 전가하지 않는다. 즉, 증여세는 증여자에게 과세하며 유산세는 실질적 피상속인에 귀착한다. 여섯째, 상속세는 긍정적인 효과를 주고 있다. ① 취득자에 경제적 후생을 증가시키고, ② 공평한 과세를 위해 필요하며, ③ 부의 분배를 수정하기 위한 수단이 되며, ④ 과세가 용이하고 전가하지 않는다.

증여세(gift tax)란 무상으로 아무런 대가없이 얻은 재산·소득에 대하여 부과되는 세금이다. 만약 증여에 대하여 과세를 하지 않고 상속의 경우에만 과세를 한다면 상속세부담을 줄이기 위하여 피상속인이 생존 시에 상속재산을 증여할 것이다. 따라서 증여세는 피상속인이 생존 시에 증여하는 재산에 대해서 과세하므로 상속세를 보완하는 효과를 지니고 있다. 증여세[90]는 자산이전의 누적총액에 부과되고 상속세와 마찬가지로 일정수준까지는 공제를 허용한 뒤에 누진세율로 부과된다.

2. 한국의 상속세[91]

1) 총론

(1) 재산의 무상이전에 따른 상속세 및 증여세 구분

① 귀속자에 따른 과세체계

귀속자에 따른 과세체계는 <표 4-35>와 같다.

---

90) 결혼 축의금은 증여세에 해당되는가? 1999년경 국회의원의 딸 모(某)씨가 서울 마포 세무서장을 상대로 낸
  「결혼 축의금에 대한 증여세 부과처분을 취소하라」며 서울 행정법원에 소송을 제기한 사례가 있었다.
91) 한국의 상속세 및 증여세는 1950. 3. 22 제정하여 2010. 2. 4 개정하였다

표 4-35 | **귀속자에 따른 과세체계**

무상이전의 원인	수증자	과세되는 세목
상속	개인	상속세
	비영리법인	상속세
	영리법인	법인세(자산수증이익)[92]
증여	개인	① 일반적인 경우 : 증여세 ② 사업과 관련된 경우: 소득세[93]
	비영리법인	증여세
	영리법인	법인세(자산수증이익)

② 법 형식 및 부의 무상이전 확신여부

법 형식 및 부의 무상이전 확신여부는 <표4-36>과 같다.

표 4-36 | **법 형식 및 부의 무상이전 확신여부**

구분		법 형식 및 무상이전 확신여부		적용하는 조세제도
생전에 이전	증 여		증여법 형식을 갖춘 경우	증여세 과세
		증여의 법 형식을 갖추지 않을 경우	부의 무상이전을 확신할 수 있는 경우	증여의제
			부의 무상이전을 확신할 수 없는 경우	증여추정
			다양한 우회로를 통한 경우	증여예시
사후에	상 속		상속의 법 형식을 갖춘 경우	상속재산과세
		상속의 법 형식을 갖추지 않을 경우	상속재산의 이전을 확신할 수 있는 경우	상속세 과세
			상속재산의 이전을 확신할 수 없는 경우	상속재산추정

---

92) 영리법인은 상속세 · 증여세 납부의무를 면제한다.

93) 증여재산에 대하여 수증자에게 소득세, 법인세가 과세되는 때에는 증여세를 부과하지 아니한다. 이 경우 소득세 · 법인세 및 소득세법 · 법인세법 · 지방세법 또는 다른 법률의 규정에 의하여 비과세 또는 감면되는 경우에도 또한 같다.

(2) 상속세 납부의무(상속세 및 증여세법 제3조)

① 상속인(상속 포기자 및 특별연고자 포함) · 수유자(사인증여의 수증자 포함)

- 상속세에 대하여 상속재산(상속재산에 가산하는 증여재산 중 상속인 또는 수유자가 받은 증여재산을 포함) 중 각자가 받았거나 받을 재산의 비율에 따라 상속세를 납부할 의무가 있다.

② 상속인별 상속세 부담비율

$$\text{상속세의 부담비율} = \frac{\text{상속인별 상속세 과세표준상당액}}{\text{상속세 과세표준 · 가산한 증재산중 상속인 · 수유자가 아닌 자에게 증여한 재산에 대한 과세표준}}$$

③ 상속인 등의 연대납세의무

상속세는 상속인 또는 수유자 각자가 받았거나 받을 재산을 한도로 연대하여 납부할 의무를 진다(상속 및 증여세법 제3조의 ③). 이 경우 각자가 받았거나 받을 재산이란 상속으로 인하여 얻은 재산총액에서 부채총액과 그 상속으로 인하여 부과되었거나 납부할 상속세를 공제한 가액을 말한다(상속 및 증여세법시행령 제2의 2조 ③).

(3) 유증과 사인증여에 대한 상속세 및 증여세법상 취급(상속 및 증여세법 1, 3)

유증과 사인증여에 대한 상속 및 증여세법상 취급은 <표 4-37>과 같다.

표 4-37 | **유증과 사인증여에 대한 상속세 및 증여세법상 취급**

구 분	개 념	세법상 취급
증여	당사자의 일방(증여자)이 자기의 재산을 무상으로 상대방(수증자)에게 준다는 의사를 표시하고 상대방이 이를 승낙함으로써 효력이 발생하는 계약	증여세 과세
유증	상대방없는 단독행위인 유언(유증자)에 의하여 유산의 전부 또는 일부를 무상으로 타인(수유자)에게 주는 행위	상속세 과세
사인증여	증여자의 생전에 증여계약이 이루어진 무상증여로서 그 효력은 증여자의 사망 후에 발생	
상속	사망하거나 또는 실종선고를 받은 자(피상속인)의 법률상의 지위를 일정한 자(상속인)들의 포괄적 승계	
증여채무	증여자와 수증자간에 증여계약을 체결하였으나 증여자가 수증자에게 재산을 실제로 이전하지 아니하여, 증여하기로 계약한 금액이 증여자의 부채로 존재하는 때의 그 증여할 채무, 즉 미이행 증여할 금액을 말한다. 증여채무는 이행하지 않은 것이어서 상속재산 상태로 존재하기 때문에 증여자(피상속인)의 사망 시 상속세가 과세되고, 차후 수증자(상속인)가 실제로 증여받으면 다시 증여세가 과세되어 이중과세되기 때문에, 이중과세를 방지하기 위하여 차후 수증 시 수증재산에서 제외하여 증여세를 과세하지 않고 상속재산으로만 취급한다.	
특별연고	상속인의 존부가 분명하지 않고 상속권을 주장하는 자가 없는 때에는 가정법원이 피상속인과 생계를 같이하고 있던 자, 피상속인 요양간호를 한 자 기타 피상속인과 특별연고가 있던 자에게 상속재산의 전부 또는 일부를 분여할 수 있는데(민법 제1057의2) 특별연고자라 한다.	

(4) 상속세와 과세관할(상속 및 증여세법 제6조)

상속세는 피 상속인의 주소지(주소가 없거나 분명하지 않는 경우 거소지를 말하며 이하 '상속개시지'라 한다)를 관할하는 세무서장 등이 과세한다. 다만 상속개시지가 국외인 때에는 국내에 있는 재산의 소재지를 관할하는 세무서장 등이 과세하고, 상속재산이 둘 이상의 세무서장 등의 관할구역 안에 있을 경우에는 주된 재산의 소재지를 관할하는 세무서장 등이 과세한다.

(5) 과세최저한

상속세의 과세표준이 50만 원 미만인 때에는 상속세를 부과하지 아니한다(상속 및 증여세법 25조 ②).

(6) 민법상의 상속순위

① 상속재산의 상속순서

상속재산 상속순위는 <1순위> 유언에 의한 상속, <2순위> 협의 분할에 의한 상속, < 3순위> 민법상 법정상속

② 민법상 법정상속순위

• 상속인 상속순위(민법 제1000조)

민법상 4촌 이내 방계혈족까지 상속인이 될 수 있으며 그 순서는 · 직계비속 · 직계존속 · 형제자매 · 4촌 이내 방계혈족이다. 이때 선순위 상속인 있는 후순위 상속인은 상속인이 될 수 없다. 동순위의 상속인이 수인인 때는 최근친 선순위로하고 동친(同親) 등의 상속인이 수인인 때에는 공동상속인이 된다. 태아는 상속순위에 관하여는 이미 출생한 것으로 본다.

• 배우자의 상속순위(민법 제1003조)

피상속인의 배우자는 직계비속 및 직계존속과 동순위로 공동상속인이 되고, 직계비속 및 직계비속이 없는 경우에는 단독상속인이 된다.

• 법적상속비율

상속인의 법적상속분은 균등하다. 다만, 배우자의 법적상속분은 직계비속이나 직계존속의 법정상속분에 50%를 가산한다.

③ '유류분'에 대한 민법규정

• 민법 제1112조(유류분의 권리자와 유류분)

상속인의 유류분은 다음 각 호에 의한다.

1. 피상속인의 직계비속은 그 법정상속분의 2분의 1
2. 피상속인의 배우자는 그 법정상속분의 2분의 1
3. 피상속인의 직계존속은 그 법정상속분의 3분의 1
4. 피상속인의 형제자매는 그 법정상속분의 3분의 1

• 민법 제1113조(유류분의 산정)

1. 유류분은 피상속인의 상속개시에 있어서 가진 재산가액에 증여재산의 가액을 가산하고 채무전액을 공제하여 이를 산정한다.

2. 조건부의 권리 또는 존속기간이 불확정한 권리는 가정법원이 선임한 감정인의 평가에 의하여 그 가격을 정한다.

- 민법 제1114조(산입될 증여)

증여는 상속개시 전의 1년간에 행한 것에 한하여 제1113조의 규정에 의하여 그 가액을 산정한다. 당사자 쌍방이 유류분 권리자에 손해를 가할 것을 알고 증여를 한 때는 1년 전에 한 것도 같다.

- 민법 제1115조(유류분의 보전)

1. 유류분 권리자가 피상속인의 제1114조에 규정한 증여 및 유증으로 인하여 그 유류분에 부족이 생긴 때에는 부족한 한도에서 그 재산의 반환을 청구할 수 있다.
2. 상기의 경우에 증여 및 유증을 받은 자가 수인인 때에는 각자가 얻은 유증가액의 비례로 반환하여야 한다.

- 민법 제1116조(반환의 순서)

증여에 대하여는, 유증을 반환받은 후가 아니면 이것을 청구할 수 없다.

- 민법 제1117조(소멸시효)

반환의 청구권은 유류분 권리자가 상속의 개시와 반환하여야 할 증여 또는 유증을 한 사실을 안 때로부터 1년 내에 하지 아니하면 시효에 의하여 소멸한다. 상속이 개시한 때로부터 10년을 경과한 때도 같다.

2) 총상속재산

총상속재산 = 본래상속재산 + 간주상속재산 + 추정상속재산

(1) 본래의 상속재산

<표 4-38>과 같이 상속개시일 현재 피상속인에게 귀속되는 재산으로서 금전으로 환가할 수 있는 경제적 가치가 있는 모든 물건과 재산적 가치가 있는 법률상 또는 사실상의 모든 권리를 말한다. 다만 상속재산 중 피상속인의 일신에 전속하는 것으로서 피상속인의 사망으로 인하여 소멸되는 것은 이를 제외한다(상속 및 증여세법 제7조 ①, ②).

표 4-38 | **피상속인 유형에 따른 과세범위**(상속 및 증여세법 1 ①)

구 분	상속세 과세대상
거주자가 사망한 경우	거주자의 모든 자산(유증재산, 사인증여재산 및 특별연고자 분여 재산포함)
비거주자가 사망한 경우	비거주자의 국내에 있는 모든 상속재산

주」 인정상여는 상속재산에 불포함

(2) 간주상속재산

간주상속재산은 <표 4-39>와 같다.

표 4-39 | **간주상속재산**

구 분	내 용
보험금 (상속 및 증여세법 제8조)	1) 피상속인의 사망으로 인하여 받는 생명보험 또는 손해보험의 보험금으로서 다음의 보험계약에 의해 받는 것 ① 피상속인이 보험계약자가 된 보험계약에 의하여 받는 것 ② 보험계약자가 피상속인 외의 자인 경우에는 피상속인이 실질적으로 보험료를 납부한 보험계약에 의해 받는 것 2) 상속재산으로 보는 보험금가액 $$보험금합계액 \times \frac{피상속인이 불입한 보험료}{불입된 보험료의 총합계액}$$
신탁재산 (상속 및 증여세법 제9조)	1) 피상속인이 신탁한 재산, 다만 타인이 신탁의 이익을 받을 권리를 소유하고 있는 경우에는 그 이익에 상당하는 가액은 제외 2) 피상속인이 신탁으로 인하여 타인으로부터 신탁이익을 받을 권리를 소유하고 있는 경우에는 당해 이익에 상당하는 가액
퇴직금 등 (상속 및 증여세법 제10조)	퇴직금·퇴직수당·공로금·연금 또는 이와 유사한 것이 피상속인의 사망으로 인하여 지급 되는 것 다만 다음에 해당되는 것은 제외한다. ① 국민연금법·공무원연금법·사립학교교직원연금법·군인연금법·산업재해보상보험법에 의하여 지급되는 유족연금·유족보상금·반환일시금·재해보상금 등 ② 근로자의 업무상 사망으로 인하여 근로기준법 등을 준용하여 사업자가 당해 근로자의 유족에게 지급하는 유족보상금·재해보상금 등

(3) 추정상속재산

① 추정상속재산의 범위(상속 및 증여세법 제15조 ①, ②)

추정상속재산의 범위는 <표 4-40>과 같다.

구분	추정상속재산의 범위
상속개시 전 처분재산	피상속인이 재산을 처분하여 받거나 피상속인의 재산에서 인출한 금액이 재산 종류별로 다음 금액 이상으로서 그 용도가 객관적으로 명백하지 아니한 금액 ① 상속개시일 전 1년 이내 : 2억 원 이상 ② 상속개시일전 2년 이내 : 5억 원 이상 〈재산종류별로 구분〉 ① 현금·예금 및 유가증권 ② 부동산 및 부동산에 관한 권리 ③ 기타 재산
상속개시 전 부담채무	피상속인이 부담한 채무의 합계액이 다음 금액 이상으로서 그 용도가 객관적으로 명백하지 아니한 금액 ① 상속 개시일 전 1년 이내 : 2억 원 이상 ② 상속 개시일 전 5년 이내 : 5억 원 이상

② 추정상속재산가액의 계산(상속 및 증여세법 제11조 ④)

재산처분액(재산 인출액) 및 채무부담액에서 용도가 입증된 금액을 제외한 금액으로 한다. 다만, 용도가 객관적으로 명백하지 아니한 금액이 재산처분액(또는 채무부담액)의 20%에 해당하는 금액과 2억 원 중 적은 금액에 미달하는 때에는 상속추정규정을 적용하지 아니한다.

추정상속재산가액 = 재산처분액·인출액 및 채무부담액 − 용도가 입증된 금액
 − Min(① 재산처분액 또는 채무부담액의 20%, ② 2억 원)

---

3) 상속세 과세가액

상속세 과세가액 = 총상속재산 − 비과세재산 − 불산입재산 − 과세가액공제 + 증여재산가산액

---

(1) 비과세 상속재산(상속 및 증여세법 제12조)

① 국가·지방자치단체·공공단체에 유증 등을 한 재산

② 문화재보호법 규정에 의한 국가지정문화재 및 시·도 지정문화재와 동법의 규정에 의한 보호구역 안의 당해 문화재가 속하여 있는 토지

③ 분묘에 속한 금양임야(9,900㎡ 이내)와 분묘에 속한 묘토의 농지(1,980㎡ 이내), 족보 및 제구, 단 금양임야 및 묘토는 2억 원을 한도로 한다.

④ 정당법에 따른 정당에 유증·사인증여한 재산

⑤ 사내근로복지기금·근로복지진흥기금에 유증·사인증여한 재산

⑥ 사회통념상 인정되는 이재구호 금품·치료비·불우환자를 돕기 위하여 유증한 재산

⑦ 상속인이 상속세 신고기한(상속개시일이 속하는 달의 말일부터 6개월 이내) 이내에 국가·지방자치단체 또는 공공단체에 증여한 재산

(2) 과세가액 불산입재산 : 공익을 목적으로 출연한 재산 또는 공익신탁재산

(3) 과세가액 공제

🔻 피상속인이 거주자인 경우

① 공과금 : 상속인에게 승계된 피상속인의 조세·공공요금 등

② 장례비용 : 장례에 소요된 묘지 구입비 등을 다음의 구분에 따라 공제한다.

 - 500만 원 미만 : 500만 원

 - 500만 원 이상 ~ 1천만 원 이하 : 전액

 - 1천만 원 초과 : 1천만 원

  단, 봉안시설 사용에 소요된 금액 500만 원 추가공제

③ 채무 : 국가·지방자치단체·금융기관 등에 대한 채무로서 상속개시일 현재 피상속인이 부담할 것으로 확정된 것

🔻 피상속인이 비거주자인 경우

비거주자의 사망으로 인하여 상속이 개시되는 경우에는 다음의 공과금·채무를 상속재산가액에서 공제한다(상속 및 증여세법 제14조의 ②) 비거주자인 경우 장례비는 공제되지 아니한다.

① 당해 상속재산에 관한 공과금

② 당해 상속재산을 목적으로 하는 유치권·질권·전세권·임차권(사실상 임대차계약이 체결된 경우 포함)·양도담보권 또는 저당권으로 담보된 채무

③ 피상속인의 사망 당시 국내사업장이 있는 경우로서 비치·기장한 장부에 의하여 확인되는 사업장의 공과금·채무

4) 상속세 과세표준

(1) 상속공제

상속세 과세표준 계산 시 과세가액에서 공제되는 상속공제는 <표4-41>과 같다. 다만,
비거주자의 사망으로 인한 상속의 경우에는 상속공제 중 기초공제만 적용한다.

> 상속공제 = 기초공제 + 인적공제 + 일괄공제 + 가업상속공제 + 영농상속공제 + 금융재산 상속공제 + 재
> 해손실공제 + 동거주택상속공제

표 4-41 | **상속공제내역**(상속세 및 증여세법 제18조~제23조 2)

구분	항목	공제내용	한도
기초공제		2억 원	
인적공제	– 배우자상속공제 – 자녀공제 – 미성년자공제 – 연로자공제 – 장애인공제	법정상속지분 내 실제상속받은 가액 1인당 3,000만 원 500만 원 × 20세까지의 잔여연수 1인당 3,000만 원 500만 원 × 75세까지의 잔여연수	최소 5억 원, 30억 원 한도
일괄공제		5억 원	
가업상속공제	가업상속재산가액 – 2억 원 이하 – 2억 원 ~ 10억 원 – 10억 원 초과	가업상속재산가액 2억 원 Min(가업상속재산 × 40%, 최대 100억 원)	최대 100억 원 (가업영위기간에 따라 차등적용)
영농상속공제		영농상속재산가액	2억 원
금융재산 상속공제	순금융재산가액이 – 2,000만 원 이하 – 2,000만 원~1억 원 – 1억 원 초과	순금융자산 = (금융재산 – 금융부채)전액 2,000만 원 순금융재산가액 × 20%	2억 원
재해손실공제	신고기한 이내에 화재·폭발·자연재해 등으로 인하여 상속재산이 멸실·훼손된 경우 당해 손실가액을 상속세 과세가액에서 공제		
동거주택상속공제	피상속인과 10년 이상 계속하여 동거한 주택을 1세대 1주택자인 상속인이 상속받는 경우 주택가액의 40%를 5억 원 한도 내에서 공제		

주 : 기초공제 + 인적공제(배우자상속공제는 제외)와 일괄공제 중 선택

(2) 상속공제의 적용

<표 4-42>와 같이 상속공제 중 기초공제와 기타 인적공제(배우자상속공제 제외, 항목별공제)에 갈음하여 일괄공제(5억 원)를 적용받을 수 있다. 일괄공제를 적용하는 경우에는 가업상속공제, 영농상속공제, 금융재산상속공제, 재해손실공제, 동거주택상속공제는 별도로 적용된다.

표 4-42 | **상속공제적용**

구 분	일괄공제 또는 항목별 공제적용
1) 신고기간 내 신고하는 경우	일괄공제 또는 항목별 공제를 납세의무자가 선택하여 적용
2) 무신고의 경우	일괄공제(5억 원)만 적용
3) 배우자 단독상속의 경우	항목별 공제만 적용

(3) 공제적용한도(상속 및 증여세법 제24조)

상속공제는 상속세 과세액에서 다음 각 호의 어느 하나에 해당하는 가액을 뺀 금액을 한도로 한다.

> 상속공제한도 = 상속세 과세가액 −
> 1. 상속인 외의 자에 대한 유증 · 사인증여 재산가액
> 2. 상속세 과세가액에 가산한 증여재산가액[94]
> 3. 상속인의 상속포기로 그 다음 순위의 상속인이 상속받은 재산가액

(4) 감정평가수수료 공제

상속세를 신고 · 납부하기 위하여 상속재산을 평가하는데 소요되는 감정평가 수수료는 과세가액에서 공제한다. 다만, 그 평가된 가액으로 상속세를 신고 · 납부하는 경우에 한한다(상속 및 증여세법 제25조 ①, ②, 제20조의 2).

> Min(①, ②) = ① [감정평가법인의 평가에 따른 수수료(상속세 납부목적용에 한함)
> 한도 : 500만 원] + 신용평가전문기관에 의한 비상장주식의 평가에 따른 수수료
> ② 1,000만 원

---

94) 증여재산가액에서 증여재산공제와 재해손실공제로 공제받은 금액을 차감한 가액으로 한다.

5) 상속세 산출세액

상속세 산출세액 = 상속세 과세표준 × 세율

(1) 상속세율

상속세 산출세액은 상속세 과세표준에 <표 4-43>의 세율을 적용하여 계산한다(상속 및 증여세법시행령 제26조).

표 4-43 | **상속세율표**

과세표준	세 율
1억 원 이하	과세표준의 10%
1억 원 초과 ~ 5억 원 이하	1천만 원 + 1억 원 초과액의 20%
5억 원 초과 ~ 10억 원 이하	9천만 원 + 5억 원 초과액의 30%
10억 원 초과 ~ 30억 원 이하	2억 4천만 원 + 10억 원 초과액의 40%
30억 원 초과	10억 4천만 원 + 30억 원 초과액의 50%

(2) 세대생략상속(세대유월(逾越)상속)에 대한 할증과세

상속인 또는 수유자가 피상속인의 자녀를 제외한 직계비속인 경우에는 상속세 산출세액에 다음 금액을 가산한다. 다만, 대습상속의 경우에는 그러하지 아니한다(상속 및 증여세법 제27조).

$$할증세액 = 상속세산출세액 \times \frac{세대를\ 건너뛴\ 상속재산}{총상속재산가액 + 상속인 \cdot 수유자에\ 대한\ 증여재산가액} \times 30\%$$

6) 상속세 과세체계

① 상속재산가액

- 상속재산 → 본래의 상속재산, 간주상속재산, 추정상속재산

- • (−) 과세제외자산 → 비과세 재산, 과세가액불산입재산

② 상속세 과세가액

- • (−) 공과금, 장례비용, 채무
- • 상속과세가액 + 사전증여재산 가산액

③ 과세표준계산

- • (−) 상속공제 등 → 기초공제, 배우자상속공제, 인적공제 및 일괄공제,
금융재산상속공제, 재해손실공제, 동거주택상속공제, 감정평가수수료
- • 상속세 과세표준

④ 산출세액계산

- • (×) 세율
- • 상속세산출세액 + 세대생략상속 할증세액

⑤ 결정세액계산

- • (−) 기납부증여세액공제, 외국납부세액공제, 단기재상속세액공제, 문화재 등 징수유
예세액, 신고세액공제
- • (신고)결정세액 + 신고 · 납부불성실가산세

⑥ 총결정세액계산

- • 총결정세액 − 연부연납, 물납(분납)세액 = 고지세액

6) 신고 · 납부세액

(1) 계산구조

상속세산출세액(−) 세액공제 (−) 문화재 등 징수유예세액 (−) 가산세 = 신고납부세액
[증여세액공제 · 외국납부세액공제 · 단기 재상속 세액공제 · 신고세액공제 · 문화재자료 · 박물관자료 · 미술관자료에 대한 상속세액 신고불성실가산세 · 납부불성실가산세 상속개시일이 속하는 달의 말일부터 6개월 이내 신고 · 납부]

(2) 세액공제

▼ 증여세액공제

① 수증자가 상속인·수유자[95]가 아닌 경우

상속재산에 가산한 증여재산에 대한 증여세액을 상속세 산출세액에서 공제한다.

> Min (① 증여세산출세액
>
> ② (한도액)상속세산출세액 × $\dfrac{\text{가산한 증여재산의 증여세과세표준}}{\text{총상속재산(가산한 증여재산포함)의 상속세과세표준여재산가액}}$
>
> 단, 할증세액은 제외한다.

② 수증자가 상속인 또는 수유자인 경우

상속재산에 가산한 증여재산에 대한 증여세액을 각자가 납부할 상속세액에서 공제한다.

> Min(① 증여세산출세액
>
> ② (한도액)상속세산출세액 × $\dfrac{\text{가산한 증여재산의 증여세과세표준}}{\text{각자의 상속세 과세표준}}$

▼ 외국납부세액공제

외국에 있는 상속재산에 대하여 외국의 법령에 의하여 상속세가 부과될 경우에 다음의 금액을 상속세 산출세액에서 공제한다(상속 및 증여세법 제29조, 동법 시행령 제21조)

> 외국납부세액공제 =
>
> Min(① 외국에서 부과된 상속세액
>
> ② 상속세액산출세액 × $\dfrac{\text{외국법령에 의한 상속세과세표준}}{\text{상속세과세표준}}$

---

95) 수유자(受遺者)란 유증(遺贈) 또는 사인증여(死因贈與)를 받은 자를 말하며, 상속세 납부의무가 있다. 그런데 상속세 납부의무가 있는 자는 상속인과 수유자이다. 그런데 상속인 또는 수유자에 해당하지 아니하는 자가 상속개시 5년 이내 증여받은 금액이 있는 경우에도 당해금액을 상속재산에 가산하여 상속세를 산출하는바, 이 경우 그 증여를 받은 자들은 상속세 납부의무가 없으므로 개별적으로 계산하지 않고 전체 금액을 산출하고, 상속인 및 수유자인 경우에는 상속세 납부의무가 있으므로 각인별로 산출한다. 상속세 과세가액에 가산하는 증여재산에 대하여 재척기간 만료로 인하여 증여세가 부과되지 않는 경우에는 이러한 증여세액공제를 적용하지 않는다(상속 및 증여세법 제28조 ① 단서).

▼ 단기재상속세액공제

① 산식

$$\text{전의상속세산출세액} \times \frac{\text{재상속분의 재산가액} \times \dfrac{\text{전의상속세과세가액}}{\text{전의상속세과세가액}}}{\text{전의상속세과세가액}} \times \text{공제율}$$

주〉 재상속분의 재산가액은 전의 상속재산가액에서 전의 상속세 상당액을 차감한 것을 말한다.

주〉 재상속분의 재산가액에 대한 전의상속세과세가액 상당액이 당해재산에 대한 전의상속세과세가액 상당액을 초과하는 경우 그 초과하는 금액은 없는 것으로 한다(상증통 30 – 11 – 1).

② 공제율

공제율은 <표 4–44>와 같다.

표 4–44 | **공제율**

재상속기간	1년 이내	2년 이내	3년 이내	4년 이내	5년 이내	6년 이내	7년 이내	8년 이내	9년 이내	10년 이내
공제율(%)	100	90	80	70	60	50	40	30	20	10

③ 신고세액공제

상속세 신고기한 이내에 과세표준신고를 한 경우에는 상속세산출세액에서 다음의 공제액을 선택한다(상속 및 증여세법 제69조 ①). 이는 세액을 납부하지 않을 경우에도 적용한다.

신고세액공제 = (상속세 산출세액(할증세액포함) – 문화재자료 등 징수유예세액 – 공제·감면세액) × 10%

7) 상속세 신고와 납부

(1) 신고·납부절차

▼ 신고기한

상속세 과세표준과 세액신고는 상속개시일이 속하는 달의 말일부터 6월 이내에 납세지(상속개시지)의 관할 세무서장에게 신고하여야 한다. 이 기간 내에 신고하는 경우에 한하여 신고세액공제가 적용된다.

▼ 납부기한

① 원칙 : 상속세는 신고기간 이내에 납부하여야 한다.

② 세액의 분납

상속세의 납부할 세액이 1천만 원을 초과하는 경우 납부할 세액이 2천만 원 이하인 때에는 1천만 원을 초과하는 금액을 납부할 세액이 2천만 원을 초과하는 때에는 그 세액의 50% 이하의 금액을, 납부기한 경과 후 45일 이내에 분납할 수 있다. 다만, 연부납부의 허가를 받은 경우에는 그러하지 아니한다.

③ 연부납부

• 의의

상속세 또는 증여세 납부세액이 1천만 원을 초과하는 경우에는 납세지 관할 세무서장은 납세의무자의 신청을 받아 연부연납을 허가할 수 있다. 이 경우 납세 의무자는 담보를 제공하여야 한다(상속 및 증여세법 제71조 ①).

• 연부납부기간

연부납부기간은 연부납부허가를 받은 날부터 3년 이내로 한다. 다만, 상속세의 연부연납에 있어서 가업상속재산의 경우에는 5년 이내로 하되 상속기간 중 가업상속재산의 비율이 50% 이상인 경우에는 15년 이내로 한다(상속 및 증여세법 제71조 ①).

• 연부납부 시 납부금액

연부연납하는 경우에는 <표 4-45>에 의한다(상속 및 증여세법시행령 제68조 ①).

표 4-45 | **연부납부 시 납부금액**

연부납부기간	3년	5년	15년
신고납부기한 또는 고지서상의 납부기한까지 납부한 금액	납부세액 $\times \dfrac{1}{4}$	납부세액 $\times \dfrac{1}{6}$	납부세액 $\times \dfrac{1}{16}$
신고납부기한 경과 후 연부연납기간 매년 납부할 금액	$\dfrac{잔액}{연부연납기간}$	$\dfrac{잔액}{연부연납기간}$	$\dfrac{잔액}{연부연납기간}$

• 연부연납가산금

연부연납 허가를 받은 자가 각 회분의 분납세액에 다음의 금액을 가산하여 납부하여야
한다(상속 및 증여세법 제72조).

- 처음 분납세액을 납부할 때 : 연부연납총세액 × 이자율 × 일수(신고기한 또는 고지서에
  의한 납부기한 다음 날부터 당해 분납세액 납부기한까지의 일수)
- 그 후 분납세액 납부할 때 : (연부연납 총세액 – 직전까지 납부한 세액) × 이자율 × 일수(직
  전회분납세액 납부기한 다음 날부터 당해 분납기한까지의 일수)

▼ 납부방법

• 원칙 : 상속세는 금전으로 납부함을 원칙으로 한다.

• 물납

첫째, 상속세 또는 증여세는 금전으로 납부하는 것이 원칙이나 상속재산 또는 증여재산
이 금전이외의 부동산, 유가증권 등이 포함된 경우 환가에 따른 어려움을 완화하기 위하여
상속세 또는 증여세를 금전 이외의 상속재산 또는 증여재산으로 납부할 수 있도록 하는 제
도이다.

둘째, 물납요건은 상속 · 증여재산 중 부동산과 유가증권의 가액이 당해 재산가액의 1/2
을 초과하고 상속세 · 증여세 납부세액이 1천만 원을 초과하는 경우에는 관할 세무서장은
납세의무자의 신청을 받아 당해부동산과 유가증권으로 물납을 허가할 수 있다(상속 및 증여세
법 제73조의 ①).

다만 물납 신청한 재산의 관리 · 처분이 부적당하다고 인정하는 경우에는 물납허가를 하
지 아니하거나 관리 · 처분이 가능한 다른 물납대상 자산으로 변경을 명할 수 있다(상속 및 증
여세법 제73조 ①, 동법 시행령 제71조, 제72조).

셋째, 물납에 충당할 수 있는 재산의 범위는 국내에 소재하는 부동산과 국채 · 공채 · 주
권, 국내법인이 발행한 채권 · 증권 · 시행규칙이 정하는 유가증권. 단, 다른 상속재산이 없
는 경우와 최초로 상장 · 등록함으로써 물납허가통지서 발송일 전일 현재 처분이 제한된 경
우를 제외하고는 상장된 것과 협회에 등록된 것을 제외한다.

넷째, 물납의 수납가액은 원칙적으로 상속재산가액 또는 증여재산가액으로 한다.

다만, 물납에 충당할 유가증권의 가액이 평가기준일부터 물납허가 통지서 발송일 전일까
지의 기간 중 유가증권을 발행한 법인이 부도, 파산 등으로 인하여 평가기준일 현재의 가액에

비해 50% 이상 하락한 경우에는 물납허가통지서 발송일 전일 현재를 기준으로 평가한 가액. 다만, 상속 또는 증여 받은 다른 재산의 가액으로도 물납신청세액에 미달하는 경우에는 당해 미달하는 세액을 물납 신청한 유가증권의 전체평가액에 가산한다(상속 및 증여세법 제75조의 ③).

한편 연부연납세액에 대한 각 회분의 분납세액은 물납허가통지서 발송일 전일 현재를 기준으로 당초 상속·증여 재산평가방법에 따라 평가한 금액으로 한다.

(2) 상속세 납세의무자별 상속세 부담세액 산출

▼ 상속세 납세의무자별 상속세 부담비율

상속세는 상속세납세의무자가 상속재산 중 각자가 받았거나 받을 재산을 기준으로 계산한 비율에 따라 부담한다(상속 및 증여세법 제3조).

이 경우 상속세 납부의무자별 상속세부담비율은 다음 산식에 의하여 산출한다(상속 및 증여세법시행령 제2조 2).

$$
각자의\ 부담비율 = \frac{상속인(수유자)별\ 과세표준상당액}{상속인(수유자)별\ 과세표준상당액}
$$

이 경우 [상속인(수유자)별 과세표준 상당액]은 다음 산식에 의하여 산출한다.

상속인(수유자)별 과세표준상당액 = ① + ②
① 상속인(수유자)별 증여재산가액의 증여세 과세표준
② (상속세과세표준 − 증여세과세표준)

$$
\times\ \frac{상속인별\ 상속세과세가액 − 상속인별\ 증여재산가액}{상속세과세가액 − 증여재산가액}
$$

▼ 상속세납부의무자별 상속세분배과정

상속세납세의무자별 상속세는 다음과 같이 분배한다.

① 분배대상상속세액의 계산 : 상속세산출세액에서 상속세납부의무가 있는 자 외의 자에 대한 증여세액 공제액을 차감한 후의 금액을 산출하여 분배 대상액으로 한다. 이 경우 상속세납부의무가 있는 자 외의 자라 함은 상속개시 전 5년 이내에 증여를 받은 자로

서 상속세납부의무가 없는 자(상속인 또는 수유자가 아닌 자)를 말한다.

상속인 또는 수유자가 아닌 자는 비록 그 증여받은 재산이 상속재산에 포함되더라도 상속세 납부의무가 없으므로 그들에 대한 증여세액공제액을 차감한 후의 잔액을 상속세 납부의무가 있는 자에게 분배하기 위하여 그들의 증여세액 공제액을 차감한 것이다.

② 상속인 및 수유자별 과세표준 상당액의 계산과 분배비율의 산출 : 위 ①항의 산식에 의하여 상속인 및 수유자별 과세표준 상당액을 산출하여 각 상속인 및 수유자별 분배비율을 산출한다.

③ 상속세액의 분배 : 각 상속인 및 수유자별로 세액을 산출하여 이를 분배한 후 신고 납부세액을 산출한다. 즉 신고납부세액은 각 상속세 납부의무자별로 산출한다.

3. 한국의 증여세

1) 총론

(1) 증여의 개념

증여라 함은 그 행위 또는 거래의 명칭 · 형식 · 목적 등에 불구하고 경제적 가치를 계산할 수 있는 유형 · 무형의 재산을 타인에게 직접 또는 간접적인 방법에 의하여 무상으로 이전(현저히 저렴한 대가로 이전하는 경우 포함)하는 것 또는 기여에 의하여 타인의 재산 가치를 증가시키는 것을 말한다(상속 및 증여세법 제2조 ③, ④).

(2) 수증인별 증여재산의 과세범위

수증인별 증여재산의 과세범위는 <표 4-46>과 같다.

표 4-46 | **수증인별 증여재산의 과세범위**

구 분	과세범위
(1) 거주자(국내 비영리법인 포함)	국내의 모든 증여재산(무제한 납세의무)
(2) 비거주자(외국 비영리법인 포함)	국내에 있는 모든 증여재산(제한납세의무)

한편, 증여재산에 대하여 소득세법에 의하여 수증자에게 소득세가 부과되거나 법인세법에 의하여 수증자에게 법인세가 부과되는 때에는 증여세를 부과하지 않는다. 소득세, 법인세가 소득세법, 법인세법 또는 다른 법률의 규정에 의하여 비과세 또는 감면되는 경우에도 또한 같다(상속 및 증여세법 제2조 ②).

(3) 증여세 납세의무자

① 본래의 납세자 : 수증자
② 증여자의 연대납부의무 : 증여자는 수증자가 다음의 어느 하나에 해당하는 경우에는 수증자가 납부할 증여세에 대해 연대하여 납부의무를 진다.
  - 주소 또는 거소가 분명하지 않는 경우로서 조세채권 확보가 곤란한 경우
  - 증여세를 납부할 능력이 없다고 인정되는 경우로서 체납처분을 하여도 조세채권 확보가 곤란한 경우

2) 증여세 과세가액

(1) 증여재산의 범위

금전으로 환가할 수 없는 경제적 가치가 있는 모든 물건과 재산적 가치가 있는 법률상·사실상의 모든 권리이다.
  • 행위 또는 거래의 명칭·형식·목적에 불구하고 타인으로부터 재산의 직·간접 무상 이전(저렴한 대가에 의한 이전 포함), 타인의 재산가치를 증가시키는 것에 증여세 과세

① 일반적 증여예시
  • 신탁이익의 증여
    - 신탁계약에 따라 위탁자가 타인을 신탁의 이익을 받을 수익자로 지정하는 경우 그 신탁의 이익을 받을 권리의 가액을 수익자의 증여재산가액으로 한다.

  • 보험금의 증여
    - 생명보험 또는 손해보험에 있어서 보험금 수취인과 보험료 불입자가 다른 경우 보험금 상당액을 보험금 수취인의 증여재산가액으로 한다.

- <표 4-47>및 <표 4-48>과 같이 고 · 저가 양도에 따른 이익의 증여(상속 및 증여세법 제35조)

표 4-47 | **특수관계자 간 고 · 저가 양도**

구분	수증자	과세요건	증여재산가액
저가양수	양수자	(시가 – 대가)가 시가의 30% 이상 또는 3억 원 이상	(시가 – 대가) – Min(시가 × 30%, 3억 원)
고가양도	양도자	(대가 – 시가)가 시가의 30% 이상 또는 3억 원 이상	(대가 – 시가) – Min(시가 × 30%, 3억 원)

표 4-48 | **특수관계자 외의 자 간 고 · 저가 양도**

구 분	수증자	과세요건	증여재산가액
저가양수	양수자	(시가 – 대가)가 시가의 30% 이상	(시가 – 대가) – 3억 원
고가양도	양도자	(대가 – 시가)가 시가의 30% 이상	(대가 – 시가) – 3억 원

- 채무면제 등에 따른 증여(상속 및 증여세법 제36조)
  - 채권자로부터 채무의 면제를 받거나 제3자로부터 채무의 인수 또는 변제를 받은 경우 그 면제 · 인수 또는 변제로 인한 이익에 상당하는 금액을 그 이익을 얻은 자의 증여재산가액으로 한다.

- 부동산 무상사용에 따른 이익의 증여(상속 및 증여세법 제37조)
  - 특수관계자의 부동산을 무상으로 사용함에 따라 이익을 얻은 경우 다음의 금액을 증여재산가액으로 한다.

  - 부동산 무상 사용이익 = $\sum_{n=1}^{5} \dfrac{\text{각 연도 부동산무상사용이익}}{(1 + 10\%)^n}$

각 연도 부동산무상사용이익 = 부동산가액 × 연간사용요율(2%)

- 금전 무상대출 등에 따른 이익의 증여(상속 및 증여세법 제41조 4)
  - 특수관계에 있는 자로부터 1억 원 이상의 금전을 무상 또는 적정이자율보다 낮은 이자율로 대출받은 경우에는 그 금전을 대출받은 날에 다음의 금액을 대출받은 자의 증여재산가액으로 한다.
  - 증여재산가액 = 대출금액 × 적정이자율 – 실제 지급한 이자상당액

② 자본거래 관련 증여예시

- 증자 시의 증여
  - 저가발행 실권주의 재배정 · 불배정
  - 고가발행 실권주의 재배정 · 불배정
  - 고 · 저가 발행 신주의 불균등배정
  - 현물출자 시 증여

- 전환사채 등에 대한 증여
  - 전환사채 등을 인수 · 취득함으로써 이익을 얻는 경우
  - 전환사채 등을 주식으로 전환하거나 양도함으로써 이익을 얻는 경우

- 합병 시의 증여
- 감자 시의 증여
- 특정법인을 통한 이익의 증여
- 상장 시 증여
- 합병에 따른 상장시 증여

③ 기타 증여

- 예시된 증여 외에 이익을 얻은 경우 증여
- 미성년자 등 자신의 계산으로 행위를 할 수 없다고 인정되는 자의 재산가치 증가에 대한 증여

(2) 증여 추정

① 배우자 등에 대한 양도 시 증여 추정(상속 및 증여세법 제44조)

- 배우자 또는 직계존비속에게 양도하는 경우 및 특수 관계자에게 양도한 재산을 특수관계자가 3년 이내에 당초 양도자의 배우자 또는 직계존비속에게 양도한 경우 배우자 등이 증여받는 것으로 추정한다.
- 다만, 양도한 사실이 명백한 경우는 제외한다.

② 재산 취득자금 등의 증여 추정(상속 및 증여세법 제45조)

- 직업연령 · 소득 및 재산 상태 등으로 보아 재산을 자력으로 취득하였다고 인정하기 어려운 경우로서 자금출처로 입증된 금액이 취득재산가액에 미달하는 경우 해당 재산의 취득자금을 그 재산의 취득자가 증여받은 것으로 추정한다.
- 다만, 입증되지 아니하는 금액이 취득재산가액의 20%와 2억 원 중 적은 금액에 미달하는 경우는 제외한다.

(3) 명의신탁재산의 증여 의제(상속 및 증여세법 제45조 2)

- 권리의 이전이나 그 행사에 등기 등(등기 · 등록 · 명의개서 등)을 요하는 재산(토지와 건물은 제외)에 있어서 실제소유자와 명의자가 다른 경우에는 그 명의자로 등기 등을 한 날에 그 재산의 가액을 그 명의자가 실제소유자로부터 증여받은 것으로 본다.

(4) 증여세 납세의무 성립시기

<표 4-49>와 같이 증여세 납세의무는 증여에 의하여 재산을 취득하는 때에 성립한다.

표 4-49 | **증여세 납세의무 성립시기**

	구분	취득시기
원칙	① 권리이전이나 그 행사에 등기 · 등록을 요하는 재산	등기 · 등록일. 단, 상속 · 판결 · 경매 등에 의한 취득으로서 민법규정에 의하여 등기를 요하지 아니하는 부동산의 취득에 대하여는 소유권을 취득한 날
	② 건물을 신축하여 증여할 목적으로 수증자 명의로 건축허가를 받거나 신고를 하여 완성한 경우 ③ 건물을 증여할 목적으로 수증자 명의로 분양권을 건설사업자로부터 취득하였거나 분양권을 타인으로부터 취득한 경우	사용승인서 교부일. 단, 사용승인 전에 사실상 사용하거나 임시사용승인을 얻은 경우에는 그 사실상 사용일 또는 임시 사용 승인일로 하고 무허가의 경우는 사실상의 사용일
	④ 위 ①, ②, ③ 외의 경우	인도일 또는 사실상 사용일
예외	주식 · 출자지분	인도받은 사실이 객관적으로 확인되는 날. 단 인도받은 날이 불분명하거나 인도받기 전에 명의개서를 한 경우에는 그 명의개서일
	무기명채권	취득한 사실이 객관적으로 확인되는 날. 단, 그 취득사실이 불분명한 경우에는 취득자의 이자지급청구일 또는 채권상환청구일

(5) 증여세의 과세관할

● 원칙 : 수증자의 주소

증여세는 수증자의 주소지(주소지가 없거나 분명하지 아니한 경우에는 거소지)를 관할하는 세무
서장 등이 과세한다.

● 예외 : 증여자의 주소지 또는 증여재산의 소재지

① 증여자의 주소지 : 수증자가 비거주자인 경우 또는 수증자의 주소 및 거소가 분명하지
아니한 경우에는 증여자를 관할하는 세무서장이 과세한다.
② 증여재산의 소재지 : 수증자와 증여자 모두 비거주자인 경우 또는 수증자 및 증여자의
주소 및 거소가 분명하지 아니한 경우에는 증여재산의 소재지를 관할하는 세무서장
등이 과세한다.

(6) 과세최저한

증여세 과세표준이 50만 원 미만인 경우 증여세를 부과하지 아니한다.

(7) 비과세 증여재산

다음에 해당하는 증여재산에 대해서는 증여세를 부과하지 아니한다(상속 및 증여세법 제46조).
① 국가 · 지방자치단체로부터 증여받은 재산가액
② 내국법인의 종업원으로서 우리사주조합에 가입한 자가 당해 법인의 주식을 우리사주
조합을 통하여 취득한 경우로서 그 조합원이 소액주주기준에 해당하는 경우 그 주식
의 취득가액과 시가와의 차액으로 인하여 받은 이익에 상당하는 가액
③ 정당법에 다른 정당이 증여받은 재산의 가액
④ 사내근로복지기금법 규정에 의한 사내근로복지기금 · 중소기업근로자복지진흥법의
규정에 의한 근로복지진흥기금으로부터 증여받은 재산가액
⑤ 사회통념상 인정되는 이재구호금품 · 치료비
⑥ 민법상 부양의무자 상호간의 생활비 · 교육비로서 통상 필요다고 인정되는 금품
⑦ 학자금 · 장학금 · 기타 이와 유사한 금품
⑧ 기념품 · 축하금 · 부의금 · 혼수용품 · 기타 이와 유사한 금품으로서 통상 필요하다고
인정하는 금품

⑨ 타인으로부터 기증받아 외국에서 국내에 반입된 물품으로서 당해 물품의 관세과세가
　　액이 100만 원 미만인 물품

⑩ 무주택근로자가 연면적 85㎡ 이하인 주택(5배 이내의 부수토지 포함)을 취득·임차하기
　　위하여 사내근로복지기금으로부터 증여받은 주택취득보조금 중 주택취득가액의 5%
　　이하 또는 주택임차보조금 중 전세가액의 10% 이하의 금액

⑪ 신용보증기금법에 의하여 설립된 신용보증기금·신기술사업 금융지원에 관한 법률에
　　의한 기술신용보증기금 기타 유사한 단체가 증여받은 재산가액

⑫ 국가·지방자치단체 또는 공공단체가 증여받은 재산가액

⑬ 장애인을 보험금 수취인으로 하는 보험으로서 장애인 및 상이자를 수익자로 한 보험
　　의 보험금(연간 4천만 원 한도)

(8) 증여세과세가액 불산입액

① 공익법인 등이 출연받은 재산

공익법인 등이 출연받은 재산가액은 증여세과세가액에 산입하지 않는다(상속 및 증여세법
제48조).

② 공익신탁을 통한 공익법인출연재산

증여재산 중 증여자가 공익신탁(종교·자선 학술 기타 공익을 목적으로 하는 신탁을 말한다)을 통하여 공
익법인 등에 출연하는 재산의 가액도 증여세과세가액에 산입하지 않는다(상속 및 증여세법 제52조).

③ 장애인이 증여받은 재산

장애인이 그의 직계존비속과 친족으로부터 재산(신탁업법에 의한 신탁회사에 신탁이 가능한 재
산으로 금전·유가증권 또는 부동산을 말한다)을 증여 받은 경우로서 증여세 과세표준 신고기한이
내에 다음의 요건을 모두 갖춘 때에는 당해 증여받은 재산가액(당해 장애인이 생존기간 동안 증
여받은 재산가액의 합계를 말하며, 5억 원을 한도로 한다)은 이를 증여세과세가액에 산입하지 아니
한다(상속 및 증여세법 제52조의 2).

- 증여받은 재산의 전부를 신탁업법에 의한 신탁회사에 신탁할 것
- 당해 장애인이 신탁의 이익의 전부를 받은 수익자일 것
- 신탁기간이 당해 장애인이 사망할 때까지로 되어 있을 것(신탁기간이 장애인의 사망 전에 만
　료되는 경우에는 신탁기간을 장애인이 사망할 때까지 계속 연장하여야 한다)

(9) 부담부증여 시 채무인수액 과세구분

부담증여 시 채무인수액 과세구분은 <표 4-50>과 같다.

표 4-50 | **부담무증여 시 채무인수액 과세구분**

구 분	채무인수부문	채무인수 외 부문
원 칙	증여세 과세가액 계산 시 차감 → 양도소득세 과세(유상양도로 본다)	증여세과세
배우자 직계존비속 간	① 채무인수 입증 → 양도소득세 과세 ② 채무인수불분명 → 증여세과세	증여세과세

① 원칙

부담부 증여의 경우에는 당해 증여재산가액에서 수증자가 인수·부담한 채무액을 공제한 가액을 증여세 과세가액으로 한다.

② 배우자·직계존비속간의 부담부 증여 특례(상속 및 증여세법 제47조 ③)

배우자 간 또는 직계존비속 간의 부담부 증여에 대하여는 수증자가 증여자의 채무를 인수한 경우에도 당해 채무액은 인수되지 아니한 것으로 추정된다. 다만, 다음과 같이 객관적으로 인정되는 채무는 그러하지 아니한다.

- 국가·지방자치단체·금융기관에 대한 채무로서 당해 기관에 대한 채무임을 확인할 수 있는 서류로 입증되는 채무
- 기타 개인 채무로서 채무부담계약서·채권자확인서·담보 및 이자지급에 관한 증빙 등의 서류로 입증되는 채무

(10) 합산대상 증여재산가액

① 원칙

증여세는 증여가 있을 때마다 증여자별·수증자별로 과세가액을 계산하여 과세한다.

② 재차증여 합산과세

동일인(직계존속의 경우에는 배우자 포함)으로부터 10년(1998년 12월 31일 이전 증여분은 5년) 이내에 증여받은 증여재산가액의 합계액이 1천만 원 이상인 경우에는 그 증여의 가액을 합산하

여 증여세를 과세한다(상속 및 증여세법 제47조 ②).

③ 다음의 합산배제대상 증여재산가액은 합산하지 아니한다(상속 및 증여세법 제47조 ①).

- 전환사채 등의 주식 전환·교환 또는 주식의 인수를 하거나 전환사채 등을 양도함으로써 얻은 이익
- 주식 또는 출자지분의 상장 등에 따른 이익
- 합병에 따른 상장 등 이익
- 미성년자 등이 취득한 재산의 가치 증가로 인하여 얻은 이익

3) 증여세 과세표준

(1) 유형별 증여세 과세표준

유형별 증여세 과세표준은 <표 4-51>과 같다.

표 4-51 | **유형별 증여세 과세표준**

구 분	과세표준
① 명의신탁의 증여의제	명의신탁 재산금액 – 감정평가수수료공제
② 합산배제증여재산[96]	합산배제증여재산가액 – 3000만 원 – 감정평가수수료공제
③ 위 외의 경우	증여세과세가액 – 증여재산공제 – 재해손실공제 – 감정평가수수료공제

(2) 증여재산공제

① 증여재산공제액

친족으로부터 증여를 받은 경우에는 수증자 기준으로 <표 4-52>와 같이 공제하여 과세표준을 계산한다.

---

96) 합산배제증여재산이란 ① 전환사채 등의 주식전환이익, ② 주식의 상장 등에 따른 이익, ③ 합병과 성장에 따른 상장 등 이익, ④ 취득일로부터 5년 이내의 재산가치 증가로 인한 이익을 말한다. 이 배제재산은 10년 이내에 동일인으로부터 증여받은 재산에 합산하지 않으며 과세표준도 별도로 계산한다. 또한 상속세 계산상 증여재산가액에도 가산하지 아니한다.

표 4-52 | **증여재산공제액**

항 목	공제내용	비 고
배우자	6억 원	10년간 공제금액임
직계존비속	3천만 원(미성년자 1,500만 원)	
기타친족	500만 원	
재산손실공제	신고기한 이내에 화재·폭발·자연재해 등으로 인하여 증여재산이 멸실·훼손된 경우 당해 손실가액을 증여세 과세가액에서 공제	

주1」 배우자공제 6억 원은 2008년 1월 1일 이후 증여하는 분부터 적용

주2」 통칙 53 - 46 - 1(증여재산공제)

　① 상속 및 증여세법 제53조 제1항 제1호의 규정에 의한 배우자라 함은 민법상 혼인으로 인정되는 혼인관계에 있는 배우자를 말한다.

　② 상속 및 증여세법 제53조 제1항 제3호의 규정에 의한 친족의 범위는 증여받은 자를 기준으로 국세기본법시행령 제20조 제1호 내지 제4호 및 제8호에 규정된 관계에 의한다.

주3」 통칙 53 - 46 - 2(직계존비속 판정기준)

　① 직계존비속은 민법 제768조의 규정에 의한 자기의 직계존속과 직계비속인 혈족을 말한다.

　② 제1항의 규정을 적용함에 있어 다음사항을 유의한다.

　　1. 출양한 자인 경우에는 양가 및 생가에 모두 해당한다.

　　2. 출가녀인 경우에는 친가에서는 직계존속과의 관계, 시가에서는 직계비속과의 관계에만 해당한다.

　　3. 외조부모의 외손자는 직계존비속에 해당한다.

　　4. 계모자 또는 적모서자관계는 직계존비속에 해당하지 아니한다.

② 증여재산공제의 적용

수증자를 기준으로 그 증여를 받기 전 10년(1998년 12월 31일 이전 증여분은 5년) 이내에 공제받은 금액과 당해 증여가액에서 공제받을 금액의 합계액이 <표 4-52>에 따른 금액을 초과하는 경우에는 그 초과하는 부분은 공제하지 아니한다(상속 및 증여세법 제53조).

(3) 재해손실공제(상속세 및 증여세법 제54조 준용)

(4) 감정평가수수료 공제(상속세 및 증여세법 제55조 ①, 제25조 ①, ②)

평가된 가액으로 증여세를 신고·납부하는 경우에 한하여 수수료를 과세가액에서 공제한다.

Min(①, ②) = ① 감정평가법인의 평가에 따른 수수료(상속세 납부목적용에 한함)

한도 : 500만 원+신용평가전문기관에 의한 비상장주식의 평가에 따른 수수료

② 1,000만 원

(5) 증여세 과세체계

① 증여재산가액(증여재산은 본래의 증여재산과 증여의제 재산 등을 말한다) – 증여세 과세가액 불
산입 재산 – 채무부담액

② 증여세 과세가액

증여세 과세가액 – 10년 내 재차증여가산액– 증여재산공제 등

(인적공제, 재해손실공제, 감가평가수수료)

③ 산출세액계산

증여세과세표준 × 세율

④ 결정세액계산

증여세 산출세액 + 세대생략증여 할증세액 – 조특법상 면제세액 등(영농자녀증여세 면제,
문화재 등 징수유예세액) – 세액공제(기납부(증여) 세액공제, 외국납부세액, 신고세액공제)

⑤ 총결정세액계산

결정세액 + (신고·납부불성실가산세, 공익법인의 보고서 제출 불성실가산세, 공익법인의 주식보유 한
도초과 가산세, 공익법인의 무기장 등 가산세)

총결정세액 – 연부연납, 물납 자진납부세액 = 고지세액

(6) 증여세 세율 : 상속세와 동일

4) 신고·납부세액

증여세신고납부세액 = 증여세산출세액 – 세액공제 – 징수유예액 + 가산세

(1) 세액공제

① 기납부세액공제(상속 및 증여세법 제58조 ①)

기납부세액공제 = Min(① 합산과세 되는 증여재산에 대한 세출세액

② 한도액 : 증여세 산출세액 × $\dfrac{\text{합산과세하는 증여재산가액의 과세표준}}{\text{증여재산[당해증여재산가액 + 합산과세하는 증여재산가액]에 대한 과세}}$

② 외국납부세액공제

외국에 있는 증여재산에 대하여 외국의 증여세를 부과받은 경우(상속 및 증여세법 제59조, 동시행령 제48조)

외국납부세액공제 = Min(① 외국에서 부과된 증여세액

② 한도액 : 증여세 산출세액 × $\dfrac{\text{외국의 법령에 의한 증여세 과세표준}}{\text{증여세 과세표준}}$

③ 신고세액공제

증여세 신고기한(증여받은 날이 속하는 달의 말일부터 3개월 이내)에 과세표준 신고를 한 경우(상속 및 증여세법 제69조의 ②)

신고세액공제액 = (증여세 산출세액(할증세액 포함) − 박물관자료 징수유예세액

− 공제 · 감면세액) × 10%

(2) 박물관자료에 대한 징수유예(상속 및 증여세법 제75조)

(3) 증여세 법정결정기한

증여세 과세표준 신고기한으로부터 3월이다.

(4) 금융재산의 일괄조회

세무서장 또는 지방국세청장이 상속세 · 증여세를 결정 · 경정하기 위하여 조사하는 경

우 국세청장은 금융기관의 장에게 '금융실명거래 및 비밀보장에 관한 법률' 제4조(금융거래의 비밀 보장)의 규정에 불구하고 해당 상속인·피상속인 또는 증여자·수증자의 금융재산에 관한 자료를 일괄하여 조회할 수 있다.

(5) 가산세

① 무신고 가산세 = 상속세 산출세액 $\times$ $\dfrac{\text{무신고 과세표준}}{\text{결정한 과세표준}}$ $\times$ 20%(40%)

② 과소신고 가산세 = 상속세산출세액 $\times$ $\dfrac{\text{과소신고 과세표준}}{\text{결정한 과세표준}}$ $\times$ 10%(40%)

③ 제출보고서 불성실·불분명 시 : 미제출분 또는 불분명한 금액의 상속세액 및 증여세액 $\times$ 100분의 1(상속 및 증여세법 제78조 ③)

(6) 공익법인 등의 사후관리(상속 및 증여세법 제16조, 제17조, 제48조 ~ 제52조)

① 상속세 및 증여세 과세가액 불산입액 사후관리구조

상속세 및 증여세 과세가액 불산입액 사후관리구조는 <표 4-53>과 같다.

표 4-53 | **상속세 및 증여세 과세가액 불산입액 사후관리구조**

구 분	내 용	
당초 특례 내용	광의의 사후관리	
	자기내부거래	협의의 사후관리
상속세 과세가액불산입	요건 위반 시 귀속자에게 상속세 과세	1. 상속세 과세 2. 증여세 과세 3. 가산세 부과
증여세 과세가액불산입	요건 위반 시 공익법인 등에게 증여세 과세	

② 주식·출자지분의 출연·보유 등에 대한 규제

주식·출자지분의 출연·보유 등에 대한 규제는 <표 4-54>와 같다.

구 분	규제내용
1. 출연당시	의결권있는 발행주식총수익 5% 초과액 과세가액불산입배제
2. 공인법인 취득 시	의결권있는 발행주식총수익 5% 초과액에 증여세 과세
3. 전체주식 보유규모 규제	공익법인 등의 총재산가액의 30% 초과 보유 시 그 초과하는 주식의 시가의 5% 상당 가산세 부과
4. 종전 보유주식규제	1996. 12. 31 현재 기준으로 ① 20% 이하의 보유 시 : 1999. 12. 31까지 5% 이하로 보유비율을 낮추어야 하고 낮추지 않을 경우 5% 초과액에 대하여 10년간 시가의 5% 상당 가산세 부과 ② 20% 초과 보유 시 : 2001. 12. 31까지 5% 이하로 보유비율을 낮추어야 하고 낮추지 않을 경우 5% 초과액에 대하여 10년간 시가의 5% 상당 가산세 부과

5) 재산의 평가

(1) 기본원칙

① 상속개시일 또는 증여일 현재의 시가를 기준으로 평가한다.

② 시가란 불특정다수인 사이에 자유로이 거래가 이루어지는 경우 통상 성립된다고 인정되는 가액이다.

③ 상속개시일 전 · 후 6개월(증여일 전 · 후 3개월) 이내에 상속(증여)재산 및 유사재산의 매매 · 감정 · 수용 · 경매 · 공매가액이 있는 경우 그 가액은 시가로 인정한다.

④ 시가를 산정하기 어려운 경우에는 재산의 종류, 규모, 거래상황 등을 감안하여 보충적 평가방법을 적용한다.

(2) 보충적 평가방법

① 부동산 등

부동산 등은 <표 4-55>와 같다.

표 4-55 | **부동산 등**

구 분	내 용
토지	① 원칙 : 개별공시지가 ② 지정지역 안의 토지 : 개별공시지가 · 배율
건물	• 건물의 신축가격 · 구조 · 용도 · 위치 · 신축연도 등을 참작하여 매년 1회 이상 국세청장이 산정 · 고시하는 가액
국세청장이 지정하는 지역에 있는 오피스텔 및 상업용 건물	• 매년 1회 이상 국세청장이 토지와 건물에 대하여 일괄하여 산정 · 고시한 가액
주택 — 공동주택	• 국토해양부장관이 결정 · 공시한 공동주택가격(다만, 국세청장이 결정 · 고시한 가격이 있는 때에는 그 가격)
주택 — 단독주택	• 시장 · 군수 · 구청장이 결정 · 공시한 개별주택가격
지상권	$\bullet \ \sum \dfrac{\text{지상권이 설정되어 있는 토지의 가액} \times 2\%}{(1 + 10\%)^n}$ n = 해당 지상권의 잔존연수
부동산을 취득할 수 있는 권리 및 특정시설물 이용권	• 평가 기준일까지 불입금액 + 평가기준일 현재 프리미엄 다만, 특정시설물 이용권에 대해 국세청장이 정하는 방법에 따라 평가한 가액이 있는 경우에는 당해 가액

② 기타의 유형재산

기타의 유형재산은 <표 4-56>과 같다.

표 4-56 | **기타의 유형재산**

구 분	내 용
시설물 및 구축물	• 재취득가액 − 설치일부터 평가기준 일까지 감가상각비
선박 · 항공기 · 차량 · 기계장비 및 입목	• 처분할 경우 다시 취득할 수 있다고 예상되는 가액, 다만 가액이 확인되지 않는 경우은 장부가액
상품 · 제품 · 반제품 · 재공품 · 원재료 등	• 처분할 경우 다시 취득할 수 있다고 예상되는 가액 다만 가액이 확인되지 않는 경우는 장부가액
판매용이 아닌 서화 · 골동품	$\text{Max} \begin{cases} \text{2 이상의 감정가액의 평균액} \\ \text{감정평가심의회에서 감정한 감정가액} \end{cases}$

③ 주식 및 출자 지분

주식 및 출자지분은 <표 4-57>과 같다.

표 4-57 | **주식 및 출자 지분**

구 분	내 용
상장주식	• 평가기준일 전·후 2개월간 최종시세가액의 평균액
비상장주식	$$1주당가액 = \frac{(1주당\ 순손익가치 \times 3) + (1주당\ 순자산가치 \times 3)}{5}$$ $$- 1주당\ 순손익가치 = \frac{1주당\ 최근\ 3년간\ 순손익액이\ 가중평균액}{10\%}$$ $$- 1주당\ 순자산가치 = \frac{해당법인의\ 순자산가액(자산\ -\ 부채)}{발행주식총수}$$ • 부동산 과다보유법인의 경우에는 1주당 순손익가치와 순자산 가치를 각각 2:3의 비율로 가중평균 • 순자산 가치로만 평가하는 경우 ① 청산절차가 진행 중이거나 사업자의 사망 등으로 사업의 계속이 곤란한 경우 ② 사업개시전의 법인, 사업개시 후 3년 미만의 법인, 휴·폐업법인 ③ 평가기준일이 속하는 사업연도 전 3년 이내의 사업연도부터 계속하여 결손금이 있는 법인

• 최대주주 등의 보유주식에 대한 할증평가

최대주주 등의 주식에 대하여는 일반적인 평가액에 다음의 금액을 가산

최대주주 등의 지분비율	대기업	중소기업[97]
50% 이하	20%	10%
50% 초과	30%	15%

---

97) 중소기업은 2009. 12. 31까지 최대주주 등의 주식 등에 대해 할증평가를 배제한다.

④ 기타의 계산

기타의 계산은 <표 4-58>과 같다.

표 4-58 | **기타의 계산**

구 분		내 용
국공채 및 사채		① 한국거래소에서 거래 되는 것 : Max(ⓐⓑ) 　ⓐ 평가기준일 이전 2개월간 최종시세가액 평균액 　ⓑ 평균기준일 이전 최근일의 최종시세가액 ② 기타의 것 　ⓐ 타인으로부터 매입한 것 : 매입가액 + 미수이자 　ⓑ 기타의 것 : 처분예상금액
대부금 · 외상매출금 및 받을 어음 등의 채권		① 일반적인 경우 : 원본가액 + 미수이자 ② 원본의 회수기간이 5년을 초과하는 경우 : 각 연도에 회수할 금액 (원본 + 이자상당액)을 지정할인율로 할인한 가액
예금 · 저금 · 적금 등		• 평가기준일 현재의 예입총액 + 미수이자 − 원천징수액
매입한 무채재산권		• 매입가액 − 매입일부터 평가기준일까지의 감가상각비
기타 무채 재산권	영업권 등	• 초과이익금액을 평가기준일 이후의 영업권 지속연수 (원칙적으로 5년)를 감안하여 환산한 가격 • $\sum \dfrac{\text{지상권이 설정되어 있는 토지의 가액} \times 2\%}{(1 + 10\%)^n}$
	특허권 등	• 각 연도의 보상금을 현재가치로 환산한 금액과 합계액
	광업권 등	• 평가기준일 이후의 채굴가능연수에 대해 평가기준일 전 3년간 평균소득을 현재가치로 환산한 금액의 합계액
정기금	유기정기금	• 각 연도에 받을 정기금액을 기준으로 기획재정부령이 정하는 바에 따라 계산한 금액의 합계액 • 다만, 1년분 정기금의 20배를 초과할 수 없음
	무기정기금	• 1년분 정기금 × 20배
	종신정기금	• 75세까지의 기간 중 각 연도에 받을 정기금액을 기준으로 기획재정부령이 정하는 바에 따라 계산한 금액의 합계액

1. 납세의무자

1) 주택(종합부동산세법 제7조)

과세기준일 현재 주택분 재산세의 납부의무자로서 국내에 있는 재산세 과세대상인 주택의 공시가격을 합한 금액이 6억 원(1세대 1주택자 9억 원)을 초과하는 자이다.

2) 종합합산토지(종합부동산세법 제12조 ① 1)

과세기준일 현재 토지분 재산세의 납세의무자로서 종합합산과세대상 토지의 공시가격을 합한 금액이 5억 원을 초과하는 자이다.

3) 별도합산토지(종합부동산세법 제12조 ① 2)

<표 4-58>과 같이 과세기준일 현재 토지 분 재산세의 납세의무자로서 별도합산과세 대상토지의 공시가격을 합한 금액이 80억 원을 초과하는 자이다.

---

98) 종합부동산세법은 2005. 1. 5 제정~ 2009. 5. 27 개정을 하였다.

구 분		재산의 종류	재산세	종부세
건축물	주거용	• 주택(아파트, 연립, 단독 · 다가구), 오피스텔(주거용)	과세	과세
		• 별장(주거용 건물로서 휴양 · 피서용으로 사용되는 것)	과세	비과세
		• 일정한 임대주택 · 미분양주택 · 사원주택 · 기숙사 · 가정보육시설용주택 · 비수도권소재 1주택 · 문화재 주택	과세	비과세
	기타	• 일반건축물(상가, 사무실, 빌딩, 공장, 사업용 건물)	과세	비과세
토지	종합 합산	• 나대지, 잡종지, 분리과세가 아닌 농지 · 임야 · 목장용지 등 • 재산세 분리과세대상 토지중 기준초과 토지 • 재산세 별도합산과세대상 토지 중 기준초과 토지 • 재산세 분리과세 · 별도합산과세대상이 아닌 모든 토지	과세	과세
	별도 합산	• 일반 건축물의 부속토지(기준면적 범위내의 것) • 법령상 인 · 허가 받은 사업용 토지	과세	과세
	분리 과세	• 일부 농지 · 임야 · 목장용지(재산세만 0.07% 과세) • 공장용지 일부, 공급목적보유 토지(재산세만 0.2%과세)	과세	비과세

2. 과세 표준

1) 주택

[인별 공시가격 − 6억 원(1세대 1주택은 9억 원)] × 80%(공정시장가액비율)

2) 종합합산토지분

[인별 공시가격 − 5억 원] × 80%(공정시장가액비율)

3) 별도합산 토지분

[인별 공시가격 − 80억 원] × 70%[99](공정시장가액비율)

---

99) 2010년에는 75%, 2011년에는 80%이다.

● 재산세 감면이 있는 경우의 과세 표준

① 주택 : {[인별공시가격 × (1 - 감면율)] - 6억(1주택자 9억 원)} × 80%

② 종합합산토지 : {[인별공시가격 × (1 - 감면율)] - 5억} × 80%

③ 별도합산토지 : {[인별공시가격 × (1 - 감면율)] - 80억} × 70%

3. 합산배제

1) 합산배제 임대주택

<표 4-60>과 같은 주택은 과세표준 합산의 대상이 되는 주택의 범위에 포함하지 않는다.

표 4-60 | **과세제외**

주택종류	주거전용면적	주택가격	주택수	임대기간	지역
① 건설임대	149㎡ 이하	6억 원 이하	2호 이상	5년 이상	동일시 · 도
② 매입임대	국민주택규모 이하	3억 원 이하	5호 이상	10년 이상	동일시 · 도
③ 기존임대	국민주택규모 이하	3억 원 이하	2호 이상	5년 이상	전국
④ 미임대건설임대	149㎡ 이하	6억 원 이하	1호 이상	미임대 2년	전국
⑤ 리츠 등 임대	149㎡ 이하	6억 원 이하	5호 이상	10년 이상	수도권외
⑥ 미분양매입임대	149㎡ 이하	3억 원 이하	5호 이상	5년 이상	수도권외
⑦ 비수도권 임대	149㎡ 이하	3억 원 이하	1호 이상	7년 이상	수도권외

2) 합산배제 기타주택

① 사용자 소유의 사원용 주택 : 종업원에게 무상 또는 저가로 제공하는 국민주택규모의 주택

② 기숙사 : 학교, 공장 등의 학생 또는 종업원 공동취사용 주택(건축법 시행령 별표1)

③ 주택건설업자의 미분양주택 : 주택건설업자(주택법의 사업승인이나 건축법의 허가를 받은 자) 소유의 미분양주택으로서 사용승인 일부터 5년 미경과 주택

④ 가정보육시설용 주택 : 세대원이 시장 · 군수 또는 구청장의 인가 및 고유번호를 부여받

은 후 과세기준일 현재 5년(의무운영기간) 이상 계속하여 가정보육시설로 운영하는 주택

⑤ 시공자가 공사대금으로 받은 미분양주택(5년 한, 1년 이상 타인거주 제외)

⑥ 비수도권 1주택(2주택 이상인 경우 공시가격이 큰 주택)

⑦ 정부출연 연구기관이 해당 연구기관의 연구원에게 제공하는 주택

⑧ 등록문화재 주택(문화재보호법 제47 ②)

⑨ 기업구조조정 부동산투자회사 등이 미분양주택을 취득할 당시 매입약정을 체결한 자가 그 매입약정에 따라 미분양주택을 취득한 경우로써 그 취득일부터 3년 이내인 주택

4. 세율

종합부동산세 세율은 <표 4-61>과 같다.

표 4-61 | **종합부동산세 세율**

구 분	과세표준	세율(%)	누진공제
주택	6억 원 이하	0.5	–
	12억 원 이하	0.75	150만 원
	50억 원 이하	1.0	450만 원
	94억 원 이하	1.5	2,950만 원
	94억 원 초과	2.0	7,650만 원
종합합산	15억 원 이하	0.75	–
	45억 원 이하	1.5	1,125만 원
	45억 원 초과	2.0	3,375만 원
별도합산	200억 원 이하	0.5	–
	400억 원 이하	0.6	2,000만 원
	400억 원 초과	0.7	6,000만 원

5. 종부세액의 계산

1) 주택분

결정세액 = (주택분 과세표준 × 세율 - 누진공제) - 법정공제세액

(1) 재산세 공제

과세대상 주택의 주택분 재산세로 부과된 세액의 합계액 중 주택분 과세표준에 해당하는 재산세액을 주택분 종합부동산세액에서 공제

$$
주택분\ 재산세로\ 부과된\ 세액의\ 합계액 \times \frac{주택분\ 과표에\ 대하여\ 주택분\ 재산세\ 표준세율로\ 계산한\ 재산세상당액}{주택분을\ 합산하여\ 주택분\ 재산세\ 표준세율로\ 계산한\ 재산세상당액}
$$

(2) 1세대 1주택 세액공제

세대원 중 1명만이 주택분 재산세 과세대상인 1주택만을 소유한 거주자로서 고령 및 장기 보유자의 경우에는 <표 4-62>에 따른 세액을 공제한다.

표 4-62 | **공제율**

구분	연령	공제율
고령자공제	만 60세 이상 ~ 만 65세 미만	100분의 10
	만 65세 이상 ~ 만 70세 미만	100분의 20
	만 70세 이상	100분의 30
구 분	보유기간	공제율
장기보유공제	5년 이상 ~ 10년 미만	100분의 20
	10년 이상	100분의 40

🔻 세대의 범위

① 일반적 범위 :

주택 또는 토지의 소유자 및 그 배우자가 그들과 동일한 주소 또는 거소에서 생계를 같이

하는 가족과 함께 구성하는 1세대를 말한다. 가족이란 주택 또는 토지의 소유자와 그 배우자의 직계존비속(그 배우자를 포함한다) 및 형제자매를 말하며, 취학, 질병요양, 근무상 또는 사업상의 형편으로 본래의 주소 또는 거소를 일시퇴거한 자를 포함한다.

② 독립세대(배우자가 없는 경우에도 1세대로 보는 경우)

1. 30세 이상인 경우

2. 배우자가 사망하였거나 이혼한 경우

3. 소득이 국민기초생활보장법에 따른 최저생계비 수준 이상으로서 소유하고 있는 주택 또는 토지를 관리 · 유지하면서 독립된 생계를 유지할 수 있는 경우

③ 1세대 특례

- 혼인 : 혼인함으로써 1세대를 구성하는 경우에는 혼인한 날부터 5년 동안은 각각 1세대로 본다.
- 동거봉양 : 60세 이상의 직계존속을 동거봉양하기 위하여 합가함으로써 1세대를 구성하는 경우에는 최초로 합가한 날부터 5년 동안은 각각 1세대로 본다.

(3) 세 부담 상한 초과세액공제

종합부동산세의 납세의무자가 납부하여야 할 주택분 재산세액 상당액과 종합부동산세액 상당액의 합계액이 직전년도 해당 주택에 부과된 주택에 대한 총세액상당액의 100분의 150을 초과하는 경우 그 초과하는 세액은 이를 공제한다.

> (재산세 + 종부세) − (전년도 · 재산세 종부세[100] × 150%)

2) 종합합산 토지분

결정세액 = (종합합산토지분 과세표준 × 세율 − 누진공제) − 법정공제세액[101]

---

100) 전년도 재산세 종부세란 해당연도 주택을 전년도에 보유한 것으로 보아 계산하되 탄력세율과 세 부담 상한은 적용하지 않는다.
101) 법정공제세액이란 재산세공제, 세 부담 상한 초과세액공제를 말한다.

(1) 재산세 공제

과세대상 종합합산토지에 대하여 종합합산토지분 재산세로 부과된 세액의 합계액 중 종합합산토지분 과세표준에 해당하는 재산세액을 종합합산토지분 종합부동산세액에서 공제한다.

종합합산토지분 재산세로 부과된 세액의 합계액 × (종합합산토지분 과표에 대하여 주택분 재산세 표준세율로 계산한 재산세 상당액) / (종합합산토지를 합산하여 종합합산토지분 재산세 표준세율로 계산한 재산 상당액)

(2) 세 부담 상한 초과세액 공제

종합부동산세의 납세의무자가 납부하여야 할 종합합산토지분 재산세액 상당액과 종합부동산 세액 상당액의 합계액이 직전년도에 해당 종합합산 토지에 대한 총 세액 상당액의 100분의 150을 초과하는 경우 그 초과하는 세액은 이를 공제한다.

$$(\text{재산세} + \text{종부세}) - (\text{전년도 재산세} \cdot \text{종부세} \times 150\%)$$

(3) 별도합산토지분

결정세액 = (별도합산토지분 과세표준 × 세율 − 누진공제) − 법정공제세액

① 재산세 공제

과세대상 별도합산토지에 대하여 재산세로 부과된 세액의 합계액 중 별도합산토지분 과세표준에 해당하는 재산세액을 별도합산토지분 종합부동산세액에서 공제한다.

별도합산토지분 재산세로 부과된 세액의 합계액 × (별도합산토지분 과표에 대하여 주택분 재산세 표준세율로 계산한 재산세 상당액) / (별도합산토지를 합산하여 종합합산토지분 재산세 표준세율로 계산한 재산 상당액)

② 세 부담 상한 초과세액 공제

종합부동산세의 납세의무자가 납부하여야 할 별도합산토지분 재산세액 상당액과 종합부동산세액 상당액의 합계액이 직전년도에 해당 별도합산 토지에 대한 총 세액 상당액의 100분의 150을 초과하는 경우 그 초과하는 세액은 이를 공제한다.

(재산세 + 종부세) − (전년도 재산세 · 종부세 × 150%)

6. 부과징수 등

1) 과세기준일

매년 6월 1일

2) 부과징수

관할세무서장이 매년 12월 1일 ~ 12월 15일까지 부과징수한다.

3) 신고납부

관할세무서장의 부과징수규정에 불구하고 납세의무자가 신고납부방식으로 납부하고자 하는 경우 매년 12월 1일 ~ 12월 15일 신고납부가능하다.

4) 물납

납부할 세액이 1,000만 원 초과 시 종부세 과세대상인 주택 및 토지 중에서 관리 · 처분이 가능한 재산의 수납가액을 기준으로 물납신청한다.

5) 분납

납부할 세액이 500만 원 초과 시 그 초과 금액 또는 1,000만 원 초과 시 그 세액의 50% 이하의 금액을 납부기한 경과일부터 2개월 이내 분납 가능[102]하다.

제7절 | 소비세와 부가가치세

1. 소비세

1) 소비세

(1) 의의

소비세는 재화 및 용역의 구매에 대해 과세하는 조세이다.

소비세의 근거는 소비행위를 통해 비로소 그의 소득의 존재 내지 구매력을 표현하는데 있다. 따라서 소비세는 소득과 소비의 관계를 중시한다. 소비세의 객체는 사실상 소비자체이나 일정세율로 부과되면 수직적 공평에 위배한다.

(2) 소비세와 소득세의 차이

소득세는 요소거래의 판매자 측이다. 즉, 가계의 순소득에 과세된다. 그러나 소비세는 생산물거래의 판매자 측이다. 즉, 기업의 粗수입에 과세된다.

그리고 소비세는 가계의 소비지출에 부과하며, 소득세는 가계의 원천에 대한 과세를 한다. 그러므로 소득세는 인세라 할 수 있으며, 소비세는 물세라 할 수 있다.

---

102) 납부기한 경과일로부터 2개월 이내 분납 가능이란 종합부동산세의 납부기한 이내에 분납신청서를 제출한 경우이다.

(3) 소비세의 체계

① 개별소비세

- 기호품에 대한 세(금지세, 주세, 담배소비세)
- 사치적 취미 · 오락물품 및 서비스에 대한 세(사치세, 특별소비세)
- 수익자 부담적이고 목적세 성격의 세(석유류세, 전기가스세)
- 전시 등에 부과되는 세이며 소비억제 세(특별이득세)

② 일반소비세

- 단단계세(소매단계세, 도매매상세, 제조매상세)
- 다단계세[거래고세(누적과세방식), 부가가치세(전단계 세액공제방식)]

2) 개별소비세

(1) 의의

특정한 재화 및 서비스의 제조 생산 또는 유통단계에서 부과되는 조세로서 종가세와 종량세의 두 가지 형태로 부과된다.

(2) 과세의 근거

① 사치품에 대한 과세이다.

② 특정재화의 소비를 억제할 의도에서 과하여진다(주세, 담배소비세 등).

③ 이익원칙에 의거 특정재화의 소비에서 얻은 이익에 따라 과하여지는 경우가 있다(전기가스세, 석유류세).

④ 인플레 압력을 제거하기 위해서 과세한다(특정재화 판매에 대한 고율과세 시 재화공급통제 작용).

(3) 과세방법

① 직접소비세

소비의 최종단계에서 직접 소비지출을 포착하여 과세하는 소비세이며, 예로 부가가치세 등이 있다.

② 간접소비세

소비의 최종단계 이전의 제조업자 등에 과세하고 그 부담이 소비자에게 전가될 것을 기대하는 과세방법에서 과세하는 소비세이다.

- 생산단계 : 생산에 필요한 원료 또는 중간단계 생산에서의 제품에 대하여 과세하는 방법으로 원료과세와 반제품과세가 있다.
- 제품단계 : 생산이 완료된 후에 그 제품에 대하여 과세하는 방법이며 입고세와 제조과세가 있다.
- 유통과세 : 출고량 등을 과세표준으로 하는 방법이며 제품이 일정지점에 도착한 단계에서 과세하는 방법이다. 도매업자가 소매업자에게 재화를 판매하는 단계에서 과세하는 방법이다. 그리고 소매업자가 직접 소비자에게 판매하는 단계에서 과세하는 방법이다.
- 면허과세 : 소비세 과세 시 판매업자에 대하여 면허료를 징수하는 방법이다.

③ 특별소비세

VAT의 단일세에서 오는 세 부담의 역진성을 보완하기 위해 사치품에 중과하기 위해 마련된 세이다.

과세대상으로 소비억제품목, 사치품목, 고급내구성 소비재, 고급오락시설 장소 소재지 이용 등이 있다.

(4) 개별소비세의 장단점

① 장점

- 징수 또는 납부하기가 편리하다.
- 각자의 받은 이익에 따라 납세하는 보편적인 조세이다.
- 특정재화의 소비 및 사치를 억제하는 동시에 국고수입을 증가시키는 유효한 수단이다.
- 전시 또는 인플레이션 기에는 소비지출의 억제 또는 특정재화의 공급조절을 위하여 소비과세가 이용 된다.

② 단점

- 세 부담에 대한 역진성이 있다.

- 특정재화만을 과세하는 경우가 많으므로 경제적 중립성이 없고 불합리한 과세가 된다.
- 서비스에 대한 과세는 생산에 이용될 재화 및 서비스에 대한 과세이며 그러한 조세는 기업 비용의 일부로 간주되고 그 기업의 고객에 세 부담을 전가하기 쉽다.
- 종량세는 재화의 가치를 과세 표준으로 하지 않기 때문에 값이 싼 물건에 대한 불균등한 부담을 증가시킨다.
- 제조업자 단계에서 과세되면 세 부담의 경전(更轉)을 통해서 재화의 가격이 누적적으로 상승할 가능성이 있다.

3) 개인종합소비세

(1) 개념

개인종합소비세는 개인의 1년간 소비지출을 종합한 합계액(수익과 저축의 차액)을 신고시켜 일정액까지는 면세하고 이 부분을 초과하는 부분에 대하여 누진과세하는 세제로써 인세 · 직접세 · 누진세로서의 특성을 지닌다.

이러한 종합소비세는 세 부담 공평의 대원칙인 효율과 공정을 동시적으로 조화시킨 세목으로 제안되고 있으며 효율성 가치만 중시하는 일반소비세와 공평성 가치만 중시하는 누진소득세 내지 부유세의 결함을 보충한 것이다.

(2) 근거

① 소득보다는 오히려 소비가 납세자의 효용을 창출한다.

그러므로 지출에 과세함으로써 과세의 공평성이 진정하게 보장된다.

② 사회가 생산한 재화나 용역으로부터 꺼내간 몫이 많은 사람이 많은 사람일수록 보다 많은 세 부담을 감수해야 한다(N. Kaldor).

③ 소득은 소비에 있어서의 용역의 흐름으로 정의할 때 지출세 제안의 근거가 된다(I. Fisher).

④ 지출세 기원을 보면 소비지출을 과세표준으로 하여 과세하면 공평한 과세가 된다는 견해로 고전학파 홉스(Hobbes)에 의해 시작되었으며, 칼도(N. Kaldor), 피셔(I. Fisher)가 지지하였다.

(3) 개인종합소비세의 이념

개인종합소비세는 효율과 공정의 상충적인 가치를 조화시킬 수 있는 세목으로 제시되고 있는데, 그 이유는 일반소비세와 소득세의 결함에서 찾을 수 있다.

일반소비세의 경우 ① 대중의 소비재에 대한 과세가 부담이 불공평한 역진적인 과세라는 점, ② 동일 재화에 대한 개인의 소비량이 증대함에 따라 과세는 누진적이어야 하는데 그것이 불가능하다는 점, ③ 개인을 중심으로 한 1년 간의 총소비에 과세하지 않음으로써 누진과세를 할 수 없다는 점에서 결함이 있다는 것이다.

소득세의 경우 이상적인 조세로 생각되어 온 누진소득세의 소득의 원천은 주기적 경상소득, 수증재산이나 과거로부터 축적된 재산이나 우연적 소득 등 각각 성질을 달리하는데 이에 따른 차별과세, 즉 개인의 자력의 대소를 고려한 차별적 과세가 과세기술상 어렵다는 결함이 있다.

개인종합소비세의 제안근거는 1년 간의 총소비량에 과세함으로써 인세와 누진세 · 직접세로서 성격을 지녀 일반소비세가 갖는 결함을 보충하고 개인의 총소비량은 개인의 지배하에 있는 소득이 원천과 성질상 차이에 종합과세 되어 결정되므로 가장 공정한 과세표준이 되는 점에서 소득세가 갖는 결함을 보충한다.

그리고 사회적 부(富)의 형성에 대한 기여도를 나타내는 소득에 대하여 과세하는 소득세보다는 사회적 공동이익의 pool에서 이익을 취하여 소비하는 지출에 대한 종합 소비세가 담세력을 정확하게 반영한다는 점, 그리고 저축을 촉진하는 기능을 지닌다는 점에 있다고 할 수 있다.

(4) 개인종합소비세 문제점

① 개인종합소비세의 과표는 소득에서 저축을 뺀 것인데 현금흐름을 기초로 한 경우 총현금수입과 총저축의 차이로 결정되므로 수익과 저축이 금융기관을 통하여 이루어져야 한다. 따라서 금융제도가 미발달한 사회에서는 도입시행이 어렵다.

② 저축과 투자에 비과세되므로 개인의 자산관리비는 자연 증가하여 납세협력비용을 상승시킨다는 것이다.

③ 납세자의 절세를 위해서 저축과 자본재 구입비용을 실제보다 높게 신고함으로써 새로운 형태의 조세기피 현상을 초래할 위험이 있다.

④ 신세 도입하는 데 사회적 비용 즉 신세 적응비용의 발생 문제가 있다.

⑤ 인도, 스리랑카에서는 N. Kaldor의 권고에 의해 실시했으나 현재 실시국은 없다.

2. 부가가치세

1) 부가가치세의 의의

부가가치세(value added tax)[103]는 소비과세의 한 형태로서 각 생산단계에서 추가되는 부가가치를 과세 대상으로 한다[104]. 부가가치란 각 생산단계의 매출액과 매입액의 차이를 합한 것 또는 최종생산물의 시장가치 또는 인건비 · 이자 · 이윤 · 감가상각비 등 생산요소에 대한 보상의 총합계 등으로 정의된다. 부가가치는 기업의 생산요소를 노동 · 토지 · 자본 · 경영이라고 할 때 이에 대한 대가인 임금 · 지대 · 이자 · 이윤의 형태로 이루어진다.

2) 부가가치세의 유형

부가가치세는 소비형 부가가치세, 순소득형 부가가치세, 총소득형 부가가치세 등으로 나뉜다.

(1) 소비형 부가가치세

소비형 부가가치세는 소비지출을 과세대상으로 하기 때문에 총매출액에서 중간재 구입액과 자본재 구입액이 공제된다. EU(European Union)형 부가가치세라고도 한다. 소비형 부가가치세는 자본에 과세하지 않기 때문에 투자를 촉진시키고, 중간재 · 자본재 등에 대한 구분이 없고, 감가상각비에 대한 계산을 필요로 하지 않기 때문에 세제운영이 간편하다. 또

---

103) 부가가치세가 최초로 제안된 것은 1919년 독일의 Willhelm Von Siemens에 의해서이다. 다단계 거래세의 형태로 제안되었으나 수용상 어려움으로 채택되지 못하였다.

104) 한국은 1976년 1월에 부가가치세제 도입예고하고, 1977년 7월 1일부터 시행하였다. 그 이전에는 영업세, 물품세, 직물류세, 통행세, 석유류세, 전기 · 가스세, 입장세, 유흥음식세 등 8개의 세목으로 과세하던 것을 통합하여 부가가치세와 특별소비세로 정비하였다. 한국의 2009년도 부가가치세의 세수구성비는 총국세수입(164.5조 원)의 28.5%(47조 원)를 차지하고 있다(2010. 2. 10 재정경제부 보도자료).

한, 노동에 대체되는 자본 또는 자본에 대체되는 노동이 기업의 총세액에 영향을 미치지 않는다. 생산방법, 저축 및 소비에 대한 의사결정 등에 대해서도 중립적이다. 대부분의 국가에서 소비형 부가가치세를 채택하고 있다.

(2) 순소득형 부가가치세

순소득형 부가가치세는 총투자액에서 감가상각비를 공제한 순투자액을 과세대상으로 한다. 따라서 총매출액에서 모든 중간투입물의 구입비용을 빼고 여기에서 다시 자본재의 감가상각비를 빼는 방식이다. 예를 들어, 어느 해에 1억 원어치의 자본재를 구입했다고 해서 그 해에 이 자본재를 모두 써버리는 것은 아니다. 즉, 그 해에 사용된 자본재는 감가상각이 된 부문을 과세대상에서 제외시키는 방법이다. 순소득형 부가가치세의 과세표준은 순국민생산(net national product)[105]과 일치한다. 순소득형 부가가치세는 부가가치에서 감가상각비를 공제한다는 점에서 합리적이라고 할 수 있다. 그러나 투자액이 부가가치에 포함되므로 투자가 억제될 수 있으며, 감가상각비에 대한 계산이 어렵다는 문제가 있다.

(3) 총소득형 부가가치세

총소득형 부가가치세는 감가상가비 등 총투자 비용을 과세대상으로 한다. 즉, 총매출액에서 원재료·반제품 등 중간재 구입액은 공제하나 자본재의 매입비용이나 감가상각비는 공제하지 않는다. 부가가치세의 형태 중 가장 포괄적인 것으로 실질적으로 국내총생산을 과세대상으로 한다는 의미에서 GDP형 부가가치세라고도 한다. 총소득형 부가가치세는 과세범위가 광범위하여 동일한 세율에서 세수증대에 유리하다는 장점이 있다. 반면에 자본재에 대해 과세하므로 투자가 억제되고 자본재 구입 시 부담한 부가가치세를 공제받지 못하여 이중과세문제가 대두될 수 있다.

3) 부가가치세 계산방식

부가가치세 계산방식[106][107]은 합산방식, 공제방식이 있다. 공제방식은 전단계거래액공제

---

105) 순국민생산이란 국민총생산에서 자본의 감가상각을 제외한 부분을 말한다. 즉, 순국민생산은 GNP - 자본의 감가상각 = 순부가가치의 총합이다.

방식과 전단계세액공제방식으로 나뉜다.

(1) 합산방식

합산방식은 부가가치가 임금·이자·지대·이윤 등의 요소소득으로 구성된다는 점에 착안하여 각 기업이 지급한 요소소득을 모두 더해 부가가치를 계산하는 방식이다. 즉, 부가가치의 구성요소인 임금·이자·지대·이윤 등의 요소소득을 각각 계산하여 합계한 금액을 과세표준으로 하고 이에 세율을 곱하는 방식이다. 합산방식에 의한 부가가치세는 생산주체가 생산활동을 시작하면서 일정기간에 창출한 경제적 가치의 합계라고 할 수 있다. 각 생산요소에 대한 보수의 합이 국내총생산(GDP)과 같으므로 부가가치의 합을 모두 더한 것이 국내총생산이 된다. 그러나 합산방식은 일정기간이 경과하기 전에는 거래단계별 세액을 정확히 파악하기가 어려우며, 행정적으로 복잡하다는 단점이 있다

(2) 공제방식

공제방식은 일정 기간 동안의 총판매액에서 중간투입에 사용된 상품의 총매입액을 빼서 부가가치를 계산하는 방식으로써 전단계거래액공제방식[108]과 전단계세액공제방식[109]이 있다.

전단계거래액공제방식은 매출가액에서 거래 전단계로부터의 매입가액을 공제한 차액을 부가가치 세율에 적용하여 계산하는 방식이다. 즉, (매출가액 - 전단계로부터의 매입가액)

----

106) 한국의 부가가치 과세체계는 일반과세자의 경우 매출세액(매출액×10%) - 매입세액(매입액×10%) - 의제매입세액 공제, 재활용폐자원 등 매입세액 공제, 재고매입세액 공제를 한다. 그 다음 대손세액 공제, 신용카드 매출전표 세액공제 등 차감항목(- 항목)을 계산하고, 사업자등록 미등록, 세금계산서 등 미교부·기재 불성실, 영세율 과표 신고 불성실 등 가산세(+)항목을 계산한다.
간이과세자의 경우, 공급대가×업종별 부가율×10%이다. 여기서 매입세금계산서 등 세액공제, 예정신고 고지세액, 의제매입 세액공제 등 공제세액 즉, (−)항목을 계산하고, 사업자등록 미등록, 신고 불성실, 납부 불성실 등 가산세 (+)항목을 가산한다.

107) 의제매입세액공제(deemed input VAT)란 부가가치세가 면제되는 농산물·수산물·임산물·축산물을 원재료로 하여 사용한 사업일 경우에는 매입세액이 없기 때문에 부가가치세의 부담이 커진다. 그러나 이 경우에는 실제로 매입세액은 없지만 농산물·수산물·임산물·축산물의 구입가격에 부가가치세가 포함되었다고 보고 일정률의 매입세액을 공제해주는 제도이다. 대상업종은 제조·음식·숙박업·건설업 등이며 의제매입세액은 농·수·축·임산물 구입가격의 3/103이다.

108) 직접 공제방식이라고도 한다.

109) 간접 공제방식이라고도 한다.

× 세율이다[110]. 전단계거래액공제방식은 기장이 정확하지 않을 경우 조세회피 가능성이 있다. 또한 복수의 세율이나 면세제도를 둘 경우 중간거래단계에서 그 효과가 상쇄되어 세 부담의 전가가 불확실해진다.

전단계세액공제방식은 매출가액에 부가가치세율을 적용하여 산출한 매출세액에서 전단계로부터 거래징수 당한 매입세액을 공제하여 계산하는 방식이다. 즉, (매출가액 × 세율) − 매입세액이다. 전단계세액공제방식은 거래 시 품목별 · 용역별로 계산하기 때문에 세액을 정확하게 파악할 수 있으며 면세제도나 경감세율을 설정하는데 편리하며, 세금계산서를 통해 매입세액을 공제하므로 근거과세제도를 확립할 수 있다. 한국을 비롯하여 부가가치세제를 채택하고 있는 대부분의 국가들이 이 방식을 사용하고 있다.

4) 면세와 영세율

부가가치세는 일반적으로 모든 상품에 대해 동일한 세율을 적용하고 있으나 일부 선진국에서는 사치성 제품에 대해 고율의 세율을 적용하고 있다. 또한 대부분의 나라는 생활필수품의 성격을 지닌 상품이나 수출품 등에 대해 예외적으로 낮은 세율을 적용해 주고 있다. 면세(exemption)와 영세율(zero rating)제도가 있다.

(1) 면세

부가가치세는 최종소비자가 소비지출액에 비례하여 부담을 하게 된다. 따라서 그들의 소득을 기준으로 세 부담을 살펴볼 때 고소득계층일수록 세 부담이 낮아지게 된다. 이와 같이 역진성을 띠게 되면 세 부담의 공정성이 붕괴될 수도 있어 면세(免稅)의 필요성이 제기된다.

부가가치세의 면세 제도[111]는 특정업체나 업종에 대하여 부가가치세의 과세를 면제해주는 것을 말한다. 면세사업은 부가가치세의 납세의무가 부과되지 않으므로 부가가치세와 관련

---

110) 김봉근,『부가가치세 해설』, (주) 조세통람사, 2000
111) 한국은 ① 미가공 식료품과 농 · 수 · 축 · 임산물, 수돗물, 연탄, 국민주택 등 서민관련 기초생활 필수품 및 용역 ② 의료보건, 교육, 보험, 국민주택 건설 용역 등 국민후생 용역 ③ 도서, 신문, 예술창작품, 도서관 입장료 등 문화관련 재화 또는 용역 ④ 토지, 금융, 보험용역 등 생산요소 용역 ⑤ 변호사, 공인회계사, 세무사 등 전문인적용역 ⑥ 국가 · 지방자치단체 및 공공기업이 제공하는 재화 또는 용역 ⑦ 농어업용 석유류 ⑧ 미가공 식료품, 기타 관세가 면제되거나 경감되는 물품 등 재화의 수입에 대한 면세 등이 적용대상이다(부가가치세법 제12조).

하여 등록할 필요가 없으며 기장이나 세금계산서의 작성이나 보유의무가 없다. 어떤 상품이 부가가치세의 면세대상으로 선정된 경우에는 그 상품의 최종 소비단계에서만 부가가치세가 부과되지 않는다. 그러므로 중간단계에서 이미 납부한 부가가치세에 대한 환급을 해주지 않는다.

예를 들어, 버스와 같은 여객운송 서비스가 면세의 대상이 된다고 할 때 운송서비스를 창출하는 데 중간투입으로 사용되는 버스의 구입 가격에 포함되어 있는 부가가치세에 대해서는 환급을 해주지 않는다는 것이다. 일반적으로 서민과 관련된 기초생활 필수품에 해당되는 재화 또는 용역, 국민보건, 교육, 후생에 관련되는 재화나 용역, 문화와 관련한 재화나 용역, 생산요소와 관련한 재화나 용역 등을 면세대상으로 하고 있다.

(2) 영세율

영세율(零稅率)[112]은 면세장치의 기능을 한다는 점에서 면세제도와 같으나 전단계의 납부 세금도 전액 면세시켜 준다는 점에서 면세와 다르다. 영세율 제도는 완벽한 비과세제도라 할 수 있으며 최종 단계에서 영세율 조치를 취하면 세 부담액은 0이 된다. 그러나 중간 단계에 영세율이 적용되면 아무런 효과가 없게 된다.

영세율 적용을 받게 되면 그 이전단계에서 낸 부가가치세까지 면세되어 이에 대한 환급을 요구할 수 있다. 만약 수출되는 자동차에 영세율을 적용한다면 수출업자는 부가가치세 납부의무가 없음은 물론 자동차를 생산하는 과정에서 납부하는 모든 부가가치세에 대해 환급을 받을 수 있다. 즉, 타이어 · 유리 · 철판 등에 대해서 이미 납부한 부가가치세에 대해 환급 받을 수 있다. 그러므로 어떤 상품에 영세율이 적용 대상이 되면 그것의 생산과 유통을 포함하는 전 과정에 대해 일체의 부가가치세 납부의무가 면제되는 결과가 된다.

일반적으로 이중과세를 방지하기 위한 GATT의 소비지 과세원칙에 의하여 수출재화에 대하여 영세율을 적용하고 있다. 한국을 비롯한 대부분의 국가들은 수출품에 대해 영세율을 적용해 주고 있다. WTO규정에서 허용하고 있는 수출품에 대한 소비세 환급은 바로 이 부

---

112) 한국의 경우 영세율 적용 대상은 ① 수출하는 재화, ② 해외건설 등 외국에서 제공하는 용역, ③ 선박 · 항공기의 외국항행 용역, ④ 기타 외화획득 재화 및 용역으로서 국내사업장이 없는 비거주자 · 외국법인에게 재화나 용역을 공급하고 외화를 획득하는 경우, 수출재화 임가공 용역, 국내에 주재하는 외국정부기관 등에 공급하는 재화나 용역, 외국인 관광객에게 공급하는 여행알선용 용역 등, ⑤ 배합사료, 비료, 농약, 농기계, 어망 등 농 · 축산 · 임 · 어업용 기자재 등이다(부가가치세법 제11조).

가가치세에 대한 영세율을 적용하고 있는 것이다. 반면에 수입품에 대해서는 수입가액 전체에 대해 부가가치세를 부과하는 것이 보통이다.

표 4-63 | **영세율과 면세율의 차이**

구분	영세율	면세
면세여부	완전 면세	불완전 면세
신고 의무	있음	없음
매입세액	공제	불공제

자료 : 재정경제부, 『조세개요』, 2000.

(3) 면세 · 영세율 적용 근거

부가가치세에 면세나 영세율을 적용하는 근거는 다음과 같다.

첫째, 소득분배 측면에서 저소득층이 주로 많이 소비하는 재화나 용역을 면세하여 저소득층의 상대적 세 부담을 완화시킬 필요가 있기 때문이다. 둘째, 사회적 관점에서 소비가 권장되어야 할 필요가 있거나 공급이 확대되는 것이 바람직하다고 생각되는 재화나 용역 때문이다. 셋째, 토지 · 근로소득 등의 기본적인 생산요소와 관련된 재화 및 용역은 부가가치세의 본질상 과세는 부적절하기 때문이다.

넷째, 금융서비스의 경우 부가가치의 산정이 어렵기 때문이다. 다섯째, 특정의 재화나 용역에 다른 형태의 과세, 특히 개별소비세의 형태로 과세되고 있기 때문이다. 여섯째, 일정규모 이하의 영세사업자는 세무행정의 편의를 위하여 면세된다.

(4) 면세 · 영세율의 적용 과제

부가가치세에 면세나 영세율을 적용하고자 할 때 주의해야 할 과제는 다음과 같다. 첫째, 재화나 용역의 특성에 따라 면세여부가 결정되어야 하며 사업자의 특성이나 재화의 사용용도에 따른 면세는 지양되어야 할 것이다.

둘째, 원재료 등 중간재를 면세하는 경우에는 가격을 인상하여 소비자부담을 초래하므로 최종소비단계에서 면세해야 한다. 면세를 방만하게 운영할 경우 면세분야의 재화는 다른 분야의 재화에 비하여 가격에서 상대적으로 유리하므로 자원의 효율적 배분을 저해한다. 뿐만 아니라 면세는 재화를 구입하는 사업자에게 환급의 기회를 주지 않아서 오히려 정상적인 경우보다 더 비싼 물건을 구입하게 하여 경쟁의 왜곡을 초래한다.

셋째, 중립성을 유지하기 위해서는 대체 또는 경쟁관계에 있는 재화나 용역 중 일부만 과세해서는 안 될 것이다. 넷째, 방만한 면세허용은 부가가치세의 장점인 세금계산서 수수를 통한 과세기능을 어렵게 하여 부가가치세의 탈루를 용이하게 하므로 가능한 면세는 억제되어야 할 것이다.

5) 부가가치세의 특징과 한계

(1) 부가가치세의 특징

부가가치세의 장점은 다음과 같다.

첫째, 부가가치세는 기업의 생산·유통 과정에서 창출된 부가가치에 대하여 과세하므로 이중과세가 발생하지 않는다. 자본재에 대한 매입세액이 공제되기 때문에 생산이나 투자결정을 왜곡시키지 않고 과세대상이 광범위하다.

둘째, 부가가치세는 국민소득 계산 과정에서 투자가 과세대상에서 제외되기 때문에 투자촉진 효과가 있다. 투자재에 포함된 부가가치세를 환급하도록 되어 있어 사업자의 자금부담을 완화시켜 주어 투자촉진, 기술혁신 등을 기대할 수 있다. 특히 소비형 부가가치세는 미래의 소비를 위해 저축을 하는 저축효과가 있다.

셋째, 부가가치세는 수출품에 대하여 간접세를 정확하게 계산하여 환급하기 때문에 수출촉진을 기대할 수 있다[113]. 특히, 소비형 부가가치세제하에서 소비지국 과세원칙이 적용될 경우 수출재화는 영세율을 적용받음과 동시에 거래 전단계에서 부담한 매입세액을 환급받게 되면 완전면세가 가능하다.

넷째, 부가가치세제하에서는 매입·매출의 근거자료 제출이 원칙적으로 의무화됨에 따라 근거과세의 기틀을 마련하고 탈세방지에도 크게 기여한다.

---

113) 수출에 대한 환급이 이루어진다고 해도 종래의 수출 가격이 달라지지 않기 때문에 수출촉진 효과를 기대하기가 어려우며, 이미 수출에 대한 환급이 이루어지고 있기 때문에 부가가치세 도입자체가 수출을 증대시키지 못한다는 부정적인 견해도 있다.

(2) 부가가치세의 한계

부가가치세의 문제점은 다음과 같다.

첫째, 부가가치세가 소비자에게 전가되어 물가상승을 야기할 수도 있다. 부가가치세는 최종가격에 포함된 누적세액을 부담하는 특성을 지니고 있다. 부가가치세가 소비자에게 완전히 전가된다면 해당제품의 가격은 그만큼 상승하게 된다. 즉, 부가가치세는 조세전가의 정도, 소비자의 심리적 요인 등에 의해 소비자물가가 상승할 수도 있다.

둘째, 세 부담의 역진성이 나타날 수도 있다. 부가가치세는 조세의 전가를 전제로 하고 있기 때문에 단일세율의 부가가치세가 실시될 경우 모든 상품에 동일한 세율로 부과되어 저소득층이나 고소득층이 모두 동일한 세율을 적용 받게 된다. 즉, 저소득층이 상대적으로 높은 세 부담을 할 수도 있다.[114]

셋째, 부가가치세는 특성상 세액의 징수에 소요되는 인적 · 물적 행정비용이 법인세나 소득세보다 상대적으로 높을 뿐 아니라 납세자들의 기장 · 신고 등 각종 납세협력비용도 높다. 특히 납세협력비용은 영세한 사업자일수록 상대적으로 높게 나타난다.

넷째, 판매자가 세금계산서를 생략하거나, 기업 간 담합에 의해 세금계산서를 발급하지 않을 경우에 조세회피가 가능하다.

3. 한국의 부가가치세제도[115]

1) 과세대상과 납세의무자

(1) 과세대상(부가가치세법 제1조)

재화 또는 용역의 공급과 재화의 수입을 과세대상으로 한다.

재화

재산적 가치가 있는 모든 유체물과 무체물을 말한다.

---

114) 생필품에 대한 면세, 사치성 소비에 대한 중과세, 저소득층에 대한 세 부담 경감 조치 등으로 부가가치세의 역진성을 완화시키고 있다.

115) 한국의 부가가치세법은 1976. 12. 22 제정하여 ~ 2010. 1. 1 개정에 이르고 있다.

① 유체물 : 상품 · 제품 · 원료 등 재고자산, 기계 · 건물 등의 고정자산 등 모든 유형적
  인 물건을 의미한다.

② 무체물 : 동력 · 열과 기타 관리할 수 있는 자연력 및 권리 등으로 유체물 이외의 모든
  물건을 의미한다.

▼ 재화의 실질 공급(부가가치세법 제6조)

재화공급은 계약상 또는 법률상의 모든 원인에 의하여 재화를 인도 또는 양도하는 것을
말한다.

① 현금판매 · 외상판매 · 할부판매 · 장기할부판매 · 조건부 및 기한부판매 · 위탁판매
  기타 매매계약에 의하여 재화를 인도 또는 양도하는 것

② 자기가 주요 자재의 전부 또는 일부를 부담하고 상대방으로부터 인도 받은 재화에 공
  작을 가하여 새로운 재화를 만드는 가공계약에 의하여 재화를 인도 하는 것

③ 재화의 인도대가로서 다른 재화를 인도받거나 용역을 제공하는 교환계약에 의하여 재
  화를 인도 또는 양도하는 것

④ 공매 · 경매 · 수용 · 현물출자 기타 계약상 또는 법률상의 원인에 의하여 재화를 인도
  또는 양도하는 것

▼ 재화의 간주공급(열거주의)

간주공급이란 재화의 공급에 해당하지 하는 것으로 의제하는 것이며 자가공급, 개인적
공급, 사업상 증여 및 폐업 시 잔존재화의 4가지가 있다.

① 자가공급(부가가치세법 제6조 ②)

사업자가 자기의 사업과 관련하여 생산 · 취득한 재화를 자기사업을 위하여 직접 사용 ·
소비하는 것을 말한다.

- 면세전용 : 이는 과세사업을 위하여 생산 · 취득한 재화를 부가가치세 면세사업을 위하
  여 사용 · 소비하는 것을 말한다.

- 비업소용 소형 승용자동차와 그 유지를 위한 재화 : 이는 과세사업을 위하여 생산 · 취
  득한 재화를 비영업용 소형차로 사용하거나 그 승용차의 유지를 위하여 사용 · 소비하
  는 것을 말한다.

- 다른 사업장(직매장 등)에 판매할 목적으로 반출하는 재화 : 2 이상의 사업장이 있는 사

업자가 자기사업과 관련하여 생산 또는 취득한 재화를 타인에게 직접 판매할 목적으로 다른 사업장에 반출하는 경우 재화의 공급으로 간주하여 과세한다.

② 개인적 공급(부가가치세법 제6조 ③)

• 의의

외부거래로서 사업자가 자기의 사업과 관련하여 생산 또는 취득한 재화를 사업과 직접 관계없이 자기나 그 사용인(종업원)의 개인적인 목적을 위하여 사용 · 소비하는 경우에는 개인적 공급으로 본다.

• 과세대상이 되는 개인적 공급
  – 사업자가 개인적 목적 또는 기타의 목적으로 재화를 사용 · 소비하는 것
  – 사용인 또는 기타의 자가 재화를 사용 · 소비하는 것으로서 사업자가 그 대가를 받지 아니하거나 시가보다 낮은 대가를 받는 경우

단, 위에 해당한다 할지라도 해당 재화를 매입할 때 매입세액을 공제받지 아니한 것은 과세되는 재화의 공급으로 보지 아니한다.

③ 사업상 증여(부가가치세법 제6조③)

• 의의

사업자가 자기의 사업과 관련하여 생산하거나 취득한 재화를 자기의 고객이나 불특정다수인에게 증여하는 경우에 증여되는 재화의 대가가 주된 거래인 재화의 공급의 대가에 포함되지 아니하는 것은 사업상 증여로 보아 과세되는 재화의 공급으로 본다.

• 재화의 공급으로 보지 아니하는 사업상 증여
  – 사업을 위하여 대가를 받지 아니하고 다른 사업자에게 인도 또는 양도하는 견본품
  – 매입세액을 공제 받지 아니한 재화를 자기 고객이나 불특정다수인에게 증여하는 경우

④ 폐업 시 잔존재화(부가가치세법 제6조 ④)

사업자가 사업을 폐지하는 때 또는 신규로 사업을 개시하고자 하는 자가 사업개시일 전에 등록한 경우로써 사실상 사업을 개시하지 아니하게 되는 때에 잔존하는 재화에 대하여 자기에게 재화를 공급하는 것으로 보아 과세한다. 다만, 매입세액이 공제되지 아니한 재화는 재화의 공급으로 보지 아니한다.

🔻 용역

재화 이외의 재산적 가치가 있는 모든 역무 및 기타 행위(재화·시설물·권리의 사용)로서 다음의 사업에 해당하는 것을 용역으로 본다.

- 사업의 분류는 통계청에서 발간하는 한국표준산업분류를 근거로 한다.

  ① 건설업 ② 숙박 및 음식점업 ③ 운수업 ④ 통신업 ⑤ 금융 및 보험업 ⑥ 부동산업[116] 및 임대업(단, 전·답·과수원·목장용지·임야 또는 염전 임대업은 제외) ⑦ 사업서비스업 ⑧ 공공행정, 국방 및 사회보장행정 ⑨ 교육서비스업 ⑩ 보건 및 사회복지사업 ⑪ 오락, 문화 및 운동관련 서비스업 ⑫ 기타 공공, 수리 및 개인서비스업 ⑬ 가사서비스업 ⑭ 국제 및 외국기관의 사업

① 과세거래

- 재화의 공급

계약상 또는 법률상 모든 원인에 의하여 재화를 인도 또는 양도하는 것을 재화의 공급으로 보며 구체적으로 다음과 같다.

- 매매계약에 의한 재화의 인도 : 현금·외상 할부 판매
- 가공계약에 의한 재화의 인도
- 교환계약에 의한 재화의 인도 또는 양도
- 기타 법률상 또는 계약상 원인에 의한 인도 또는 양도 : 경매(국세징수법 제61조의 규정에 의한 공매 및 민사집행에 따른 경매는 재화의 공급으로 보지 아니함)·수용·현물출자 등
- 자가 공급·개인적 공급·사업상 증여
- 재화의 공급이 아닌 거래

  ⓐ 담보제공 : 질권·저당권 또는 양도담보[117]

  ⓑ 사업의 양도 : 사업장별로 사업에 관한 모든 권리와 의무를 포괄적으로 승계하는 경우

  ⓒ 조세의 물납(상속세·증여세·재산세·종합부동산세)

- 용역의 공급(부가가치세법 제7조)

계약상 또는 법률상 모든 원인에 의한 역무의 제공, 재화·시설물 또는 권리를 사용하게

---

116) 부동산의 매매 또는 그 중개를 사업 목적으로 나타내어 부동산을 판매하거나 사업상 목적으로 과세기간 중에 1회 이상 부동산을 취득하고 2회 이상 판매하는 사업은 재화의 공급으로 분류한다.

117) 양도담보란 담보물의 소유권을 채권자에게 양도하고 일정기간 내에 변제하면 담보물의 소유권을 반환받는 것을 말한다.

하는 것으로 다음의 경우에는 용역의 공급으로 보지 아니한다.

① 무상공급 ② 고용관계에 의한 근로의 제공

• 재화의 수입

다음에 해당하는 물품을 한국에 반입하는 것(보세구역을 경유하는 것은 보세구역으로부터 반입하는 것)을 재화의 수입으로 본다.

– 외국으로부터 한국에 물품을 반입하는 것(외국의 선박에 의하여 공해(公海)에서 체포된 수산물 포함)

– 수출신고가 수리된 물품

② 납세의무자

한국 내에서 영리목적에 관계없이 독립적으로 사업을 하는 자는 납세의무자로 본다.

관련 사례로 개인(일반과세자 · 간이과세자), 법인, 수입자, 국가 · 지방자치단체, 법인격 없는 사단 · 재단 기타 단체

2) 과세기간 및 신고 납부

(1) 과세기간

① 원칙 : 개인 · 법인 구분 없이 1 · 2기로 구분

• 제1기 : 1월 1일부터 6월 30일까지

• 제2기 : 7월 1일부터 12월 31일까지

② 신규자 : 사업 개시일부터 당해 과세기간 종료일까지

③ 폐업자 : 당해 과세기간 개시일부터 폐업일까지

④ 유형전환자 : 당해기간 개시일부터 당초 유형이 속하는 날의 말까지

(2) 신고 · 납부

신고 · 납부는 <표 4-64>와 같다.

신고	신고 대상 기간	신고 · 납부기한
예정신고	• 제1기분 : 1월 1일 ~ 3월 31일 • 제2기분 : 7월 1일 ~ 9월 30일	각 예정신고기간 종료 후 25일 이내(다만, 개인사업자는 예정신고 대신 직 전기 납부세액의 1/2을 예정고지)
확정신고	• 제1기분 : 1월 1일 ~ 6월 30일 • 제2기분 : 7월 1일 ~ 12월 31일	각 과세기간 종료 후 25일 이내(다만, 예정신고 및 영세율 등 조기 환급 신고분으로 기 신고한 내용은 제외)

3) 거래시기

(1) 재화의 공급시기(부가가치세법 제9조 ①)

① 일반원칙

- 재화의 일반원칙이 필요한 경우 : 재화가 인도 되는 때
- 재화의 이동이 필요하지 아니한 경우 : 재화가 이용가능하게 되는 때
- 위 규정을 적용할 수 없는 경우 : 재화의 공급이 확정되는 때

② 거래형태별 공급시기

- 현금판매 · 외상판매 · 할부판매 : 재화가 인도되거나 이용가능하게 되는 때
- 장기할부판매 · 완성도지급기준 · 중간지급 조건부공급 또는 전력 기타 공급단위를 구획할 수 없는 재화의 계속적 공급 : 대가의 각 부분을 받기로 한 때
- 반환 조건부 · 동의조건부 · 기타 조건부 및 기한부 판매 : 조건이 성취되거나 기한이 경과되어 판매가 확정되는 때 등

(2) 용역의 공급시기(부가가치세법 제9조 ②)

① 일반원칙

역무(役務)가 제공되거나 재화 · 시설물 또는 권리가 사용되는 때

② 거래형태별 공급시기

- 완성도지급기준 · 중간지급 · 장기할부 · 기타 조건부공급 또는 그 공급 단위를 구획할 수 없는 용역 : 대가의 각 부분을 받기로 한 때
- 간주임대료 : 종료일 또는 과세기간의 종료일 등

4) 영세율과 면세

(1) 영세율 적용(부가가치세법 제11조)

① 의의

영세율은 세율을 영(零)으로 하는 것으로 매출세액은 영으로 부가가치세를 징수하지 않아도 되고 매입세액은 전액 공제하여 환급하는 제도이다.

② 적용대상

- 수출하는 재화 : 한국선박에 의해 채포(採捕)된 수산물의 외국 반출과 내국신용장 또는 구매승인서에 의한 재화의 공급을 포함한다.
- 국외에서 제공하는 용역 : 건설용역 등
- 선박 · 항공기의 외국항행용역
- 기타 외화획득사업
- 비료 · 농약 · 농기계 등 농 · 축산 · 임업용 기자재
- 외국관광객 및 외국사업자 등에 공급하는 재화 · 용역

③ 영세율 적용대상 사업자

거주자 또는 내국법인이 원칙이다. 다만, 상호주의 원칙에 의해 그 외국에서 대한민국의 거주자 또는 법인에게 동일 영세율을 적용하는 경우와 그 외국에 한국의 부가가치세 또는 이와 유사한 성질의 조세가 없는 경우 비거주자 또는 외국법인도 적용한다.

④ 영세율 적용방법

예정신고 또는 확정신고에 영세율 증명서류[118]를 첨부하여 제출한다.

(2) 면세(부가가치세법 제12조)

① 의의

재화 또는 용역의 공급에 대하여 부가가치세를 면제하는 제도이다.

---

118) 영세율 증명서류란 직접수출(수출실적명세서), 중계위탁가공 · 외국인도 · 위탁판매수출(수출계약서 사본 또는 외화 입금증명서) 등이다.

② 원칙

면세는 당해 면세사업자단계에서 발생하는 부가가치에 대한 세 부담의 면제로 기초생활
품, 국민후생용역, 문화 관련 재화·용역 등 소비자의 부담을 경감하기 위한 제도이다.

그리고 면세는 중간유통단계에서 면세하는 경우 중복과세 현상이 있으므로 최종소비자
의 거래에 대하여 면세하는 것이 원칙이다.

③ 면세사업자의 매입세액공제

면세사업자는 부가가치세법상의 제 의무(등록, 거래징수, 신고, 납부)가 없으나 전 단계에서
부담한 매입세액은 공제받지 못한다.

④ 면세대상 재화 또는 용역

다음에 해당하는 재화 또는 용역의 공급에 대하여는 부가가치세를 면제한다.

- 기초생활 필수재화 및 용역 : 미가공식료품과 농·축·수·임산물, 수돗물, 연탄, 무연
  탄, 여객운송용역(항공기·고속버스·전세버스·택시·고속철도 제외)
- 국민후생을 위한 재화 및 용역 : 의료보건용역·교육용역
- 문화관련 재화 및 용역 : 문화관련 재화(도서·신문·잡지 등), 예술창작 제품, 문화행사,
  비직업운동경기, 도서관, 박물관, 동물원 등의 입장
- 생산요소 관련 재화 및 용역 : 토지·금융용역
- 인적용역 : 개인이 기획재정부령이 정하는 물적 시설 없이 근로자를 고용하지 아니하
  고 독립된 자격으로 공급하는 인적용역(연예인·작곡가 등)
- 과세주체의 공공성에 따른 면세 : 국가·지방자치단체 또는 지방자치단체조합이 제공
  하는 재화와 용역, 정부업무 대행단체 등이 제공하는 재화 또는 용역. 단 2007년 1월 1
  일부터 국가 및 지방자치단체가 공급하는 부동산임대업, 도·소매업, 음식·숙박업,
  골프장, 스키장운영업, 기타 운동시설운영업은 과세로 전환하였다.
- 과세 객체의 용도에 따른 면세 : 국민주택과 동 건설용역, 특수용도 유류(농기계, 연근해
  어업용 선박, 연안여객선, 낙도 자가 발전용), 공장, 광산, 건설사업장 및 초·중·고등학교 구
  내식당 음식용역 등
- 면세대상이 되는 재화의 수입
  - 미가공식료품(식용에 제공하는 농·축·수·임산물 포함)

- 문화관련 재화(도서·신문·학술·교육·문화단체가 과학교육 문화용으로 수입하는 재화), 단
  산학협력단이 제공하는 연구용역은 2010년 12월 31일까지 면세 적용
- 외국으로부터 국가·지방자치단체 또는 지방자치단체조합에 기증되는 재화
- 공동주택 관리용역 및 경비·청소용역
- 천연가스 사용 시내버스 등

⑤ 부수재화 또는 용역

면세되는 사업에 필수적으로 부수되는 재화와 용역 공급은 면세되는 재화에 포함되어 부
가가치세가 면제된다.

⑥ 면세포기

부가가치세가 면제되는 재화 또는 용역의 공급으로써 다음의 경우에는 면세를 포기하고
과세대상으로 하여 매입세액을 환급받을 수 있다.

- 영세율 적용이 되는 경우
- 공익단체 중 학술연구단체 또는 기술연구단체가 공급하는 경우

다만, 면세포기를 하고자 하는 자는 면세포기신고를 하고 사업자등록을 하여야 한다.

5) 과세표준과 납부세액 계산방법

(1) 과세표준

① 의의

납세의무를 부과할 때 세액계산의 기준이 되는 금액으로 재화 또는 용역에 대하여 매출
세액이 되는 거래 징수세액을 계산할 때 세율을 곱하는 것이다.

② 과세표준의 계산

다음 가액의 합계액(부가가치세를 포함하지 않는 공급가액)을 과세표준으로 한다.

- 금전으로 대가를 받는 경우 : 그 대가
- 금전 이외의 대가를 받는 경우, 부당하게 낮은 대가를 받거나 받지 않는 경우 : 자기가
  공급한 재화 또는 용역의 시가

• 폐업한 경우 : 재고재화의 시가

③ 과세표준에 포함하지 않는 금액

에누리액, 환입된 재화의 가액, 국고보조금과 공공보조금, 연체이자, 공급받는 자에게 도달하기 전에 파손 · 훼손 · 멸실된 재화의 가액, 부가가치세, 할인액

④ 과세표준에 포함되는 금액

대손금 · 판매장려금 · 하자보증금

⑤ 수입재화의 과세표준

관세의 과세가격 + 관세 · 소비세 등(개별소비세, 주세) + 교육세, 농어촌특별세

⑥ 부동산임대용역에 대한 과세표준

• 부동산임대용역의 과세표준은 임대료와 전세금 또는 전세보증금에 대하여 일정한 방식에 의하여 임대료로 계산한 간주임대료의 합계액으로 한다.
• 간주임대료 계산산식
  − 과세표준 = (당해기간의 전세금 또는 임대보증금) × (과세대상 기간의 일수) × (계약기간 1년의 정기예금이자율 < 당해 예정신고기간 또는 과세기간 종료일 현재 >)/365(윤년의 경우에는 366)
  − 임대료를 선불 또는 후불로 받는 경우의 과세표준 : 사업자가 2과세기간 이상에 걸쳐 부동산임대용역을 공급하고 그 대가를 선불 또는 후불로 받는 경우에는 당해 금액을 계약기간의 월수로 나눈 금액의 각 과세대상 기간의 월수로 나눈 금액의 각 과세대상 기간의 합계액을 과세표준으로 한다.

(2) 세율(부가가치세법 제14조)

부가가치세 세율은 100분의 10

(3) 거래징수(부가가치세법 제15조)

사업자가 재화 또는 용역을 공급하는 때 공급가액(과세표준)에 세율을 적용한 부가가치세를 공급받는 자로부터 징수한다.

(4) 납부세액

🔻 납부세액 계산식(부가가치세법 제17조)

$$납부세액 = 매출세액 - 매입세액$$

① 매출세액 : 재화 또는 용역의 공급에 대한 과세표준 × 10%
② 매입세액 : 사업을 위하여 사용되었거나 사용될 재화 또는 용역 공급에 대한 세액과
   자기의 사업을 위하여 사용되었거나 사용될 재화의 수입에 대한 세액
③ 계산방식 : 계산은 각 과세기간 또는 예정신고기간 단위로 계산

🔻 매출세액에서 공제하지 아니하는 매입세액

① 세금계산서를 교부받지 아니하거나 매입처별 세금계산서를 정부에 제출하지 아니한
   경우
② 사업과 직접 관련 없이 지출한 매입세액
③ 비영업용 소형승용자동차의 구입 및 유지에 관한 매입세액
④ 접대비 지출에 관련 없이 지출한 매입세액
⑤ 면세되는 사업 및 토지와 관련된 매입세액
⑥ 등록 전 매입세액(등록신청일부터 역산하여 공급시기가 20일 이내의 것 제외)

🔻 매입세액공제 특례

① 신용카드 매출전표 등 법령세액공제

   • 사업자(법인을 제외한다)가 부가가치세가 과세되는 재화 또는 용역을 공급하고 신용
     카드매출전표, 현금영수증 등을 발행하거나 전자적 결제수단에 의하여 대금을 결
     제받는 경우
   • 일반과세자 중 소매업, 음식점업, 숙박업, 목욕 · 이발 · 미용업, 여객운송업, 입장권
     발행 사업자, 변호사, 법무사, 회계사, 세무사 등 주로 소비자에게 재화 또는 용역을
     공급하는 사업을 영위하는 자
   • 발행금액 또는 결제금액의 1%(음식점 · 숙박업자인 간이과세자는 1.5%) 상당하는 금액(연
     간 500만 원을 한도)을 납부세액에서 공제하며, 납부세액을 초과하는 때에는 초과하는
     부분은 없는 것으로 한다.

(2009~2010년)발행금액 또는 결제금액의 1.3%(음식점·숙박업자인 간이과세자는 2.6%) 연간 700만 원 한도

② 의제매입세액 공제(부가가치세법 제17조 ③)

• 의의

부가가치세가 면세되는 농·축·수·임산물의 생산과정에서 농어민 등이 부담한 부가가치세 상당액을 그 농산물 등을 구매하는 사업자에게 그 구입가액의 일정률에 해당하는 금액을 매입세액으로 의제하여 공제하여 주는 제도이다.

• 취지

면세재화에 포함된 부가가치세를 사후에 제거하여 농어민 단계 면세에 따른 중복과세를 해소함으로써 간접적으로는 농어민을 지원하고 가격구조의 중립성을 유지하기 위한 제도이다.

• 계산방법

의제매입세액 = 농·축·수·임산물 매입가액 × 2/102(음식업 3/103)

(다만, 음식업은 2010. 12. 31까지 개인 8/108, 법인 6/106)

③ 대손세액공제(부가가치세법 제17조의 2)

• 의의 및 내용

  - 사업자가 부가가치세 과세되는 재화 또는 용역을 공급하였으나 공급을 받는 자의 파산·강제집행 등으로 외상매출금 기타 채권이 대손되어 관련 부가가치세를 거래징수하지 못하는 경우 대손이 확정되는 날이 속하는 과세기간에 거래 징수하지 못한 부가가치세를 사업자의 매출세액에서 차감하여 주는 제도이다.
  - 재화 등을 공급받은 사업자가 대손세액의 전부 또는 일부를 매입세액으로 공제받은 경우 공급자의 대손이 당해 공급을 받는 사업자의 폐업 전에 확정되는 때에는 관련 대손세액상당액을 매입세액에서 차감한다.
  - 사업자가 부가가치세가 과세되는 재화 및 용역을 공급하는 경우 다음의 요건에 적합한 경우에는 대손세액공제가 가능하다.

• 계산방법

대손세액 = 대손금액(부가가치세 포함) × 10/110

6) 세금계산서(부가가치세법 제16조)

(1) 세금계산서

① 의의

사업자가 재화 또는 용역을 공급하는 때에는 공급가액과 부가가치세액을 표시한 세금계산서를 거래상대방에게 작성·교부하여야 하며, 매입할 때는 매출자로부터 교부받아야 한다.

② 교부대상 및 방법 등

- 교부자 : 등록한 사업자
- 교부대상 거래 : 재화 또는 용역
- 교부시기 : 재화 또는 용역의 공급 시 또는 거래처별로 1역월(歷月)의 공급가액을 합계하여 당해 월의 말일자로 익월 10일까지 교부하거나, 1역월 이내에서 사업자가 임의로 정한 기간의 공급가액을 합계하여 그 기간의 종료일자로 익월 10일까지 교부 가능하다.

③ 전자세금계산서(부가가치세법 제16조 ②)

- 발급대상 : 2010년부터 법인사업자는 의무적으로 세금계산서를 전자적 방법[기존 전자적 기업자원관리(ERP)를 활용하는 방법, 교부대행사업자(ASP)를 이용하여 발급하는 방법 등]으로 하고 발급내역을 발급일 다음 달 10일까지 전송한다.
- 의무면제 및 혜택 : 전자세금계산서 발급 및 국세청에 전송한 분에 대하여는 세금계산서합계표 제출 및 세금계산서 보관의무를 면제하고 발행 건당 100원의 세액공제(연간 100만 원 한도)를 해준다.

그리고 의무발급대상자가 아닌 개인 사업자도 2010년부터 전자세금계산서를 발급할 경우에는 동일한 혜택을 받을 수 있다.

(2) 수입세금계산서

- 발급자 : 세관장
- 발급대상거래 : 재화의 수입

(3) 수정세금계산서

① 의의

세금계산서를 발급한 후 그 기재사항에 착오나 정정 등 사유가 발생한 경우에는 세금계산서를 수정하여 발급할 수 있다.

② 발급사유

- 당초 공급한 재화가 환입된 경우
- 계약의 해제로 인하여 재화 또는 용역이 공급되지 아니한 경우
- 공급가액에 추가 또는 차감되는 금액이 발생한 경우
- 재화 또는 용역을 공급한 후 공급시기가 속하는 과세기간 종료 후 20일 이내에 내국신용장이 개설되거나 구매확인서가 발급된 경우
- 필요적 기재사항 등이 착오로 잘못 기재된 경우

(4) 영수증

① 의의

영세사업자 및 세금계산서를 현실적으로 발급할 수 없는 자가 쉽게 발급할 수 있도록 만든 간편한 세금계산서로 공급받는 자와 부가가치세액을 별도로 기재하지 아니한 계산서이다.

② 발급대상사업

- 소매업 · 음식업 · 숙박업 · 변호사업 · 변리사업 · 세무사업 등 주로 사업지가 아닌 소비자에게 공급하는 사업
- 목욕 · 이발 · 미용업 · 여객운송업 · 입장권을 발행하는 사업

(5) 세금계산서합계표 등 제출

- 제출자 : 사업자
- 제출대상 : 발급하였거나 발급받은 매출 · 매입처별 세금계산서 합계표
- 제출시기 : 예정신고 및 확정신고와 같이 제출, 예정신고와 함께 제출하지 아니하는 것은 당해 기간의 확정신고와 함께 제출

7) 경정징수와 환급

(1) 경정(부가가치세법 제21조)

① 경정사유

- 확정신고를 하지 아니한 때
- 확정신고 내용에 오류 또는 탈루가 있는 때
- 세금계산서 합계표의 제출이 없는 때
- 부가가치세를 포탈할 우려가 있는 때

② 경정유형

- 실지조사 경정 : 세금계산서 · 장부 기타 증빙이 있을 때 → 세금계산서 · 장부 기타 증빙을 근거로 하여 경정
- 추가경정 : 세금계산서 · 장부 기타 증빙이 없거나 허위일 때 → 동업자권형 · 생산수율 · 영업효율 · 부가가치율 · 입회조사 기준 등에 의하여 추계경정

(2) 징수(부가가치세법 제23조)

① 사업자가 예정신고 또는 확정신고 시 미달하게 납부한 세액과 경정으로 추가세액이 있는 경우 국세징수의 예에 의하여 징수한다.
② 수입에 대한 부가가치세는 세관장이 징수한다.

(3) 환급(부가가치세법 제24조)

① 의의

납부세액을 계산함에 있어 매입세액이 매출세액보다 많은 경우 그 초과하는 금액을 환급세액으로 하여 납세의무자에게 돌려주는 것을 말한다. 환급에는 일반환급과 영세율 등 조기환급이 있다.

② 환급시기

- 확정신고 기한 경과 후 30일 이내
- 경정의 경우 환급

③ 조기환급

- 대상은 영세율이 적용되거나 사업설비를 신설 · 취득 · 확장 또는 증축하는 때이다.
- 환급시기
  - 각 예정신고기간별로 그 예정신고기한 경과 후 15일 이내
  - 예정신고기간 중 또는 과세기간 최종 3월 중 매월 또는 매 2월('영세율 등 조기환급기간' 이라 함)에 영세율 등 조기환급기간 종료일로부터 25일 이내에 당해 영세율 등 조기 환급기간에 대한 과세표준과 환급세액을 사업장 관할세무서장에게 신고하는 때에는 조기환급 신고기한 경과 후 15일 이내이다.

4. 간이과세

1) 간이과세(부가가치세법 제25조)

직전 1역년의 공급대가(부가가치세액을 포함)가 4,800만 원 미만인 개인사업자가 해당한다.

광업 · 제조업 · 도매업 · 부동산매매업, 개별소비세가 과세되는 과세유흥장소, 변호사 등 전문인적용역, 국세청장이 정하는 기준지역은 간이과세에서 제외한다.

2) 과세표준과 세액

(1) 과세표준 : 공급대가(부가가치세가 포함된 금액)

(2) 부가가치율

부가가치율은 <표 4-65>와 같다.

업 종	부가가치율
1. 제조업, 전기·가스 및 수도사업, 소매업, 재생용 재료수집 및 판매업	20%
2. 농업·수렵업·임업 및 어업, 건설업, 부동산임대업, 기타서비스업	30%
3. 음식업, 숙박업, 운수·창고 및 통신업	40%

(3) 세율 : 1/100

(4) 납부세액 = 과세표준 × 당해 업종 부가가치율 × 1/100

(5) 매입세액공제 : 매입 시 교부받은 세금계산서의 합계표 제출 시 매입세액에 해당 업
종별 부가가치율(15~40%)을 곱하여 계산한 금액

(6) 세금계산서 : 영수증 교부

3) 신고와 납부

① 과세기간 종료 후 25일이내 신고·납부
② 교부받은 세금계산서의 합계표를 정부에 제출

4) 과세유형의 전환(간이과세 및 일반과세의 적용시기)

① 계속사업자 : 간이과세자에 관한 규정이 적용되거나 적용되지 아니하게 되는 기간은 1
역년의 공급대가가 4,800만 원의 금액에 미달하거나 그 이상이 되는 해의 다음 해의
제2과세기간으로부터 그 다음 해의 제1과세기간까지이다.
② 신규사업자 : 신규로 사업을 개시한 경우에는 최초의 과세기간에 대한 확정신고 후 개
시하는 과세기간부터 기산한다.
③ 휴업자 : 직전 1역년 중 휴업자에 대하여는 휴업기간을 제외한 잔여기간에 대한 재화
또는 용역의 공급대가의 합계액을 12월로 환산한 가액으로 하며, 직전 1역년에 대한
공급대가가 없는 경우에는 신규로 사업 개시한 것으로 보며, 이 경우 1월 미만의 단수

가 있는 때에는 이를 1월로 본다.

④ 경정의 경우 : 간이과세자의 공급대가가 결정 또는 경정됨으로 인하여 간이과세기준
금액인 경우 그 결정 또는 경정한 날이 속하는 과세기간까지는 간이과세자로 본다.

5) 간이과세의 포기(부가가치세법 제30조)

간이과세자가 간이과세를 포기하고 일반과세자로 전환하고자 하는 경우 일반과세 적용을 받으려는 달의 전달 마지막 날까지 관할 세무서장에게 신고를 해야 한다.

6) 납부의무의 면제(부가가치세법 제29조)

간이과세자의 과세기간에 대한 공급대가가 1,200만 원 미만인 경우에는 부가가치세 납부의무를 면제한다.

5. 대리납부(부가가치세법 제34조)

1) 의의

비거주자 또는 외국 법인으로부터 용역을 공급받는 경우에는 비거주자 또는 외국법인을 대신하여 그 대가를 지급하는 자가 부가가치세를 징수하여 정부에 납부하는 제도이다.

2) 적용대상

비거주자 또는 외국법인으로부터 용역을 공급받는 자가 그 대가를 지급하는 때에는 그 용역을 공급받는 자가 부가가치세를 징수하고 사업장 또는 주소지 관할 세무서장에게 납부해야 한다.

3) 대리납부징수세액

용역대가 × 10%

4) 대리납부방법

대리납부세액을 징수하는 자는 부가가치세 대리납부신고서와 함께 이를 징수한 사업장 또는 주소지 관할 세무서장에게 납부하거나 또는 국세징수법에 의한 납부서에 부가가치세 대리납부신고서를 첨부하여 한국은행이나 우편관서에 납부하여야 한다.

5) 대리납부 불이행 가산세

국내에 사업장이 없는 비거주자 또는 외국법인으로부터 용역을 공급받는 자가 부가가치세를 정부에 납부하지 아니한 때에는 그 세액의 10%에 상당하는 금액을 가산하여 국세징수의 예에 의하여 징수한다.

6. 사업자가 지켜야 할 사항

1) 사업자등록

(1) 사업자등록

① 신규사업자는 사업장마다 사업개시일부터 20일 내 등록
② 사업개시 전에도 등록 허용

(2) 폐업신고

폐업 시 사업자는 바로 정부에 신고하고 정부는 그 등록을 말소한다.

(3) 미등록의 경우 사업자는 매입세액 공제불가

① 미등록의 경우 사업자는 매입세액 공제불가

② 가산세 : 공급가액의 1/100

2) 기장의무

① 사업자는 납부세액 또는 환급세액과 관계되는 거래사실을 장부에 기록하고 사업장에
  비치

② 과세되는 사업과 면세되는 사업을 겸업 시 구분기장

③ 장부와 세금계산서는 5년 간 보관

④ 기장하지 아니한 때 50만 원 이하의 벌금

3) 세금계산서합계표 등 제출 및 신고 납부

① 사업자는 부가가치세 예정신고와 확정신고(개인 일반과세자와 간이과세자는 예정신고 대신
  직전기 납부세액 1/2납부)를 해야 한다.

② 부가가치세 신고 시 세금계산서합계표도 함께 제출

③ 미제출 등 불이행에 대한 조치

• 제출되지 않은 세금계산서합계표에 대하여는 매입세액 불공제

• 사기 기타 부정한 방법으로 환급 또는 공제 시 : 3년 이하의 징역 또는 부가가치세액 3
  배 이하 벌금

• 가산세

  - 세금계산서 미교부, 가공세금계산서발행 및 수취, 타인명의 세금계산서 발행 및 수
    취 : 공급가액의 2%

  - 신고불성실 가산세

      □ 부당한 무신고 · 과소신고 · 환급신고 : 납부세액의 40/100

      □ 일반무신고 : 납부세액의 20/100

      □ 일반과소신고 · 환급신고 : 납부세액의 10/100

- 세금계산서 발급의무 위반 등(조세처벌법 제10조)
    - 고의로 미발급 또는 허위기재 발급 시 : 1년 이하 징역 또는 부가가치세액 2배 이하의 벌금
    - 가공(假空)의 세금계산서 발급 또는 수취 : 3년 이하 징역 등

4) 일반과세자와 간이과세자의 비교

일반과세자와 간이과세자를 비교해 보면 <표 4-66>과 같다.

표 4-66 | **일반과세자와 간이과세자의 비교**

구 분	일 반 과 세 자	간 이 과 세 자
1. 대상사업자	간이과세자 아닌 모든 사업자	직전연도 1역년 공급대가가 4,800만 원 미만인 개인사업자
2. 과세표준	공급가액	공급대가(부가가치세가 포함된 금액)
3. 세율	10%, 0%	업종별부가가치율 × 10%, 0%
4. 거래징수	의무없음	별도규정 없음
5. 세금계산서	세금계산서 또는 영수증 발급	세금계산서 발급 불가능하고 영수증 발급만 가능
6. 납부세액	매출세액 – 매입세액	과세표준(공급대가) × 당해 업종별 부가가치율 × 10%
7. 예정신고납부	당해 예정신고기간의 과세표준과 세액 자진신고 · 납부, 단, 개인사업자 예정고지	예정고지 생략
8. 매입세금계산서 등	매입세액으로 공지	매입세액에 해당 업종별 부가가치율(15%~40%)을 곱하여 계산한 금액을 납부세액에서 공제
9. 미등록 가산세	공급가액의 1%	개인 : 공급대가의 0.5%
10. 납세의무 면제	적용대상이 아님	과세기간 공급대가가 1,200만 원 미만인 경우 납부의무 면제

5) 일반과세자 과세체계

일반과세자 과세체계는 <표 4-67>과 같다.

표 4-67 | **일반과세자 과세체계**

매출세액 : 과세표준 × 세율

(-) 매입세액 :	매입 시 부담한 세금계산서 수수분 매입세액(매입가액 × 세율)
	신용카드 매출전표 매입세액공제
	의제매입세액공제
	재활용폐자원 등에 대한 매입세액공제
	대손세액공제, 재고매입세액공제

납부세액

(-) 납부세액 경감 :	회사택시사업자에 대한 납부세액 경감
	성실신고사업자 납부세액 경감, 전자신고세액공제
(-) 공제세액 :	신용카드 매출전표 발행세액공제,
	예정신고 미환급 · 예정고지세액공제
	전자세액공제, 현금영수증사업자 세액공제
(-) 가산세 :	미등록 가산세
	세금계산서 등 미발급 · 기재불성실가산세
	세금계산서합계표 미제출 가산세
	영세율 과세표준 신고 불성실가산세
	신고 · 납부불성실가산세 등

차가감 납부(환급)할 세액

제8절 | 인지세, 증권거래세, 농어촌특별세, 교육세

1. 한국의 인지세[119]

1) 과세문서

재산에 관한 권리 등의 창설 · 이전 또는 변경에 관한 계약서 기타 이를 증명하는 문서로서 법률에 규정된 것만 과세한다.

---

119) 한국의 인지세는 1950년에 제정되어 2010. 1. 1개정을 하였다.

2) 세액

과세문서 및 세액은 <표 4-68>과 같다.

표 4-68 | **과세문서 및 세액(인지세법 제3조 ①)**

과세문서	세 액
1. 부동산·선박·항공기의 소유권 이전에 관한 증서	• 기재금액이 1천만 원 초과 3천만 원 이하인 경우 : 2만 원 • 기재금액이 3천만 원 초과 5천만 원 이하인 경우 : 4만 원 • 기재금액이 5천만 원 초과 1억 원 이하인 경우 : 7만 원 • 기재금액이 1억 원 초과 10억 원 이하인 경우 : 15만 원 • 기재금액이 10억 원을 초과하는 경우 : 35만 원
2. 대통령령으로 정하는 금융·보험기관과의 금전소비대차에 관한 증서	제1호에 규정된 세액
3. 도급 또는 위임에 관한 증서 중 법률에 따라 작성하는 문서로서 대통령령으로 정하는 것	제1호에 규정된 세액
4. 소유권에 관하여 법률에 따라 등록 등을 하여야 하는 동산으로서 대통령령으로 정하는 자산의 양도에 관한 증서	3,000원
5. 광업권, 무체재산권, 어업권, 출판권, 저작인접권 또는 상호권의 양도에 관한 증서	제1호에 규정된 세액
6. 다음 각 목의 어느 하나에 해당하는 시설물이용권의 입회 또는 양도에 관한 증서 　가.「체육시설의 설치·이용에 관한 법률」에 따른 회원제골프장이나 종합체육시설 또는 승마장을 이용할 수 있는 회원권에 관한 증서 　나.「관광진흥법」에 따른 휴양 콘도미니엄을 이용할 수 있는 회원권에 관한 증서	제1호에 규정된 세액
7. 계속적·반복적 거래에 관한 증서로서 다음 각 목의 어느 하나에 해당하는 것 　가.「여신전문금융업법」 제2조 또는 「전자금융거래법」에 따른 신용카드회원(직불카드회원을 포함한다)으로 가입하기 위한 신청서	1,000원
나.「전기통신사업법」 제4조 제2항에 따른 기간통신역무 중 대통령령으로 정하는 역무를 이용하기 위하여 작성하는 계약서 또는 가입신청서	1,000원
다.「여신전문금융업법」 제2조 제5호에 따른 신용카드가맹점으로 가입하기 위한 신청서와 그 밖에 대통령령으로 정하는 것	300원
8. 대통령령으로 정하는 상품권 및 선불카드	권면금액이 1만 원 초과 5만 원 이하인 경우 : 200원 권면금액이 5만 원을 초과하는 경우 : 400원
9.「자본시장과 금융투자업에 관한 법률」 제4조 제2항에 따른 채무증권, 지분증권 및 수익증권	400원

과세문서	세 액
10. 예금 · 적금에 관한 증서 또는 통장, 환매조건부채권 매도약정서, 보험증권 및 신탁에 관한 증서 또는 통장	100원
11. 「여신전문금융업법」 제2조 제10호에 따른 시설대여를 위한 계약서	1만 원
12. 채무의 보증에 관한 증서	
가. 사채보증에 관한 증서 또는 그 밖에 이와 유사한 것으로서 대통령령으로 정하는 채무의 보증에 관한 증서	1만 원
나. 「신용보증기금법」에 따른 신용보증 기금이 발행하는 채무의 보증에 관한 증서 또는 그 밖에 이와 유사한 것으로서 대통령령으로 정하는 채무의 보증에 관한 증서	1,000원
다. 「보험업법」에 따른 보험업을 영위하는 자가 발행하는 보증보험증권, 「농림수산업자 신용보증법」 제4조에 따른 농림수산업자신용보증기금이 발행하는 채무의 보증에 관한 증서 또는 그 밖에 이와 유사한 것으로서 대통령령으로 정하는 채무의 보증에 관한 증서	200원

3) 비과세 문서(인지세법 제6조)

① 국가 · 지방자치단체가 작성하는 증서 또는 통장

② 국고금 취급에 관하여 작성하는 증서 또는 통장

③ 공공사업을 위한 기부를 위하여 국가 · 지방자치단체에 제출하는 증서

④ 자선 · 구호단체가 그 사업에 관하여 작성하는 증서

⑤ 주택의 소유권이전에 관한 증서로서 기재금액이 1억 원 이하인 것

⑥ 증권의 복분 및 등본(자본시장과 금융투자업에 관한 법률 4 ①)

⑦ 어음의 인수 · 보증

⑧ 금전소비대차증서로서 기재금액 4천만 원 이하인 것

⑨ 우편법에 의한 우편전용의 물건에 관한 증서

⑩ 공공용지의 취득 및 손실보상에 관한 특례법의 적용을 받는 토지 등을 국가 · 지방자치단체 등에 양도하는 경우에 그 양도 절차상 필요에 의하여 작성하는 증서

⑪ 한국은행이 발행하는 통화안정증권

⑫ 국제금융기구가 발행하는 채권 및 동 채권의 발행과 관련하여 작성하는 증서

2. 한국의 증권거래세[120]

1) 과세대상

주권 또는 지분의 양도. 그러나 외국유가증권시장에 상장된 주권의 양도 및 외국유가증권시장에 상장하기 위해 인수인에게 양도하는 경우는 제외한다.

2) 납세의무자

① 한국예탁결제원 : 다음 주권을 계좌 간 대체로 매매 결제하는 경우
- 증권시장에서 양도되는 주권
- 증권시장 밖에서 협회를 통해 장외 매매거래 방식으로 양도되는 비상장주권
② 금융투자업자 : 그 밖의 금융투자업자를 통해 주권 등을 양도하는 경우
③ 양도자 : 그 밖에 사인 간에 양도되는 주권, 다만 국내사업장이 없는 비거주자 또는 외국법인이 금융투자업자를 통하지 않고 주권을 양도하는 경우는 양수인

3) 비과세

① 국가 및 지방자치단체가 주권 등을 양도하는 경우
② 자본시장과 금융투자업에 관한 법률 제119조(모집 또는 매출신고)에 따라 주권을 매출하는 경우(청약된 주권총수가 매출하고자 하는 주권총수에 미달된 주권을 인수인이 인수하는 경우를 포함)
③ 주권을 목적물로 하는 소비대차의 경우

4) 과세표준

(1) 한국예탁결제원이 납세의무자인 주권

당해 주권 등의 양도가액

---

120) 한국증권거래세는 1978. 12. 5 제정하여 ~ 2008. 12. 26 개정을 하였다.

(2) 그 밖의 주권

① 주권 등의 양도가액을 알 수 있는 경우 : 해당주권 등의 양도가액. 다만, 다음의 어느 하나에 해당하는 경우에는 다음에 규정하는 가액

- 소득세법 제101조(양도소득의 부당행위계산), 법인세법 제52조(부당행위계산의 부인) 또는 상속 및 증여세법 제35조(저가·고가양도에 따른 이익의 증여 등)에 따라 주권 등이 시가액보다 낮은 가액으로 양도되는 경우 [국제조세조정에 관한 법률 제4조(정상가액에 의한 과세조정)의 규정이 적용되는 경우 제외]에는 그 시가액이다.
- 소득세법 제126조(비거주자 분리과세 시 과세표준과 세액의 계산), 법인세법 제92조(국내원천소득금액의 계산) 또는 국제조세조정에 관한 법률 제4조에 따라 주권 등이 정상가격보다 낮은 가액으로 양도된 것으로 인정되는 경우에는 그 정상가격이다.

② 주권 등의 양도가액을 알 수 없는 경우 : 다음 각 호의 가액에 양도된 당해 주권 등의 거래수량을 곱하여 계산한 가액

- 상장법인의 주권 등을 유가증권시장 및 코스닥시장 밖에서 양도하는 경우 : 한국거래소가 공표하는 양도일의 매매거래 기준가액
- 한국금융투자협회가 기준(증권거래법 시행령 178 ①)에 따라 거래되는 종목으로 지정한 주권 등을 기준 외의 방법으로 양도하는 경우 : 한국거래소가 공표하는 양도일의 매매거래 기준가액
- 그 밖의 방식으로 주권 등을 양도하는 경우 : 소득세법 시행령 제165조(토지·건물 외의 자산의 기준시가 산정)에 따라 계산한 가액

5) 세율

① 법정세율 : 0.5%(비상장주식 등)
② 탄력세율 : 유가증권시장에서 양도되는 주권은 0.15%(농어촌특별세율 0.15%)이며 코스닥시장에서 양도되는 주권은 0.3%이다.

6) 신고·납부

① 한국예탁결제원, 금융투자업자 : 매월분의 과세표준과 세액을 다음 달 10일까지

② 양도자, 양수자 : 매분기의 과세표준과 세액을 양도일이 속하는 분기의 말일부터 2개
월 이내

3. 한국의 농어촌특별세[121)

1) 도입목적 및 과세체계

UR타결에 따라 농어촌경쟁력강화를 위해 투자재원 조달방법으로 제정하였다. 적용기간
은 1994. 7. 1 ~ 2014. 6. 30(20년 간)이다.

조세감면액과 증권거래금액, 취득세액 등에 추가하여 부과(Surtax)한다.

2) 과세표준 및 세율

농어촌특별세과세표준 및 세율은 <표 4-69>와 같다.

표 4-69 | **농어촌특별세과세표준 및 세율**

과세표준	세 율	비 고
① 조세감면액 - 내국세 감면 - 관세 감면 - 지방세 감면	20%	조특법 · 관세법 · 지방세법에 의한 소득세 · 법인세 · 관세 · 취득세 · 등록세 감면액에 부과(농어민, 기술개발 등을 위한 감면은 제외)
② 저축감면	10%	세금우대종합저축만 과세
③ 개별소비세액	10%(골프장입장 30%)	고급가구, 모피, 오락기 등 사치성물품
④ 증권거래금액	0.15%	상장주식만 과세
⑤ 취득세액	10%	부동산 등의 취득자(서민 · 농가주택, 농지, 차량취득 등 제외)
⑥ 레저세액	20%	
⑦ 종합부동산세액	20%	

---

121) 한국농어촌특별세법은 1994. 3. 24 제정하여 2010. 1. 1 개정을 하였다.

3) 비과세

① 창업중소기업 및 창업벤처중소기업에 대한 세액감면 및 중소기업 등에 대한 특별세액
  감면
② 농어민 또는 연금저축 · 장기주택 마련저축 등에 대한 감면 등
③ 한국 사랑의 집짓기운동 연합회[122]가 무주택자에게 분양할 목적으로 취득하는 부동산에
  대하여 취 · 등록세감면분 부과 농어촌특별세 비과세(농어촌특별세법시행령, 2010년 1월 1일)

4. 한국의 교육세[123]

1) 도입목적 및 과세 대상

교육의 질적 향상 도모에 필요한 교육재정의 확충에 소요되는 재원을 확보하기 위하여
도입하였다. 금융 · 보험업자의 수익금액에 대한 과세와 특별소비세액 · 교통세액에 추가하
여 부과(Surtax)하는 조세이다

2) 과세표준 및 세율

교육세 과세표준 및 세율은 <표 4-70>과 같다.

표 4-70 | **교육세 과세표준 및 세율**

과 세 표 준	세 율
• 금융 · 보험업자의 수익금액	0.5%
• 개별소비세액	30%(등유, 중유, 수송용 부탄의 경우 15%)
• 주세액	10%(주세율 70% 이상인 주류의 경우 30%)

---

122) 사랑의 집짓기운동(Habit for Humanity)은 1976년 미국에서 빈곤층 주택문제 해결을 위해 시작하여 전 세
    계 1백여 국가로 확대 되었으며, 한국은 1995년 국토해양부 산하에 비영리 공익법인으로 활동하고 있다.
123) 한국의 교육세법은 1981. 12. 5. 제정되어 2008. 12. 26. 개정을 하였다.

3) 비과세

금융 · 보험업자가 행하는 공익신탁의 신탁재산에서 발생하는 수익금액

4) 교육재정의 근거

교육세(보통교부금)를 일반회계(내국세의 20%) 형태로 보통교부금과 특별교부금의 재원을 마련하여 지방교육자치에 기여하도록 하였다. 관련 근거로 지방교육재정교부금법 제3조 및 지방자치단체교육비특별회계(지방교육자치에 관한 법률 제4장), 지방교육재정교부금법 제11조 제2항(지방교육세, 담배소비세의 45%, 특별시세 10%, 광역시 · 경기도 5%, 기타 도세 3.6%)이 있다.

제9절 | 조세지원제도(조세특례제한법[124])

1. 한국의 부동산관련 조세특례제도

1) 조세특례제한법의 성격

(1) 조세정책법

조세의 감면 · 중과 및 제한에 관한 사항을 규정하여 과세의 공평을 기하고 조세정책을 효율적으로 수행함으로써 국민경제의 건전한 발전에 이바지함을 목적으로 한다.

(2) 조세특례의 기본법

일반세법은 조세의 기본원칙적인 내용을 규정하고 모든 조세특례사항은 조세특례법에 일괄 규정하고 있다. 이는 조세정책의 일관성을 유지하고 효율성을 제고하기 위한 것이다.

---

124) 한국의 조세특례제한법은 1965. 12. 20 제정되어 2010. 1. 1 개정을 하였다.

(3) 조세특례의 종류

직접특례(국고보조금)란 비과세, 소득공제, 익금불산입, 손금산입, 세액공제, 세액 감면제도가 있다. 그리고 간접특례(국고무상대부)란 준비금, 충당금, 과세이연, 이월과세가 있다.

2) 부동산 관련 조세지원제도

(1) 투자촉진을 위한 조세특례(조세특례제한법 제2장 제4절)

① 임시투자세액공제(조세특례제한법 제26조), 2009. 12. 31.
- 제도취지 : 투자를 통한 경기조절 지원세제
- 공제대상 : 광업, 제조업, 출판업, 건설업, 도매업, 소매업, 전기통신업, 연구개발업, 포장 및 충전업, 전문디자인업, 영상·오디오 기록물제작 및 배급업, 화상업, 방송업, 엔지니어링사업, 컴퓨터프로그래밍·시스템통합 및 관리업, 물류산업, 관광숙박업, 국제회의기획업, 전문휴양업, 종합휴양업, 유치원시설업, 하수폐기물처리(재활용 포함)·원료재생 및 환경보전업, 그 밖의 과학 기술서비스업, 농업, 축산업, 어업, 창작 및 예술관련 서비스업, 컴퓨터학원, 뉴스제공업, 의료업, 노인복지시설운영업을 영위하는 내국인, 수리업, 기타 개인서비스업
- 대상시설 : 사업용자산(단, 건물, 차량운반구, 기구, 비품, 선박 및 항공기 등 제외)
- 지원내용 : ① + ②
  ① 당기분 방식 : 당해과세연도에 발생한 투자금액의 일정률을 세액공제
    - 공제율. 수도권과밀억제권역 내(3%), 수도권과밀억제권역 밖(10%)
  ② 증가분 방식 : 증가투자금액의 10% 세액공제
    - 증가투자금액 : 당해 과세연도 발생 투자금액[125] – 직전 3년 평균 투자금액

② 가업의 승계에 대한 증여세 과세특례(조세특례제한법 제30의 6) 2010. 12. 31
- 지원대상
  - 18세 이상인 거주자가 가업을 10년 이상 계속하여 영위한 60세 이상의 부모로부터 가업 승계를 목적으로 주식 또는 출자지분(30억 원 한도)을 2010. 12. 31.까지 증여받

---

125) 당해 과세연도 발생투자금액 중 당해 과세연도에 개시된 투자금액을 한도로 한다.

고 가업을 승계한 경우

* 지원내용
  - 증여세 과세가액에서 5억 원을 공제하고 10% 세율 적용

(2) 지역 간의 균형발전을 위한 조세특례(조세특례제한법 제2장 제7절)

① 공장의 대도시 밖 이전에 대한 법인세 과세특례(조세특례제한법 제60조), 2011. 12. 31

* 지원내용

  대도시공장의 대지와 건물을 양도함으로써 발생하는 양도차익은 양도일이 속하는 사업연도부터 5개 사업연도의 기간 동안 균분액 이상을 익금산입

* 지원대상

  대도시[126] 안의 공장을 지방으로 이전하기 위하여 당해 공장의 대지와 건물을 2011년 12월 31일까지 양도함으로써 발생하는 양도차익에서 이월결손금을 차감한 금액

* 추징요건
  - 지방으로 공장을 이전하여 사업을 개시한 날부터 2년 이내에 대도시 공장을 양도하지 않는 경우
  - 공장양도 후 1년 이내 지방에서 기존 공장을 취득하여 사업을 개시하지 않는 경우
  - 공장양도 3년 이내 지방 공장을 준공하여 사업을 개시하지 않는 경우
  - 사업을 폐지 또는 해산한 경우(합병 또는 분할 및 분할합병은 제외)

② 법인본사의 수도권과밀억제권역 밖으로 이전하는데 따른 양도차익에 대한 법인세 과세특례(조세특례제한법 제61조), 2011. 12. 31

* 지원내용

  수도권과밀억제권역 내 본점 또는 주사무소의 대지와 건물을 양도함으로써 발생하는 양도차익은 양도일이 속하는 사업연도에 익금 산입하지 아니하고 당해 사업연도 종료 이후 5년이 되는 사업연도부터 5개 사업연도의 기간 동안 균분액 이상을 익금산입

* 지원대상

  수도권과밀억제권역 안의 본점 또는 주사무소를 수도권과밀억제권역 외의 지역으로 이전하기 위해 본점·주사무소의 대지와 건물을 2005년 12월 31일까지 양도함으로써

---

126) 대도시란 수도권과밀억제권역, 부산(기장군 제외)·대구(달성군 제외)·광주·대전·울산광역시이다.

발생하는 양도차익에서 이월결손금을 차감한 금액

- 추징요건

  - 지방으로 이전한 날로부터 2년 이내 수도권과밀억제권역 내 본사를 양도하지 않는 경우

  - 수도권과밀억제권역 내 본사를 양도한 날로부터 3년 이내에 지방으로 이전하지 않는 경우

  - 수도권과밀억제권역 내 사무소 근무인원이 전체 근무인원의 50% 이상인 경우

  - 본사 대지와 건물을 처분한 대금을 수도권 과밀억제권역 외 본사의 대지 및 건물의 취득·임차 또는 사업용 고정자산 취득외의 용도로 사용한 때

  - 당해 사업을 폐지하거나 해산한 때

③ 수도권과밀억제권역 밖으로 이전하는 중소기업에 대한 세액 감면(조세특례제한법 제63조), 2011. 12. 31.

- 지원내용

  지방이전 후 공장에서 발생하는 소득에 대하여 처음 5년간은 소득세·법인세 100%, 그 후 2년간 50% 감면

- 지원대상

  - 수도권과밀억제권역 안에서 2년 이상 계속하여 공장시설을 갖추고 사업을 영위하는 중소기업(내국인)이 수도권과밀억제권역 외의 지역으로 공장시설을 전부 이전하여 2011년 12월 31일까지 사업을 개시하여 이전 후 공장에서 발생하는 소득

  - 본점 또는 주사무소가 수도권과밀억제권역 내에 소재하는 경우에는 본점 또는 주사무소도 함께 이전하는 경우에 한함

- 추징요건

  - 이전한 날부터 1년 이내에 수도권과밀억제권역 내 구 공장을 양도 또는 철거·폐쇄하지 않는 경우

  - 수도권과밀억제권역 내 공장의 양도 또는 철거·폐쇄일로부터 1년 내 수도권과밀억제권역 외의 지역으로 공장을 이전하지 않는 경우(신축 이전의 경우는 3년)

  - 공장을 이전한 후 3년 이내에 사업을 폐지하거나 법인이 해산한 때(합병·분할·분할합병은 예외)

  - 수도권 과밀억제권역 안에 동일한 공장을 설치하거나 본사를 설치한 때

④ 법인의 공장 및 본사를 수도권 밖으로 이전하는 경우 법인세 등 감면(조세특례제한법 제63의 2)
2011. 12. 31

- 지원내용
  - 법인세 : 공장 · 본사 이전 후 5년간 100%, 그 후 2년 간 50% 감면
  - 공장 · 본사 양도차익은 양도일이 속하는 사업연도 종료일 이후 3년이 되는 사업연도부터 3개 사업연도의 기간 동안 균분액 이상을 익금산입
  - 감면분 농어촌특별세 비과세, 재산세 · 종부세 5년간 100% · 그 후 2년간 50% 감면, 취득세 · 등록면허세 면제
- 지원대상
  - 수도권 내 과밀억제권역 안에서 3년 이상 계속하여 공장시설을 갖추고 사업을 영위하거나 3년 이상 계속하여 본사를 둔 법인으로 본사 또는 공장을 수도권 외의 지역으로 2011년 12월 31일까지 이전하는 법인 또는 2011년 12월 31일까지 공장 · 본사용 부지를 취득하고, 2014년 12월 31일까지 신축 및 사업 개시하는 법인
  - 공장의 경우 광역시 지역으로 이전 시 산업단지에 이전하는 경우에 한하여 지원
  - 본사이전 근무인원 비율이 50% 이상 이전되어야 함
  - 임원의 50% 이상이 이전하여야 함
  - 부동산업과 소비성서비스업 적용배제
- 감면대상소득
  - 공장이전 : 이전 후 공장발생 소득
  - 본사이전 : 당해 과세연도 과세 표준(토지, 건물 양도차익제외) × 이전본사 근무인원의 급여비율 또는 이전본사 근무인원의 비율 중 낮은 비율
- 추징요건
  - 이전한 날로부터 3년 이내에 사업을 폐지하거나 법인이 해산한 때(합병 · 분할 · 분할합병은 제외)
  - 이전한 날로부터 2년 이내에 종전 공장 또는 본사를 양도 · 철거 또는 본사 외 용도로 전환하지 않은 경우
  - 공장 · 본사를 양도 · 철거 또는 본사 외 용도로 전환한 날로부터 2011년 12월 31일까지 수도권 외에서 사업을 개시[신축이전의 경우 2011년 12월 31일까지 부지를 취득(보유하는 경우 포함)하고 취득일로부터 3년 내 사업을 개시하지 않은 경우

– 수도권 안에 동일한 제품의 공장을 설치하거나 본사를 설치한 때

– 본사이전의 경우 수도권 안에 전체 근무인원의 50% 이상 근무하는 사무소를 둔 때

– 임원의 50% 이상이 이전하지 않는 경우

⑤ 자경농지에 대한 양도소득세의 감면(조세특례제한법 제69조)

- 감면내용

  농지 소재지에 거주하는 거주자가 8년(3년) 이상 직접 경작한 토지를 양도하는 경우에는 양도소득세 감면

- 감면요건

  – 일반인에게 양도하는 경우에는 8년 이상 직접경작

  – 경영이양직불보조금 지급대상 농지를 한국농어촌공사 또는 농업법인에게 2010년 12월 31일까지 양도하는 경우에는 3년 이상 직접경작

- 감면한도

  5년간 1억 원 한도 내에서 양도소득세 감면

⑥ 농지대토에 대한 양도소득세 감면(조세특례제한법 제70조)

- 감면내용

  농지 소재지에 거주하는 거주자가 직접 경작한 토지로써 농업소득세의 과세대상(비과세 · 감면 · 소액부징수 포함)이 되는 토지를 경작상의 필요에 의하여 대토하는 경우에는 양도소득세 감면

- 감면요건

  3년 이상 종전의 농지소재지(연접한 시 · 군 · 구 포함)에 거주하면서 경작한 자가 종전의 농지 양도일부터 1년 이내에 다른 농지를 취득하여 3년 이상 새로운 농지 소재지(연접한 시 · 군 · 구 포함)에 거주하면서 경작한 경우

- 감면한도

  5년간 1억 원 한도 내에서 양도소득세 감면

  단, 8년 자경 감면액과 농지대토 감면액의 합계액이 5년간 1억 원 한도.

⑦ 미분양주택 투자신탁 등에 대한 과세특례(조세특례제한법 제91조의 11)

  거주자 또는 비거주자가 미분양주택에 직접 · 간접으로 투자목적으로 설립된 투자신

탁, 투자회사 및 부동산투자회사에 2009년 12월 31일까지 가입하여 2012년 12월 31일 이전에 받는 배당소득 중 해당 미분양주택 투자신탁 등 별로 투자금액이 1억 원까지에서 발생하는 배당소득에 대해서는 소득세를 부과하지 아니한다. 이 경우 투자금액이 1억 원을 초과하는 경우에는 그 초과하는 금액에서 발생하는 배당소득에 대하여는 종합소득과세표준에 합산하지 아니한다.

(3) 국민생활안정을 위한 조세특례(조세특례제한법 제2장 제10절)

① 미분양주택의 취득자에 대한 양도소득세 과세특례(조세특례제한법 제98조의 3)

거주자 또는 비거주자가 서울시 외에 소재(지정지역 제외)하는 미분양주택을 2009년 2월 12일부터 2010년 2월 11일까지 취득(2010년 2월 11일까지 매매 및 계약을 납부한 경우 포함)하는 그 취득일부터 5년 이내 양도함으로써 발생하는 양도소득에 대해서는 100% 감면(수도권과밀억제권역인 경우에는 60%)

② 농어촌주택등 취득자에 대한 양도소득과세특례(조세특례제한법 제99의 4) 2011. 12. 31

- 특례내용

  1세대가 2003년 8월 1일(고향주택은 2009년 1월 1일)부터 2011년 12월 31일까지의 기간 중에 다음 요건을 갖춘 1개의 농어촌주택을 취득(자기가 건설하여 취득한 경우를 포함)하여 3년이상 보유하고 있는 당해 농어촌주택등을 당해 1세대의 소유주택이 아닌 것으로 보아 소득세법을 적용

- 농어촌주택 등의 요건

  - 취득당시 다음 1에 해당하는 지역을 제외한 지역으로서 지방자치법 제3조 제3항 및 제4항의 규정에 의한 읍 또는 면에 소재할 것

    1. 광역시에 소속된 군에 소재하는 지역 및 수도권지역(연천군, 옹진군 제외)

    2. 국토의 계획 및 이용에 관한 법률 제6조 및 제117조의 규정에 의한 도시지역 및 허가 지역

    3. 소득세법 제104조의 2 ①에 따른 지정지역

    4. 그 밖의 관광진흥법 제2조의 규정에 의한 관광단지

       - 대지면적이 660제곱미터 이내이고, 주택의 연면적이 150제곱미터(공동주택의 경우에는 전용면적이 116제곱미터) 이내일 것

- 주택 및 이에 부수되는 토지의 가액(소득세법 제99조에 따른 기준시가)의 합계액이 당
해주택의 취득 당시 2억 원을 초과하지 아니할 것

③ 장기임대주택에 대한 양도소득세 감면(조세특례제한법 제97조)

거주자가 다음 각 호에 해당하는 국민주택을 2000년 12월 31일 이전에 임대를 개시
하여 5년 이상 임대한 후 양도하는 경우, 그 주택 양도 시 발생되는 소득에 대하여 양
도소득세 100분의 50에 상당하는 세액을 감면한다. 다만 건설임대주택 중 5년 이상
임대한 임대주택과 같은 법에 따른 매입임대주택 중 1995년 1월 1일 이후 취득 및 임
대를 개시하여 5년 이상 임대한 주택(취득당시 미입주 주택만 해당) 및 10년 이상 임대한
임대주택의 경우에는 양도소득세를 면제한다.

1. 1986년 1월 1일부터 2000년 12월 31일 기간 중 신축된 주택

2. 1985년 12월 31일 이전에 신축된 공동주택으로서 1986년 1월 1일 현재 미입주한 주택

④ 미분양주택의 취득자에 대한 양도소득세의 과세특례(조세특례제한법 제98조의 3)

거주자 또는 비거주자가 서울시 밖의 지역에 있는 미분양주택을 다음 각호 기간 중에
주택을 공급하는 해당사업주체와 최초 매매계약을 체결하고 취득(2010년 2월 11일까지
매매계약체결 및 계약료 납부한 경우 포함)하여 그 취득일부터 5년 이내에 양도함으로써 발
생하는 소득에 대해서는 양도소득세의 100분의 100(수도권과밀억제권역은 100분의 60)에
상당하는 세액을 감면하고 취득일부터 5년이 지난 후 양도 시는 취득일부터 5년간 발
생한 양도소득금액(수도권과밀억제권역은 양도소득 금액의 100분의 60에 상당하는 금액)을 해당
주택의 양도소득세 과세대상소득금액에서 뺀다(공제금액이 과세대상소득금액을 초과 시 초
과금액은 없는 것으로 한다).

1. 거주자 : 2009년 2월 12일부터 2010년 2월 11일까지

2. 비거주자 : 2009년 3월 16일부터 2010년 2월 11일까지

⑤ 비거주자의 주택취득에 대한 양도소득의 과세특례(조세특례제한법 제98조의 4)

국내사업장이 없는 비거주자가 2009년 3월 16일부터 2010년 2월 11일까지 기간 중
에 미분양주택 외의 주택을 취득(2010년 2월 11일까지 매매계약체결 및 계약금 납부한 경우 포
함)하여 양도함으로써 소득이 발생하는 소득에 대하여 양도소득세의 100분의 10에 상
당하는 세액을 감면한다.

⑥ 신축주택의 취득자에 대한 양도소득세 감면(조세특례제한법 제99조)

거주자(주택건설사업자 제외)가 다음의 신축주택을 취득하여 그 취득한 날부터 5년 이내에 양도함으로써 발생하는 소득에 대해서는 양도소득세의 100분의 100에 상당하는 세액을 감면하며, 신축주택을 취득한 날부터 5년이 지난 후에 양도하는 경우에는 그 신축주택을 취득한 날부터 5년간 발생한 양도소득금액을 뺀 양도소득세 과세대상소득금액에서 뺀다(고가주택은 제외).

1. 자기가 건설한 주택(조합을 통한 취득주택 포함)으로 1998년 5월 22일부터 1999년 6월 30일 기간(국민주택은 1998년 5월 22일부터 1999년 12월 31일까지) 사이에 사용승인 또는 사용검사를 받은 주택

2. 주택건설사업자로부터 취득하는 주택으로써 신축주택취득기간에 주택건설업자와 최초로 매매계약을 체결하고 계약금을 납부한 자가 취득하는 주택(다만, 매매계약일 현재 다른 자가 입주한 사실이 있는 것은 제외)

⑦ 신축주택 취득자에 대한 양도소득세 과세특례(조세특례제한법 제99조의 3)

- 적용대상

  2001년 5월 23일 ~ 2003년 6월 30일 기간 중 신축국민주택규모 이하의 주택의 취득 후 5년 내 양도 시 양도세 면제, 5년 경과 후 양도 시 5년 간 발생한 양도소득금액을 양도소득세 과세대상소득금액에서 차감

  – 서울특별시, 과천시, 분당, 평촌, 일산, 산본, 중동 신도시는 제외

⑧ 보금자리주택건설 등에 대한 양도소득세 감면

- 적용대상

  2010년 1월 1일 이후부터 공익사업 수용에 따른 보상채권을 만기까지 보유할 경우 수용되는 토지의 양도세 감면율 및 감면한도

  – 감면율 : 3년 만기 40%, 5년 만기 50%

  – 감면한도 : 연간 2억 원(5년간 3억 원 범위 내)

- 양도세 감면 근거법률

  보금자리주택건설 등에 관한 특별법, 택지개발촉진법, 공익사업을 위한 토지 등의 취득 및 보상에 관한 법률, 그 밖에 공익사업에 따른 협의매수 및 수용의 근거가 되는 법률

(4) 기타 직접국세특례(조세특례제한법 제2장 제11절)

① 간접외국납부세액에 대한 과세특례(조세특례제한법 제104의 6)

내국법인의 각 사업연도 소득금액에 내국법인이 25%(해외자원개발산업 : 5%) 이상을 직접 출자하고 있는 외국회사로부터 받은 이익의 배당이나 잉여금분배액이 포함된 경우 다음의 요건을 갖춘 경우 세액공제 또는 손금산입

- 한국이 체결한 조세조약에서 간접외국납부세액공제제도를 채택하고 있지 않거나 조세조약을 체결하지 않은 국가 또는 지역에서 배당 등을 받았을 것
- 내국법인이 외국자회사의 주식 또는 출자지분을 외국자회사의 배당 등 확정일 현재 6개월 이상 계속하여 보유하고 있을 것

② 향교 · 종교단체에 대한 종합부동산세 과세특례(조세특례제한법 제104조의 13)

- 적용대상

  2005년 1월 4일 이전에 개별향교 및 개별종교단체가 소유한 부동산 중 향교재단 및 종교재단명의로 등기되어 관리되고 있는 부동산(주택 및 토지)

- 특례내용

  실제소유자인 개별향교 및 개별종교단체 종합부동산세 납세의무자로 본다.

③ 해외자원개발투자에 대한 세제 지원(조세특례제한법 제104조의 15), 2010. 12. 31

- 지원대상

  해외자원개발사업법에 따른 해외자원개발사업자

- 지원내용

  해외자원개발투자금액의 3%를 법인세 · 소득세에서 공제

- 공제대상 투자

  - 광업권(조광권)을 취득하는 투자
  - 광업권(조광권)을 소유한 외국법인에 대한 출자
  - 내국인이 100% 지분을 소유한 외국자회사가 위의 방법으로 투자하기 위해 내국인이 외국자회사에게 증자 또는 상환기간 1년 이상의 금전대여

④ 주택건설사업자가 취득한 토지에 대한 과세특례(조세특례제한법 제104조의 19)

주택건설사업자가 주택을 건설하기 위하여 취득한 토지 중 취득일부터 5년 이내에 주

택법에 따른 사업계획의 승인을 받은 토지는 종합부동산세 과세표준 합산대상이 되는 토지의 범위에 포함되지 아니하는 것으로 본다.

⑤ 수도권기업이 2010년. 1월. 1일 이후부터 지방낙후지역으로 공장 또는 본사 이전 시 세제지원

- 지원대상
  - 모든 지방으로 이전 시 7년 간 세제지원

    소득세 · 법인세를 5년 간 100%, 2년 간 50% 감면
  - 지방 중 낙후지역으로 이전 시 3년간 추가세제지원(총 10년간 지원)

    소득세 · 법인세를 7년간 100%, 3년간 50% 감면
- 낙후지역 범위

  아래지역은 낙후지역에서 제외

  ① (5대광역시) ＋ ② (수도권 인접 충청 · 강원지역 시 · 군) ＋ ③ (인구 30만 이상 지방 중규모 도시)
- 낙후지역에서 제외되는 지역

  ① (5대광역시) 부산 · 대구 · 광주 · 대전 · 울산광역시

  ② (수도권연접지역) 천안시 · 아산시 · 당진군 · 원주시 · 춘천시 등 10개

  ③ (인구 30만 이상 도시) 청주시 · 전주시 · 익산시 · 포항시 · 구미시 · 창원시 · 마산시 · 진주시 · 김해시 · 제주시 (10개)

⑥ 외국인이 외국인 투자지역에 2천만 달러 이상 투자 시 조세감면

- 투자업종

  휴양콘도미니엄업 및 청소년 수련시설, 관광호텔업, 전문휴양업, 종합휴양업 등
- 감면내용

  법인세 등 3년간 100%, 2년간 50% 감면 및 3년간 관세 면제
- 시행

  2010년 1월 1일 외국인투자 신고분부터

(5) 간접국세 감면(조세특례제한법 제3장)

① 부가가치세의 면제 등(조세특례제한법 제106 ①)

- 국민주택공급 및 국민주택의 건설(리모델링 포함) 및 설계용역 공급

- 주택관리업자가 공동주택에 공급하는 일반관리용역, 경비용역 및 청소용역(국민주택 규모 초과 공동주택에 대하여는 2011년 12월 31일까지)
- 민자로 건설하는 사립대 학교시설 운영사업<2010년 12월 31일>

② 외국사업자에 대한 부가가치세 환급

- 국내에 사업장이 없는 외국법인 또는 비거주자로서 외국에서 사업을 영위하는 자가 국내에서 사업상 다음의 재화 또는 용역을 구입하거나 제공받을 때에는 당해 재화 또는 용역 구입 시 부담한 부가가치세를 외국사업자에게 환급할 수 있다. 다만, 환급금액이 30만 원 이하인 경우는 제외한다.
  - 음식 숙박용역, 광고용역
  - 전력 · 통신용역, 부동산임대용역
  - 국내사무소용 건물 · 구축물 및 당해 건물 등의 수리용역
  - 사무용기구 · 비품 및 당해 기구 · 비품의 임대용역
- 환급절차 : 상호주의 작용
  - 매년 1월부터 12월까지 공급받은 재화 또는 용역에 대해 다음 해 6월 30일까지 사업자증명원, 거래내역서, 세금계산서 원본(신용카드매출전표 포함)을 첨부하여 국세청장이 지정하는 지방 국세청장에게 환급신청
  - 환급신청을 받은 지방 국세청장은 신청일이 속하는 연도의 12월 31일까지 거래내역을 확인 후 부가가치세를 환급한다.

(6) 지방세 감면(조세특례제한법 제4장)

① 등록면허세의 면제 등(조세특례제한법 제119조)

- 등록면허세 면제
  - 국유재산의 현물출자, 금융기관의 합병 및 영업의 전부양도, 1년 이상 사업을 영위한 법인 간의 합병, 중소기업 간 통합, 정부투자기관의 상법상의 회사로 조직변경 등에 따른 등기
  - 부채상환용 증여재산, 교환대상 주식의 주가조정용 증여 부동산, 법인분할 및 자산교환 시 취득한 재산에 관한 등기

- 금융기관, 한국자산관리공사, 예금보험공사 또는 정리금융기관이 적기시정조치 등을 받은 부실금융기관으로부터 양수한 재산에 관한 등록세 면제
- 금융지주회사가 주식이전을 받거나 주식교환을 받음으로써 등기하는 경우 그 출자에 관한 등기
- 창업 중소기업 및 창업 벤처중소기업이 창업일(벤처기업으로 확인 받은 날)부터 4년 이내에 취득하는 사업용 재산에 대한 등기
- 농협자산관리회사가 취득하는 재산, 농협조합 · 상호금융예금자보호 · 농협자산관리회사가 부실 농협조합으로부터 양수한 재산, 상호금융예금자보호 기금이 취득하는 재산에 대한 등록면허세 면제

- 50%~30% 감면
  - 유동화전문회사, 주택저당채권 유동화회사가 자산유동화계획에 따라 다른 유동화전문회사 등으로부터 2012년 12월 31일까지 양수한 유동화자산을 관리 · 운용 처분하는 경우로써 다음 각 목에 해당하는 등기
    - 부동산의 소유권 이전에 관한 등기
    - 저당권의 이전에 관한 등기
    - 경매신청 · 가압류, 가처분에 관한 등기
  - 한국주택금융공가가 채권유동화계획에 따라 2012년 12월 31까지 금융회사 등으로부터 주택저당채권을 양수하거나 양수한 주택저당채권을 관리운용처분하는 경우로서 다음 각목의 어느 하나에 해당하는 등기
    - 저당권의 이전에 관한 등기
    - 경매신청 가압류 또는 가처분에 관한 등기 또는 가등기
    - 저당권의 실행에 따른 주택의 소유권 이전에 관한 등기
  - 한국자산관리공사가 구조조정목적으로 구조개선기업으로부터 취득하는 재산에 관한 등기
  - 기업구조조정전문회사가 구조조정대상기업으로부터 취득하는 재산에 관한 등기
  - 다음 각 호에 해당하는 부동산에 관한 등기에 대하여 100분의 30에 해당하는 세액을 감면한다.
    1. 부동산투자회사에서 2012년 12월 31일까지 취득하는 부동산

2. 자본시장과 금융투자업에 관한 법률에서 정하는 부동산집합투자기구의 집합투자 재산으로 2012년 12월 31일까지 취득하는 부동산

3. 프로젝트금융투자회사가 2012년 12월 31일까지 취득한 부동산은 100분의 50에 해당하는 세액을 감면한다.

② 취득세의 면제 등(조세특례제한법 제120조)

- 국유재산의 현물출자, 중소기업 간 통합, 정부투자기관의 상법상의 회사로 조직 변경함에 따라 취득하는 재산
- 부채상환용 증여재산, 교환 대상 주식의 주가조정용 증여 부동산, 법인분할 및 자산교환 시 취득한 천연가스(LNG) 시내버스 및 마을버스
- 금융기관, 한국자산관리공사, 예금보험공사 또는 정리금융기관이 적기 시정조치 등에 따라 취득하는 일정요건을 충족하는 재산
- 창업 중소기업 및 창업 벤처중소기업이 창업일(벤처기업으로 확인받은 날)부터 4년 이내에 취득하는 사업용 재산
- 농협자산관리회사가 취득하는 재산, 농협조합 · 상호금융예금자보호 · 농협자산관리회사가 부실농협조합으로부터 양수한 재산, 상호금융예금자보호 기금이 취득하는 재산
- 한국주택금융공사가 채권유동화계획에 따라 2012년 12월 31일까지 금융회사 등으로부터 주택저당채권을 양수하거나 양수한 주택저당채권을 관리운용처분하는 경우로써 다음 각 목의 어느 하나에 해당하는 취득
    □ 저당권의 이전에 관한 등기
    □ 경매신청 · 가압류 또는 가처분에 관한 등기 또는 가등기
    □ 저당권의 실행에 따른 주택의 소유권 이전에 관한 등기

• 50% ~ 30% 감면
- 유동화전문회사, 주택저당채권 유동화회사가 자산유동화계획에 따라 다른 유동화전문회사 등으로부터 2012년 12월 31일까지 양수한 자산에 취득
- 한국자산관리공사가 구조조정목적으로 구조개선 기업으로부터 취득하는 재산
- 기업구조조정전문회사가 구조조정대상기업으로부터 취득하는 재산
- 다음 각 호에 해당하는 부동산에 대하여 100분의 30에 해당하는 세액을 감면한다.

1. 부동산투자회사에서 2012년 12월 31일까지 취득하는 부동산

2. 부동산집합투자기구의 집합투자재산으로 2012년 12월 31일까지 취득하는 부동산

3. 프로젝트금융투자회사가 2012년 12월 31일까지 취득한 부동산은 100분의 50에 해당하는 세액을 감면한다.

③ 재산세의 감면(조세특례제한법 제121조)

창업 중소기업 및 창업 벤처중소기업이 사업용 재산에 대하여 창업일(벤처기업으로 확인받은 날)부터 5년간 재산세 50% 감면한다.

(7) 제주국제자유도시(조세특례제한법 제5장의 2) 및 기업도시개발과 신발전지역 육성위한 조세특례(조세특례제한법 제5장의 3)

① 제주국제 자유도시개발센터에 대한 지방세 감면(조세특례제한법 제121조의 16)

제주국제자유도시개발센터가 개발을 위하여 2012년 12월 31일까지 취득하는 부동산(임대포함)에 대해서는 취득세, 등록세를 면제하고, 2009년 12월 31일 이전에 도래하는 과세기준일 현재 그 사업에 사용되는 부동산에 대해서는 재산세, 지역자원시설세를 면제하며 개발센터에 대하여는 주민세 재산분 및 지방소득세 종업원분을 면제한다.

② 기업도시개발구역 등의 창업기업 등에 대한 법인세 등의 감면(조세특례제한법 제121조의 17), 2012. 12. 31.

• 감면대상 : 기업도시 입주기업
  – 기업도시 입주기업
• 투자금액이 100억 원 이상을 요하는 업종 : 제조업, 엔지니어링사업, 전기통신업, 정보서비스업 등
• 투자금액이 50억 원 이상을 요하는 업종 : 복합화물터미널사업, 공동집배송센터운영사업, 항만배후단지 물류산업 등
• 투자금액이 20억 원 이상을 요하는 업종 : 연구개발업
  – 기업도시개발사업 시행자
기업도시개발구역을 개발하기 위한 총개발사업비가 1,000억 원 이상인 경우
• 감면세 : 법인세, 소득세, 취득세, 등록면허세, 재산세

• 감면세액계산

 - 기업도시 입주기업 : 3년 100%, 2년 50%

 - 기업도시개발 사업시행자 : 3년 50%, 2년 25%

(8) 아시아문화중심도시 지원을 위한 조세특례(조세특례제한법 제5장의 4, 조세특례제한법 제121조의 20)

아시아문화중심도시 지원에 따른 투자진흥지구에 2012년 12월 31일까지 입주하는 기업으로 총사업비가 30억 원 이상 사업을 말한다. 그 업종 대상으로 문화산업을 운영하는 사업, 관광숙박업, 관광이용시설업(골프장 제외), 국제회의업, 유원시설업, 관광편의시설업, 청소년수련시설을 운영하는 사업, 교육원(연수원 포함)을 운영하는 사업이며 감면세는 법인세, 소득세, 취득세, 등록면허세, 재산세이다.

(9) 조세특례제한 등(조세특례제한법 제6장 제2절)

① 중복적용 배제(조세특례제한법 제127조)

 - 동일한 사업용 자산에 대한 투자세액공제 간 중복적용 배제

 - 세액감면과 투자세액공제간 중복적용 배제

② 수도권과밀억제권역의 투자에 대한 조세감면배제(조세특례제한법 제130조)

• 수도권과밀억제권역에 투자 시 세액공제 배제

 - 수도권과밀억제권역의 산업단지 또는 공업지역 안에서 증설투자 제외

• 세액공제 배제대상

 - 신기술 기업화 사업용 자산, 공정개선 · 자동화설비, 첨단기술설비, 유통사업을 위한 시설, 위해요소 방지시설. 단, 디지털방송장비 및 전기통신장비 중 교환설비 · 전송설비 · 선로설비는 제외

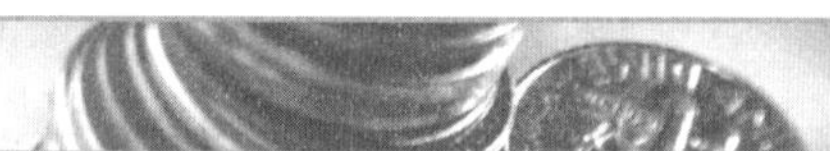

제1절 │ 지방세 개요

1. 의의

1) 개념

지방자치단체가 그 수입을 조달하기 위하여 해당 단체의 구성원으로부터 특별한 보상없이 강제적으로 징수하는 화폐이다.

2) 성격

① 지방자치단체의 수입이 조세에 의존하는 것이다.
② 지방세의 독립주의가 요망된다.

2. 지방세의 요건

　대체적으로 일곱가지로 나누어 설명할 수 있다. 첫째, 충분하고 안정적인 수입을 보장하는 조세여야 한다(건전재정주의와 예산의 균형). 둘째, 세원이 국지화(localize) 되어야 한다(지방자치단체 간의 마찰회피). 셋째, 지역 간의·재정적 불균형을 격화시키지 않아야 한다(지방세의 보편성). 넷째, 보편성 있는 물세를 부과하여 응익과세 원칙이 적용되어야 한다. 다섯째, 지방세에 소득재분배, 경제안정 등의 경제적 기능을 부담하기가 어렵다. 여섯째, 조세저항·징세비가 적은 것을 택하여야 한다(편의성, 간접세). 일곱째, 정치적 승인을 얻기가 용이하고 대중의 지지를 받아야 한다.

3. 지방세의 원칙

① 보편성의 원칙 : 지방세는 전국의 모든 지방자치단체에서 부과 징수된다. 따라서 모든 지역의 지방자치단체에서 동일한 수입이 징수되는 것이 바람직하다. 그러나 세원의 편재가 점차적으로 현저하게 일어나고 있어 오늘날 보편성 원칙을 충족시킬 수 있는 세목은 적다.

② 안정성의 원칙 : 자방자치단체는 공신력이 약하기 때문에, 자금의 차입을 마음대로 할 수 없다. 따라서 세수는 매년 안정되어 있는 것이 바람직하다. 그리고 경기상태에 따라서 변동하는 것은 바람직하지 않다. 국세수입은 자동안정장치라는 관점에서 보면 경기에 민감하게 반응하여 크게 변동하는 것이 바람직하다고 생각되고 있다. 그러나 지방세 수입에 대하여 자동안정장치의 효과를 바라는 기대는 거의 없다.

③ 수입신장의 원칙 : 경제사회가 발전함에 따라, 지방자치단체의 세출액도 증가하고 있다. 그것에 따라 세수도 증가시킬 필요가 있다. 세수의 증가는 세율인상에 의하여 가능하지만, 세율인상에는 한도가 있어서 언제까지나 이것에 의존할 수 없다. 따라서 일정한 세율하에서 경제가 성장함에 따라서 세수가 확충되는 신장성(伸長性)이 지방세에서는 요구되고 있다.

④ 부담분임의 원칙 : 지방세의 부담은 널리 주민 일반에게 분담되어야 한다는 것이 요구된다. 이것은 지방자치의 원칙에 근거한 지방행정에는 주민 일반의 참가가 요청되며,

그러기 위해서는 주민 일반이 소액일지라도 조세부담을 하여야 한다는 원칙에 근거를 두고 있다. 이런 원칙에 근거하여 소득세의 과세최저한보다 낮은 소득층인 주민에 대해서도 주민세가 부과되고 있다.

⑤ 응익과세의 원칙 : 조세부담의 분배방법으로서 응익과세를 하고 있다. 그러나 국세는 소득재분배란 관점에서 응익과세보다도 응능과세가 중요시되고 있다. 지방재정에 있어서는 행정서비스의 급부주체와 수익주체가 보다 밀접하게 결부되어 있고 행정서비스의 수익주체를 확인하는 것이 비교적 용이하여 수익자에게 과세하는 것이 공평한 세 부담의 배분이 이루어지기 때문에, 주민일반의 납득을 쉽게 얻을 수 있으며 또 지방자치단체의 의사결정에 있어서는 소득분배가 정책목표가 되기 어렵다는 등의 이유에서 응능과세보다는 응익과세를 선택하게 된다. 응익원칙은 수익자부담의 원칙이라고도 한다.

⑥ 중립성의 원칙 : 지방세가 경제효과를 왜곡시켜서는 안된다는 것이다. 즉, 지방세에 과도하게 경제적 기능을 부담시켜서는 안된다. 즉, 지방세는 경제정책적 세제가 아니기 때문이다.

⑦ 조세객체의 정착성 : 세수의 확보 및 과세에 의한 자원의 효율적인 지역배분을 위하여 과세물건이 타 지역으로 도피하지 못하도록 조세객체가 정착성을 가져야 한다.

⑧ 조세객체의 분할성 : 조세회피의 극소화를 위하여 조세객체가 분할성을 갖는 것이 좋다.

4. 지방세의 유형

1) 부동산세

부동산을 과세물건으로 하여 부동산 소유자에 대하여 부과하는 조세이다. 예로 영국의 rates(영국의 지방세)는 단일 rates(영국의 지방세)를 적용하고 있다.

세목의 장점으로 수입의 안정성, 세원의 국지성, 보편적인 조세, 간단한 징세라는 점이다. 단점으로는 다른 형태의 재산을 과세상 우대하고 있으며 세수의 탄력성이 적다. 그리고 부동산의 외형표준만으로는 공정한 담세력을 보장할 수 없다는 점이다.

2) 일반재산세

동산 및 부동산의 총가치에 대하여 과세하는 세목으로 미국에서는 이를 채택하고 있다. 동산의 포착이 용이하지 않으므로 부동산에 과세하게 된다.

3) 여러 개의 세원에 대한 과세(복세)

지급능력을 표시한다고 보는 여러 개의 세원에 대하여 과세하여 담세력을 정확하게 포착하는 방법이다. 즉 부동산세, 소비세, 수익세 등 각종 조세를 채택하여 단일과세의 결함을 보완하고 각종 조세의 결함을 상호간에 보완하는 것을 말한다.

4) 개개인의 총소득에 대한 과세

개인의 부담능력에 의하여 과세하는 방식이다. 장점으로 조세정의 실현, 부담능력의 측정이 용이하고 수입의 신축성을 보장한다. 단점으로 고도의 징세기술과 징세인원이 많이 필요하다. 그리고 납세자의 협력이 필요하고 이에 관련세목인 지방소득세 등은 지역 간의 재정수입의 차별화가 나타난다.

5. 한국의 지방세 내역

한국 지방재정의 수입구조는 지방세, 지방교부세, 국고보조금, 지방채, 분담금 · 사용료 · 수수료 등이 있다. 한국의 중앙정부와 지방정부 간의 재정지출 비중을 보면 <표 5-1>과 같다. 그리고 주요국가의 국가 · 지방간 재정지출 비중은 <표 5-2>와 같다.

표 5-1 | **중앙정부와 지방정부 간의 재정지출 비중**

구분	2001년	2002년	2003년	2004년	2005년	2006년	2007년	2008년	2009년
중앙(%)	40.7	42.5	41.6	41.8	41.6	40.4	43.0	38.6	35.5
지방(%)[127]	59.3	57.5	58.4	58.2	58.4	59.6	57.0	61.4	64.5

자료: 기획재정부

127) 지방은 지방이전재원(지방교부세 · 교육교부금) + 지방세를 말한다.

구 분	연방제국가		비연방제국가		
	미국	독일	영국	프랑스	일본
중앙(%)	32	29	71	69	37
지방(%)	68	71	29	31	63

자료 : 기획재정부

그리고 국세와 지방세 비율을 보면 <표 5-3>과 같이 지방세가 매우 낮다.

표 5-3 | **국세와 지방세 비율**

구분	2002년	2003년	2004년	2005년	2006년	2007년	2008년	2009년	2010년
국세(%)	76.7	77.6	77.5	78.0	77.0	78.8	79.2	77.8	76.2
지방세(%)	23.3	22.4	22.5	22.0	23.0	21.2	20.8	22.2	23.8

자료 : 기획재정부

표 5-4 | **OECD 주요국의 국세 · 지방세 비중(2008년 기준)**

구분	연방제 국가			비연방제 국가				
	미국	독일	합계	영국	프랑스	일본	한국	평균
국세(%)	55.9	50.3	61.6	94.3	76.9	59.7	77.0	81.4
지방세(%()	44.1	49.7	38.4	5.7	23.1	40.3	23.0	18.6

자료 : OECD Revenue Statistics (2008년판)

<표 5-1>에서 보면 한국의 지방정부지출이 중앙정부의 1.8배 더 많은 지출을 보이고 있으나 <표 5-4>에서 보면 국세와 지방세 간 비율은 OECD의 비연방 국가의 기준에서 보면 한국의 국세와 지방세 간 비율은 양호하다. 그러나 일본을 기준으로 보면 국세비율이 매우 높다. 즉 국세가 지방세보다 3.4배 더 많은 비율을 나타내고 있다. 한국 정부도 이를 보완하기 위하여 2010년부터 지방소득세제와 지방소비세제를 도입하였다. 그리고 지방세 연도별 세수실적은 <표 5-5>와 같다

(단위: 억 원,%)

구 분	2006년		2007년		2008년		2009년	
	실 적	증감률	실 적	증감률	실 적	증감률	실 적	증감률
합계	41.3조 원	14.8	43.5조 원	5.5	45.7조 원	6.7		
취득세	76,675	15.3	72,615	△5.3	68,781	△5.3		
등록세	79,495	17.2	72,536	△8.8	70,984	△2.1		
면허세	750	6.4	765	2.0	722	△5.6		
레저세	6,878	△0.6	8,643	25.7	9,835	13.8		
공동시설세	5,163	15.7	5,433	5.2	5,885	8.3		
지역개발세	1,746	59.2	1,000	△42.8	925	△7.5		
지방교육세	43,381	13.0	45,139	4.1	48,200	6.8		
주민세	62,148	13.0	74,115	19.3	80,971	9.3		
재산세	31,090	20.1	37,551	20.8	50,150	33.6		
자동차세	21,338	12.2	23,699	11.1	25,972	9.6		
주행세	27,095	18.2	32,702	20.7	30,211	△7.6		
지방소득세	–	–	–	–	–	–	–	–
도축세	493	5.1	519	5.2	520	0.2		
담배소비세	27,027	10.4	27,610	2.2	28,600	3.6		
종합토지세	137	–	53	–	0	–		
도시계획세	16,062	18.8	18,828	17.2	21,828	15.9		
사업소세	6,774	9.1	7,311	7.9	7,942	8.6		
지방소비세	–	–	–	–	–	–		
과년도수입	6,686	5.6	6,724	0.6	5,904	△12.2		

자료 : 기획재정부

6. 한국의 지방세[128]

1) 지방세의 세목

지방세는 보통세와 목적세로 한다(지방세기본법 제7조).

---

128) 한국의 지방세는 1949. 12. 22 제정되어 2010. 2. 26에 전부 개정하여 2011. 1. 1부터 시행함.

모두 11개의 세목으로 보통세 9개, 목적세 2개로 구성되어 있다.
- 보통세 : 취득세, 등록면허세, 레저세, 담배소비세, 지방소비세, 주민세, 지방소득세, 재산세, 자동차세
- 목적세 : 지역자원시설세, 지방교육세

2) 지방자치단체별 세목 구분(지방세기본법 제8조)

(1) 특별시 · 광역시세

① 보통세

취득세, 레저세, 담배소비세, 지방소비세, 주민세, 지방소득세, 자동차세

② 목적세

지역자원시설세, 지방교육세

(2) 구세

① 보통세

등록면허세, 재산세

(3) 도세

① 보통세

취득세, 등록면허세, 레저세, 지방소비세

② 목적세

지역자원시설세, 지방교육세

(4) 시 · 군세

① 보통세

담배소비세, 주민세, 지방소득세, 재산세, 자동차세

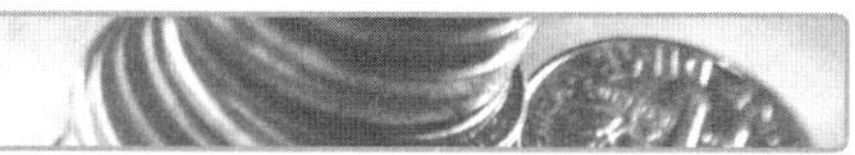

1. 개념

'취득'이란 매매, 교환, 상속, 증여, 기부, 법인에 대한 현물출자, 건축, 개수(改修), 공유수면의 매립, 간척에 의한 토지의 조성 등과 그 밖에 이와 유사한 취득으로서 원시취득, 승계취득 또는 유상·무상의 모든 취득을 말한다(지방세법 제6조 제1호).

부동산·동산·기타 재산 등의 재산권 또는 재산가치의 이전 및 그 가치변동이 발생하는 경우 그러한 이전 및 변동 사실에 대하여 과세하는 유통세로서, 유통과정에서 담세력이 노출되는 취득자에게 조세를 부담시키기 위하여 일정한 자산의 취득[129]에 대하여 그 취득자에게 부과하는 조세이다.

2. 납세의무자(지방세법 제7조)

부동산, 차량, 기계장비, 항공기, 선박, 입목, 광업권, 어업권, 골프회원권, 승마회원권, 콘도미니엄 회원권, 종합체육시설 이용회원권을 취득한 자에게 부과한다.

---

129) 취득의 유형은 법률행위 내지 법률효과 그 자체를 과세하는 것으로, 취득행위라는 형식적 요건을 기준으로 다음 사항에 대하여 과세한다.

구분	유상취득	무상취득
원시취득	건축물의 신축·증축·개축·재축·이축 토지의 공유수면매립·간척 선박·항공기 등의 건조·조립 광업권·어업권의 출원 건축물의 개수	민법상의 시효취득
승계취득	매매, 교환, 현물출자, 대물변제, 위자료, 부담부 증여	상속, 유증, 합병, 증여, 기부
간주취득	지목변경 차량 등의 종류 변경 비상장법인의 과점주주 취득	

3. 과세대상 및 과세표준

1) 과세대상

① 부동산(토지·건축물), 차량, 기계장비(건설기계 등), 입목, 항공기, 선박, 광업권, 어업권, 골프(골프연습장 포함)·콘도미니엄·종합체육시설이용(스케이트장 포함)·승마회원권을 취득하는 행위
② 취득 간주하는 것 : 과점주주(지분 해당분), 지목변경 등

2) 과세표준(지방세법 제10조)

① 취득당시의 가액
  - 신고가액 원칙(다만 연부(年賦)취득은 연부금액)
  - 신고가액이 없거나 신고가액이 시가표준액보다 적을 때에는 시가표준액으로 한다.
② 사실상의 취득가액 : 국가·지방자치단체로부터 취득, 수입취득, 법인장부·판결문에 의해 취득가격이 입증되는 취득, 공매취득
③ 지목변경 : 전후가액의 차액
④ 차량·기계장비의 종류변경 : 종류변경으로 증가한 가액

3) 세율

(1) 표준세율(지방세법 제11조, 제12조)

① 부동산(토지·건축물) 취득의 표준세율(지방세법 제11조)
  - 상속 : 농지 1,000분의 23이며, 농지 외의 것 1,000분의 28
  - 증여, 유증, 그 밖의 무상취득 : 1,000분의 35(비영리사업자는 1,000분의 28)
  - 원시취득 : 1,000분의 28
  - 신탁재산인 부동산을 수탁자로부터 수익자에게 이전하는 경우 : 1,000분의 30(비영리사업자는 1,000분의 25)

- 공유물, 합유물, 총유물의 분할 : 1,000분의 23
- 매매 등 그 밖의 원인으로 인한 취득 : 농지 1,000분의 30이며, 농지 외의 것은 1,000분의 40

② 부동산(토지 · 건축물) 외 취득의 표준세율(지방세법 제12조)

- 선박 : 1,000분의 20 ~ 1,000분의 30
- 차량 : 1,000분의 20 ~ 1,000분의 70
- 기계장비 : 1,000분의 20 ~ 1,000분의 30
- 항공기 : 1,000분의 20 ~ 1,000분의 20.2
- 입목, 광업권, 어업권 : 1,000분의 20
- 골프회원권, 승마회원권, 콘도미니엄 회원권, 종합체육시설 이용회원권 : 1,000분의 20

(2) 과밀억제권역 안 취득 등 중과(지방세법 제13조)

- 과밀억제권역 안 사업용 부동산 취득, 공장 신 · 증설 :
  표준세율 + (중과기준세율 × 100분의 200)
- 별장, 골프장, 고급주택, 고급오락장, 고급선박 :
  표준세율 + (중과기준세율 × 100분의 400)
  * '중과기준세율' 이란 1,000분의 20을 말한다.

(3) 조례에 따른 세율 조정과 세율의 특례 등(지방세법 제14조 ~ 제16조)

지방자치단체의 장은 조례로 정하는 바에 따라 취득세율을 표준세율의 100분의 50 범위에서 가감할 수 있다. 그리고 세율 적용에 관한 여러 가지 특례 규정이 있다.

4) 비과세 및 면세점

(1) 비과세(지방세법 제9조)

① 국가 · 지방자치단체 · 지방자치단체조합 · 외국정부 및 주한국제기구의 취득
② 국가 · 지방자치단체 · 지방자치단체조합에 귀속 또는 기부채납(寄附採納)을 조건으로

취득하는 부동산

③ 신탁재산으로서 위탁자로부터 수탁자에게 이전하는 경우, 신탁의 종료 또는 해지로 수탁자로부터 위탁자에게 이전하는 경우, 수탁자가 변경되어 신수탁자에게 이전하는 경우

④ <징발재산정리에 관한 특별조치법> 등에 따른 동원대상지역 내의 토지 수용·사용에 관한 환매권의 행사로 매수하는 부동산

⑤ 임시흥행장, 공사현장사무소 등 임시건축물(존속기간 1년 이하)

(2) 면세점(지방세법 제17조) : 취득가액 50만 원 이하

제3절 | 등록면허세(지방세법 제3장)

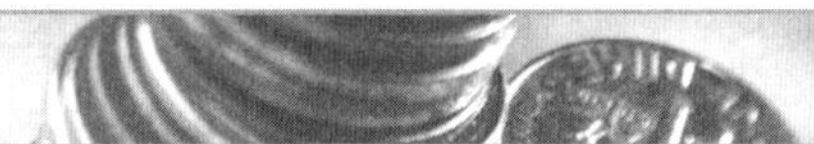

1. 개념

부동산을 비롯한 재산권 기타 취득·이전·변경 또는 소멸에 관한 사항을 공부에 등록하거나 면허를 받는 경우 그 등록을 하는 자 또는 면허를 받는 자에게 부과하는 조세이다.

'등록'이란 재산권과 그 밖의 권리의 설정·변경·소멸에 관한 사항을 공부에 등기하거나 등록하는 것을 말한다. 다만, 지방세법 제2장(취득세)에 따른 취득을 원인으로 이뤄지는 등기 또는 등록은 제외하되, 광업권 및 어업권의 취득에 따른 등록은 포함한다(지방세법 제23조 1호).

'면허'란 각종 법령에 규정된 면허·허가·인가·등록·지정·검사·검열·심사 등 특정한 영업 설비 또는 행위에 대한 권리설정, 금지의 해제, 신고의 수리(受理) 등 행정청의 행위를 말한다(지방세법 제23조 제2호). 2010년 2월 지방세법이 전부개정되면서 등록세, 면허세가 등록면허세로 통합되었다.

2. 납세의무자(지방세법 제24조)

등록을 하는 자와 면허를 받는 자

3. 비과세

① 국가·지방자치단체·지방자치단체조합·외국정부·주한국제기구가 자기를 위하여
   받는 등록·면허
② 회사정리·특별청산에 관하여 법원의 촉탁으로 인한 등록
③ 면허의 단순한 표시변경 등

4. 과세대상 및 과세표준

1) 과세대상

재산권 기타 권리의 취득·이전·변경에 관한 사항을 공부에 등기·등록하는 행위와 면허를 받는 행위가 과세대상이다.

2) 과세표준(지방세법 제27조)

① 등록 당시의 가액 : 신고가액 원칙, 시가표준액 예외
② 사실상 취득가액 : 국가·지방자치단체로부터 취득, 수입취득, 법인장부·판결문에
   의해 취득가액이 입증되는 취득, 공매취득(취득세 규정 준용)

5. 세율(지방세법 제28조, 제34조)

[등록에 대한 등록면허세 세율]
< 표준세율 > (지방세법 제28조의 ①)

1) 부동산 등기

(1) 소유권 보존 : 1,000분의 8(세액이 3,000원 미만일 때에는 3,000원)

(2) 소유권 외의 물권과 임차권의 설정 및 이전(세액이 3,000원 미만일 때에는 3,000원)

- 지상권 : 부동산 가액의 1,000분의 2
- 저당권 : 채권금액의 1,000분의 2
- 지역권 : 요역지(要役地) 가액의 1,000분의 2
- 전세권 : 전세금액의 1,000분의 2
- 임차권 : 월 임대차금액의 1,000분의 2

(3) 경매신청 · 가압류 · 가처분 · 가등기(세액이 3,000원 미만일 때에는 3,000원)

- 경매신청 · 가압류 · 가처분 : 채권금액의 1,000분의 2
- 가등기 : 부동산 가액의 1,000분의 2

(4) 그 밖의 등기 : 건당 3,000원

2) 공장재단 및 광업재단 등기

- 저당권 설정 등기 : 채권금액의 1,000분의 1
- 그 밖의 등기 · 등록 : 건당 4,500원

3) 기타

기타 여러 가지 등기·등록·면허별로 세율이 세분화되어 있으며 <표 5-6>과 같다. 한편 지방자치단체의 장은 조례로 정하는 바에 따라 표준세율의 100분의 50 범위에서 등록면허세를 가감할 수 있다.

(1) 중과세

대도시 내 법인설립, 지점·분사무소 설치 등의 경우 표준세율의 100분의 300으로 중과세하며, 등록면허세의 중과세 범위와 적용기준 등은 대통령령(지방세법시행령)으로 정한다.

표 5-6 | **면허에 대한 등록면허세 세율(지방세법 제34조의 ①)**

구 분	인구 50만 이상의 시	그 밖의 시	군
제 1 종	45,000원	30,000원	18,000원
제 2 종	36,000원	22,500원	12,000원
제 3 종	27,000원	15,000원	8,000원
제 4 종	18,000원	10,000원	6,000원
제 5 종	12,000원	5,000원	3,000원

제4절 | 재산세

1. 재산세 이론

1) 의의

재산세(property tax)는 부동산·기업의 고정자본 등과 같은 특정한 유형의 재산에 부과되는 물세이다. 재산세는 재산증가세(일반재산 증가세[130], 개별증가세[131])와 토지증가세[132]로 구분할 수 있다. 그리고 재산세는 지방정부가 이용할 수 있는 잠재세원 중에서 이동성이 가장 작기 때문에 지방세에서 중요한 비중을 차지한다. 지방소득세나 지방소비세는 다른 지방으로 이전하면 회피할 수 있으나 재산세만큼은 피할 수가 없다. 일반적으로 지방자치가 실시되고 있는 국가에서는 지방정부가 재산세의 과표 및 세율을 재량적으로 결정할 수 있는데 이 때에는 동일한 가치의 재산에 대해서도 지방마다 세 부담이 다를 수 있다. 재산세는 지방 간의 불평등을 초래할 수 있으며, 지방 간의 자원배분에 있어서도 왜곡을 초래할 수 있다. 재산세 과세에 따른 귀착이론에 대하여 분석하여 보면 다음과 같다.

2) 재산세귀착에 대한 견해[133]

(1) 전통적 견해

재산세의 귀착이론은 토지에 대한 과세와 건물에 대한 과세로 구분하여 알아보자.

첫째, 토지세는 토지의 공급이 완전비탄력적이라는 가정하에 과세결정시점의 토지소유자가 전부 부담한다는 것이 전통적인 견해이다. 즉 토지의 공급이 고정되어 있다면 토지세는 어떤 형태로든 전가가 불가능하고 토지수익률과 토지가격 하락의 형태로 모두 과세결정시점의 토지에 귀착된다는 것이다.

따라서 토지세는 전통적으로 소득재분배를 가져다주는 누진적 조세이면서 동시에 시장의 자원배분을 왜곡시키지 않는 중립적인 조세로 인식되었다. 이와 같은 근거에서 미국의 헨리 죠지(Henry George)는 토지 단일세론을 주장하였던 것이다.

그러나 토지세의 중립성은 토지세가 토지의 시장가치(market value)를 기준으로 모든 토지에 대해 일률적으로 부과되는 것을 전제로 성립한다. 토지세가 사용가치(use value)를 기준으로 부과되거나 또는 용도별로 차등부과되는 경우에는 토지의 용도변경이 유발됨으로써 토지세는 토지소유자에게 전부 귀착되지 않고 타 생산요소나 소비자에게 일부 전가될 수 있다. 요컨대 토지세의 중립성 여부 등 토지세의 경제적 효과는 토지세의 과세방법이나 과세

---

130) 일반재산 증가세란 재산가격의 증가에 대하여 과세하는 조세를 말하는데, 과세대상에 자연증가투기, 상속 증여 모두 포함한다..
131) 개별증가세란 토지 기타 특정한 재산가격에 과세하는 것을 말한다.
132) 토지증가세란 뉴질랜드에서 시작되었는데 이는 수수료 · 유통세 · 불로소득세 성격을 지니고 있다.
133) 김인근, 재산세의 소득재분배효과 p323~326, 1988, 월간고시 자료를 참고하여 본서에 맞게 재정리하였다.

행정에 따라 달라진다는 것이다.

둘째, 건물세의 귀착에 대한 전통적 견해는 마샬(Marshall) 이래 피에르손(Pierson), 에치워스(Edgeworth), 사이먼스(H. Simons), 네트거(Netger) 등에서 찾아볼 수 있다. 이들에 의하면 건물세는 세 부담이 전부 사용자(소비자)에게 전방전가된다.

물론 자가주택의 경우 사용자가 곧 소유자이므로 건물세의 전가는 일어나지 않는다. 그러나 임대주택의 경우 임차인이 그리고 사업용 건물의 경우 그것에 의해 생산되는 재화와 용역의 소비자가 그 사용량 및 소비량에 비례하여 건물세를 부담한다는 것이다. 이들이 주장하는 건물세의 완전한 전가가 이론적인 타당성을 가지려면 건물에 대한 수요가 완전 비탄력적이거나 건물의 공급이 완전 탄력적이어야 한다.

건물에 대한 수요가 완전비탄력적인 경우는 지나치게 비현실적이라고 볼 수 있으므로 이를 제외하면 전통적인 견해는 건물의 공급이 완전탄력적임을 묵시적으로 가정하고 있다고 볼 수 있다.

건물의 공급이 완전탄력적이라는 가정을 전제로 건물세가 전부 사용자에게 전가되는 과정을 간략하게 설명하면 다음과 같다. 임대주택에 과세하는 경우 임대건물소유자는 투자자 입장에 있으므로 과세 후 수익률이 낮아지면 신축건물에 대한 투자의 감소 또는 기존 건물에 대한 보수비 및 유지비의 감소를 통해서 투자를 감소시킨다. 이러한 투자감소로 인해 임대료가 상승하거나 또는 기존의 임대료 하에서 건물의 질이 떨어져 세 부담이 임차인에게 전가되며 투자 감소는 소유자에게 과세 후 순수입이 과세 전 수입과 같아질 때까지 계속되므로 결국 임차인이 임대건물에 부과된 세액 모두를 부담하게 된다. 한편 사업용 건물에 과세하는 경우 사업자는 세 부담으로 비용이 상승하면 상품의 공급량을 줄이게 된다. 이러한 공급감소는 재화나 용역의 가격이 세액만큼 인상되어 기존의 수익이 유지될 수 있을 때까지 계속되므로 결국 건물을 투입하여 생산되는 재화와 용역의 최종소비자가 세액의 모두를 부담하게 된다.

그러나 건물의 공급이 완전탄력적이라는 가정 역시 현실적인 가정이라고 할 수 없다.

건물의 공급이 시장여건의 변화에 대응하는 데는 상당한 시간이 걸린다. 과세지역 토지의 한정성을 감안할 때 건물공급의 증가는 상당부문 건물 높이의 증가로 나타난다고 볼 수 있으며 건축기술상 건물 높이가 증가할수록 건평당 한계비용이 증가한다고 할 때 건물공급의 증가는 결국 건물의 평균가격의 증가를 유발한다고 볼 수 있다.

이러한 이유로 건물 공급이 완전탄력적이지 못하다면 건물세의 완전한 전가는 이루어지지 않으며 건물세 부담은 그 일부가 건물 소유자에게 귀착된다고 보아야 할 것이다.

다음으로 건물세의 완전전가 여부를 떠나 그 전가분 전부가 건물의 사용자(최종소비자)에게 전방전가된다는 주장 역시 전통적 견해가 부분균형 분석에 바탕을 두고 건물시장의 수요·공급의 변화만으로 건물세의 전가를 설명한 데 기인한 것으로 정확한 주장이라고 볼 수 없다. 전통적 견해는 건물세가 토지, 노동 등 생산요소시장에 미치는 영향을 무시하고 있으므로 건물세의 후방전가의 가능성을 배제하고 있는 것이다. 다이르네(Darby)는 전통적 견해가 생산량 감소로 인한 요소수요의 감소효과(substitution effect), 그리고 소득의 감소로 인한 재화수요의 감소효과(income effect) 등을 무시하고 있으며 만약 이들 효과가 서로 상쇄되지 않는다면 건물세는 완전한 전방전가는 일어나지 않는다고 주장하였다.

이와 관련하여 블라케(Blake, 1979년)는 재산세는 결국 그 전부가 토지소유자에게 귀착된다고 주장한 바 있다. 그는 토지의 가치를 총재산가치에서 건물가치를 뺀 잉여가치의 개념으로 파악하고 건물의 가치는 신축비용이나 기존 건물의 수명 및 기대 비용 등의 함수로써 조세와 상관없이 결정된다고 주장했다. 이에 따르면 재산세가 부과될 경우 총재산가치가 자본환원 효과에 의해 하락하게 되나 건물가치는 변하지 않으므로 재산의 잉여가치, 즉 토지의 가치가 하락하게 된다. 따라서 토지소유자는 토지분뿐만 아니라 건물분 재산세까지도 모두 부담하게 된다.

또한 전통적 견해는 과세 지역과 비과세 지역 간의 인구·재화·생산요소의 이동효과 등 한 지역의 세율변화가 타 지역 그리고 나아가서 국가전체에 미치는 영향을 무시함으로써 건물세 전가에 대한 정확한 결론을 도출하지 못하고 있다. 이러한 사실은 전통적 견해하에서는 국세와 지방세의 효과 그리고 일반세와 부분세의 효과가 구분되지 않는데서 단적으로 나타난다.

(2) 새로운 견해

재산세 귀착에 대한 새로운 견해는 1960년 후반까지 지배적이었던 전통적 견해에 대비되어 지칭되는 것으로서 미에스코우스키크, 하버거(Mieskowskirk, Harberger)의 법인세 전가에 관한 일반균형모델을 토대로 처음에 제기한 아론, 맥루레(Aaron, Mc Lure) 등이 있다. 새로운 견해는 전통적 견해와 달리 일반균형을 기초로 하고 있다는 점에서 전통적 견해에 비해 보다 발전된 견해라고 볼 수 있기는 하지만 두 견해 간의 기본적인 차이점은 자본 공급 탄력성에 대한 가정 차이에 있다고 할 수 있다. 이들은 재산세를 일종의 자본과세로 보고 자본의 총공급이 완전비탄력적이라는 가정하에서 재산세를 설명하고 있다. 이러한 재산세 귀착의 새로운 이론에 따르면 먼저 재산세가 모든 재산에 대해 균일하게 부과되는 경우 여타 생산요소 및 상품 가격은 아무런 영향을 받지 않고 자본의 수익률만이 감소함으로써 재산세 부담이 전부 자본의 소유자에게 귀착된다.

보다 일반적인 경우로서 재산세가 재산종류 및 지역별로 차등적으로 부과되는 경우 재산세효과를 두 가지로 구분할 수 있다. ① 국가전체의 평균세율이 주는 효과 즉 전체효과(Global effect)이며, ② 특정지역(또는 재산)의 세율이 평균세율과 다름으로 해서 발생되는 효과 즉, 개별효과(excise effect)이다. 전자는 각 지방에서 재산세가 서로 다른 세율로 부과될 때에도 지역 간 자본이동의 결과 국가 전체적으로 볼 때 자본의 순수익율이 전체의 평균세율만큼 하락하게 되는 효과를 뜻한다. 그러나 이것은 유통자본에만 적용될 뿐 이동할 수 없는 토지에는 적용되지 않는다. 토지에 부과되는 재산세는 전통적인 견해에서와 마찬가지로 당해지역의 토지소유자가 부담할 수밖에 없다. 그러나 이 경우에는 토지외의 모든 자본에 대한 과세로 자본수익률이 저하하므로 전통적 견해와 같이 조세 환원(capitalization)은 일어나지 않는다. 한편 개별과세지역의 입장에서 보면 재산세의 효과는 자본수익률의 하락으로 끝나지 않으나 국가 전체로 볼 때 서로 상쇄되는 부문이 많으므로 재산세효과는 누진적인 소득분배효과를 가지고 있다고 볼 수 있다.

2. 자산세

1) 자산세의 근거와 한계

부의 불평등 시정, 편익원칙에 부합 등의 이유로 자산세를 부과하고 있으나 나름대로 한계를 지니고 있다.

(1) 자산세의 의의

자산 또는 부(wealth)는 개인이 일정 시점에서 보유하는 경제적 자원의 양을 말한다. 가장 대표적인 자산세로는 보유에 대해 과세하는 자산세를 들 수 있으며, 대부분의 국가에서 자산세는 토지·건물 등 부동산의 총가액에 대해 과세하고 있다. 자산세는 물세(物稅)나 인세

(人稅)의 형태를 지니고 있다.

(2) 조세부과 근거

자산에도 조세를 부과해야 하는 이유는 다음과 같다.

첫째, 부의 불평등을 시정할 수 있기 때문이다. 자산은 임대료·이자 및 배당 같은 소득을 유발하므로 조세부과로 부의 불평등을 완화하는 것은 사회적으로 바람직하다. 둘째, 편익의 원칙에 부합된다. 자산을 많이 보유한 사람은 국방이나 치안유지와 같은 공공서비스로부터 더 많은 편익을 누리기 때문에 그에 상응하는 세금을 납부해야 한다는 것이다.

셋째, 개인의 부가 많을수록 세금을 부담할 능력이 더 크므로 자산세의 부과는 지급능력 원칙에 부합된다고 할 수 있다. 넷째, 소득세·소비세의 보완 역할을 할 수 있다. 자산세는 제대로 과세되지 않는 자본이득, 귀속소득, 자가소비 등에도 과세가 가능하다.

(3) 자산세의 한계

자산세를 부과하는 데 나타날 수 있는 문제점들은 다음과 같다. 첫째, 자산가치의 변동을 정확하게 포착·평가하기가 쉽지 않다. 자산이득의 발생은 자산보유자에게 국한되는 것이므로 보유세로 자본이득에 과세한다는 것은 설득력이 약하다. 둘째, 자가사용자산과 임대자산을 제대로 구분하지 않고 있는 현행의 자산세제하에서 귀속소득에 대한 과세효과를 기대하기가 어렵다. 자산세가 자산의 지대에 관한 과세라면 임대자산은 이중과세가 된다.

셋째, 자산세의 부과가 부동산 투기를 억제하고 부동산 이용을 촉진하기 위한 목적이라는 주장도 설득력이 미약하다. 넷째, 그림·골동품·귀금속 등에 대한 가치를 제대로 평가하기가 어려울 뿐 아니라 이들에 자산세를 부과한다고 해서 공평한 과세라고 보기는 어렵다. 또한 자산은 저축의 축적이므로 자산에 대한 과세는 저축에 대한 유인을 감소시킬 수 있다.

2) 자산세의 종류

상속세, 증여세, 재산세 등이 있으며, 부유세는 일부 국가에서 시행되고 있다.

※ 부유세

부유세(wealth tax)란 특정한 개인이 보유하고 있는 재산이나 재산권 등 부의 가치를 표준으로 하여 부과하는 세금을 말한다. 상속세·증여세·재산세 등이 본래 의도한 부의 재분배 기능을 수행하지 못하였으므로 부에 대해서 과세하는 방안이 제시되고 있다. 부유세(net wealth tax)를 적용하는 방안으로 모든 사람에게 적용하는 방안과 다른 하나는 상위그룹의 부유층에게만 적용하는 방안이 제기되기도 하였다.

개인의 재산에 부과하는 부유세는 근로소득보다 재산소득에 중과하는 정책목적을 달성할 수 있고, 수익이 없는 재산에 대한 과세도 용이할 뿐 아니라 과세대상에 재산적 요소를 도입하므로 세 부담의 공평을 기할 수 있다는 장점이 있다. 그러나 수익이 없는 재산을 보유하는 사람에게만 부담을 가중시킬 우려가 있다. 부유세는 재산평가 시 자의적인 가치평가, 개인의 자산이나 화폐 등과 같은 동산(動産)의 포착이 쉽지 않다. 부유세는 노르웨이, 스웨덴, 덴마크, 오스트리아 등에서 채택하고 있으며 일본은 1955년에 부유세(富裕稅)를 실시하였다가 1958년에 폐지하였다.

3. 한국의 재산세(지방세법 제9장)

1) 개요

토지, 건축물, 주택, 항공기 및 선박의 소유에 대하여 매년 7월·9월에 두 번씩 부과되는 지방세로 시·군·구세이다.

2) 납세의무자(지방세법 제107조)

과세기준일인 매년 6월 1일 현재 재산을 사실상 소유하고 있는 자이다.

3) 과세권자

재산세는 시·군·구세이고 과세대상은 시·군·구를 관할하는 시장·군수·구청장이 과세권자이다.

4) 과세대상 및 과세표준

(1) 과세대상 : 토지, 건축물, 주택, 선박, 항공기

① 건축물 : 건축물, 주택[단독주택(단독주택, 다중주택, 다가구주택, 공관), 공동주택(아파트, 연립주택, 다세대주택)], 독립시설물, 부수시설물, 별장, 고급오락장, ② 공장, ③ 골프장용 건축물, ④ 항공기, ⑤ 선박, ⑥ 토지

(2) 과세표준(지방세법 제110조)

「부동산 가격공시 및 감정평가에 관한 법률」에 따른 시가표준액에 부동산시장동향과 지방재정 여건 등을 고려 공정시장가액비율을 곱하여 산정한 가액으로 한다.

① 토지 및 건축물 : 시가표준액의 50% ~ 90%

② 주택 : 시가표준액의 40% ~ 80%

③ 선박 및 항공기 : 시가표준액

(3) 세율(지방세법 제111조)

① 토지

종합합산과세대상은 <표 5-7>, 별도합산과세대상은 <표 5-8>과 같다.

표 5-7 | **토지분 재산세 종합합산과세대상**

과세표준	세 율
5,000만 원	1,000분의 2
5,000만 원 초과 ~ 1억 원 이하	10만 원 + 5,000만 원 초과금액의 1,000분의 3
1억 원 초과	25만 원 + 1억 원 초과금액의 1,000분의 5

표 5-8 | **토지분 재산세 별도합산과세대상**

과세표준	세 율
2억 원 이하	1,000분의 2
2억 원 초과 ~ 10억 원 이하	40만 원 + 2억 원 초과금액의 1,000분의 3
10억 원 초과	280만 원 + 10억 원 초과금액의 1,000분의 4

- 분리과세대상

  - 전 · 답 · 과수원 · 목장용지 및 임야 : 과세표준액의 1,000분의 0.7

  - 골프장 및 고급오락장용 토지 : 과세표준액의 1,000분의 40

  - 그 밖의 토지 : 과세표준액의 1,000분의 2

② 건축물

  - 골프장 및 고급오락장용 토지 : 과세표준의 1,000분의 40

  - 주거지역 등의 공장용 건축물 : 과세표준의 1,000분의 5

  - 그 밖의 건축물 : 과세표준의 1,000분의 2.5

③ 주택

  - 사치성재산(별장) : 과세표준액의 1,000분의 40

  - 주택 : <표 5-9>와 같다.

표 5-9 | **주택의 재산세율**

과세표준	세 율
6천만 원	1,000분의 1
6천만 원 초과 ~ 1억 5천만 원 이하	6만 원 + 6천만 원 초과금액의 1,000분의 1.5
1억 5천만 원 초과 ~ 3억 원 이하	19만 5천 원 + 1억 5천만 원 초과 금액의 1,000분의 2.5
3억 원 초과	57만 원 + 3억 원 초과 금액의 1,000분의 4

④ 선박

  - 고급선박 : 1,000분의 50

  - 그 밖의 선박 : 1,000분의 3

⑤ 항공기

  - 과세표준액의 1,000분의 3

⑥ 「수도권정비계획법」 제6조에 따른 과밀억제권역(산업집적활성화 및 공장설립에 관한 법률을 적용받는 산업단지 및 유치지역과 국토의 계획 및 이용에 관한 법률을 적용받는 지역은 제외)으로 정하는 공장 신설 · 증설에 해당 시 그 건축물에 대한 재산세율은 최초의 과세기준일부터 5년간 100분의 500

(4) 비과세 및 소액징수면제

① 비과세(지방세법 제109조)

- 국가 지방자치단체 및 지방자치단체조합, 외국정부 및 주한국제기구 소유 재산
- 국가나 지방자치단체 · 지방자치단체조합이 1년 이상을 공용 또는 종중용에 무료로 사용하는 재산

② 소액징수면제(지방세법 제119조) : 세액 2,000원 미만

제5절 | 지역자원시설세, 지방소비세, 지방소득세 등

1. 지역자원시설세(지방세법 제11장)

1) 개요

지역의 균형개발 및 수자원 보호 등에 소요되는 재원을 확보하기 위하여 발전용수 · 지하수 · 지하자원 · 컨테이너 · 원자력발전을 과세대상으로 하는 목적세로써 1991년 지역개발세란 세목으로 신설되었으며, 2010년 2월 지방세법을 전부개정하면서 종전 지역개발세와 공동시설세를 합하여 지역자원시설세로 변경되었다.

2) 납세의무자(지방세법 제143조)

발전용수의 유수를 이용하여 직접수력발전을 하는 자, 지하수를 개발하여 음료수로 판매하거나 목욕용수로 활용하기 위하여 채수하는 자, 지하자원을 채광하는 자, 컨테이너 부두

를 이용하여 컨테이너를 입출항하는 자, 원자력발전을 이용하여 발전하는 자, 특정부동산의 소유자

3) 과세권자

지역자원시설세는 특·광역시장 및 도에서 부과하나 징수자체를 시장, 군수, 구청장에게 위임하여 징수하는 경우에는 실질적 과세권자는 시장, 군수, 구청장이 된다(16개 광역시·도별로 신고기간, 납기일자가 다르다).

4) 과세대상·과세표준 및 세율

(1) 과세대상

발전용수(양수 발전용수 제외), 지하수, 지하자원, 컨테이너 부두를 이용하는 컨테이너, 원자력발전, 특정부동산

(2) 과세표준 및 세율

① 발전용수 : 발전에 이용된 물 10m³당 2원
② 지하수
  • 음용수 : 1m³당 200원
  • 온천수 : 1m³당 100원
  • 기타용도 : 1m³당 20원
③ 지하자원 : 광물가액의 1,000분의 5
  • 현재 지하자원 과세대상 : 석회석(97.4%), 고령토, 규석, 규사
④ 컨테이너 : 컨테이너 1 TEU[134]당 15,000원(부산시 20,000원)
⑤ 원자력발전 : 발전량 1kwh당 0.5원
⑥ 표준세율의 100분의 50 범위 내에서 특·광·도 조례로 가감조정 가능

---

134) 1 TEU란 Twenty Equivalent Unit의 약자로 이는 국제기준에 의해 제작된 20피트 규격 컨테이너 1개를 말한다.

⑦ 특정부동산에 대한 지역자원시설세

- 소방시설에 충당하는 지역자원시설세는 건축물(주택의 건축물 부분을 포함) 또는 선박(소방선이 없는 지방자치단체는 제외)의 가액 또는 시가표준액을 과세표준으로 하여 <표 5-10>의 표준세율을 적용하여 산출한 금액을 세액으로 한다.

표 5-10 | **소방시설에 충당하는 지역자원시설세**

과세표준	세 율
600만 원 이하	10,000분의 5
600만 원 초과 ~ 1,300만 원 이하	3,000원 + 600만 원 초과금액의 10,000분의 6
1,300만 원 초과 ~ 2,600만 원 이하	7,200원 + 1,300만 원 초과금액의 10,000분의 7
2,600만 원 초과 ~ 3,900만 원 이하	16,300원 + 2,600만 원 초과금액의 10,000분의 9
3,900만 원 초과 ~ 6,400만 원 이하	28,000원 + 3,900만 원 초과금액의 10,000분의 11
6,400만 원 초과	55,500원 + 6,400만 원 초과금액의 10,000분의 13

- 저유장, 주유소, 정유소, 백화점, 호텔, 유흥장, 극장, 4층 이상의 건축물 등 대통령령으로 정하는 화재위험 건축물에 대해서는 제1호에 따라 산출한 금액의 100분의 200을 세액으로 한다.
- 오물처리시설, 수리시설, 그 밖의 공공시설에 충당하는 지역자원시설세는 토지 및 건축물의 전부 또는 일부에 대한 가액을 과세표준으로 하여 부과하되, 그 표준세율은 토지 또는 건축물 가액의 1만분의 2.3으로 한다.
- 지방자치단체의 장은 조례로 정하는 바에 따라 지역자원시설세의 세율을 표준세율의 100분의 50 범위에서 가감할 수 있다.

5) 비과세 및 소액징수면제

(1) 국가 등에 대한 비과세

국가·지방자치단체·지방자치단체조합이 과세대상 지원 등을 직접개발하여 이용하는 경우에는 지역자원시설세를 부과하지 않는다(지방세법 제145조).

(2) 과세물건의 무상사용에 대한 비과세

생산된 전력 등을 국가 · 지방자치단체 · 지방자치단체조합 또는 비영리사업자(제사 · 종교 · 자선 · 학술 · 기예 · 기타 공익사업을 목적)에게 무료로 제공하는 경우 그 부분에 대하여는 부과하지 않는다(지방세법 제145조).

(3) 소액 징수면제 : 고지서 1장당 2,000원 미만인 경우

2. 지방소비세(지방세법 제6장)

1) 개요[135]

국세인 부가가치세의 일부를 지방소비세로 전환하여 2010년 1월 1일 신설되었다. 중앙재정의 어려움에도 불구하고, 지방경제 활성화 및 지방세수확충을 위하여 2010년부터는 10% 중 5%(2.5조 원)를 지방소비세로 전환하였다. 매년 수도권에 귀속되는 지방소비세 수입 중 3,000억 원을 '지역상생발전기금'에 10년간 출연하여 비수도권 지역발전에 지원하기로 하였다.

2) 납세의무자(지방세법 제66조)

부가가치세법에 따른 재화와 용역을 소비하는 자의 주소지 또는 소재지를 관할하는 도에서 부가가치세법 제2조에 따라 부가가치세를 납부해야 하는 자

3) 과세권자(지방세법 제68조 특별징수의무자)

부가가치세법에 의거 부가가치세액을 세무서장 및 세관장이 징수한다.

---

135) 기획재정부 세제실(2009. 9. 23) 및 행정안전부(2009. 9. 16) 보도자료를 참고하였다

4) 과세대상(지방세법 제65조)

부가가치세법 제1조를 준용한다.

5) 과세표준 및 세액(지방세법 제69조)

부가가치세법과 동일하다. 지방소비세의 세액은 과세표준의 5%로 적용하여 계산한 금액
으로 한다.

3. 지방소득세(지방세법 제8장)

1) 개요

지방소득세는 종전 소득할의 주민세와 종업원할의 사업소세를 합하여 2010년 1월 1일
지방세법에서 지방소득세로 신설하였다.

지방소득세 중 소득분은 특·광·시·군의 세목으로 되어 있고 종업원분은 자치구·
시·군의 세목으로 되어 있으며 세수입은 연간 3조 3천억 원 정도이며 총지방세에서 차지
하는 비중은 13%이다.

2) 납세의무자(지방세법 제86조)

소득분은 시·군에서 소득세 및 법인세의 납부의무가 있는 자에게 부과하고, 종업원분은
급여를 지급하는 사업주에게 부과한다. 그 내용은 다음과 같다.

① 소득분은 소득세분(특별징수분, 종합소득세분, 양도세분)은 소득세 납세의무가 있는 개인과
법인, 법인세분은 법인세 납세의무가 있는 법인이다.

② 종업원분은 종업원에게 급여를 지급하는 사업주(종업원수 50명 초과)이다.

3) 과세권자

(1) 소득분 지방소득세

소득분(소득세분 및 법인세분의 총칭)은 납세지를 관할하는 시·군에서 각각 수시부과한다(지방세법 제87조의 ①).

(2) 종업원분 지방소득세

매월 말일 현재의 사업소 소재지(폐업의 경우 폐업일 현재의 사업소 소재지)를 관할하는 시·군에서 사업소별로 각각 부과한다(지방세법 제87조의 ③).

그리고 한 사업주가 사업소를 여러 장소에 두고 있는 경우에도 각 사업소마다 종업원분 소득세를 납부하여야 하므로 과세권자는 사업소 관할시장·군수·구청장이 된다.

4) 과세대상

(1) 소득분(소득세분 및 법인세분의 총칭) 지방소득세

과세물건은 소득세와 법인세의 부과된 사실이라 할 수 있다. 과세대상은 소득세액·법인세액이다. 즉, 소득분은 소득세·법인세를 과세표준으로 하는 지방소득세이고, 소득분 지방소득세 과세대상은 소득세법과 법인세법에 근거를 두고 있다.

(2) 종업원분 지방소득세

사업소의 종업원에게 지급되는 월급·임금·상여금 및 이에 준하는 성질을 가지는 급여로써 종업원의 급여 총액이 과세 대상이다.

① 비과세(지방세법 제88조)
- 국가 지방자치단체 및 지방자치단체조합
- 주한 외국정부기관·주한국제기구·외국원조단체
- 한국정부기관 및 원조단체가 소유에 속하는 재산에 대하여 과세하는 외국정부 또는 원조단체의 재산의 경우는 과세가능

② 면세점(지방세법 제101조)

- 종업원분 : 종업원 50인 이하

③ 소액징수면제(지방세법 제95조)

- 소득분(특별징수분은 제외) 세액이 2,000원 미만일 때

5) 과세표준

- 소득분 : 소득세액 · 법인세액
- 재산할 : 과세기준일 현재 사업소 연면적(지방세법 제246조)
- 종업원할 : 종업원에게 기급한 월급여총액(지방세법 제246조)

6) 세율

(1) 소득분(지방세법 제89조)

지방자치단체가 동일하며 소득분 지방소득세율은 <표 5-11>과 같다.

소득분은 지방자치단체 조례에 의하여 표준세율의 100분의 50 범위 내에서 가감조정이 가능하다.

표 5-11 | **소득분 지방소득세율**

구 분	세 율
소득세분	소득세액의 100분의 10
법인세분	법인세액의 100분의 10

(2) 종업원분(지방세법 제100조)

① 표준세율 : 종업원 급여총액의 1,000분의 5로 한다.

② 시장 · 군수는 조례로 정하는 바에 따라 종업분의 세율을 표준세율 이하로 정할 수 있다.

4. 지방교육세(지방세법 제12장)

1) 개요

지방교육재정 확보를 위하여 등록세 · 레저세 등 일정한 지방세에 부가하여 과세하는 조세로 2000년 12월 29일 목적세로 신설하였다.

2) 납세의무자(지방세법 제150조)

등록면허세, 레저세, 주민세균등분, 재산세, 비영업용 승용자동차(국가 · 지방자치단체 · 초중등학교법인이 목적사업에 직접 사용할 자동차는 제외)에 대한 자동차세, 담배소비세의 납세의무자이다.

3) 과세표준과 세율(지방세법 제151조)

- 등록면허세액의 100분의 20
- 레저세액의 100분의 40
- 주민세 균등분 세액의 100분의 10
    (다만, 인구 50만 이상의 시에서는 100분의 25)
- 재산세액의 100분의 20
- 자동차세액의 100분의 30
- 담배소비세액의 100분의 50

※ 지방자치단체의 장은 지방교육투자재원조달을 위하여 필요한 경우 조례로 정하는 바에 따라 지방교육세의 세율을 표준세율의 100분의 50 범위에서 가감할 수 있다.

5. 주민세(지방세법 제7장)

1) 개요

지방자치단체의 구성원인 주민을 대상으로 과세되는 지방세로 소득의 크기에 관계없이 균등하게 부과하는 균등분과 환경개선정비에 필요한 비용에 충당하기 위해 사업주에게 부과하는 재산분으로 구분한다.

'균등분'이란 개인 또는 법인에 대하여 균등하게 부과하는 주민세를 말한다(지방세법 제74조 1호).

'재산분'이란 사업소 연면적을 과세표준으로 하여 부과하는 주민세를 말한다(지방세법 제74조 2호).

2) 납세의무자

주민세 균등분 : 주소를 둔 개인, 사업소를 둔 법인, 일정 규모 이상의 사업소를 둔 개인을 말한다. 주민세 재산분은 매년 7월 1일 현재 과세대장에 등재된 사업주 또는 소유자이다.

3) 비과세(지방세법 제77조)

① 국가, 지방자치단체, 지방자치단체조합 등
② 국민기초생활보장법에 따른 수급자(주민세 균등분 비과세)

4) 주민세 균등분의 세율(지방세법 제78조)

① 개인 균등분(주소를 둔 개인의 세율) : 10,000원을 초과하지 않는 범위에서 조례로 정하는 세액
② 개인사업자 균등분(사업소를 둔 개인의 표준세율) : 50,000원
③ 법인 균등분의 표준세율 : <표 5-12>와 같다.

구 분	세 액
자본금 100억 원 초과, 종업원 100명 초과	500,000원
자본금 50억 원 초과 100억 원 이하, 종업원 100명 초과	350,000원
자본금 50억 원 초과, 종업원 100명 이하 자본금 30억 원 초과 50억 원 이하, 종업원 100명 초과	200,000원
자본금 30억 원 초과 50억 원 이하, 종업원 100명 이하 자본금 10억 원 초과 30억 원 이하, 종업원 100명 초과	100,000원
그밖의 법인	50,000원

④ 개인사업자 균등분 및 법인균등분은 조례로 정하는 바에 따라 표준세율의 100분의 50 범위에서 가감할 수 있다.

⑤ 균등분의 과세기준일 : 매년 8월 1일

5) 주민세 재산분의 세율(지방세법 제81조)

① 재산분의 과세표준 : 과세기준일(7월 1일) 현재의 사업소 연면적

② 재산분의 표준세율 : 사업소 연면적 1m²당 250원

③ 면세점 : 사업소 연면적 330m² 이하

④ 재산분의 과세기준일 : 매년 7월 1일

※ 2011년 1월 1일부터 전면 시행되는 지방세 개편 주요내용

지방세법을 지방세기본법, 지방세법, 지방세특례제한법으로 나누어 체계를 새롭게 하는 지방세법이 2010년 2월 26일 국회를 통과하여 2011년 1월 1일 시행된다. 현행의 지방세법은 1961년 전부개정 이후 체계적인 정비 없이 필요에 따라 부분적인 수정을 하며 현재에 이르렀다. 그 결과 법률체계가 복잡하고 납세자가 이해하기 어려웠다. 또한 선진각국의 지방세 제도와 비교할 때 납세자 권리보호가 미흡하고 행정중심적이며 세목수가 너무 많았다. 새로 제정되는 지방세기본법은 기존 지방세법 중 총칙부분에 해당하는 것으로 납세자 권익을 보호하기 위한 제도를 대폭 강화하면서 납세자가 이해하기 쉽도록 편제를 바꾸었다. 새로운 지방세법은 납세자 세 부담을 종전과 동일하게 유지하면서 성격이 유사한 세목들을 통폐합하여 16개 세목을 11개 세목으로 하였다.

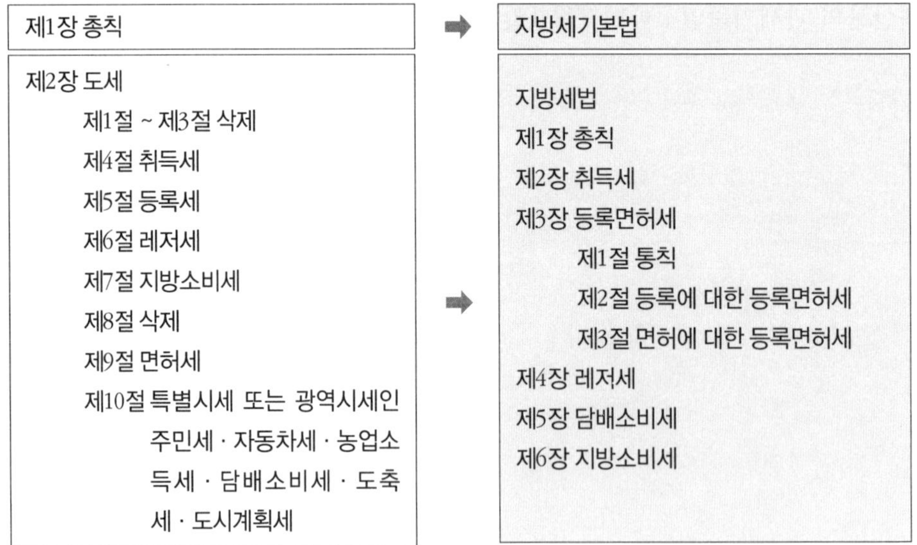

제3장 시 · 군세

　제1절 주민세

　제1절 2 지방소득세

　제2절 재산세

　제3절 자동차세

　제3절 2 주행세

　제4절 삭제

　제5절 담배소비세

　제6절 도축세

　제7절 ~ 제8절 삭제

　제9절 구세인 면허세

제4장 목적세

　제1절 도시계획세

　제2절 공동시설세

　제3절 삭제

　제4절 지역개발세

　제5절 지방교육세

제5장 과세면제 및 경감

➡

제7장 주민세

　제1절 통칙

　제2절 주민세 균등분

　제3절 주민세 재산분

제8장 지방소득세

　제1절 통칙

　제2절 지방소득세 소득분

　제3절 지방소득세 종업원분

제9장 재산세

제10장 자동차세

　제1절 자동차 소유에 대한 자동차세

　제2절 자동차 주행에 대한 자동차세

제11장 지역자원시설세

제12장 지방교육세

지방세특례제한법

[지방세기본법 제정]

○ 지방세의 기본적 · 공통적 · 절차적 사항을 기본법에 규정

○ 행정중심에서 납세자 중심으로 지방세 제도 방향전환

○ 납세자가 이해하기 쉽도록 납세절차순서에 따라 편제개선

○ 1장 14절 100조문 · 10장 14절 147조문(47개조 增)

기존 지방세법(총칙부분)
제1절 통칙
제11절 서류의 송달
제2절 납세의무의 승계
제3절 연대납세의무
제4절 제2차 납세의무
제6절 납세의무의 성립 및 소멸
제5절 납세의 고지 등
제10절 과오납금 등의 처리
제9절 징수유예
제8절 납세보전
(신설)
제7절 지방세우선원칙 및 타 채권과의 관계
제12절 납세자의 권리보호
제13절 이의신청 등
제14절 보칙 중 일부
제14절 보칙

➡

지방세기본법(2011년 시행)
제1장 총칙 　- 제1절 통칙 - 제2절 과세권 등 　- 제3절 지방세의 부과 등의 원칙 　- 제4절 기간과 기한 　- 제5절 서류의 송달
제2장 납세의무 　- 제1절 납세의무의 성립 및 소멸 　- 제2절 납세의무의 확장 및 보충적 　　납세의무
제3장 부과
제4장 징수 　- 제1절 통칙 - 제2절 징수절차 등 　- 제3절 지방세환급금과 환급가산금 　- 제4절 징수유예 등 　- 제5절 납세담보
제5장 체납처분
제6장 지방세와 타 채권과의 관계 　- 제1절 지방세의 우선 　- 제2절 물적납세의무 등
제7장 납세자의 권리
제8장 이의신청 및 심사와 심판
제9장 지방세 범칙행위에 대한 처벌
제10장 보칙

[지방세법 전부개정]

○ 중복 · 유사 · 영세 세목의 통 · 폐합 · 세목 간소화 · 균분화
　- 취득관련, 재산보유관련세를 각각 '취득세'와 '재산세'로 통합
　- 과세취지를 상실한 영세세목은 폐지(도축세)
　※ 세목이 통합되더라도 세원이 누락되거나 납세자 부담이 증가되지 않도록 설계

○ 행정체계중심 세목순서 · 납세자 이해중심으로 순서변경
　- 현재 광역 · 기초세 순서를 조세의 성격에 따라 배열

〈 지방세 세목체계 간소화 〉

기존 : 16개 세목		2011년 시행 : 11개 세목

구 분	기존
중복과세 통·폐합	① 취득세 + ② 등록세(취득관련분)
	③ 재산세 + ④ 도시계획세
유사세목 통합	② 등록세(취득무관분)+⑤ 면허세
	⑥ 공동시설세 + ⑦ 지역개발세
	⑧ 자동차세 + ⑨ 주행세
폐 지	⑯ 도축세
기존유지	⑩ 주민세 ⑪ 지방소득세
	⑫ 지방소비세 ⑬ 담배소비세
	⑭ 레저세 ⑮ 지방교육세

세목간소화
① 취득세
② 재산세
③ 등록면허세
④ 지역자원시설세
⑤ 자동차세
（ 폐지 ）
⑥ 주민세 ⑦ 지방소득세
⑧ 지방소비세 ⑨ 담배소비세
⑩ 레저세 ⑪ 지방교육세

① 취득세와 등록세(취득관련분) 통합

취득을 원인으로 하는 과세는 취득세로 통합된다. 이에 따라 그동안 취득세와 등록세(취득관련분)를 각각 신고·납부하던 것을 취득세로 통합함으로써 한번에 신고·납부가 가능하도록 했다. 가령 현재는 건축물을 취득하게 되는 경우 잔금을 지급하고 30일 내에 취득세를 납부하고 등기하기 전에 별도로 등록세를 납부한다. 그러나 2011년부터는 잔금지급일로부터 60일 이내에 취득세와 등록세를 합쳐 취득세로 신고·납부하면 된다.

② 재산세와 도시계획세 통합

토지, 건축물, 주택 등 재산에 과세하는 세목인 재산세와 도시계획세는 재산세로 통합된다. 이에 따라 주택분 재산세 고지서상 세목 수는 현행 재산세, 도시계획세, 공동시설세, 지방교육세 등 4개 세목에서 3개 세목으로 바뀌게 된다.

〈 기존(2010년) 〉　　　　　　〈 개선(2011년 시행) 〉

4개 세목
재산세
도시계획세
공동시설세
지방교육세

3개 세목
재산세
지역자원시설세
지방교육세

③ 면허세와 등록세(취득무관분) 통합

취득행위가 없는 취득무관분 등록세와 면허세는 등록·면허·허가·인가 등 국가, 공공기관에 의한 권리설정에 대한 과세로써 등록면허세로 통합된다.

④ 공동시설세와 지역개발세 통합

그 외에도 지방목적세 중 자치단체의 임의과세 세목인 공동시설세와 지역개발세가 지역자원시설세로 통합된다.

⑤ 자동차세와 주행세 통합

자동차와 관련된 과세인 자동차세와 주행세는 자동차세로 합쳐진다.

⑥ 도축세 폐지

외국의 경우 과세사례가 없는 도축세는 축산산업의 국가경쟁력 향상을 위해 폐지된다.

[**지방세특례제한법 제정**]

○ 지방세 감면 규정의 통합 등 감면관련 제도의 관리 강화

○ 지방세정 운영의 건전성 · 책임성 강화

　- 지방세 비과세 · 감면의 정비, 지방세 감면조례 허가제 폐지 등

○ 지방세지출예산제도와 연계하여 수혜자별 · 목적별 → 기능별 전환

한국의 부동산정책은 70년대 이래 많은 변화를 거쳐 왔다. 각 시기별 경제상황과 맞물려 규제강화와 공급증대 및 규제완화를 주기적으로 반복하면서 현재와 같은 부동산정책과 제도에 이르게 되었다. 1960년대부터 정부의 성장정책과 중동건설로 특수자금의 국내이전으로 전 국토의 개발 붐이 일면서 부동산가치도 가파르게 상승하게 되었다.

'62년 경제개발 계획의 시작으로 국토개발이 본격화 되었으며, 경부고속도로 건설 및 포항, 울산, 구미 등 산업기지의 개발과 서울 강남권 개발 구상 등으로 부동산 수요가 급증하였다. 경제개발 및 중동특수, 강남권 개발 등으로 본격적인 부동산투기 붐이 일기 시작하면서 '67년 박정희 정부(1961 ~ 1979년)는 <부동산투기억제에 관한 특별조치법>(1967년 11월 29일 제정)>을 시행하였다. 또한 '78년에는 부동산투기억제 및 지가안정 대책을 발표하였으나, 투기 붐이 사라지지 않자 '79년에 토지거래신고 및 허가제 실시, 기준시가제 도입, 양도세율을 70%까지 하는 내용의 '부동산투기억제 및 지가안정을 위한 종합대책'을 시행하였다.

그리고 본격적인 경제개발과 함께 국토이용관리법 제정과 제1차 국토종합건설계획 수립으로 개발과 성장을 뒷받침하기 위해 국토개발의 기본 토대를 마련하고, 주택건설촉진법 제

---

136) 양재옥,『부동산조세정책의 현황과 평가』, 건국대, 2009. 논문자료를 본서에 맞게 재정리하였다.

정(1972년)으로 주택의 대량공급을 위한 법제를 마련하기도 하였다. 또한 주택청약제도 확립 (1978년)과 선분양제를 실시함은 물론 도시개발법 제정(1976년)으로 무허가 주택 재정비사업을 본격화하였다.

'80년대 초기에는 제2차 오일파동으로 경기침체 및 물가상승이 이어졌으며, 그에 따라 이 시기에는 경기회복을 위해 규제완화 정책과 공급대책을 추진하였으며, 중·후반부에는 투기 과열 진정을 위해 규제정책을 시행하였다.

'70년대 후반의 투기억제 중심의 정책은 부동산공급부족 현상을 초래하였고, 5공화국 전두환 정부(1980 ~ 1988년)에서는 주택공급확대와 주택경기 활성화를 위해 투기지역 해제, 양도세 인하, 자금출처조사 중단 등의 조치를 시행하였으며, '81년에는 택지개발촉진법의 시행으로 목동 신시가지와 개포동 등의 대규모 택지개발사업을 추진하여 공급확대를 뒷받침하기도 하였다.

집권 중·후반부에는 초기의 급격한 규제완화로 다시 투기 붐이 일자 '83년 토지 및 주택문제 종합대책을 수립하는 등 다시 규제정책으로 전환하였으며, 당시 일부 사회지도층의 투기 대열 가담으로 사회적 위화감이 조성되고 비난을 초래하기도 하였다. '83 ~ '84년에는 아파트 투기과열 억제를 위해 채권입찰제 시행, 투기과열지구제도 도입, 분양권 전매제한, 재당첨제한기간 연장, 토지거래신고제 시행 등을 추진하였으나 이 시기에도 부동산경기 부양책을 간간이 시행하는 등 정책의 변화가 많았다.

한편 '88년 노태우 정부(1988 ~ 1993년)는 주택 200만 호 건설을 목표로 '89년 4월 분당, 일산 등 5개 신도시 건설계획을 추진함과 동시에 부동산투기억제 정책도 병행하였다. 이에 따라 부동산투기로 생기는 과도한 부동산개발이익을 환수하기 위해 토지공개념[137]을 토대로 한 8.10 부동산 안정대책 즉, 택지소유상한제[138], 개발이익환수제[139], 토지초과이득세 등 토지 공개념 3법을 입법화하게 되었다. 그러나 '94년 개발이익환수법과 택지소유상한법은 위헌판결로 폐기되었고 토지초과이득세도 2003년 말 효력이 정지되었다.

강력한 부동산투기억제정책 추진에도 불구하고 부동산가격의 안정을 기하기가 어려웠다. '80년대 말 '90년대 초에 이르기까지 3저 호황으로 부동산가격은 지속적으로 상승하였다.

---

137) 토지의 소유와 처분은 공공의 이익을 위하여 적절히 제한할 수 있다는 개념이다.

138) 택지소유상한제란 개인이 택지 200평 초과 취득할 경우에는 정부의 허가를 받도록 한 것이다.

139) 개발이익환수제란 주거용 외에 별장용 토지, 경작하지 않은 토지 소유자 등의 경우에는 토지초과이득의 50%까지 세금으로 징수하였다.

특히 88올림픽 시기에는 수도권 아파트가격은 2배 가까이 상승하였으며 분당과 일산 등 수도권 5개 신도시 건설로 청약과열 등이 일면서 사회 전반에 부동산투기 열풍을 초래하였다.

1989년에 주택 200만 호 공급을 위한 신도시 개발을 추진하면서 한국은 단기간에 주택의 양적 공급확대로 인하여 1989년 70.9%에 불과했던 주택보급률이 89.2%(1996년)로 18.3%p나 증가하여 '90년대 중반까지 부동산시장이 안정되었으나 '97년 외환위기와 함께 부동산시장도 가격폭락을 맞게 되었다. 토지 공개념 도입과 주택 200만 호 건설로 지가상승률이 건국이후 처음으로 마이너스를 기록[140]하였다.

이어 김영삼 정부(1993 ~ 1998년)는 거래의 투명화를 위해서 1995년 <부동산 실권리자명의 등기에 관한 법률>을 제정하여 이른바 부동산실명제를 시행(1995년 7월 1일)하였다. 그런데 IMF외환위기로 주택, 토지, 상가 등 모든 부동산시장이 일거에 붕괴되었고, 주가 폭락뿐만 아니라 거래도 실질적으로 중단되었으며, 또한 미분양 아파트가 적체되면서 건설업체의 연쇄적 부도를 초래하였다.

외환위기 이후 김대중 정부(1998 ~ 2003년)는 각종 규제를 대거 완화하였다. 외환위기 극복을 위해 토지 공개념제 폐지, 분양권 자유화, 전매제한폐지, 양도세 인하 등 부동산활성화 시책추진을 하였다. 토지거래허가구역을 대폭 해제(1999년 1월 3%만존치)하고, 토지거래신고구역 전면해제(1998년 4월), 주상복합건물규제 완화(1998년 4월), 주택구입자금에 대한 자금출처조사 면제(1998년 6월), 재건축지역 · 직장주택조합주택에서 소형주택 의무비율제 폐지(1998년 6월), 외국인 토지취득 신고제 전환(1998년 6월), 택지소유상한제폐지, 개발부담금제 개선(1998년 9월), 토지초과이득세를 폐지(1999년 12월)하였으며, 거래활성화와 신규건설 아파트의 분양 촉진을 위해 취득세 감면 및 양도세 100% 감면 등을 시행하였다.

2000년대는 강남 재건축 대상 아파트 가격이 급상승하게 되었다. 부동산과열 진정과 투기억제를 위해 소형평형 의무비율제 재도입(2001년), 분양권 전매제한 부활(2002년), 청약 1순위 자격제한 부활(2002년), 재당첨제한 부활(2002년), 1가구 다통장제 폐지, 양도소득세 · 보유과세 강화, 주택담보대출비율 60%로 인하, 분양권 전매제한(2003년), 투기과열지구 확대(2003년), 후분양제, 공공주택용지 전매금지 등의 조치를 시행하였다.

---

140) '93 ~ '97년 사이에 집값은 0.3% 상승하고 토지가격은 6.14% 하락하였다.

1. 노무현 정부(2003~2008년)의 부동산정책

노무현 정부(2003년 2월 ~ 2008년 2월)는 국토 균형발전을 위하여 각종 지역개발계획을 추진함으로써 부동산가격 급상승을 초래하였고, 5년간에 걸쳐 역대 정부 중 가장 강력한 부동산 정책을 추진하였다. 그 내용을 보면 재건축 규제, 분양 및 전매 규제, 거래 규제, 다주택 보유 규제, 대출 규제, 투기지역 지정확대, 조세정책, 신도시건설주택 조성원가 규제 등 부동산 규제정책을 거의 부동산 전 부문을 대상으로 확대하였다.

그 내용은 ① 집값 상승요인을 투기수요로 진단하여 수요억제책에 집중하였다. 2003년 10. 20대책과 2005년 8. 31대책을 통해 양도소득세를 중과하고 보유세를 올려 투기수요를 진정시켰다. ② 부동산가격 급등지역인 강남의 투기수요억제를 위해 재건축 규제를 강화하였으며, 2003년 5. 23대책을 통해 재건축 후분양제를 도입하였고, 9. 5대책에서는 소형평형 의무비율과 조합원 지위 양도금지를 시행하였다. 10. 29대책을 통해 개발이익일부를 임대주택으로 환수하는 개발이익환수제를 도입하였고, 2005년 2. 17대책에서는 제2종 일반주거지역의 층고제한을 유지하고 제3종 일반주거지역은 관리를 엄격하게 하는 등 초고층 재건축을 의도적으로 억제하였고, 3. 30대책에서는 재건축 안전진단 강화와 개발부담금제도를 도입하였다. ③ 보유세제 강화와 거래세 중과 등 세제 개편을 실시하였다. 10. 29대책을 통해 종합부동산세 도입과 1세대 3주택자에게는 양도세율을 60% 단일세율로 인상조치하였다. 1세대 2주택에 대한 양도세 중과(50%)는 2007년부터 적용하였다. 전용면적 18평 이상인 주택에 대하여 주택거래신고제를 시행하고, 8. 31대책을 통해 종합부동산세 과세대상을 9억 원 초과에서 6억 원 초과로 상향하고 인별 합산과세에서 세대별 합산과세로 전환하였다. ④ 투기지역 및 고가주택에 대한 대출규제에도 10. 29대책을 통해 투기지역 내 주택담보인정비율(LTV)을 낮추고, 3. 30대책에서는 고가주택에 대한 총부채상환비율(DTI)을 적용하였다.

⑤ 신규분양시장의 거래억제 및 공급가를 규제하기 위해서 분양권 전매금지를 적용해 청약과열이 발생하지 않도록 투기과열지구를 지정 확대하였으며 분양가상한제를 시행한 것이 특징이다.

2. 노무현 정부의 부동산정책 추진현황

5. 23대책(2003년) 이후 2004년을 제외하고 매년 2 ~ 3차례로 모두 9번이나 부동산대책을 시행하였다. 그 내용을 살펴보면 다음과 같다.

첫째, 10. 29대책(2003년)에서는 종합부동산세를 2005년 1월 5일부터 시행하여 부동산 과다보유자에게 보유세 강화조치를 시행하였다. 투기지역 2주택 이상자에게 양도세 탄력세율을 우선 적용하고, 1세대 3주택 이상 소유자의 양도세율을 60%로 하고, 투기지역에서 6억원 이상의 주택취득 시에는 실지거래가액으로 거래세를 과세하는 등 부동산투기 세력에 대한 강경대책을 추진하였다.

둘째, 5. 4대책(2005년)은 세금인상과 개발이익 환수를 목적으로 실제 거주하지 않으면서 농지나 임야를 보유한 자에게 양도세를 <표 6-1>과 같이 실지거래가액으로 과세를 하였다.

표 6-1 | **5.4 부동산대책 주요 요지**

대　　책	시 행 시 기
외지인이 취득한 농지 등에 대한 양도세 실거래가 과세	2006년
재건축 등 도시개발 사업 시 기반시설 부담금 부과	2007년
사무실, 상가, 빌딩의 건물, 토지 통합평가 통합과세 추진	2007년 추진
1세대 2주택 양도세 실거래가 과세	2006년
보유세 실효세율 단계적 인상	2007년까지 1% 수준으로

그간 토지 매매에 대하여는 과세표준으로 공시지가를 기준으로 하였는데, 공시지가는 수도권의 경우 시세의 50 ~ 60%, 지방의 임야나 농지는 10 ~ 20%에 불과했다. 재건축아파트에 대해서는 2007년부터 준조세인 기반시설부담금을 부과하기로 한 것인데, 기반시설부담금 제도는 재건축 개발이익환수제, 소형평형 의무비율 등 기존 규제보다 더욱 강화된 것으로 재건축아파트의 수익성이 떨어져 서울 강남, 송파 등 지역의 경우 재건축 추진 자체가 어려움을 겪었다. 특히 5. 4대책은 세제 측면에서는 1세대 2주택 양도세를 실거래가로 과세하고, 부동산 보유세율을 단계별로 강화한 것이 특징이다.

셋째, 노무현 정부에서는 수차례에 걸친 부동산시장 안정화대책에도 불구하고 부동산시장은 계속 불안정하여 8. 31대책(2005년)에서 보다 강력한 부동산시장 안정대책을 실시하였다. 그 주요 내용은 주택시장 안정대책으로 수요측면에서 종합부동산세와 재산세 가중, 거래세 인하, 2주택 보유자 등에 대한 양도세 중과를 시행하고 공급 측면에서는 서울 강남을 대체할 위례(송파, 거여)지구에 국공유지 200만 평 택지개발과 공영개발 위주의 개발방식의 변화, 서민들에 대한 지원제도 보충 등을 추진하는 내용을 <표 6-2> 및 <표 6-3>과 같이 토지시장 안정대책으로는 토지를 취득, 개발, 보유, 양도단계로 각각 세분화하여 실질적 세금인상, 투기성 토지이용 규제 등을 추진하였다.

특히 8. 31대책에서는 세제 측면에서 투기수요억제를 위한 다주택 보유자의 양도세 중과, 고가부동산에 대한 종합부동산세 강화 등 세제강화에 주안점을 두었는데, 종합부동산세 세대별 합산, 주택의 과세기준금액을 6억 원(나대지는 3억 원) 초과로 조정하여, 주택분재산세 과표적용률을 2008년부터 5%씩 상향조정하고, 양도세 실거래가 과세 및 1세대 2주택에 대한 중과세, 개인간의 주택거래 시 취득·등록세를 1%씩 인하하는 조치를 취하였다.

표 6-2 | **수요대책(세제정책)**

개편사항	기 준	종전시행	개편시행
종합 부동산세	공시가격	9억 원 초과	6억 원 초과
	합산	인별합산	세대별합산
	세율		기준시가에 따라 6억 원 ~ 9억 원 1% 9억 원 ~ 20억 원 1.5% 20억 원 ~ 100억 원 2% 100억 원 초과분 3%
	과표적용률	50%	'06년 70%에서 '09년 100%까지 매년 10%씩 인상
	세부담상한선	전년도의 1.5배	세 부담 상한은 전년도의 3배('09년까지 평균실효세부담률 1% 수준)
재산세	과표적용률	50%	2년 유예 후 '08년부터 5%씩 인상
거래세	취득세, 등록세	3.5%	취득세, 등록세 2.5%로 인하
양도소득세	과세기준	공시가격	'06년에는 1가구 2주택 실거래가 과세 '07년부터는 모든 주택 실거래가 과세
	2주택자 양도세율	9 ~ 50%	'07년부터 50%(장기보유특별공제 배제)

자료 : 기획재정부, 국토해양부

표 6-3 | **토지시장 안정대책**

구 분	개편과제	종 전	개 편
수요정책	거래허가지역 지정권한	시·도지사	국토해양부장관
	농지, 임야 거래요건	6개월 이상 거주	1년 이상 거주
	취득 후 제출서류	소요자금 계획	자금조달 내역까지 제출
	토지 의무이용기간	농지 6개월, 임야 1년, 개발사업용 6개월, 기타 6개월	농지 2년, 임야 3년, 개발사업용 4년, 기타 5년
	분할 개발	도시지역만 허가	비도시지역으로 확대
	이용의무위반 제재	과태료 500만 원	취득가액의 10% 이내(신고포상제 도입)
보유단계 (종합부동산세)	과세방법	인별 합산	세대별 합산
	기준금액	공시지가 6억 원 초과	3억 원 초과
	세 부담 상한	전년대비 1.5배	전년대비 3배 한도
	비사업용 토지과표 적용률	50%	'06년 70%에서 10%씩 인상 '09년 100%
양도단계	과세기준	1년 이상은 공시지가 과세	'06년부터 비사업용 나대지, 잡종지, 부재지주 소유농지, 임야 등은 실거래가 과세
	1년 미만 미등기 시	1년 미만, 미등기 시 실거래가 과세	부재지주 소유농지 등은 양도세율 60% 적용
	특별부과세 과세	1년 미만, 미등기 시 실거래가 과세	부재지주 소유농지 등은 양도세율 60% 적용
공급정책	가용토지 공급활성화		토지공사 비축기능 강화(연간 1,500만 평), 선매제도 활성화

자료 : 기획재정부, 국토해양부, 국세청

넷째, 3. 30대책(2006년)은 8. 31 후속대책으로 주요내용은 '서민주거복지 증진과 주택시장 합리화 방안'이며 서민주거안정 및 주택공급확대, 재건축 개발이익 부담금제 도입, 재건축 안전진단 강화, 재건축 절차 투명화 등에 관한 사항을 구체적으로 명시하고 있다. 특히 세제와 관련된 부분으로 불로소득 성격의 재건축 초과이익을 철저히 환수하여 그간 재건축 시장에서 비롯되어 온 고질적 투기와 집값 불안요인을 근절하는 데 주안점을 두고 있다. 재건축조합에 귀속되는 개발이익을 환수하는 제도가 도입됨에 따라 준공시점과 착공시점의 집값 차액에서 개발비용과 정상 집값 상승률을 공제하여 산정한 개발이익의 일정비율에 해당하는 부담금을 조합에 부과하게 되는 것이다. 그러나 재건축 초과이익 환수는 사유재산 침해와 미실현이익 과세문제로 위헌소지가 있으며, 개발이익에 대한 이중규제와 원가공개 등이 논란의 대상이었다. 또한 총부채상환비율제도를 강화하여 아파트가격에 비례해서 대출방법을 소득수준을 고려해 대출하게 하였다. 그리고 주택금융공사의 보증서 등을 담보로 주택기금에서 연 2% 범위의 낮은 이자율로 전세보증금 등을 대출해주는 영세민 전세자금 지원제도를 확대하고 대출방식을 다양화하였다.

또한 주택담보대출을 가구당 1건으로 축소하고 대출자별 대출규제를 가구별로 규제 강화하였다. 그리고 1세대 2주택 보유자 신규청약 원천배제, 전월세 인상 상한선을 5%로 제한하는 등 노무현 정부의 각종 부동산안정대책(규제내역)을 유형별로 분석하면 <표 6-4>와 같다.

표 6-4 | **노무현 정부에서 신설한 유형별 부동산 규제내역**

구분	주요규제내용	대책명
재건축 규제	재건축아파트 후분양제 도입(80% 시공 후 분양)	'03년 5. 23대책
	재건축안전진단 강화	5. 23대책
	재건축 소형평형 의무비율 도입	'03년 9. 5대책
	재건축 조합원 지위 양도금지	9. 5대책
	재건축개발이익환수제 검토	'03년 10. 29대책
	재건축단지 임대주택 의무비율 도입	10. 29대책
	재건축안전진단 강화	'05년 2. 17대책
	초고층 재건축불허	2. 17대책
	재건축 재개발 기반시설 부담금 부과	'05년 5. 4대책
	기반시설부담금제 도입	'05년 8. 31대책
	재건축 개발이익환수제 실시(최대 50% 환수)	'06년 3. 30대책
	재건축 안전진단 기준강화	3. 30대책
분양 및 전매규제	300가구 이상 주상복합 아파트 전매금지	'03년 5. 23대책
	분양권 전매제한 확대	'03년 10. 29대책
	분양권 전매제한 확대	'05년 8. 31대책
거래규제	주택거래 신고제 도입	'03년 10. 29대책
	주택거래신고지역 지정	10. 29대책
	부동산거래 실거래가 신고 의무화	'05년 5. 4대책
	모든 주택거래 실거래가 과세로 전환(2007년 이후)	'05년 8. 31대책
	실거래가 신고강화(자금조달계획 신고의무)	'06년 3. 30대책
다주택 보유규제	다주택 보유자 양도세 중과(3주택자 실효세율 82.5%)	'03년 10. 29대책
	1가구 2주택자 비거주주택 양도세 실거래가 과세	'05년 5. 4대책
	1가구 2주택자 양도세 50% 중과(2007년부터)	'05년 8. 31대책

구분	주요규제내용	대책명
대출규제	투기지역 주택담보대출 비율 40%로 하향조정	'03년 10. 29대책
	총부채상환비율(DTI) 도입	'06년 3. 30대책
	고가주택 대출요건 강화	3. 30대책
투기과열 지구지정 확대	투기과열지구 확대(수도권 전역과 충청권 일부로 확대)	'03년 5. 23대책
	투기과열지구 지방광역시까지 확대	'03년 10. 29대책
조세정책	종합부동산세(2005년부터) 시행	10. 29대책
	보유세 실효세율상향조정(2003년 0.12%에서 2017년 1% 수준까지 상향조정)	'05년 5. 4대책
	종합부동산세 대상 6억 원 초과(세대별 합산) 강화	'05년 8. 31대책
	재산세 과표 적용률 상향조정	8. 31대책
신도시 과열규제	판교중대형 아파트 채권분양가 병행 입찰제 도입	'05년 2. 17대책
	분양가 상한제 중대형으로 확대	'05년 8. 31대책
	25.7평 초과 아파트 분양 시 채권입찰제 적용	8. 31대책
신도시 조성원가 규제	택지개발이익 중소형 주택부지 조성원가 공급	'06년 3. 30대책

* 부동산 실거래가 등기부 기재(2005년 12월 29일 부동산등기법 개정) 2006년 6월 1일 부동산 등기를 신청하는 분부터는 영구보존하는 법원 등기부(갑구의 권리자 및 기타사항란)에 실지거래가액(매매금액)을 기재하도록 하는 혁명적인 조치로 부동산거래의 투명성을 제고하였다.

제3편 부동산관련 국제조세

제1절 | 국제조세의 법률체계

1. 국제조세 의의

국제조세는 한 국가의 조세법 체계 안에서 야기될 수 있는 조세문제 가운데서 외국과 관련된 요소를 내포하고 있는 문제를 다루고 있으며 따라서 국제조세관련 규정은 조세조약과 현지국의 세법 등에 분산 되어 있는 것이 각국의 입법례이다.

국제조세관련 법률의 적용순위를 보면 조세조약이 최우선 적용되고 다음이 현지국의 세법이다.

2. 국제조세의 특징

국제조세는 국가 간의 거래에서 발생되는 조세이므로 국내에서 발생되는 조세문제와는

---

141) 이용섭, 『국제조세』, 세경사, 2005, p13 - 77, 참조하여 필자가 본 서에 맞게 재정리하였다.

여러 가지 다르게 나타나는 특징이 있다.

첫째, 단일법체계를 가지고 있지 않고 조세조약·협약·협정·각서 등의 국제적 합의, 각종 세법 등에 분산되어 규정되어 있다.

한국은 다른 나라와 체결한 조세조약, 국제조세조정에 관한 법률(1995년 12월 6일 제정), 법인세법. 소득세법, 조세특례제한법 등이 있다.

둘째, 국제조세는 2개국 이상의 과세권이 서로 경합하는데서 발생하는 조세이다.

셋째, 조세조약은 국제조세의 가장 중요한 분야이다. 각국은 조세조약을 체결하여 이러한 이중과세를 방지하고 세법 체계의 상이에 따른 이해관계를 조정한다. 양국 간에 체결된 조세조약은 각국의 국내세법에 우선하여 적용되며 조세조약에 규정되지 않은 부분에 한하여 각국의 국내법이 적용된다.

넷째, 기업의 국제적 세무대책은 종합적이고 총체적 차원에서 수립되어야 한다.

다섯째, 조세회피, 이중과세방지 등 국제조세분야에서 발생되는 여러 문제들을 효율적으로 해결하기 위하여 관계국가의 과세 당국 간의 상호 긴밀한 협력체계가 필요하다.

여섯째, 국제조세문제는 경제·사회·문화적 배경이 서로 다른 국가 간에 발생하므로 개인, 기업, 정부는 상대국의 언어·종교·가치관·관습 등에 대한 지식을 필요로 하는 경우가 있다.

3. 국제적 과세원칙과 이중과세

1) 국제적 과세원칙

(1) 거주지국 과세원칙(residence principle)

자국의 거주자에게 귀속되는 소득에 대하여는 그 소득의 발생장소가 국내이거나 국외이거나를 불문하고 당해 거주자의 전 세계 소득(world-wide income)에 대해서 과세권을 행사하는 국제적 과세기준을 의미한다. 일명 무제한 납세의무라고도 한다.

(2) 국적지국 과세원칙(nationality principle)

자국의 거주자가 아니더라도 자국의 국민인 자에게 귀속되는 소득에 대해서 소득발생 장소를 불문하고 과세권을 행사하는 기준을 말한다.

미국, 필리핀, 멕시코 등의 국가에서 거주지국 과세원칙(residence principle)과 더불어 이 과세원칙을 채택하고 있다.

예를 들면 미국은 거주자와 시민(citizen)에 대하여 전 세계 소득에 대하여, 비거주자인 외국인에 대하여는 미국 내의 원천소득에 대하여 과세권을 행사한다.

(3) 원천지국 과세원칙(source principle)

<표 7-1>과 같이 자국의 영토 내에서 발생된 소득에 대하여 납세자가 비거주자일지라도 과세권을 행사하는 과세기준을 말한다. 일명 제한 납세의무자라 한다.

표 7-1 | **국제적 과세원칙**

기준	과세원칙	납세자	과세소득	납세의무
인적 기준	거주지국 과세원칙 국적지국 과세원칙	거주자 국민	전 세계 소득	무제한 납세의무
물적 기준	원천지국 과세원칙	비거주자	국내원천 소득	제한 납세의무

2) 국제적 이중과세의 방지를 위한 제도적 장치

(1) 국내법에 의한 방법

납세자의 거주국이 국내법에서 소득면세방법이나 세액공제방법으로 규정하고 있다.

(2) 조세조약에 의한 이중과세 방지

거주지국 과세의 경합으로 인한 이중과세와 거주지국 과세와 원천지국 과세의 경합으로 인한 이중과세로 구분할 수 있다.

첫째 거주지국 과세의 경합에 따른 이중과세는 하나의 납세자가 양국의 국내법상 양국의 거주자에 해당하기 때문에 발생되는 것이므로 '거주자(resident)' 조문에서 하나의 사람이 양국의 거주자가 되는 경우 어느 국가의 거주자인가를 판별하는 기준을 규정함으로써 거주지국 과세의 경합에 따른 이중과세를 방지하고 있다.

둘째, 원천지국 과세의 경합에 따른 이중과세는 조세조약이 양 체약국의 거주자 또는 한 체약국의 거주자에 대해서만 적용되는 관계로 조세조약상의 이중과세 방지대상이 되지 않는다.

셋째, 조세조약은 거주지국 과세와 원천지국 과세의 경합에서 발생되는 이중과세를 방지하기 위하여 두 국가 중 한 국가에서만 과세하도록 하거나 원천지국에서 납부한 세액을 거주지국에서 공제해 주도록 규정하고 있다.

① 원천지국에서 면제

조세조약에서는 특정소득에 대하여 당해 소득의 원천지국에서는 면세하고 거주지국에서만 과세하도록 규정함으로써 이중과세를 방지하고 있다.

예로 고정사업장이 없는 외국기업의 사업소득, 상호 면세하는 경우의 국제운수소득, 조세조약에서 면세되는 단기 체재자 등의 인적용역소득 등 매우 한정되어 있다.

② 거주지국에서 이중과세 방지

조세조약에서는 대부분 소득에 대하여 당해 소득이 발생한 국가(원천지국)와 당해소득을 얻은 자가 거주하는 국가(거주지국)에서 모두 과세할 수 있도록 규정하고 있다. 이와 같이 하나의 소득에 원천지국과 거주지국에서 과세하는 경우 이중과세가 발생한다.

따라서 <표 7-2>와 같이 조세조약은 이중과세 방지에 관한 조문에서는 원천지국에서 과세된 소득에 대한 이중과세를 방지하기 위하여 거주지국으로 하여금 외국에서 납부한 세액을 자국에서 납부할 세액으로부터 공제하거나 외국원천소득을 자국 과세소득에서 제외하도록 규정하고 있다. 따라서 조세조약의 이중과세 방지 방법에 관한 조문에서 규정하고 있는 이중과세 방지는 거주지국과세와 원천지국과세의 경합에서 발생되는 것을 그 대상으로 하고 있다.

표 7-2 | **이중과세 발생원인과 그 방지형태**

발생원인	방지형태
거주지국 과세의 경합	조세조약
거주지국 과세와 원천지국 과세의 경합	국내법, 조세조약
원천지국 과세의 경합	별도합의 또는 협정필요

3) 국제적 이중과세의 방지 방법

(1) 외국소득 면제방법

외국소득 면제방법(exemption methods)은 납세자의 거주지국이 자국거주자의 해외원천소득에 대하여 자국에서 과세하지 않는 방법이다.

소득면제방법하에서 거주지국은 원천지국의 과세권이 실제로 행사되는가에 관계없이 자국에서 면세하고 원천지국의 실제과세 여부를 조사할 필요가 없으므로 이 방법은 가장 간편한 방법으로 간주된다.

소득면제방법은 완전면제방법과 누진부면제방법이 있다.

① 완전면제방법(full exemption)

거주지국은 자국거주자의 과세소득을 결정함에 있어서 해외에서 발생된 소득을 과세소득에 산입하지 않는 것이다.

② 누진부면제방법(exemption with progression)

자국의 거주자가 해외에서 발생된 소득을 취득하는 경우 그 소득을 과세하지는 않으나, 당해 납세자의 잔여소득에 대해 적용될 세율을 결정함에 있어서 해외원천소득을 고려하는 방법으로 누진세율 체계하에서 의미가 있다.

(2) 외국납부세액공제방법

외국납부세액공제방법(credit method)은 거주지국이 자국거주자의 해외 원천소득에 포함시켜 세액을 산출한 후, 동 산출세액으로부터 외국에서 납부한 세액을 공제하여 줌으로써 이중과세를 방지하는 방법이다.

이 방법이 소득면제방법과 다른 점은 외국에서 발생된 소득을 자국의 세액계산상 과세소득에 포함시켜 세액을 산출한 후 동 산출세액으로부터 외국에서 납부한 세액을 공제하여 준다는 것이다

세액공제방법은 완전세액공제방법, 일반세액공제방법, 간접외국세액공제방법, 간주세액공제방법이 있다.

① 완전세액공제방법(full credit)

자국거주자의 세액을 계산함에 있어서 외국에서 납부한 세액의 전부를 자국에서 납부할 세액으로부터 공제하여 주는 방법이다.

② 일반세액공제방법(ordinary credit)

외국납부세액을 거주지국에서 무제한 인정하여 주는 것이 아니고 해외 원천소득에 대한 거주지국에서의 세액 한도로 한다.

$$(한도액 = 거주지국\ 세액 \times \frac{국외원천소득}{총과세소득})$$

즉 국외 원천소득에 거주지국의 법인세 실효세율을 적용하여 산출한 세액을 한도로 공제하여 주는 방법이다.

· 국별한도방식(per country limitation)

거주지국에서 공제되는 외국납부세액의 한도액을 해외소득이 발생한 국가별로 계산하는 방법으로 동일 종류의 소득을 가진 국가별(영국, 호주, 덴마크, 오스트리아 등)로 계산하는 방식과 개별 국가별(캐나다, 프랑스, 독일 등)로 계산하는 방식으로 세분된다. 한국은 국별한도액 방식과 일괄한도액 방식 중 납세자가 선택하도록 하고 있다.

· 일괄한도방식(overall limitation)

소득원천지국이 2개국 이상일 경우 거주지국에서 세액공제가 허용되는 외국납부세액의 한도액을 해외소득에서 발생한 국가별로 구분하여 계산하지 않고 거주지국 이외의 전 세계 소득을 일괄하여 공제한도액을 계산하는 방법을 말한다. 각 원천지국별로 각각 국외원천소득금액을 계산하여 공제한도액을 계산하는 국별 한도방식은 국제거래가 복잡해짐에 따라 실무상 소득의 원천지를 파악하기 어려운 경우가 있는데, 이 방식은 소득의 원천지를 국내와 국외로 구분하므로 세무기관이나 납세자 측면에서 볼 때 국별한도액방식에 비하여 계산절차가 간단하다는 장점이 있다. 이 제도는 미국, 일본 등이 채택하고 있다.

③ 간접외국세액공제방법

모기업이 해외 자회사로부터 배당을 받은 경우 모기업의 거주지국이 배당에 대한 세액공제(외국세액공제)에 추가하여 자회사가 해외에서 납부한 법인세까지도 세액 공제[142]해 주는

---

142) 적용대상 외국자회사의 범위는 조세조약에 반영된 경우 : 지분율 20% 이상(법인세 상당액의 100% 공제)
   조세조약에 미반영·미체결된 경우 : 지분율 25% 이상(법인세액 상당액의 50% 공제)으로 구분된다.

제도이다.

$$\text{간접외국법인세액} = \text{당해 사업연도의 자회사의 법인세액} \times \frac{\text{모회사가 받은 배당액}}{\text{당해사업연도의 자회사소득금액} - \text{당해사업연도의 자회사법인세액}}$$

간접세액공제를 허용하는 이유는 <그림 7-1>과 같이 자회사가 소재한 국가에서 배당원천이 되는 자회사의 이윤에 대해 법인세가 과세될 뿐만 아니라 자회사의 법인세까지 모기업의 거주지국에서 공제하여 주지 않는다면 자회사 형태의 진출이 지사형태의 진출보다 불리하게 되며 이중과세가 완전히 배제된다고 볼 수 없기 때문이다.

따라서 개도국 특히 자원보유국의 경우 지사형태보다는 합작기업 형태의 외국기업 유치를 선호하기 때문에 조세조약에서 상대국에 간접외국세액공제를 부여하도록 요구하는 것이 일반적이다.

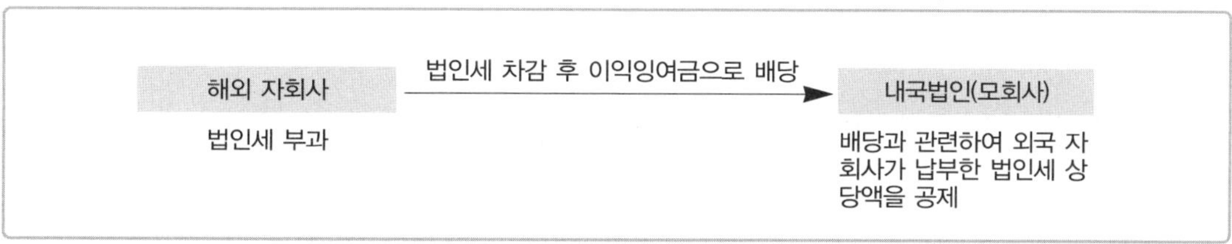

그림 7-1 | **외국 손회사의 법인세 상당액은 공제대상에서 제외**

④ 간주외국세액공제방법(tax sparing credit)

주로 개발도상국이 자국의 경제발전을 위하여 외국투자가에게 국내법 또는 조세조약에 의하여 부여한 조세감면액을 당해 외국투자가의 거주지국(주로 선진국)이 동 투자가의 세액을 계산함에 있어서 당해 개발도상국에서 실지 납부한 것으로 간주하여 세액 공제해 줌으로써 실질적인 조세감면 혜택을 투자가에게 귀속시키는 제도이다.

4) 국내법상 이중과세방지제도

① 외국납부세액공제
② 간주외국세액공제
③ 간접외국세액공제

1. 부동산 보유세

조세부담률(Tax Burden Ratio)은 국민들의 소득 중에서 얼마만큼을 세금으로 부담하는가를 나타내는 지표로, 한 나라의 국내총생산(GDP) 또는 국민총소득(GNI)에 대한 조세총액의 비율로 나타낸다.

통상 개발도상국보다는 국민소득 수준이 높은 선진국에서 조세부담률이 높아지는 경향을 볼 수 있는데, 선진국 국민의 담세력이 상대적으로 높고 사회복지제도와 관련된 재정수요가 많기 때문에 나타나는 현상이라고 볼 수 있다.

2. 부동산거래 관련 미국과 한국의 지방세 비교[143]

부동산 거래와 관련되는 양국의 제도를 취득, 보유, 처분의 세 단계로 나누어 볼 수 있다. 취득 단계는 부동산 매수 절차(real property buying process)를, 보유 단계는 재산세(property tax)를, 처분 단계는 양도소득세(taxes on gains from real property transaction)를 중심으로 설명한다.

1) 부동산 매수 절차 – 취득 단계

(1) 일반적인 부동산 거래 관습

한국에서의 일반적인 부동산 거래 방식은 기본적으로 당사자 간 직거래(direct trade) 형식을 띤다. 여기서 직거래라 함은 부동산 중개업자나 법무사의 조력을 얻는 경우까지도 포함한다. 매수자는 부동산 가격에 해당하는 금액을 매도자에게 지급하며, 매수자는 그 대가로서 해당 부동산을 인계한다. 현금의 흐름은 직접 매수자에게서 매도자로 이어지며 부동산

---

143) Young Sang Kim, Suggestions for the Stabilization of the Real Estate and Property Market (Comparative Study between Korea and the U.S.), 2009.

중개업자나 법무사의 조력을 얻는 경우에도 이들이 직접 현금 흐름에 개입하는 경우는 매우 드물다. 이러한 이유로 공부상의 확인 작업에도 불구하고 안전한 소유권 이전의 확인이나 성공적인 거래의 완결 가능성이 미국에 비해 높지 않다. 최근 이러한 문제들을 해결하기 위한 한 방법으로 에스크로우(escrow) 제도가 확산되고 있다. 그러나 기업 간 거래에 비하면 개인 간 거래에 있어서 에스크로우 제도는 아직까지는 일반화된 경향이 아니다. 한편 미국에서의 전형적인 부동산 거래 형식은 제 3자가(third party) 개입하는 삼자 보증 거래(third party assurance transaction) 형태이다. 에스크로우 제도는 기업 간 거래뿐만 아니라 개인 간 거래에서도 매우 보편적인 제도로 활용되고 있다. 에스크로우 홀더는 에스크로우에 명시된 조건들이 충족될 때까지 관련 펀드와 문서들을 관리 보관하는 기능을 함으로써 안전한 소유권 이전을 담보하며 거래의 성공 가능성을 높이는 역할을 한다.

(2) 프로세스 진행 비용

한국의 경우 부동산 거래 시 매수자의 몫으로 돌아오는 프로세스 진행 비용은 대략 사고자 하는 부동산 가격의 0.4 ~ 0.8 % 정도이다. 이때 대부분의 프로세스 진행 비용은 부동산 중개 수수료와 법무사 보수가 차지한다(취득세, 등록세 등 취득 단계에서의 세금은 아래 별도의 절에서 다룬다).

미국의 경우 매수자가 부담해야 하는 프로세스 진행 비용은 대략 매수하고자 하는 부동산 가격의 2.5~3.0% 정도이다. 이때 프로세스 진행 비용에는 신용조사비용(credit report fee), 변호사 수수료(attorney's fee), 부동산 평가 수수료(appraisal fee), 타이틀 보험료(title insurance) 등이 포함된다. 일반적으로 말해 프로세스 진행 비용은 미국의 경우가 더 높고 절차 또한 복잡한 편이다. 이는 부동산 거래 시 제도적으로 다양한 분야의 전문가들의 참여가 이루어지도록 요구되기 때문이다. 이들은 부동산 거래가 안정적으로 이루어지도록 확인하는 역할을 한다.

(3) 취득단계에서의 세금

두 나라 사이에서의 또 하나의 큰 차이점은 부동산을 취득하는 단계에서 세금이 부과되느냐 혹은 부과되지 않느냐이다. 뉴욕주와 대부분의 주에서는 적어도 부동산 취득 시점에 세금이 부과되지는 않는다. 대조적으로 한국의 경우 여러 종류의 세금이 부동산 취득 시점에서 부과된다. 취득 시점에서의 세금이라 함은 취득세, 등록면허세, 지방교육세, 농어촌특별세 및 인지세 등을 포함한다. 대략 취득 시점에서의 총 세금 액수는 사고자 하는 부동산 가격의 2.85% 정도이다.

취득단계에서의 세금, 특히 취득세 및 등록면허세와 관련하여 여러 관점에서의 논의가 있어 왔다(지방교육세, 농어촌특별세, 인지세 등은 취득세 및 등록면허세의 부가세이거나 그 액수가 작아 핵심적인 논의의 대상은 아니다).

첫째, 취득세와 등록면허세가 부동산 거래 시의 거래 비용(transaction cost)을 증가시킴으로써 경제 주체들의 선택에 영향을 미치며 결과적으로 정상적인 시장 기능을 왜곡시킬 수 있다는 우려이다. 매수자 입장에서 볼 때 일반적으로 부동산 취득 시점에서 가장 큰 현금의 소비가 이루어지는데, 취득세와 등록면허세는 이들이 느끼는 자금 압박을 증가시킨다는 주장이다. 게다가 이들 세금은 부동산을 취득할 때마다 부과되므로 부동산을 더 자주 사고팔수록 더 많은 세금 부담이 더해지게 된다. 아울러 취득세나 등록면허세 모두 부동산을 취득했다는 동일한 경제적 사실을 바탕으로 세금이 부과되므로 이중과세의 우려가 발생할 수 있다.

둘째, 취득세 및 등록면허세는 수평적인 공평성을 저해할 수 있다. 수평적 공평성의 관점에서 어떤 사람의 취득세 및 등록세 담세 능력은 그 부동산의 가치를 기준으로 측정되어야 타당함에도 현행 이들 세금은 이보다는 거래의 빈도에 더욱 초점을 맞추고 있다는 주장이다.

셋째, 취득세 및 등록면허세는 그 성격상 지방자치단체의 일반세원으로서 적합하지 않을 수 있다. 우선 이들 세금으로부터의 조세수입은 부동산 시장의 상태에 따라 큰 변동을 보이는 경향이 있다. 부동산 시장이 활황인 경우 이들 세금으로부터의 조세수입은 증가하고 반대로 부동산 시장이 불황인 경우 이들 세금으로부터의 조세수입은 감소하기 쉽다. 이러한 변동성은 안정적인 지방재정 확보를 어렵게 할 수 있다. 또한 이들 세금은 지방공공서비스에 대한 편익 원칙(서비스의 수혜자가 그 비용을 지불해야 한다는 원칙)과 대립할 가능성이 있다. 일반적으로 지방정부가 제공하는 공공서비스는 이를 필요로 하는 거주민이면 누구에게나 제공된다. 그러나 취득세와 등록면허세는 서비스 수혜자가 누구인지와는 상관없이 새로운 부동산을 취득한 사람에게 부과된다. 게다가 취득세와 등록면허세의 과세 베이스가 지역별로 상이하여 이들 세금으로부터의 조세 수입이 지방정부 재정능력의 차이를 심화시킬 가능성이 있다.

2) 재산세 - 보유 단계

(1) 재산세 과세 권한

한국의 경우 지방자치단체 중 시(市), 구(區) 및 군(郡)이 보통세의 하나로 재산세를 부과할 권한을 가지고 있다. 따라서 특별시, 광역시 및 도(道)와 같은 상위 지방자치단체들은 기본적으로 재산세와는 큰 관련이 없다.

이와 대조적으로 미국의 경우 모든 수준의 지방정부(local governments)가 재산세(property tax)를 부과할 수 있는 권한(authority)을 가진다. 이러한 지방정부에는 타운(town), 빌리지(village), 시티(city) 및 카운티(county) 등이 포함된다. 이들 중 카운티는 여타의 지방정부들과 구분되는 성격을 가진다. 우선 카운티는 공간적으로 여러 개의 타운이나 빌리지 혹은 시티를 포함하는 보다 넓은 관할구역을 가진 행정단위이다. 또한 카운티가 주민들에게 제공하는 공공서비스는 사회보장서비스(social security service)와 같이 주(州)정부의 업무와 밀접한 것들이다. 반면 타운, 빌리지, 시티 등은 상하수도, 경찰, 소방 등 보다 주민 생활과 직결된 공공 서비스를 제공한다.

흥미로운 점은 비록 카운티가 재산세를 부과할 과세 권한을 가질지라도 재산세의 부과, 징수, 세수 분배 등 실제 집행에 있어서는 타운이나 빌리지, 시티가 주 역할을 한다는 것이다. 다시 말해 실제로 주민들이 받아보게 되는 재산세 고지서는 타운(자신이 사는 지역이 어디냐에 따라 빌리지 혹은 시티가 될 수 있음)이 발급하여 보낸 것이며 세금 납부도 타운을 통해 하게 되나 그 세금 수입 중 일부는 카운티의 재정으로 할당된다는 것이다. 또한 만약 자신이 교육세(school tax)까지 전체적으로 부과되는 타운의 관할 안에 살고 있다면 납세자는 타운세(town tax), 카운티세(county tax), 기타 부과금(other charges)은 물론 교육세(school tax)까지도 하나의 재산세 고지서에 구분하여 명기되어 있는 것을 발견하게 될 것이다. 물론 이 경우 교육세(school tax)는 해당 학군(school district)으로 배분된다.

(2) 재산세의 역할

미국 지방정부의 재산세는 예산 지출액과 재산세를 제외한 모든 예산 재정 수입 사이의 갭(gap)을 커버하는 독특한 역할을 수행한다. 말하자면 예산을 수립할 때 우선 예상되는 지출 총액과 재산세 이외의 모든 예상 수입 총액을 구한 후 그 차이를 재산세 수입으로 메움으로써 균형예산을 짜는 것이다. 이것이 가능한 이유는 지방정부가 주정부의 관여 없이 재산세 세율을 결정할 재량권을 가지고 있기 때문이다.

한국 지방정부 역시 재산세 세율을 변경할 수 있는 권한을 가지고 있다. 그러나 제도적 또는 현실적 제약으로 인해 재산세 세율을 조정하는 일이 용이하지 않다. 지방세법 제111조 4의 ③에서 시장, 군수는 특별한 재정수요나 재해 등의 발생으로 재산세의 세율 조정이 불가피하다고 인정되는 경우 조례가 정하는 바에 의하여 재산세의 세율을 표준세율의 50% 범위 안에서 가감 조정할 수 있음을 규정하고 있다. 법률 규정에서 알 수 있다시피 한국에서의 재산세 세율 조정은 연례적이기 보다는 이례적인 경우에 해당한다. 결과적으로 한국 지방정부가 미국 지방정부와 같이 탄력적으로 재산세 세율을 조정할 수 있는 여지는 거의 없다고 볼 수 있으며 한국의 재산세가 미국의 재산세처럼 예산 과정에 있어서 적극적인 역할을 하리라고 기대하기도 힘들다. 오히려 한국의 지방정부들은 중앙정부의 보조금에 의존하는 경향이 크다. 2008년 평균 지방정부 재정자립도는 53.9 %에 머물렀다.

(3) 재산세의 성격

재산세의 주요 기능은 다음의 네 가지로 요약될 수 있다.

첫째, 정부의 재정 수요를 충족시키는 기능

둘째, 편익 원칙을 실현시키는 기능

셋째, 소득세나 판매세(sales tax) 등 다른 조세의 단점을 보완하는 기능

넷째, 효율적인 토지의 이용이나 부의 재분배와 같이 사회적으로 바람직한 정책 목표를 달성하는 기능이 그것이다. 앞의 세 가지 기능들은 재산세의 본래적 기능이라 한다면 마지막 네 번째 기능은 재산세의 정책적 기능이라 할 수 있을 것이다.

뉴욕시의 재산세 시스템은 다양한 종류의 공제 항목들을 통해 정책적 기능을 반영하고 있다. 그러나 전체적으로 볼 때 미국 지방정부의 재산세 시스템은 재산세의 본래적 기능, 특히 재정수요 충족 기능과 편익 원칙의 실현 기능에 충실한 제도에 가깝다. 전술한 바와 같이 재산세는 예산 지출액과 예산 수입액의 균형을 맞추는 역할을 하는데 이는 재정 수요의 충족 기능이라 하겠다. 한편 미국에서는 발에 의한 투표(voting by the feet) 현상이 현실의 문제인데, 바꿔 말하면 질 좋은 공공서비스가 제공되는 지역에 거주하겠다는 결정은 자신이 기꺼이 더 많은 재산세를 부담할 의사가 있다는 얘기가 된다. 미국 지방정부의 재산세 수입은 주로 공립학교, 상하수도, 도로, 소방 및 경찰 서비스를 위해 사용된다.

미국의 재산세 시스템과 비교할 때, 한국 지방정부의 재산세 시스템은 재산세의 본래적

기능보다는 정책적 기능에 초점이 맞춰진 제도에 가깝다. 일부 지방자치단체를 제외하면 한국의 경우 재산세 수입으로 지방정부의 재정 수요를 충족시키기는 무리이다. 한국의 지방정부의 경우 재산세 세율을 조정할 수 있는 재량이 매우 제한된다는 점 이외에도 지방정부가 공시가격 결정에 실질적으로 영향을 미치기가 어렵다는 점 역시 지방정부의 재정조달 능력을 제한하는 요인이 된다. 공시가격은 재산세 과세표준의 기본이 되는 시가표준액의 기초가 된다. 편익 원칙과 관련하여서도 한국은 지방공공서비스의 질과 재산세 부담의 상관관계가 분명치 않아 보이고 협소한 국토 면적과 국민 정서상의 이유로 인해 발에 의한 투표 현상도 보편적이라고 할 수는 없다. 한편 상대적으로 재산세의 정책적 기능이 강조되고 있다고 보이는데, 과세 대상의 정교한 분류, 전반적인 누진세율 구조는 소수에게 부동산이 집중되는 현상을 완화하고자 하는 정책적 고려가 반영된 것으로 보인다.

(4) 기타 사항

미국의 경우 재산세 시스템은 주(州)에 따라 세부 사항들이 각각 다르다. 뉴욕시의 경우 오직 부동산만이 재산세의 과세대상이 되며 선박이나 항공기 등은 과세 대상 자체가 아니다. 한국의 경우 지방정부에 관계없이 재산세 시스템은 동일하며 토지, 건축물, 주택과 같은 부동산뿐만 아니라 선박과 항공기도 재산세의 과세 대상이 된다.

뉴욕시의 경우 과세대상이 되는 모든 부동산은 4개의 클래스로 구분되며 각 클래스에는 동일한 평가비율(assessment ratio)과 동일한 세율이 적용된다. 말하자면 적어도 같은 클래스 내에서는 일률과세(flat tax)의 형태를 띠는 것이다. 한국의 경우 과세 대상이 토지, 건축물, 주택, 선박 및 항공기로 구분되는데 토지와 주택은 기본적으로 누진세율 구조가 적용되고 건축물은 용도나 지역에 따라 다른 세율이 적용된다. 뉴욕시 재산세 시스템 내에는 다양한 종류의 공제 항목들이 존재한다. 한국의 경우 정책적 고려사항이 과세 대상의 분류나 세율 구조를 통해 반영되는 반면 미국의 경우 공제항목으로써 반영되고 있기 때문이다. 그들 중 일부는 노령자, 참전용사, 장애인 등 특별한 배려가 요구되는 사람들을 보조하기 위한 항목들이고 다른 일부는 뉴욕시의 균형 있는 지역발전을 위해 인센티브로써 작용하는 항목들이다. 이와 비교할 때 한국의 재산세 시스템 내에는 일부의 비과세 항목들만이 존재한다. 국가 등이 소유한 재산에 대한 비과세나 종교, 자선, 학술 등 특정 용도를 위해 사용되는 재산에 대한 비과세가 그 예이다.

뉴욕시 재산세의 경우 재산에 대한 평가액이 일정 기간 동안에 일정 비율 이상을 초과할 수 없도록 하여 급격한 조세 부담 증가를 방지하고 있다. 예컨대 클래스 1에 해당하는 부동산의 경우 평가액이 매년 6% 이상 또는 5년 동안 20% 이상 증가할 수 없다. 한국 재산세의 경우에도 세 부담 증가를 제한하는 규정이 있는데 평가액에 대한 상한 규정이 아닌 산출세액에 대한 상한 규정이 있다는 점이 다르다. 지방세법 제122조에 재산세의 산출세액이 직전 연도의 재산세액 상당액의 1.5배를 초과하는 경우 1.5배에 해당하는 금액을 당해 연도에 징수할 세액으로 한다고 규정하고 있다(주택공시가격 3억 원 이하인 경우 1.05배, 주택공시가격 3억 원 초과 6억 원 이하인 경우 1.1배 등).

3) 자산거래에서 발생한 이득에 대한 과세 − 처분 단계

(1) 개념상의 차이

많은 국내 문헌들이 양도소득의 영문 표기를 capital gain으로 사용하고 있는데 이는 개념상에 혼동을 일으킬 여지가 있다. 미국에서 capital gain은 일반적으로 자본 자산(capital asset)과 미 내국세법(Internal Revenue Code) 제1231조가 규정하는 자산을 처분(disposition)함으로써 발생하는 소득을 일컫는 보다 구체적인 개념이다. 여기서 capital assets라 함은 대개 사적 용도로 사용되는 자산(personal use assets)과 투자 자산(investment assets)을 가리키는데 주택, 자동차, 정부 채권 등이 예가 될 수 있다. 미 내국세법 1221조는 어떤 자산이 capital asset의 범위에 해당되지 않는지를 명시하고 있다. 또한 처분은 대개 매매(sale)나 교환(exchange)의 형태로써 이루어진다. Capital gain은 다시 1년 이상의 보유기간일 경우 long−term capital gain으로, 1년 미만의 보유기간일 경우 short−term capital gain으로 분류되며 소득 통산과 이월 및 선택세율적용 과세(alternative tax computation) 시 양자가 다른 대우를 받게 된다. 여타 소득에 비해 유리한 혜택을 받게 되는 선택세율적용 과세는 오직 과세 소득(taxable income)이 net long−term capital gain을 포함하는 경우에 한해 적용될 소지가 있다. 한편 capital asset의 처분으로 손실이 발생하는 경우(net capital loss의 발생)에 한해 3,000달러까지만 공제가 가능하다.

위와 같이 양국에서 사용되는 용어와 개념상의 차이로 인해 발생하는 혼란을 줄이고자 여기에서는 자산을 처분함으로써 발생하는 소득(한국에서 흔히 말하는 양도소득)에 대한 과세를 지칭할 때 taxes on gains from property transactions 라는 표현을 사용하였다. 한국의 양도소득세제는 capital gain taxation이라는 표현 대신 real property transaction gain taxation으로 표기하였다.

(2) 과세 방식

양국의 제도상 가장 큰 차이점은 자산 거래에서 발생한 소득을 다른 소득과 함께 통합 과세(aggregate taxation)하느냐 아니면 다른 소득과는 별도로 분류 과세(segregate taxation)하느냐에 있다.

미국의 경우 capital gains or losses에 대한 별도의 리포팅(separate reporting) 및 선택세율적용 과세 등과 같이 자산거래에서 발생한 소득에 대해서는 몇몇 특별한 대우가 적용된다. 하지만 기본적으로 이들 소득도 다른 소득과 마찬가지로 연방 소득세(federal income tax)의 과세 체계 내에서 과세된다는 점에서 통합 과세의 형태를 띤다고 할 수 있다. 이런 이유로 미국에서의 자산거래로 인한 소득에 대한 과세를 연구하고자 할 때에는 우선 전체적인 연방 소득세 체계에 대한 이해가 선행되어야 한다. 먼저 미 연방 소득세 체계에 대한 개괄적인 소개를 하고 이후 자산 거래로부터 발생한 소득에 대한 과세를 설명한다.

한국의 경우 자산거래로부터 발생한 소득에 대한 과세는 양도소득세라는 명칭을 사용하여 명확한 분류 과세 방식을 택하고 있다. 자산 거래로부터의 소득은 일반 소득세 과세 체계와는 완전히 다른 별도의 과세 체계 내에서 완전히 다른 세율의 적용을 받게 되어 있다. 이 외에도 이들 소득에 대해서는 여타 원천에서 발생하는 소득에는 적용되지 않는 많은 특별한 대우가 적용된다.

한국의 분류과세방식의 채택은 정부의 정책적 고려와도 조화를 이루는데 정부는 부동산 시장에서의 투기 발생 억제 및 경기 변동으로 인한 경제적 충격 완화와 같은 정책적 목표 달성의 수단으로 양도소득세제의 개편을 사용해 왔다.

(3) 주택 매매로부터 발생한 소득에 대한 비과세

주택의 매매로부터 발생한 소득에 대해 양국 모두 유사한 비과세 조항을 가지고 있다. 이들 소득에 대한 비과세 조치의 논리적 배경은 주택 소유자는 기존 주택을 매각함으로써 발생한 소득을 새로운 주택을 매입하기 위해 재투자하는 데 사용할 것으로 기대되므로 이에 대한 세금을 유예해 주어야 한다는 생각에 근거한다.

양국의 비과세 조항에 있어서의 가장 큰 차이점은 보유 요건(ownership condition) 이외에 거주 요건(use condition)까지 요구되느냐 아니면 요구되지 않느냐에 있다. 미국의 경우 주택 비과세 요건을 만족하기 위해서는 보유 요건뿐만 아니라 거주 요건까지 만족시켜야 한다. 구체적으로 납세자는 주택 매각일로부터 5년의 기간 동안 최소한 2년 이상 그 주택을 보유하면서 주 거주지(principal residence)로서 사용해야만 비과세의 혜택을 받을 수 있다.

한국의 경우 서울 및 분당 등 5개 인접 도시에 위치한 주택을 제외하면 보유 요건만 만족되면 비과세 혜택을 받을 수 있다. 주택 매각일 현재 최소 3년 이상을 보유한 경우 비과세 적용이 가능하며 서울 및 인접 5개 도시의 경우 3년 이상을 보유하면서 2년 이상을 거주했을 경우 비과세 적용이 가능하다. 주택 매매로부터 발생한 소득에 대한 비과세 조치의 논리적 배경이 재투자에 대한 세금 유예임을 고려하면 비과세 조항의 적용요건은 보유 요건뿐만 아니라 거주 요건까지 포함하는 것이 타당할 것으로 보인다.

(4) 세율

일반적으로 한국의 양도소득세에 적용되는 세율은 여타 소득에 적용되는 일반 소득세 세율에 비해 높다. 이는 부동산 가격 안정을 위한 정책적인 고려를 반영한다. 반면 미국에서 자산거래로부터 발생하는 소득에 적용되는 세율은 원칙적으로 여타의 소득에 적용되는 세율과 동일하다. 단 앞서 설명한 바와 같이 long-term capital gains의 경우 선택세율적용이 가능한데 이 경우 적용되는 세율은 일반 연방 소득세 세율과 같거나 이보다 낮게 된다.

각 나라가 처해 있는 특수 사정을 감안하지 않고 자산거래로부터 발생하는 소득에 적용되는 세율이 여타 소득에 적용되는 세율보다 높다거나 낮아서 문제가 된다고 말하는 것은 설득력이 없다. 다만 한국의 경우 양도소득세 과세체계의 변화 과정을 감안할 때 자체적으로 세율 조정의 필요성이 제기될 수 있다. 2007년 이전까지 양도소득세는 원칙적으로 기준시가가 과세의 기준가격이었는데 기준시가는 자산의 공정한 시장가치를 제대로 반영하지 못한다는 비판이 계속하여 제기되어 왔다. 즉 대부분의 경우 기준시가는 시장가치에 미달하게 측정되어졌다. 이로 인해 2007년 세법 개정을 통해 양도소득세의 과세기준가격이 기준시가에서 실지거래가액으로 바뀌었는데 이는 실질과세의 실현이라는 측면에서는 바람직한 변화라고 할 수 있다. 문제는 과세기준가격이 실거래가로 바뀜으로써 납세자의 조세 부담이 급격히 증가할 수 있다는 점이다. 또 기존의 양도소득세 과세체계가 기준시가가 시장가치보다 낮다는 점을 감안하여 세율을 상대적으로 높게 설정하여 왔다는 점을 들어 현행 실거래가 기준의 과세체계에서는 세율을 하향 조정해야 한다는 주장도 제기되고 있다.

한국의 특수 사항을 감안할 때 양도소득세의 세율 조정 시 부동산 투기 억제, 부의 재분배 등 정책적 고려를 여전히 반영하는 것이 바람직할 것으로 보인다. 예컨대 세율 자체는 전반적으로 하향 조정하되 다주택 보유자나 투기성 단기 주택 보유자에 대한 중과세 조치, 장기 주택 보유자에 대한 경감조치 등의 기본 구조는 유지되도록 하는 방안을 생각해 볼 수 있을 것이다.

(5) 기타 사항

한국의 경우 부동산을 장기 보유했을 시 장기보유특별공제 적용이 가능하다. 자산의 보유기간이 3년 이상인 경우 그 보유기간에 따라 특별공제의 폭이 달라진다. 한편 부동산을 1년 미만 보유했거나 여러 채의 주택을 소유한 경우에는 중과된 세율이 적용된다. 미국의 경우 capital assets을 1년 이상 보유한 후 처분 시 발생하는 소득에는 여타 소득에 적용되는 소득세율보다 낮은 우대 세율이 적용될 수 있다. 그러나 1년 미만의 단기 보유에 대해 직접적인 불이익 조치가 가해지지는 않는다.

미국은 자산거래로부터 발생한 소득도 다른 소득과 함께 매년 4월 15일까지 신고하면 된다.

4) 미국과 한국의 부동산거래 특징

미국과 비교할 때 한국의 부동산 거래와 관련된 제도는 다음과 같은 일반적인 특징들을 갖는다.

① 한국의 부동산 거래 절차는 미국에 비해 간단한 편이다. 대신 소유권 이전의 확인이나 성공적인 거래의 완결 가능성이 미국에 비해 높지 않다고 보인다.

② 한국에서는 부동산을 취득한 시점에 취득세, 등록세 등 세금이 부과되지만 미국(뉴욕주)의 경우 취득 단계에서는 세금이 없다.

③ 대개의 경우 한국에서의 재산세 부담은 미국에 비해 높지 않은 편이고 이것이 부동산의 취득, 보유, 처분 등 경제적인 선택에 미치는 영향 또한 미국에 비해 크지 않으리라고 예상된다.

④ 대개의 경우 한국에서의 양도소득세 부담은 미국에 비해 높은 편이고, 이것이 경제적인 선택에 미치는 영향은 상당할 것으로 예상된다.

⑤ 재산세와 양도소득세 모두 부동산 투기 예방이나 부의 재분배와 같은 정책 목표들을
반영하고 있으며 이러한 고려가 세제를 복잡하게 만드는 한 요인이 되고 있다.

한국의 부동산 관련 제도들이 갖는 이러한 특징들의 많은 부분은 한국이 처해 온 독특한 환경과 그에 대응한 정부 정책들의 상호작용이 만들어낸 결과에 기인하는 것으로 보인다. 예를 들어 한국은 주택시장에서의 반복되는 가격 급변동과 투기 현상을 경험해 왔으며 이에 대처하여 정부는 다주택 보유자나 주택 단기 보유자에 대해 고율의 양도소득세를 적용해 왔는데 이는 양도소득세가 위의 ④나 ⑤와 같은 특성을 띠는데 기여하였다.

한국의 부동산 관련 조세는 부동산 시장에서의 가격 급변동이나 투기 현상을 방지하기 위한 주요 수단 중의 하나였다. 한국도 1995년 이후 본격적으로 지방자치제도를 실시해 오고 있지만 200년 이상의 연방주의(federalism)와 분권주의(decentralism) 전통을 지녀온 미국에 비하면 여전히 많은 부분에서 중앙집권주의(centralism)의 흔적들이 남아 있다. 이는 조세가 여전히 빠르고 효과적인 정책 목표의 달성 수단이 될 수 있는 기초로써 작용한다고 말할 수 있다.

그러나 한편으로 정부의 조세를 통한 시장 개입이 예상치 못한 부작용을 야기하여 의도와는 달리 상황을 악화시킬지도 모른다는 우려가 제기되어 온 것도 사실이다. 이러한 우려 중의 하나는 소위 부동산 시장에서의 동결효과(freezing effect)인데 위의 다섯 가지 한국이 갖는 특성들로부터 이러한 효과를 유추해 볼 수 있다. 우선 특성 ①과 ③으로부터 한국에서는 비교적 쉽게 부동산을 취득하고 보유할 수 있을 것임을 예상해 볼 수 있다. 반면 특성 ④와 ⑤로부터 부동산의 처분은 취득이나 보유보다 쉽지 않을 것임을 예상할 수 있다.

부동산 취득을 고려 중인 사람이라면 취득 후 그 부동산의 처분이 어려울 것임을 예상하여 취득 자체를 꺼려할지 모른다. 부동산을 이미 보유하고 있는 사람이라면 높은 조세부담을 안고 부동산을 현재 처분하느니 앞으로 있을지 모를 정책 변화를 기다리며 처분을 계속 연기할지 모른다. 이러한 사람들의 기대로 인해 정작 어떤 정부 정책이 소개되었을 때 시장이 이에 보이는 반응이 지체되거나 시장가격의 변동 폭이 정책 의도와는 달리 오히려 확대될 수 있는 것이다. 이러한 우려에도 불구하고 조세 시스템을 논의할 때 투기 예방이나 부의 집중 방지를 통한 사회·경제적 평등의 실현과 같은 정치적 고려를 배제할 수 없는 것이 한국의 현실이며 이러한 복잡한 상황들이 문제 해결을 어렵게 한다.

그렇다면 조세의 다른 기능들을 유지하면서 동시에 정책적 기능까지 수행케 하는 방법에

는 어떠한 것들이 있을까. 한 가지 대안으로서 부동산 취득, 보유, 처분의 각 단계에서 거래 당사자에게 귀착되는 부담의 정도를 조정하는 방안을 생각해 볼 수 있다. 즉 총 부담이 늘지 않는 선에서 취득과 처분단계에서의 부담은 줄이고 보유단계에서의 부담은 늘리는 것이다. 미국과 비교 시 현재 한국의 조세 제도는 부동산의 취득과 처분단계에서의 부담이 높고 보유단계에서의 부담은 낮은 편이다. 미국의 경우 일반적으로 주택 취득을 고려 중이거나 이미 보유 중인 사람들은 재산세에 대해 가장 큰 고민을 한다. 대개의 경우 자산 처분으로 인해 발생한 소득에 대한 과세(한국의 양도소득세)에 대해서는 덜 민감하다고 말할 수 있는데, 주택 매매 시 일정 요건을 만족하면 실현된 이득의 250,000달러까지(부부 합산 신고한 경우 500,000달러까지) 세금이 면제되며 또한 앞서 설명한 바와 같이 long-term capital gain의 경우 유리한 세금 혜택을 받을 수도 있다.

보유단계에서의 부담을 높이고 취득 및 처분단계에서의 부담을 줄이는 구체적인 방안으로는 다음과 같은 것들을 생각해 볼 수 있다. 먼저 지방정부에게 매년 일정한 절차를 거쳐 재산세율을 재정 상황에 맞춰 임의로 조정할 수 있는 재량권을 주고 대신 중앙정부로부터의 보조금에 대한 의존도는 대폭 줄이도록 유도하는 것이다. 중앙정부 의존도가 높은 대개의 지방정부들은 재정을 유지하기 위해 재산세율을 상향조정하게 될 것이며 납세자의 재산세 부담은 높아질 것이다. 동시에 취득세, 등록세와 같은 취득단계에서의 세금은 폐지를 고려해 볼만하다. 더불어 양도소득세의 세율을 전반적으로 하향조정할 필요가 있을 것이다.

이러한 조정으로 인해 기대되는 효과는 다음과 같다.

첫째, 주택을 사고자 하는 사람이 적어도 취득단계에서의 세금으로 인해 유동성에 압박을 받는 일은 사라질 것이다.

둘째, 양도소득세 부담의 경감은 세금이 얼마나 많은 수의 부동산을 보유할 것인지 또는 언제 보유하고 있는 부동산을 매각할 것인지에 대한 경제적 선택에 미치는 영향을 줄이도록 할 것이다.

셋째, 장기적으로 지방정부의 재정능력이 향상될 것이며 늘어난 지방세수가 주민의 수요에 맞춰 알맞게 사용된다면 이는 편익원칙과도 부합한다.

넷째, 기존 수년간 단 몇 차례에 걸쳐 발생하는 양도소득세나 취득/등록면허세의 부담에 비해 이제 매년 발생하게 될 재산세의 부담이 경제주체의 의사결정에 더욱 큰 영향을 미치리라 예상되므로 진정한 부동산 보유 의사와 능력이 있는 사람들을 중심으로 시장수요가 나타날 것이다. 즉 단기차익을 노리는 투기적 수요가 줄어들 것이다.

단계별 조세 부담 조정과 아울러 몇몇 제도적인 보완이 뒷받침 되어야 할 것으로 보인다. 사인 간 거래에 있어서 에스크로우 제도의 확대나 거래 부동산에 대한 각 분야 전문가들의 평가 및 확인 절차 강화 등은 거래의 안정성을 증진시키리라 예상된다. 재산의 가치평가와 관련하여서는 소수의 전국 단위의 평가조직을 대신하여 다수 지방정부 수준에서의 평가조직 구성이 가치 평가의 정확성 측면에서 나을 것으로 생각되는데 이는 부동산가격 공시 및 감정평가에 관한 법률 개정이 필요한 작업이다. 세제의 안정성 관점에서 자산의 처분으로 발생한 소득에 대한 과세 방식을 현행 분류과세에서 통합과세 방식으로 전환하는 방안도 고려해 볼만하다.

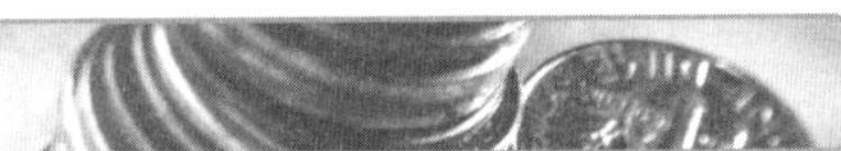

제3절 | 주요국의 세목별 세율

1. OECD 주요국의 세목별 세율현황

해외투자사업 수행 시 필수적으로 검토하여야 할 세목별 세율을 OECD 국가 간에 비교하여 보기로 한다. 특히 주요세목인 법인세, 소득세, 부가가치세, 상속세 중심으로 세율비교와 국가 간의 조세부담률, 직·간접세, 세목별 비교를 중점적으로 살펴본 후 한국과 OECD 국가들의 GDP대비 세목별 비율도 살펴 보기로 한다.

1) 법인세

<표 7-3>에서 보면 OECD 국가 중 법인세율은 미국이 35%로 제일 높고 프랑스 34.4%, 벨기에 33%, 호주, 뉴질랜드, 스페인, 일본 30%이다. 스웨덴, 멕시코, 영국, 노르웨이가 28%이고 스위스가 8.5%로 제일 낮은 수준이다. 한국은 25%로 세율이 높다.

국 가	법인세율(%)	국 가	법인세율(%)
스위스	8.5	한국	25
아일랜드	12.5	네덜란드	25.5
아이슬란드	15	핀란드	26
독일	15	이탈리아	27.5
헝가리	16	스웨덴	28
슬로바키아	19	멕시코	28
폴란드	19	영국	28
캐나다	19.5	노르웨이	28
터키	20	호주	30
체코	21	뉴질랜드	30
룩셈부르크	22	스페인	30
오스트리아	25	일본	30
덴마크	25	벨기에	33
포르투갈	25	프랑스	34.4
그리스	25	미국	35

* 중앙정부, 최고세율 기준

** 자료 : OECD Tax Database(www.oecd.org)

2) 소득세

<표 7-4>에서 OECD 국가 중 소득세율을 보면 높은 세율국이 오스트리아, 벨기에, 이탈리아, 그리스 등이고 낮은 세율국은 스위스를 들 수 있다.

구분	국가	세율	구분	국가	세율
1	네덜란드	2.5 ~ 52	2	벨기에	25 ~ 50
3	오스트리아	38.33 ~ 50	4	프랑스	5.5 ~ 40
5	호주	15 ~ 45	6	이탈리아	23 ~ 43
7	아일랜드	20 ~ 41	8	독일	15 ~ 45
9	영국	10 ~ 40	10	그리스	29 ~ 40
11	폴란드	19 ~ 40	12	포르투갈	10.5 ~ 42
13	뉴질랜드	15 ~ 39	14	헝가리	18 ~ 36
15	룩셈부르크	8 ~ 38	16	일본	5 ~ 40
17	한국	8 ~ 35	18	터키	15 ~ 35
19	미국	10 ~ 35	20	핀란드	9 ~ 32
21	체코	12 ~ 32	22	멕시코	3 ~ 28
23	스페인	15.66 ~ 27.13	24	캐나다	15 ~ 29
25	노르웨이	12.6 ~ 24.6	26	아이슬란드	22.75(단일세율)
27	덴마크	5.48 ~ 26.48	28	스웨덴	20 ~ 25
29	슬로바키아	19(단일세율)	30	스위스	0.77 ~ 13.2

자료 : OECD Tax Database, Central government personal income tax rates

3) 부가가치세

<표 7-5>에서 보면 OECD 국가 중 미국은 부가가치세를 채택하지 않고 있다. 채택국에서 부가가치세 세율을 보면, 높은 세율국이 덴마크, 스웨덴, 노르웨이가 25%이고 아이슬란드 24.5%, 폴란드, 핀란드가 22% 순이다. 낮은 세율국은 일본 5%, 캐나다 6%, 스위스 7.6%, 한국, 호주가 10% 순이다.

OECD 국가의 부가가치세 세율

구 분	시행연도	표준세율(standard rate)			낮은세율 (reduced rate)
		'94년	'00년	'07년	
OECD평균		17.5	17.7	17.7	
덴마크	'67	25.0	25.0	25.0	–
프랑스	'68	18.6	20.6	19.6	2.0, 6.5
독 일	'68	15.0	16.0	19.0	7.0
네덜란드	'69	17.5	17.5	19.0	6.0
스웨덴	'69	25.0	25.0	25.0	6.0, 12.0
룩셈부르크	'70	15.0	15.0	15.0	3.0, 6.0, 12.0
노르웨이	'70	22.0	23.0	25.0	8.0, 13.0
벨기에	'71	20.5	21.0	21.0	6.0, 12.0
아일랜드	'72	21.0	21.0	21.0	4.8, 13.5
오스트리아	'73	20.0	20.0	20.0	10.0, 12.0
이탈리아	'73	19.0	20.0	20.0	4.0, 10.0
영 국	'73	17.5	17.5	17.5	5.0
한 국	'77	10.0	10.0	10.0	–
멕시코	'80	10.0	15.0	15.0	–
터 키	'85	15.0	17.0	18.0	1.0, 8.0
포르투갈	'86	16.0	17.0	21.0	5.0, 12.0
뉴질랜드	'86	12.5	12.5	12.5	–
스페인	'86	16.0	16.0	16.0	4.0, 7.0
그리스	'87	18.0	18.0	19.0	4.5, 9.0
헝가리	'88	25.0	25.0	20.0	5.0, 15.0
아이슬란드	'89	24.5	24.5	24.5	14.0
일 본	'89	3.0	5.0	5.0	–
캐나다	'91	7.0	7.0	6.0	–
체 코	'93	22.0	22.0	19.0	5.0
폴란드	'93	22.0	22.0	22.0	7.0
슬로바키아	'93	25.0	23.0	19.0	–
핀란드	'94	22.0	22.0	22.0	8.0, 17.0
스위스	'95	6.5	7.5	7.6	2.4, 3.6
호 주	'00	–	10.0	10.0	–

주」 OECD 30개 회원국 중 미국을 제외한 29개국이 부가가치세를 시행

* 자료 : OECD, Consumption Tax Trends (2008년 잠정판)

4) 상속세

<표 7-6>에서 OECD 국가 중 상속세율을 보면 벨기에, 네덜란드, 독일, 한국, 일본 등이 높은 세율국이고, 낮은 세율국은 아이슬란드, 이탈리아 등이다.

표 7-6 | OECD 국가의 소득세율 및 상속세 최고세율 비교

국가명	소득세율(%)	상속세율(%)				
		I	II	III	IV	V
【유형 1】 소득세율 〈 상속세율 (5개국)						
한국	35	50				
미국	35	45				
일본	40	50				
덴마크	26.48	36.25				
스페인	27.13	34				
【유형 2】 소득세율 = 상속세율 (2개국)						
프랑스	40	40				
영국	40	40				
【유형 3】 소득세율(I 기준) 〉 상속세율 (15개국)						
터키	35	30				
아일랜드	41	20				
아이슬란드	22.75	5				
노르웨이	24.6	20	30			
독일	45	30	40	50	–	–
헝가리	36	21	30	40	–	–
핀란드	32	16	16		–	–
벨기에	50	30	65	70	80	–
네덜란드	52	27	53	68	–	–
그리스	40	10	10	40	–	–
체코	32	0	0	40	–	–
폴란드	40	7	12	20	–	–
룩셈부르크	38	4.4	11	19.8	22	33
오스트리아	50	15	25	40	50	60
이탈리아	43	4	6	6	8	

국가명	소득세율(%)	상속세율(%)				
		I	II	III	IV	V
【유형 4】 자본이득과세 (6개국)						
호주	45			–		
캐나다	29			–		
포르투갈	42			–		
슬로바키아	19			–		
스웨덴	25			–		
멕시코	28			–		
【유형 5】 상속세 및 자본이득과세 미과세						
뉴질랜드	39			–		
【기 타】 지방정부 상속세 과세						
스위스	13.2			–		

자료 : 2007년 OECD 통계자료

2. 주요 OECD 주요국의 조세부담률 등 비교

<표 7-7>에서 보면 조세부담률 수준은 2006년 기준으로 높은 순위 수준은 영국 30.6%, 이탈리아 29.9%, 캐나다 28.5%, 프랑스 28.1% 순이고, 낮은 순위국은 일본 18.0%, 미국 21.4%이다.

표 7-7 | **OECD 주요국가의 조세부담률**

국 가 명	조세부담률(%)					
	2001년	2002년	2003년	2004년	2005년	2006년
캐나다	29.7	28.5	28.3	28.4	28.4	28.5
프랑스	28.0	27.3	26.8	27.3	27.8	28.1
독일	21.7	21.1	21.1	20.6	20.9	22.0
이탈리아	30.0	29.2	29.4	28.6	28.4	29.9
일본	17.4	16.2	15.8	16.4	17.3	18.0
영국	30.7	29.5	28.9	29.2	29.6	30.6
미국	21.8	19.6	18.9	18.8	20.6	21.4
OECD 평균	27.0	26.6	26.3	26.5	26.9	26.6

자료 : 기획재정부

<표 7-8>에서 평균 총 조세 대비 세목별(소득세, 법인세, 사회보장세, 재산과세, 소비과세, 기타) 비중을 보면 소득과세는 미국 46.5%, 영국 38.5%, 일본 33.8%, 한국 29.3%로 높은 순위국이며 한국은 법인소득세는 제일 높다. 소비과세는 한국 34.3%, 영국 30.3%, 독일 29.0%로 높은 순위국이다. 재산세는 한국 11.9%, 영국 12.0%, 미국 11.4%로 높은 순위국이며, 사회보장세는 독일 39.9%, 프랑스 37.0%, 일본 36.8%로 높은 순위국이다.

표 7-8 | **OECD 국가의 평균 총 조세 대비 세목별(소득세, 법인세, 사회보장세, 재산과세, 소비과세, 기타) 비중**

(단위 : %, 2005년 기준)

구 분		한국	미국	일본	영국	프랑스	독일	OECD평균
소득과세		29.3	46.5	33.8	38.5	23.5	28.2	35.2
	· 개인소득	13.3	35.1	18.3	28.6	17.3	23.3	24.6
	· 법인소득	16.0	11.4	15.5	9.3	6.2	4.9	10.3
소비과세		34.3	17.4	19.4	30.3	25.3	29.0	31.9
	· 일반소비	17.5	8.0	9.5	18.6	17.1	18.0	18.9
	· 개별소비	15.9	6.6	7.7	10.5	7.6	9.9	11.3
재산과세		11.9	11.4	9.7	12.0	7.8	2.5	5.6
사회보장세		21.0	24.7	36.8	18.8	37.0	39.9	25.6

자료 : 기획재정부

<표 7-9>에서 GDP대비 세목별 비율을 보면 소득과세는 프랑스, 영국, 미국이 높은 순위국이며, 소비과세는 프랑스, 영국, 재산과세는 프랑스, 한국, 일본, 사회보장세는 독일, 프랑스로 높은 순위국이다.

표 7-9 | **한국과 OECD 국가의 GDP대비 세목별 비율**

(단위 : %, 2005년 기준)

구 분		한국	미국	일본	영국	프랑스	독일	OECD평균
소득과세		7.5	12.7	9.3	13.9	10.4	9.8	12.6
	· 개인소득	3.4	9.6	5.0	10.6	7.6	8.1	9.0
	· 법인소득	4.1	3.1	4.3	3.4	2.7	1.7	3.6
소비과세		8.6	4.0	4.7	10.6	10.8	9.7	10.6
	· 일반소비	4.5	2.2	2.6	6.8	7.5	6.2	6.8
	· 개별소비	4.1	1.8	2.1	3.8	3.3	3.5	3.8
재산과세		3.0	3.1	2.7	2.0	3.4	0.9	2.0
사회보장세		5.4	6.7	10.1	9.1	16.3	13.9	9.1

자료 : 기획재정부

1. 조세피난처 개념

조세피난처는 특정 소득에 대한 세 부담이 전혀 없거나 무시할 수 있을 정도로 적어 다국적기업이 조세를 회피하는 수단으로 활용하는 지역을 말한다.

조세피난처의 개념은 학술적으로 명확하게 정의할 수 있는 것은 아니고, 여러 나라가 조세피난처를 통한 조세회피 방지 제도를 도입하는 과정에서 독자적으로 실무목적상 조세피난처를 정의하고 있다.

그리고 조세피난처는 일반적으로 다음과 같은 특징을 가지고 있다.[145]

① 특정소득에 대해 세금을 부과하지 않거나 세 부담이 낮다.[146]
② 과세당국 간 효율적인 정보교환이 불가능하다.[147]
③ 제도의 투명성이 부족하다.
④ 기업의 설립 시 실질적인 존재 및 영업활동을 요구하지 않는다.
⑤ 외환관리가 존재하지 않는다.
⑥ 통상 은행업무의 중요성이 상당히 큰 것으로 나타난다.
⑦ 근대적 통신시설이 잘 발달되어 있다.
⑧ 통상 정치적 · 경제적으로 안정되어 있고 입출국이 자유롭다.
⑨ 유능한 전문가의 조언을 얻을 수 있도록 영어사용이 일반화되어 있다.

---

144) 신재국, '국제적 조세회피에 대한 합리적 대응방안', 한양대학교 대학원 석사논문, 2009, p14-67 참조하여 필자가 재정리하였다.
145) OECD는 유해조세경쟁 억제방안을 모색하는 과정에서 조세피난처 판정기준으로 ①～④까지 네 가지 기준을 제시하였다.
146) 부과하더라도 명목상의 의미만 있을 뿐 실질적인 세 부담이 매우 낮다.
147) 조세피난처는 통상 조세조약을 체결하지 않고 있으며, 조세조약을 체결하는 경우에도 정보교환 조항은 포함시키지 않거나 매우 특별한 경우로 한정하고 있다. 그리고 대체로 기업의 사업이익에 대해 세금을 부과하지 않기 때문에 기업의 사업 활동에 대한 정보를 갖고 있지 않다.

2. 조세피난처의 유형[148]

OECD에서는 유해조세경쟁 규제의 일환으로 조세피난처 및 유해조세감면제도의 파악작업을 추진하였는데, 1998년 47개 잠재적 조세피난처를 선정하였고, 2000년 6월에는 35개의 조세피난처 명단을 발표한 바 있다.

조세피난처의 분류방법에는 여러 가지가 있으나, 현재 가장 많이 이용되고 있는 4분류법에 의하여 유형을 구분하면 다음과 같다.[149]

1) 제1유형(tax paradise : 완전 조세 회피지, 무세국)[150]

전형적인 조세피난처로서 직접세(소득세, 상속세, 증여세, 부유세 등)가 없는 지역 또는 국가로 일반적으로 각국과 체결된 조세조약이 없으며, 회사설립이 비교적 용이하여 은행·신탁회사와 같은 금융기관 설립 장소로 이용되고 있다.

2) 제2유형(low-tax havens : 저세율국, 경과세국)[151]

소득 또는 자본에 대한 세율이 낮고 비교적 많은 국가와 조세조약을 체결하고 있는 지역 또는 국가로 배당에 대한 원천징수를 면제하고 있는 것이 일반적이므로 지주회사·투자회사·국제금융회사 설립에 널리 이용되고 있다. 특히 해외 사업에 대하여는 특별한 조세 혜택을 부여한다.

3) 제3유형(tax shelters : 국외 소득 면세국)[152]

일반적으로 정상 과세를 하나 해외원천소득에 대해서도 면세하는 지역 또는 국가로 홍콩

---

148) 이용섭, 전게서, pp.735-736.

149) 제1유형과 제2유형에 해당되는 조세피난처는 대부분 조그마한 섬이나 식민지(대부분 영국의 식민지)로서 금융 시장에 의하여 영위되는 지역 또는 국가들임.

150) Bahamas, Bermuda, Cayman lslands, Nauru, New Hebrides, Turks & Caicos islands, Somalia 등

151) Cyprus, Bahrain, Israel, Jamaica, Monaco, Lebanon, Macao, the Antilles, Singapore, Swiss, Gibraltar, Antigua, Barbados, Anguilla, British Virgin lslands, St. Helena, Liechtenstein. 등

152) Costa Rica, Liberia, Panama 등

은 동남아시아의 거점으로서 해외원천소득을 비과세하고 있으며, 금융서비스의 편의가 뛰어나 외국회사들이 신탁회사 · 지주회사의 설립지로 이용되고 있다. 또한 라이베리아, 파나마는 해운업의 조세피난처로 특히 유명하다.

4) 제4유형(tax resorts : 특정형태의 회사나 사업에 특혜를 주는 국가)[153]

일반적으로 정상 과세를 하나 특정형태의 회사(지주회사 등)나 사업 활동에 세제상 특별우대조치를 부여하고 있는 지역 또는 국가로 룩셈부르크, 네덜란드가 대표적인 국가들이며 금융거래를 위한 조세피난처로 광범위하게 이용하고 있다.

OECD 공식 확인은 없지만 실질적으로 조세피난처 역할을 하는 국가들은 홍콩, 말레이시아, 필리핀, 그리스, 아일랜드, 네덜란드, 룩셈부르크, 파나마, 캐나다, 영국 등으로 해외소득이나 특정회사 형태에 면세혜택을 주는 국가들이다.

3. 국제적 조세회피 유형

조세조약남용(treaty shopping)으로 조세조약상 직접적으로 혜택을 받을 수혜자가 아닌 자(파트너, 법인, 개인 등 포함)가 오로지 또는 주로 조세조약의 혜택을 얻기 위한 목적으로 특정국가에 설립된 법적 객체(entity)를 통한 거래로 가장하는 것으로 정의하고 있다.

다국적기업이 특정국가에 진출함에 있어서 당해 국가가 체결하고 있는 조세조약의 체약국 중에서 자기의 조세부담을 가장 가볍게 할 수 있는 국가(제3국)를 선택(shopping)하여 그 곳에 위장회사(서류상의 회사, paper company)를 설립하거나 그 곳에서 계약상 거래가 있었던 것처럼 가장함으로써, 조약의 혜택을 부당히 취하는 현상을 총칭하여 treaty shopping이라 한다.

조세조약은 다자 간의 조약이 아닌 2개국 당사자 간에 체결된 양자 조약으로 체결된 조세조약 당사국의 거주자에 한하여 적용되는 것이므로, 제3국의 거주자는 당해 조약에 규정된 혜택을 받을 수 없는 것이다.[154]

------

153) Canada, Greece, Ireland, Luxembourg, Netherlands, Philippines, U.K.
154) 이용섭, 「국제조세」, 세경사(2003), pp. 759-768.

다국적기업과 투자자들은 조세조약에 규정된 주요 혜택인 고정사업장이 없는 경우 사업소득 비과세 규정의 활용, 선박·항공기의 국제운수소득에 대한 비과세 또는 감면, 투자소득에 대한 제한세율 적용, 주식 양도소득의 비과세 등의 조세 회피를 목적으로 이용하고 있다.

1) treaty shopping의 유형

(1) 소득 도관(use of income conduit)

<그림 7-2>에서와 같이 C국에 있는 실질적인 소득 귀속자는 B국에 투자를 하고 이에 따른 이자소득의 제한세율을 적용받기 위해 A국에 법적 객체(entity)를 통해 투자하는 형식을 취함으로써 A국과 B국 간 조세조약의 혜택을 누리는 데 개입되었을 뿐 실제적 소득흐름은 궁극적으로 C국에서 귀결되는 것이다.

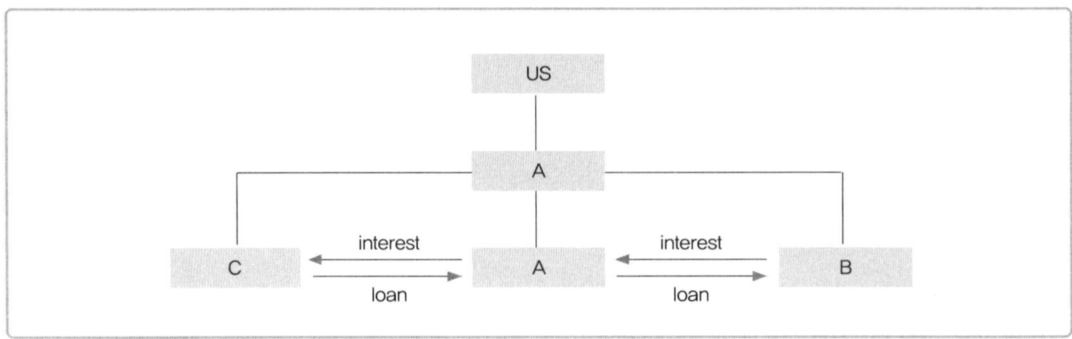

그림 7-2 | **소득 도관**

(2) 객체 도관(use of entity conduit)

<그림 7-3>에서와 같이 제3국(A)의 거주자들이 자신들에게 귀속되어야 할 소득(dividend)을 B국과 C국 간의 조세조약을 적용받기 위해 B국에 도관회사를 설립하여 소득을 수취하는 것이다.

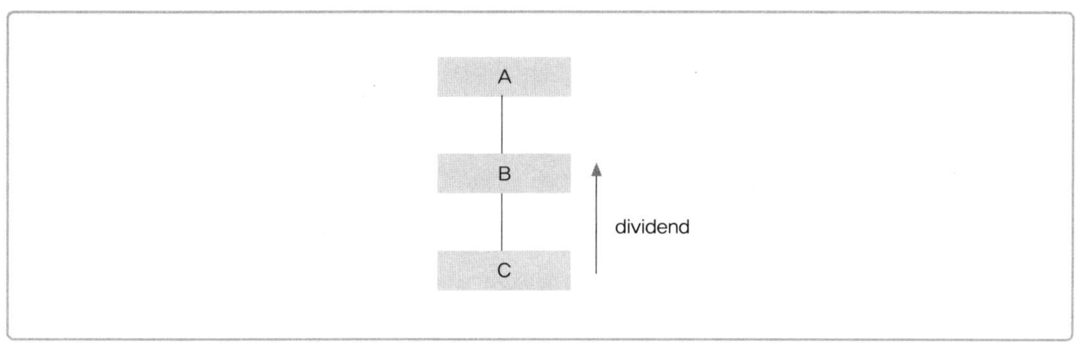

그림 7-3 | **객체 도관**

(3) 삼각투자(triangular cases)

<그림 7-4>에서와 같이 B국 거주자가 저세율 국가인 C국 소재 지점에 이자를 지급하면서 동시에 A국과 B국 간 조세조약을 적용받는 경우로써 A소재지국은 지점에 비과세하는 국가로 A는 이자소득 과세를 회피할 수 있고 B는 이자비용을 공제받을 수 있다.

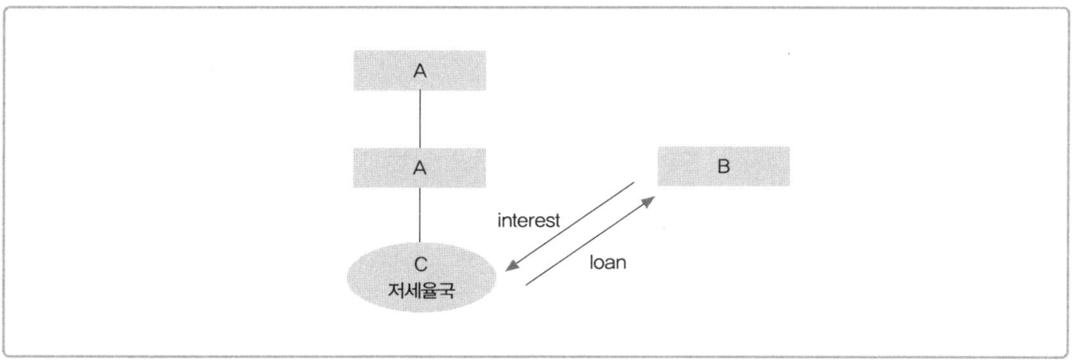

그림 7-4 | **삼각투자**

2) 조세회피의 방법

(1) 거주지 이전

거주지 이전은 조세피난처를 조세회피 수단으로 활용하는 가장 고전적인 방법이다. 일반적으로 선진국인 고세율국은 대부분 자국 거주자에 대해 과세할 때 거주지 과세원칙을 적용하여 자국 거주자에게 귀속되는 소득에 대해 소득의 발생지를 불문하고 자국법에 의해 과세한다. 그러므로 고세율국 거주자가 국내법상의 거주지를 저세율국 또는 조세피난처로 이전하면 고세율국의 소득세나 상속세 또는 자산과세를 회피할 수 있다.

(2) 투자회사 등 현지 자회사의 활용

<그림 7-5>에서와 같이 조세피난처에 서류상의 회사(자회사)를 설립하고 그 자회사를 통하여 무형재산을 포함한 자산을 관리하도록 하는 것으로 거래과정을 보면 다음과 같다.[155]

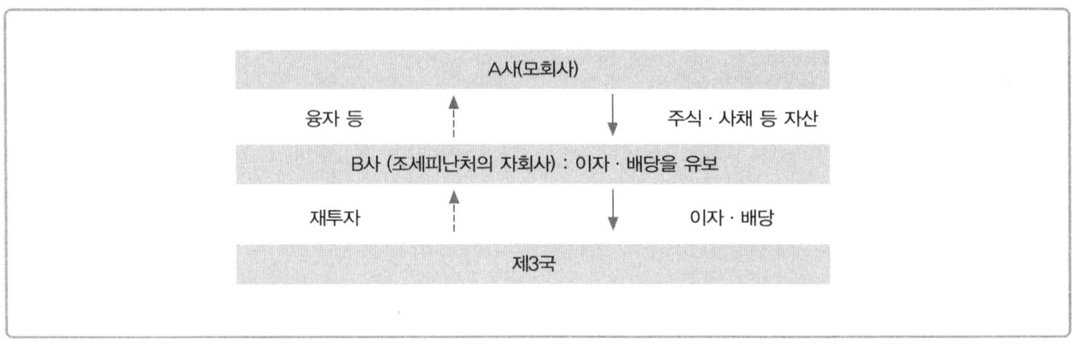

그림 7-5 | **현지 자회사 활용**

고세율국의 기업 A(모회사)는 조세피난처에 실체가 없는 서류상의 회사인 B(자회사)를 설립하고 주식이나 사채 등의 자산을 자회사로 이전한다. 모회사인 A사는 명목상 자회사로 이전한 자산을 제3국에 투자하여 이자 · 배당 등의 소득을 얻는다.

실제로 투자에 대한 모든 결정은 모회사가 행하지만 자회사인 B사의 명의로 거래를 하므로 모든 소득은 B사에 귀속된다. B사가 거주하는 조세피난처는 국외로부터 얻은 이자 · 배당소득에 대해 과세하지 않으므로 이 기업집단은 소득에 대한 세금을 한 푼도 부담하지 않고 B사에 투자이익을 축적할 수 있다.

모회사인 A사가 해외투자를 통해 얻은 소득을 무한정 해외에 축적한다면 투자자로서는 바람직하지 않으나, 만약 B사에 축적된 소득을 A사에 배당하여 투자자 거주지로 환수할 경우 A사는 배당소득에 대해 자국의 높은 세율을 적용하여 세금을 납부해야 되므로 조세피난처를 통한 조세회피의 이득이 사라지게 된다.

---

155) 안종석, 최준욱, 「국제조세 회피의 행태 및 경제적 효과분석」, 2003.

그러므로 주식배당에 대한 세 부담을 회피하기 위하여 투자자는 다시 한번 조세를 회피하기 위한 조작[156]을 하게 되는데, B사에서 A사로 배당을 하는 것이 아니라 자금을 대여하는 형식으로 소득을 이전한다.

B사가 사내에 유보된 소득을 A사에 대여하면 A사는 소득세를 부담하지 않고 투자소득을 환수할 수 있으며, 또한 매년 A사의 소득 중 일부를 세 부담 없이 B사로부터 차입한 자금에 대한 이자로 B사에 지급할 수 있으므로 역시 조세를 회피하면서 다시 B사에 자금을 축적할 수 있다.

4. 국제적 조세회피의 특징

1) 조세조약과 조세피난처를 혼합

고세율 국가들은 일반적으로 광범위한 조세조약망을 갖추고 있으므로 조세피난처가 개입되지 않은 고세율 국가들 간의 거래에 있어서는 원칙적으로 조세조약 남용을 통한 조세회피가 불가능하나, 거래과정에 조세피난처를 개입시킬 경우 조세피난처를 통해서 국외에서 발생한 소득에 대한 거주지 과세를 피할 수 있다.

그런데 조세피난처는 대부분 조세조약망을 광범위하게 갖추고 있지 않으므로 조세피난처를 통한 투자만으로는 원천지 과세를 회피하기란 쉽지 않다.

따라서 조세조약망을 통해 원천지 과세를 회피할 수 있으며, 국내법에 따른 거주지 세 부담이 매우 낮거나 역외거래에 대한 면세 등 여러 가지 이유로 국내에서 국외원천소득에 대해 과세하지 않는 특정한 지역을 선별하여 그 지역에 통과회사를 설립함으로써 원천지 과세를 회피하게 된다.

(1) 조세피난처에 명목상 자회사를 설치

조세피난처를 이용한 조세회피는 대부분 조세피난처에 설립된 자회사(paper company)를 통해 이루어지며, 그 자회사는 실질적으로 사업을 수행하지 않는 서류상의 회사로 단순한

---

156) 제2차 조세회피라 함. 안종석 · 최준욱, 전게서.

통과회사(conduit company) 또는 기장센터(book-keeping center)로서의 역할을 한다. 명목상으로는 조세피난처의 자회사가 국제무역의 중개 역할도 하고 자금을 투자하는 투자회사로서의 역할도 하지만, 실질적인 업무는 모회사가 직접 담당하고 조세피난처에 있는 자회사는 명의만 제공하는 경우가 대부분이다.

(2) 불법자금의 세탁

조세피난처를 통한 조세회피는 불법자금의 세탁과 밀접한 관련이 있다는 특징을 갖고 있다. 앞서 언급한 바와 같이 전형적인 조세피난처는 기업에 대해 과세하지 않으므로 과세당국이 기업에 대한 정보를 보유하지 않으며, 조세조약을 체결하지 않고 있어서 그나마 보유한 정보에 대해서도 다른 국가와 정보교환 협력을 하지 않는다.

금융기관은 비밀보호법을 근거로 고객의 금융거래에 대한 비밀을 보장하며 금융거래에 대한 규제가 거의 없어 투자자가 거주하는 국가에서는 금지된 거래도 가능하다. 그러므로 조세피난처의 자회사 등을 통해 불법자금을 합법화하는 것이 가능하고 이 경우 조세회피와 돈세탁이라는 이중의 이득을 얻는다.

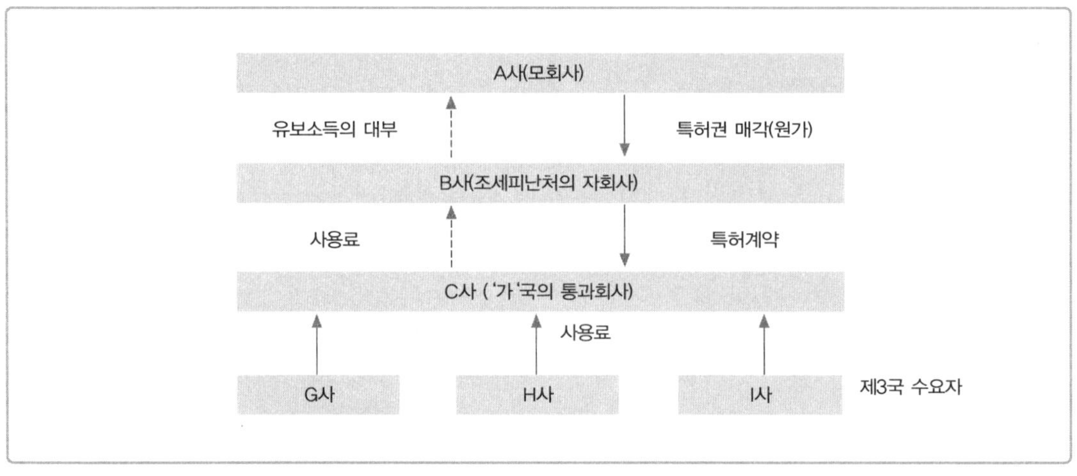

그림 7-6 | **조세조약과 조세피난처 혼합 형태**

<그림 7-6>에서와 같이 고세율국의 A사는 자신이 보유한 특허권을 직접 다른 국가에 소재한 기업들과 라이선스 계약을 체결하여 사용료 소득을 수취하면 그 소득에 대해 고율의 법인세가 부과되므로 조세피난처에 B라는 자회사를 설립하여 특허권을 원가에 매각한다. B

사는 서류상의 회사로 실질적인 거래는 모두 A사가 담당한다.

A사는 조세피난처의 B사를 통하여 다른 국가들에 있는 수요자와 라이선스 계약을 체결하고 이를 통해 발생한 사용료 소득은 B사에 축적한다. B사는 조세피난처에 소재하므로 B사가 획득한 사용료 소득에 대한 세금은 없다.

그러나 일반적으로 조세피난처는 조세조약을 체결하지 않거나 체결하더라도 극히 제한적인 네트워크만을 가질 뿐이므로 사용료 지급에 대한 원천징수를 회피하기에는 적절한 수단이 되지 못하므로 소득발생지의 원천지 과세를 회피하기 위해서 조세조약 남용을 위한 통과회사 C를 추가하게 된다.

'가' 국의 경우 전세계적인 조세조약망을 갖추고 있고 그 국가가 다른 국가들과 체결한 조세조약은 일반적으로 사용료 지급에 대한 원천지의 원천징수를 면제하는 조항을 담고 있다. 그러므로 B사는 '가' 국에 서류상의 회사 C를 설립하여 특허권을 이전하고, C사는 '가' 국이 조세조약을 체결한 국가들에 소재하는 기업들 G, H, I사와 맺은 라이선스 계약에 따라 사용료를 받으면 G, H, I사가 소재한 국가의 원천징수세 부담을 피할 수 있다.

G, H, I사가 소재한 국가들은 '가' 국과의 조세조약에 의거하여 이 기업들이 '가' 국의 C사에 지불한 사용료에 대해 원천징수를 부과하지 않기 때문이다. C사가 이 때 획득한 사용료 소득을 모두 특허권 구입에 대한 대가로 B사에 이전하면 C사에는 과세소득이 남아있지 않아 세금을 납부하지 않아도 된다.

이런 과정을 통해 조세피난처에 있는 B사로 이전된 소득은 B사에 축적되고 축적된 자금의 규모가 커지면 B사가 모회사인 A사에 자금을 대여하는 방식으로 축적된 소득을 이전한다. 궁극적으로는 A사의 특허권을 G, H, I사가 사용하고 그에 대한 사용료를 지급함으로써 A사의 소득이 발생하였음에도 불구하고 A사의 소재지나 G, H, I사의 소재지 어디에서도 세금을 납부하지 않으며, 중간역할을 한 서류상 회사인 B사, C사의 소재지에서도 세금을 납부하지 않고 모든 거래가 성립된다.

2) 금융센터 및 역외금융센터의 활용

많은 기업들이 그 본업을 수행하는 데 필요한 금융거래뿐만 아니라 자금조달 및 운용의 효율화, 금리 및 통화변동 위험의 회피, 각국의 금융상 제약으로부터의 탈피 등 여러 가지 목적으로 금융 측면에서 중추 역할을 담당하는 해외 금융자회사(금융센터)를 설립하여 운영하고 있다.

예를 들면 세계적인 금융중심지인 런던 등에 금융자회사(금융센터)를 설립하여 지주회사로서 다른 관계회사의 주식을 보유하고 또 다른 현지 금융자회사를 실질적으로 관리하고 운영하게 함과 동시에 다른 한편으로는 조세피난처에 복수의 현지 금융자회사(서류상 회사 또는 통과회사)를 설립하여 운영하는 경우가 있다.

이때 조세피난처의 금융자회사들은 금융센터의 지시에 의해 모회사의 보증하에 국제 자본시장에서 장기로 거액의 자금을 조달하고 그 자금을 관계회사에 대부하는 전략을 시행하는 업무를 담당한다.

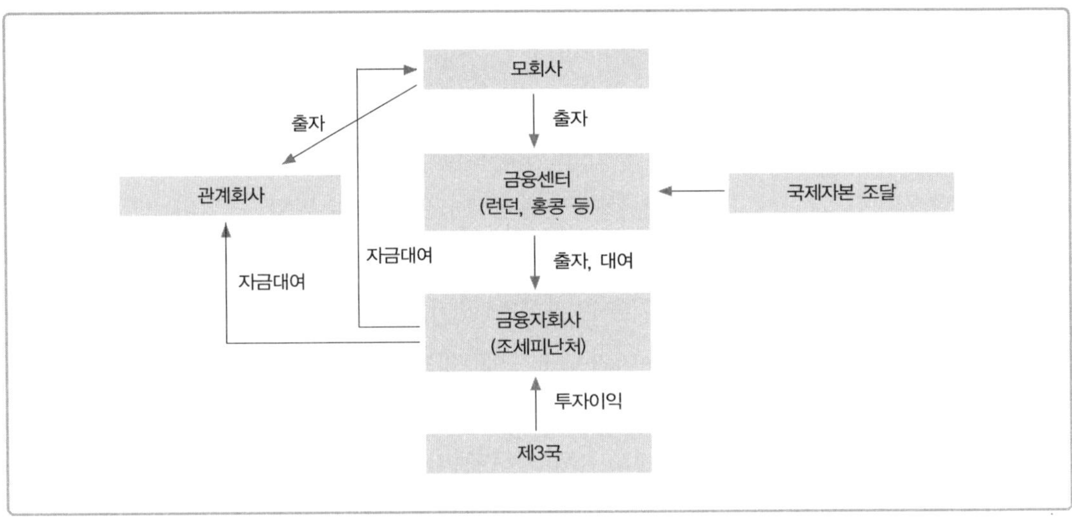

그림 7-7 | **조세피난처의 금융자회사를 이용한 조세회피**

<그림 7-7>은 고세율국에 본사를 둔 모회사가 세계적인 금융중심지 중의 하나인 홍콩에 금융자회사(금융센터)를 설립한다. 이 금융자회사는 미국 · 홍콩 · 유럽 등의 국제자본시장에서 자본을 조달하여 조세피난처에 설립된 복수의 금융자회사를 통해 자금을 운영한다. 이 과정에서 발생한 투자이익은 조세피난처에 설립된 금융자회사에 축적해 두었다가 모회사나 다른 계열사에 자금대여 형식으로 지원함으로써 제2차 조세회피를 한다.

조세피난처를 활용하여 국제조세를 회피하는 또 하나의 전형적인 방법은 역외금융센터 (Offshore Financial Center : OFC)를 이용하는 것이다. 역외금융이란 비거주자에게서 자금을 조달하여 해외에서 운용하는 거래를 의미하는 것이며, 역외금융센터란 이러한 역외금융거

래가 일어나는 시장을 지칭한다.[157]

역외금융센터는 보통 ① 금융거래 전반에 대해 법률상 또는 관행상 제약이 거의 없고, ② 조세상의 우대혜택을 제공하는 한편 예금준비율 및 예금보호제도 등의 규제가 없어 거래비용이 낮으며, ③ 정치적·경제적으로 안정되어 있고, ④ 국제 금융시장과 정보교환시스템이 결합된 형태로서 항공로가 확보되어 있으며, ⑤ 고객기밀을 유지하고, ⑥ 영어사용이 용이하다는 특징을 갖고 있는데, 이와 같은 특징들은 조세피난처의 특징과 일치한다.

역외금융센터[158]를 이용한 조세회피는 앞서 설명한 금융자회사를 통한 조세회피와 같은 성격을 띠며, 조세피난처 등에 설립된 복수의 자회사 중 일부가 역외금융센터에 설립됨으로써 역외금융의 특성을 이용하는 특수한 경우라고 할 수 있다. 이때 조세피난처에 소재하는 자회사들은 서류상의 회사로 기장센터로서의 역할을 하며 실질적인 역외금융 거래는 금융 중심지에 설립된 금융센터에서 수행한다.

---

157) 역외금융센터 유치지역
- 아시아·남태평양 : Australia, Cook Islands, Guam, Hong Kong, Japan, Macau, Malaysia(LaBuan), Marianas, Marshall Islands, Micronesia, Niue, Philippines, Singapore, Thailand, Vanuatu, Western Samoa.
- 유럽 : Austria, Andorra, Campione, Cyprus, Gibraltar, Guemsey, Hungary, Ireland, Sark & Isle of Man, Jersey, Liechtenstein, Luxembourg, Malta, Maderia, Monaco, Netherlands, Russia, Switzerland, UK
- 중동 및 아프리카 : Bahrain, Dubai, Israel, Kuwait, Lebanon, Oman, Djibouti, Liberia, Mauritius, Seychelles, Tangier
- 서반구 : Antigua, Anguilla, Aruba, Bahamas, Barbados, Belize, Bermuda, British Vergin Islands, Cayman Islands, Costa Rica, Dominica, Grenada, Montserrat, Netherlands Antilles, St. Kitts and Nevis, St. Lucia, Panama, Puerto Rico, St. Vincent & the Grenadines, Turks & Caicos Islands, United States, Uruguay

158) 역외금융센터는 일반적으로 세 개의 형태로 구분된다.
① 내외일체형 : 외화거래, 비거주자 거래, 국내 금융거래 등에 대한 규제가 약하거나 전혀 없기 때문에 자연발생적으로 성립된 것으로서 국내시장과의 자금교류가 자유롭고 세제면에서도 동등한 취급을 받는다(런던, 홍콩 등).
② 내외분리형 : 원칙적으로 비거주자 거래는 자유로우나 국내시장과의 거래에 대해서는 지급준비금규제, 원천징수과세 등이 적용된다(뉴욕, 싱가포르, 동경).
③ 조세피난처형 : 세제상의 우대조치가 광범위하게 존재하는 반면 금융거래 전반에 대한 규제가 없기 때문에 그것들이 특전으로 이용되어 각국이 명목상 해외자회사 등을 설립하고 실제로 금융거래를 하지는 않더라도 비거주자 거래를 기장하는 기장센터(book-keeping center)로서의 역할을 한다.

3) 다른 국가의 통과회사(conduit company) 활용

조약체결 당사국의 거주자가 아닌 제3국 거주자가 조약상의 혜택을 누리기 위해서는 소득의 원천지와 조세조약을 체결한 다른 국가의 통과회사를 거쳐야 한다.

이 통과회사가 소재하는 국가는 일반적인 고세율국도 아니고 통상적인 개념의 조세피난처도 아닌 특수한 성격을 가진 국가나 지역이어야 한다. 일반적인 고세율국의 경우 통과회사가 획득한 소득에 대해 높은 세율로 과세하므로 조세회피가 불가능하며, 조세피난처는 조세조약망이 폭넓게 형성되어 있지 않아 원천지 과세를 피하기 어렵다.

통과회사를 설치하기에 적절한 국가나 지역의 특성을 보면

① 넓은 조세조약망을 갖추고 있으며
② 소득이 발생한 국가와 세율격차가 커서 통과회사 소재지의 세 부담이 매우 낮아야 하고
③ 조세피난처의 과세권(완전 무과세 또는 경과세)을 존중하여 조세피난처로 송금되는 소득에 대해 별도의 과세체계를 적용하지 않아야 하고
④ 조세조약 체결 시 예외적인 경우를 제외하고는 조세조약 남용방지 조항을 조약에 포함시키지 않아야 한다.

일반적으로 도관회사는 거래 자체를 부인하거나 조세협약상 거주자 지위를 부인하는 것이 아니고 사실관계 규명을 통해 거래의 주요 목적이 조세회피에 해당하는 경우에 조세조약의 혜택 적용만을 부인하며 납세자가 조세조약 혜택을 받기 위해서는 거주자증명, 납세사실, 인적·물적 자산의 존재만으로는 충분하지 않으며 정당한 사업목적이 존재하고 실질적인 사업 활동을 수행하는 등 당해 거래체결 또는 소득처분 등과 관련하여 독립적으로 완전한 지배·통제권을 행사하여야 한다.

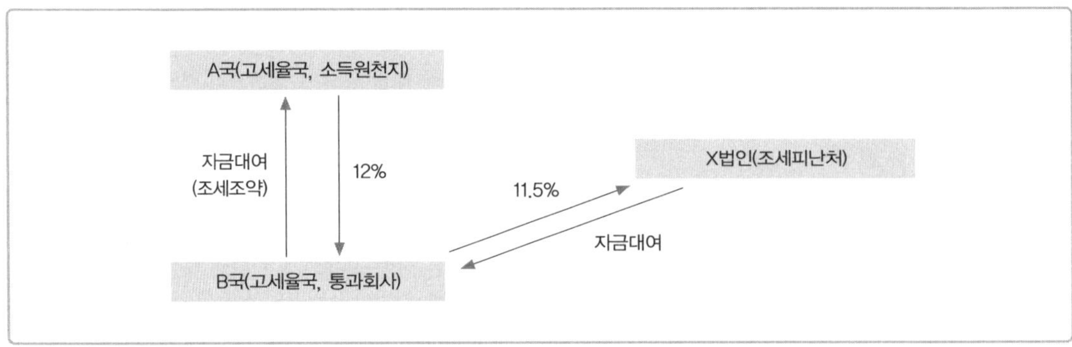

그림 7-8 | **관계회사 간 자금대여 시 통과회사를 이용**

<그림 7 - 8>에서와 같이 조세피난처에 있는 X법인은 고세율국인 A국에 자금대여의 형태로 투자하면서 조세를 회피하기 위하여 먼저 A국과 조세조약을 체결하고 있으며 조세조약에 의해 양국 간 이자지급에 대해 원천지에서 원천징수를 부과하지 않는 국가 B를 찾는다. 이때 B국은 국내법에 의해 역외금융거래에 대하여 원천지과세를 하지 않는 국가이어야 한다.

X법인은 B국에 통과회사를 설립하고 그 통과회사에 이자율 11.5%로 자금을 대여한다. 그 다음에 B국의 통과회사는 차입한 자금을 그대로 A국의 원래 목적했던 회사에 대여하고 이 자율은 12%로 정한다. 이자는 A국에서 B국을 통하여 조세피난처의 X법인에게로 전달된다.

그 과정에서 일어난 A국에서 B국으로의 이자지급에 대해서는 양국 간 조세조약에 의해 원천징수가 면제되며, B국의 X법인에 대한 이자지급은 역외거래에 대한 이자지급으로서 B국에서 원천징수를 부과하지 않는다. 다만 수취이자와 지급이자의 차액인 0.5%에 대해서만 B국의 통과회사가 B국에 법인세를 납부하면 된다.

만약 X법인이 A국에 자금을 12%에 대여하고 이자를 직접 수령하였더라면 A국에서 외국법인의 국내원천소득인 이자소득에 대하여 통상적인 원천징수세율(약 20%)을 납부하였어야 할 것이다.

1. 투자회사 설립

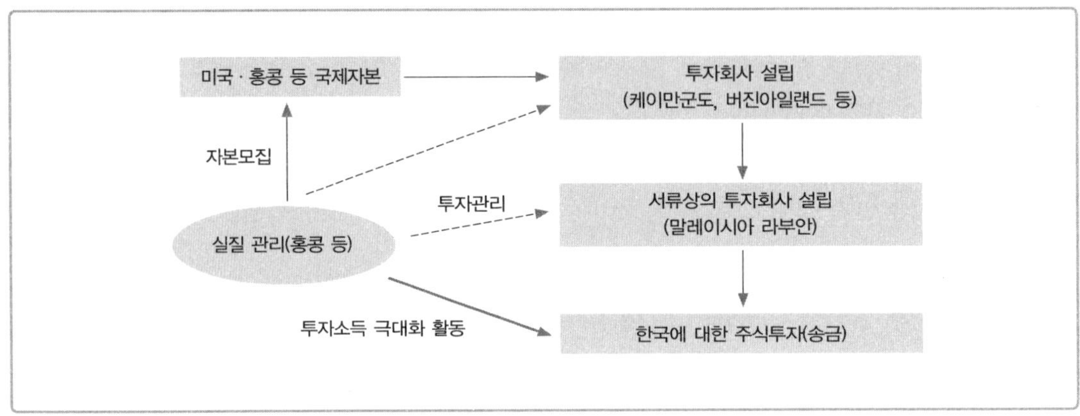

그림 7-9 | **투자회사 설립하여 우회 주식투자**

<그림 7-9>의 사례는 홍콩에서 한국에 투자하는 경우 유가증권 양도차익이 과세되므로 이를 회피하기 위하여 조세협약상 면세되는 말레이시아(라부안)에서 투자하는 것으로 위장하여 조세조약 남용과 조세피난처를 통한 조세회피 사례이다.

위의 그림에서 홍콩의 투자회사는 미국·홍콩 등지의 투자자로부터 국제자본을 조달하여 제3국인 한국에 투자하고 있다. 홍콩과 한국은 조세조약을 체결하지 않았기 때문에 홍콩의 투자회사가 한국의 주식을 매매하여 양도차익을 얻는 경우에는 한국에서 그 양도차익에 대해 원천징수를 하게 된다.

홍콩 기업은 직접 또는 다른 조세피난처를 통하여 말레이시아의 라부안에 서류상의 투자회사를 설립하고 그 회사를 통해 한국에서 주식거래를 함으로써 양도차익에 대한 과세를 회피하게 되는데, 한국과 말레이시아가 체결한 조세조약에 의하면 유가증권 양도차익에 대한 원천지의 과세를 면제하도록 되어 있기 때문이다.

조세피난처인 케이만군도와 버진아일랜드 등에 투자회사를 설립하여 직접세 또는 투자소득에 대한 과세를 면제받음으로써 투자소득을 극대화시킨 경우이다. 이러한 조세회피의 대표적인 사례인 론스타 사건의 경우를 정리해 보면 이해가 잘 될 수 있다.

1991년에 설립된 론스타(Lone Star Fund)는 미국 텍사스주 댈러스에 본사를 두고 약 20조 원의 자산을 운영하고 있는 글로벌 사모투자펀드로 미국, 캐나다, 멕시코 등 북중미와 한국, 일본, 대만 등의 아시아 및 벨기에, 영국, 독일, 아일랜드, 프랑스, 룩셈부르크 등 유럽에서 활약하고 있으며 한국에서는 1998년 자산관리공사의 부실채권 경쟁 입찰 참여를 시작으로 투자활동을 시작했다.

이후 한국의 극동건설과 외환은행 등 한국 내 굴지의 기업들을 인수하고 부동산과 부실 채권 등에 대한 투자규모가 최고 5조~6조 원에 달할 정도로 왕성한 투자활동을 벌였다. 지금은 미국과 캐나다 주정부의 연기금, 대학재단기금, 보험사 등이 펀드를 구성하고 있으며 부실채권, 부동산, 기업 구조조정 사업 등에 주로 투자하고 있다.

한국에서는 12억 달러 규모의 '론스타펀드2'로 투자를 시작해 '펀드3', '펀드4' 까지 계속 투입하고 있었는데 스타타워 빌딩에 투자한 자금은 '펀드3'가 외환은행에 투자한 자금은 '펀드4'의 일부로 알려져 있고 2004년에도 50억 달러 규모의 '펀드5'를 모집했으며 역시 전 세계를 대상으로 활발한 투자를 벌이고 있다.

한국의 스타타워 빌딩에 투자한 자금 '펀드3'는 벨기에에 설립한 페이퍼컴퍼니인 스타홀딩스를 매개로 스타타워 빌딩에 투자하였으나 한국 국세청으로부터 세무조사를 받고 1,400억여 원의 세금을 추징당했다. 이때 한국 국세청은 벨기에 법인인 스타홀딩스는 조세회피 목적으로 설립되고 정상적인 사업 활동이 없으며 소득의 실질적 지배ㆍ관리권을 행사하지 못하는 도관회사라고 판단하였다.

따라서 조세조약을 이용한 조세회피행위에 대해 국내법상 실질과세원칙을 적용하여 도관회사 거주지국(벨기에)과의 조세조약 적용을 배제하고 소득의 실질 귀속자인 론스타의 소재지국인 미국 거주자로 보아 과세하였다.

한ㆍ미 조세조약상 부동산 주식양도소득은 소득의 원천지국에 과세권이 있어 한국 내에서 과세가 가능하며, 과세관청의 과세관할권이 미치지 못하는 외국의 파트너십이 개별 파트너의 내역을 한국 내 과세관청에 제출하지 않아 개별 파트너가 아닌 파트너십에 과세를 하였다.

2. 역외펀드를 이용한 조세회피

금융시장의 국제화·자유화·증권화가 진전됨에 따라 기업이나 개인투자자가 금융거래를 통해 자금을 조달하여 투기적 활동을 통해 이익을 구하는 국제적인 재테크 및 기업매수나 합병을 위한 자금조달 등도 현저하게 증가하였다.

이와 같은 동향을 반영하여 많은 기업들이 그 본업을 수행하는데 필요한 금융거래뿐만 아니라 자금조달 및 운용의 효율화, 금리 및 통화변동 위험의 회피, 각국의 금융상의 제약으로부터의 탈피 등 여러 가지 목적으로 금융측면에서 중추역할을 하는 해외 금융자회사(금융센터)를 설립·운영하고 있다.

조세피난처의 금융자회사들은 금융센터의 지령에 의해 모회사의 보증하에 국제 자본시장에서 장기 거액의 자금을 조달하고 그 자금을 관련회사에 대부하는 전략을 취하는 업무를 담당한다.

조세피난처를 활용하여 국제조세를 회피하는 또 하나의 전형적인 방법은 역외금융센터를 이용하는 것이다. 역외금융이란 비거주자에게서 자금을 조달하여 해외에서 운용하는 거래를 말하며 역외금융센터란 이러한 역외에서 금융거래가 일어나는 시장을 의미한다.

금융기관의 국제화와 경쟁의 심화에 따라 역외금융의 규모가 급속도로 성장하였으며 국제금융이 이미 상당히 발달되어 금융의 중심지 역할을 하던 곳이 세계적인 금융시장으로 통합되면서 역외금융센터(Offshore Financial Center)로 발전하였다.

대체로 역외금융센터는 보통 금융거래 전반에 대해 법률상 또는 관행상 제약이 거의 없고, 조세상의 우대혜택을 제공하는 한편 예금준비율 및 예금보호제도 등의 규제가 없어 거래비용이 낮으며, 정치적·경제적으로 안정되어 있고, 국제금융시장과 정보교환시스템이 결합된 형태로서 항공로가 확보되어 있으며, 고객기밀을 유지하고, 영어사용이 용이하다는 특징을 갖고 있는데 이와 같은 특징들은 조세피난처의 특징과 일치한다.

역외금융센터를 이용한 조세회피는 금융자회사를 통한 조세회피와 같은 성격을 가지며 조세피난처 등에 설립된 복수의 자회사 중 일부가 역외금융센터에 설립되어 역외금융의 특성을 이용한 특수한 경우라고 할 수 있다. 이 때 조세피난처에 소재하는 자회사들은 서류상의 회사로 기장센터로서의 역할만을 수행하며 실질적인 역외금융 거래는 금융중심지에 설립된 금융센터에서 수행한다.

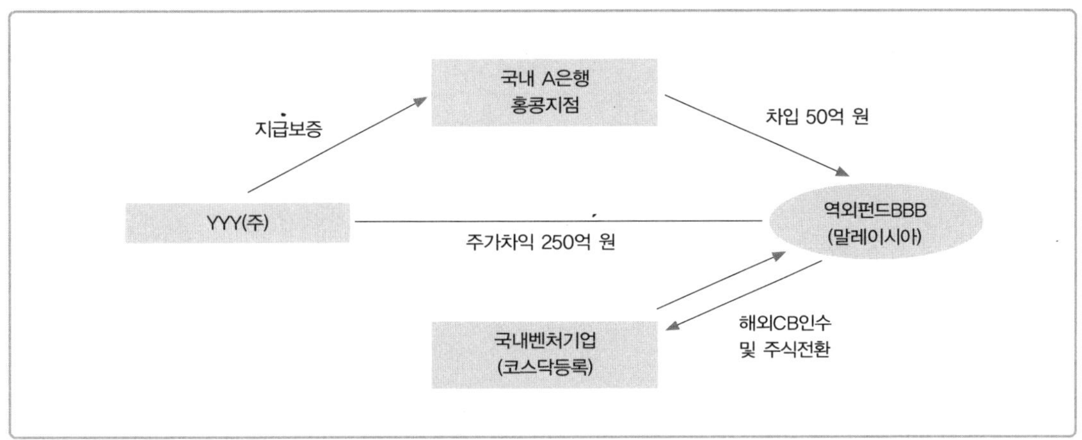

그림 7-10 | **조세피난처의 역외펀드를 이용한 CB거래**

<그림 7-10>에서 YYY 주식회사는 유가증권 양도차익이 비과세되는 조세피난처인 말레이시아의 라부안에 서류상의 자회사인 역외펀드를 설립하여 국내 벤처기업이 발행한 전환사채를 헐값에 사들였다.[159]

그 후 전환사채를 주식으로 전환함으로써 3개월 여의 단기간에 250억 원의 막대한 이익을 실현하였고 관련 세액을 회피하였다. 실제로는 내국인이 그 역외펀드를 한국 내에서 사실상 운영하면서도 말레이시아 법인임을 내세워 한국 내에서 납부하여야 할 유가증권양도차익에 대한 세금을 탈루한 것으로써 만약 조세피난처가 개입되지 않았더라면 국내거래였을 것이나 조세피난처를 통해 국제거래로 전환되었고, 이익은 조세피난처의 자회사에 귀속되었다.

---

159) "전문가들은 라부안의 투자 회사 대부분을 역외펀드로 보고 있는데 한국 사람이 이곳에 paper company를 세우고 국내 증시에서 외국인 행세를 하는 이른바 '검은 머리 외국인' 이라고 하며, 한국금융감독원에 따르면 한국 증시에 투자하는 외국인 가운데 말레이시아, 아일랜드, 룩셈부르크 등 조세회피지역에 근거를 두고 있는 외국인 비중은 10% 정도이지만 이들의 주식거래 비중은 20% 가량으로 이들 가운데 상당수가 검은 머리 외국인으로 추정되나 문제는 식별해 낼 방법이 없다." <동아일보 보도에서>

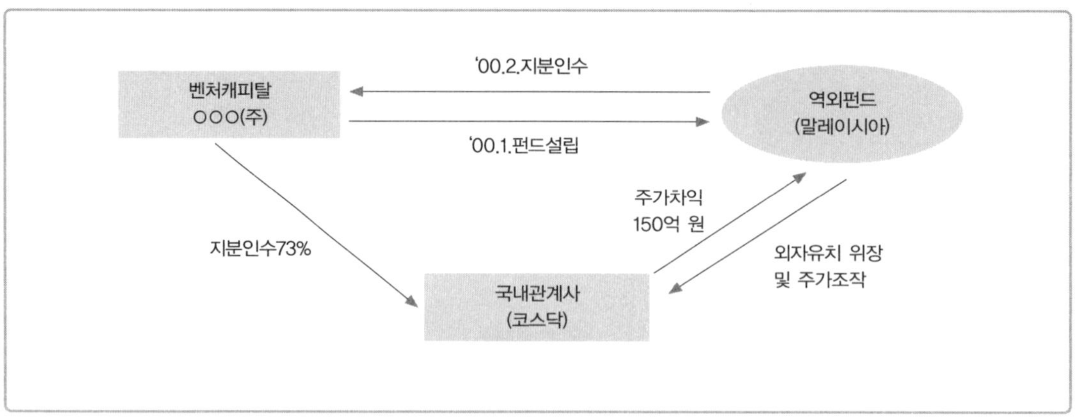

그림 7-11 | **조세피난처의 역외펀드를 이용한 관계사 주식거래**

<그림 7-11>에서 한국의 벤처캐피탈○○○(주)는 조세피난처인 말레이시아 라부안, 버진아일랜드에 여러 개의 역외펀드를 설립·운영하면서 한국 내 관계사의 주식을 취득한 후 양도하여 150억 원의 막대한 시세차익을 얻었으나 이에 대한 세금을 회피하였다. 이 회사는 이들 역외펀드가 외국법인임을 내세워 합법을 가장하고 있으나 실제로는 내국인이 이들 역외펀드를 국내에서 운영하면서 탈세의 수단으로 악용한 것이다.

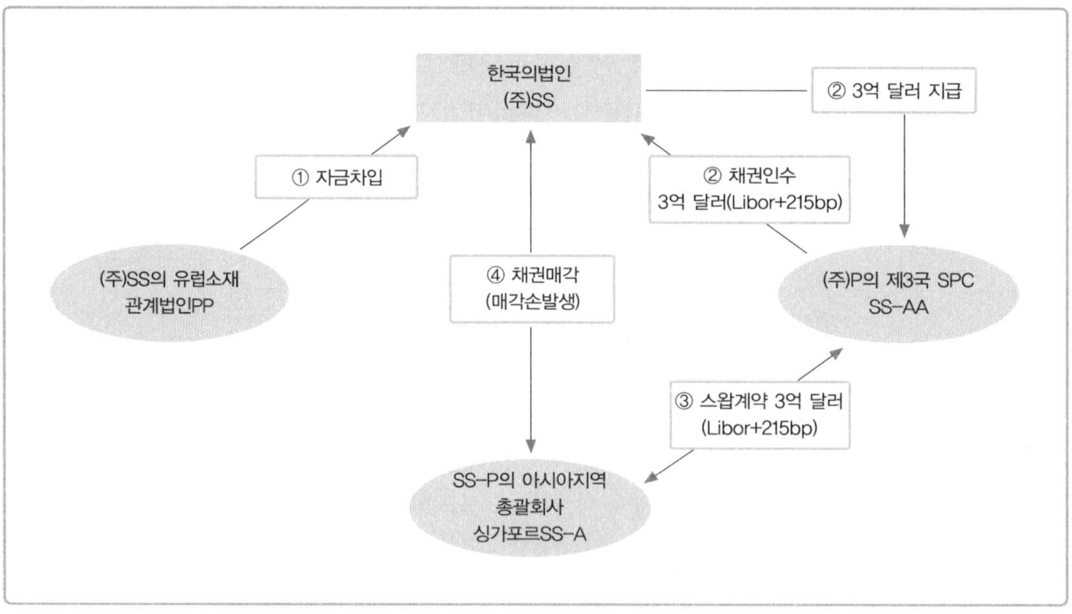

그림 7-12 | **조세피난처의 역외펀드를 이용한 관계사 채권거래**

<그림 7-12>에서 한국의 법인 (주)SS는 고액의 외화자산평가이익으로 약 1,600억 원이 예상되자 세율이 높은 한국에서의 법인세 부담을 줄일 목적으로 조세피난처(저세율 국가)에 SPC(자회사)를 설립하고 의도적으로 국외특수관계자 간 국제금융거래를 통하여 평가이익을 상쇄할 수 있는 손실 거래를 기획한 후 자회사로 소득을 이전하였다.

(주)SS는 그룹 내 유럽에 있는 관계사 SS법안으로부터 3억 달러를 차입(이자율 : 6.18%)하고 차입한 자금으로 또 다른 관계사인 SS-AA((주)SS의 SPC)가 발행한 환율연계 가변상환채권[160](통화옵션이 가미된 채권) 인수하였다. 거래 당시 아시아지역 대부분 국가의 환율변동이 심한 시기로 (주)SS에게는 매우 불리한 계약 조건이나 paper company인 SS-AA는 아시아 지역 총괄회사인 SS-A법인에게 채권매각대금 3억 달러를 담보목적으로 제공하고 만기 또는 조기상환 시 조정된 원금과 이자(libor + 215bp)를 수령하는 swap계약을 체결하였다. 이로 인해 한국의 국내법인 (주)SS는 당해 연도 말에 상기 채권을 SS-A법인에 매도하여 막대한 매각손실(약 : 1,800억 원)을 발생시켰다.

SS-AA는 본 거래목적으로 만든 paper company로서 위와 같이 반대 swap계약을 체결하여 SS-AA에게는 손익 등 아무런 영향이 미치지 않도록 하였으며 한국의 국내법인 (주)SS

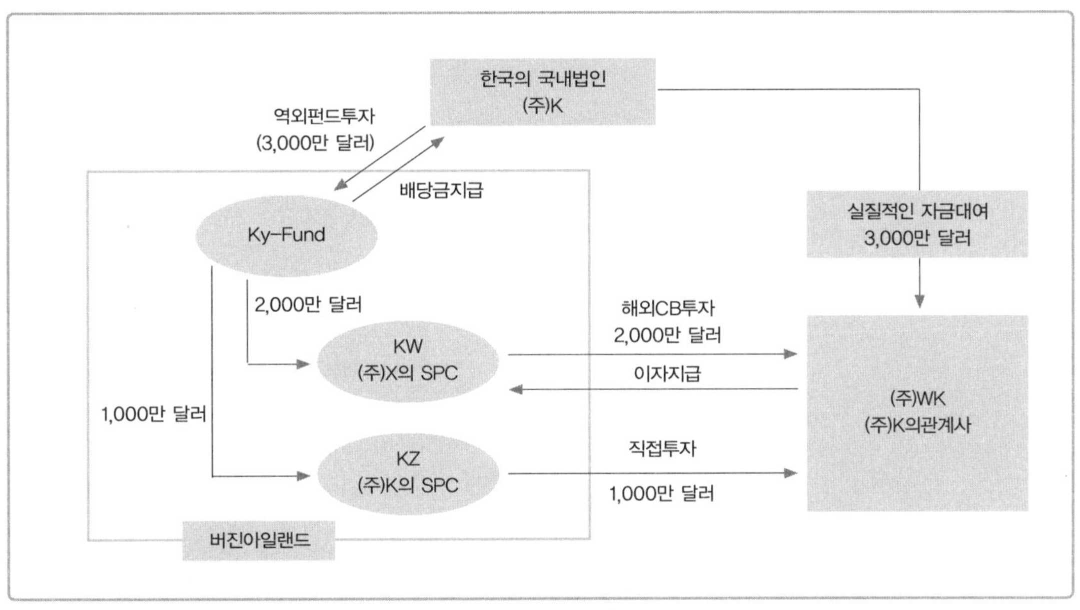

그림 7-13 | **조세피난처의 역외펀드를 이용한 부당자금 지원**

---

160) 가변상환채권(variable redemption amount floating rate note)이 한 예이다.

는 당초 의도한 대로 조세피난처 내 자회사를 통해 매각손실을 발생시켜 법인세를 회피하고 저세율 국가로 소득을 이전시킴으로써 조세부담을 부당하게 감소시켰다.

<그림 7-13>에서 한국의 국내법인 (주)K의 관계사인 (주)WK는 그룹 내의 재무구조개선 계획에 따라 백화점 건물 등을 취득하는 과정에서 자금조달에 어려움이 있자 비교적 자금이 풍부한 모기업 (주)K에게 자금지원을 요청하였다.

(주)K은 직접적인 지분참여 및 자금지원이 어려운 상황이 되자 (주)WK을 지원할 목적으로 조세피난처에 역외펀드와 paper company를 설립하고, 이를 통하여 (주)WK에게 직접 출자하거나 (주)WK가 발행한 해외 CB를 매입하였고 (주)K는 조세피난처인 버진아일랜드에 설립한 역외펀드 ky-fund에 3,000만 달러를 투자하고 ky-fund는 다시 (주)K가 조세피난처인 버진아일랜드에 설립한 paper company인 KW와 KZ에 각각 2,000만 달러와 1,000만 달러를 투자하여 동 자금으로 KZ는 (주)WK가 발행한 해외CB를 매입하고 KW는 (주)WK의 유상증자에 제3자 배정 방식으로 참여하여 주식을 취득하였다.

(주)WK은 해외 CB매입자인 paper company KW에게 약정이자율에 의한 이자를 원천 징수 없이 지급하였고 역외펀드인 ky-fund는 이자 수령 후 약 1주일이 경과한 시점에 투자 자인 (주)K법인에 배당금으로 송금하였다.

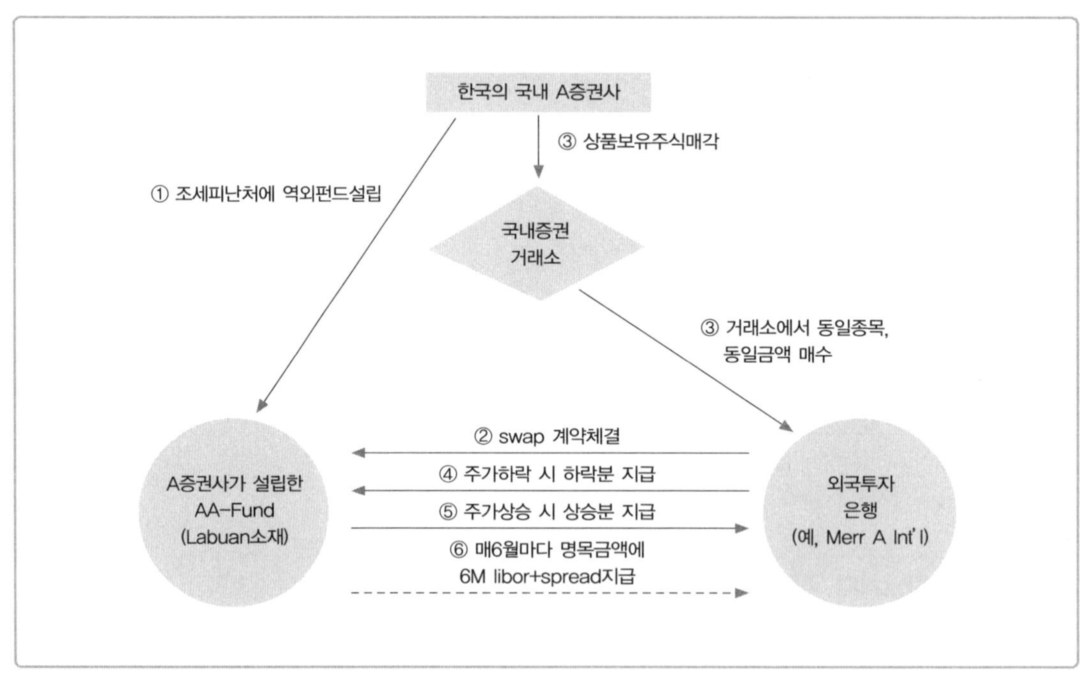

그림 7-14 | **조세피난처의 역외펀드를 이용한 차입**

<그림 7-14>에서는 swap계약 시 명목가액(nominal amount)을 설정(예 : 200억 원)하고 한국의 국내 A증권사는 상품으로 보유하던 주식을 거래소에서 장내 매각하면서 swap계약의 상대방(예 : Merr A Int'l 등)은 거래소에서 동시에 200억 원 상당의 동일종목 주식을 매입한다.

S증권사는 상품보유주식 매각대금 200억 원으로 조세피난처인 Labuan에 역외펀드(AA-Fund)를 설립한 후 AA-Fund는 모법인의 지급보증하에 기초 자본금의 2~3배에 달하는 변동금리부 외화채권(FRN)을 발행하며 인수자는 통상 당초 swap계약 상대방이 된다.

AA-Fund와 외국투자은행은 매 6개월마다 주가변동 분에 대하여 정산을 하는 바 주가 하락 시에는 AA-Fund가 MA Int'l에게 하락액을 보전하여 주고 주가 상승 시에는 MA Int'l이 AA-Fund에게 상승액을 지급한다. 또한 AA-Fund는 매 6월마다 Nominal Amount에 6M Libor[161] + Spread[162]에 해당하는 금액을 swap 수수료로 MA Int'l에 지급하게 된다.

S증권사는 SS-Fund가 매 6월 지급하는 이자상당액에 해당하는 swap수수료 및 FRN이자지급액은 한국의 조세특례제한법 제21조에 의한 국제금융거래에 따른 이자소득의 지급으로 처리하고 있고 Labuan소재 AA-Fund는 자본금이 US1 ¢이며 이사회는 A증권사 재무이사, 국제부팀장 및 Labuan 현지인의 3인으로 구성되어 있으나 실제 모든 의결은 A증권사 직원 2인이 결정하고 있다.

위의 equity swap은 외국투자은행이 증권거래소를 통하여 매입한 주식의 최초 취득가액(계약 시 명목가액)을 유지시키면서 이자상당금액을 받기 위하여 계약한 것으로 AA-Fund는 S증권의 수익적 소유자이다. 따라서 한국의 국내 A증권사가 현금(외화)의 차입을 위하여 역외펀드를 설립하고 이를 이용하여 외국투자은행과 서로 위장 계약한 것으로 이자비용에 해당하는 스왑수수료에 대하여는 원천징수대상임에도 이에 대한 조세를 부당하게 회피한 사례이다.

---

161) Libor란 London Inter-Bank Offered Rate(런던 은행 간 거래금리).
162) Spread란 '가산금리'를 말하며 채권시장에 있어서 기준금리와 실제 시장금리와의 차이를 나타냄.

3. 도관회사를 통한 소득위장

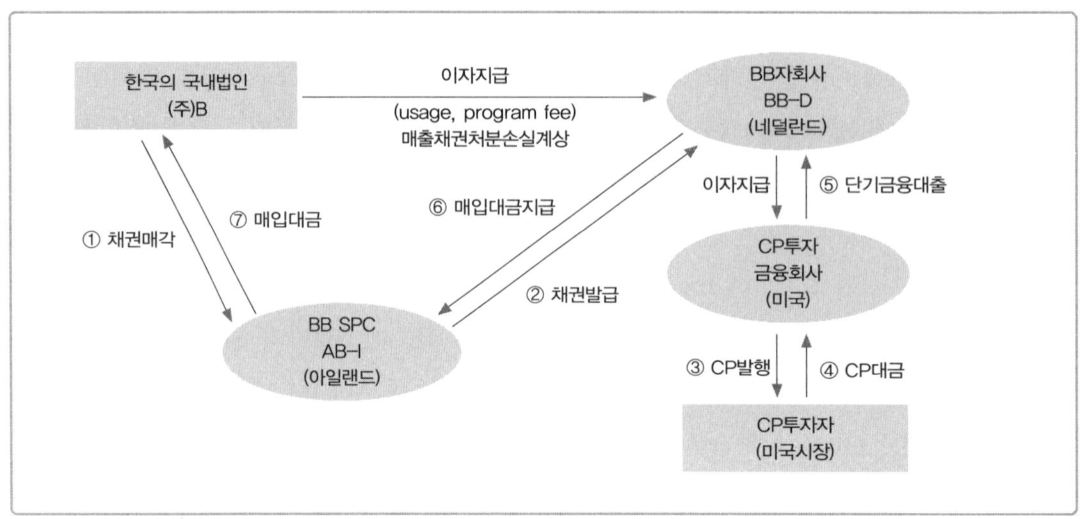

그림 7-15 | **도관회사를 통한 소득위장**

<그림 7-15>에서 한국의 내국법인 (주)B는 해양운송업체로서 운영자금흐름에 어려움이 생기자 국내에서의 자금조달을 검토하였으나 여의치 않아 해외금융시장으로 방향을 바꾸어 조달방법을 모색하고 상대 거래처를 물색하던 중 BB은행의 자회사이면서 도관금융을 주업으로 하는 네덜란드 소재 BB-D사와 상호이해관계가 부합하여 본건 미수채권양도거래로 위장하여 자금을 차입하기로 합의한다.

(주)B는 전 세계적으로 매일 발생되는 해상운임, 터미널미수금 전체를 아일랜드 소재 BB-A은행이 설립한 SPC회사인 BB-I에 매각 처리하고 BB-I는 금융자 수익증권을 담보로 네덜란드 소재 BB-D에 채권을 발급하고, BB-D는 미국의 금융자회사를 통하여 동 채권을 담보로 미국시장에서 CP(기업어음)를 1개월 내지 3개월마다 발행하여 투자자금을 모집하고 BB-D에 단기금융 대출 형식을 취하게 한다.

BB-I는 총 매수채권의 87%는 현금으로 지급하고 13%는 수익증권을 (주)B에 지급하며 BB-D의 청구서에 의해 CP이자와 usage fee를 지급 동 금액을 매출채권처분손실로 계상한다.

동 거래는 형식상 SPC인 BB-I와의 채권양도로 거래구조를 구성하고 계약을 체결하였으나 거래 실질상 BB-A 자회사인 BB-D와의 차입거래에 해당되므로 국내원천 이자소득을 부당하게 회피한 사례이다.

또한 (주)B는 차입거래에 해당되어 국내원천 이자소득에 해당된다 하더라도 거래 주체가 아일랜드 법인으로 한 · 아일랜드 조세조약상 이자소득에 대한 원천징수 비과세에 해당한다고 주장하고 있으나 BB-I는 오직 본건 거래를 위해 조세회피 목적으로 설립된 도관으로 밝혀져 수익적 소유자에 해당되지 아니한다.

4. 소득 귀속지 위장

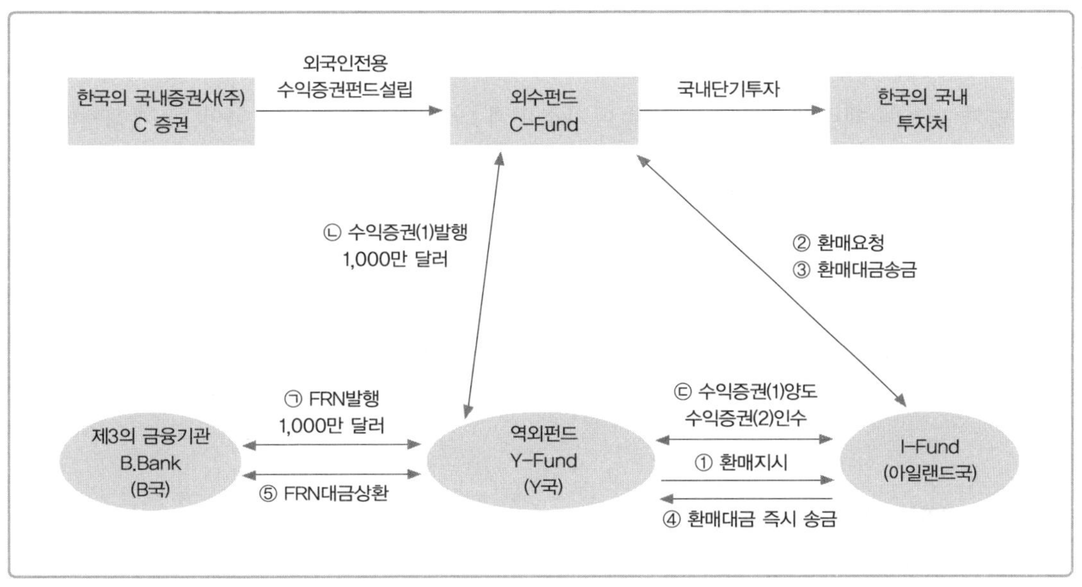

그림 7-16 | **소득귀속지 위장**

<그림 7-16>에서 갑 법인은 외국인전용수익증권펀드(C-Fund)를 설립하고 동 기금 조달을 위하여 Y국에 역외펀드 Y-Fund를 설립하며 Y국의 Y-Fund는 자금조달을 위하여 모 법인 보증하에 FRN(변동금리부채권)을 발행한다.

C-Fund는 수익증권(1)을 Y-Fund에 발행하고 1,000만 달러를 조달 받아 국내에서 은 행보증채(8.5%) 및 단기 call loan(14%)에 투자하는 등 펀드를 운용하여 운용수수료 수익을 올리게 된다.

C-Fund는 원금 만기가 도래하여 원금 및 이자를 지급하면서 이자에 대한 원천징수 문제가 발생하게 되자 이를 회피할 목적으로 Y-Fund가 소유하고 있는 수익증권(1)을 아일랜드에 설립된 I-Fund에 양도하도록 하고 즉시 I-Fund로부터 수익증권(2)으로 다시 발행케 하여 인수한다. 즉 실제 자금흐름 없이 수익증권만 주고받는 결과가 된다.

Y-Fund는 I-Fund에게 수익증권(1)에 대한 환매지시를 하고, I-Fund는 C-Fund에 환매 요청하여 C-Fund로부터 원금 및 이자를 수령하며 Y-Fund는 수익증권(2)로 I-Fund에 환매요청하고 I-Fund는 C-Fund에게서 받은 원금 및 이자를 다시 Y-Fund에 지급한다. 즉 I-Fund는 단순 도관 역할만 하고 실제는 C-Fund와 Y-Fund 간의 거래를 하게 되는 것이다. Y-Fund는 I-Fund에서 받은 자금으로 FRN의 원금 및 이자 상환하여 거래가 종결된다.

아일랜드 I-Fund가 거래의 주체가 아니라 이자소득을 면제받기 위한 단순도관용으로 이용되는 거래인 treaty shopping으로 실제 수익자는 Y국 안의 Y-Fund로서 한 · Y국 조세조약에 의거 15%의 제한세율을 적용하여 이자소득에 대하여 과세를 하였어야 할 거래이다.

제6절 | 한국의 조세회피방지 제도현황

1. 조세피난처 세제와 조세조약

1) 조세피난처 세제[163]

(1) 도입배경

조세피난처를 이용한 조세회피에 대한 과세제도는 1995년 12월 6일 제정된 국제조세조정에 관한 법률(이하 '국조법' 이라 하며, 국제조세조정에 관한 법률 시행령은 '국조령' 이라 함)에서 처

---

163) 이 제도의 목적은 내국인이 조세피난처에 소재하는 자회사에 국외에서 발생한 소득을 유보함으로써 그 소득에 대한 국내 과세를 회피하는 것을 방지하는 데 있다.

음 도입되어, 그 시행은 준비기간을 거쳐 1997년 1월 1일 이후 발생하는 소득 분부터 적용되고 있다.

한국의 경우 외환 및 자본 자유화가 이루어지면서 정상적인 해외투자가 아닌 자본도피 목적의 해외진출이 우려되고 우리 기업이 다국적화 되면서 조세피난처를 이용한 국외원천소득의 조세회피 소지도 커짐에 따라 이를 규제할 제도 보완이 필요하게 된 것이다.

최근 10년 동안의 한국기업들의 해외투자 상황을 살펴보면, 양적으로나 질적으로나 빠르게 발전·변화하고 있음을 알 수 있다. 우선 양적인 측면을 살펴보면, 1999년 해외투자를 한 한국기업의 수는 약 8,400개였으나 2005년에는 약 22,000개로 증가하였고, 투자금액도 1999년에는 약 2,000억 달러에서 2005년에는 약 4,000억 달러로 6년 사이에 약 2배로 증가하였다.

질적인 측면을 보아도 과거 우리나라의 해외투자는 수출증대의 한 수단으로서 해외에서의 조립·가공을 위한 기지로 활용할 수 있는 현지법인 설립과 같은 비교적 단순한 형태의 투자가 주종을 이루었으나 최근에는 그룹차원의 다양한 해외투자를 전 세계적으로 경영전략 차원에서 조직화하고 이를 위해 지역본부를 설치하는 사례가 증가하고 있다. 그리하여 해외 지주회사의 활용사례가 증가하고 해외에 설립한 생산기지와 판매기지 간의 유기적 연계도 그 중요성이 더 높아져 가고 있는 실정이다.

거시경제 환경 및 기업경영 환경의 변화로 말미암아 10년 전에 주로 규제적 목적으로 신설된 조세피난 과세제도는 여러 측면에서 기업의 정상적인 해외투자활동의 걸림돌로 작용하기 시작하였고, 따라서 동 제도를 개선하지 않고 방치하는 경우 한국의 기업은 국제무대에서 경쟁력이 약화될 수밖에 없는 처지에 놓이게 될 것이라는 위기의식이 확산되었던 것이다.

(2) 조세피난과세제도와 조세피난처의 정의

조세피난과세제도는 조세피난처에 본점 또는 주사무소를 둔 외국법인에 대하여 내국인이 출자한 경우 그 외국법인과 내국인 사이에 특수 관계가 존재한다면 동 법인은 소위 특정외국법인으로 취급되고, 그 결과 특정외국법인의 배당가능유보소득 중 내국인에게 귀속될 금액은 이를 실제로 배당하지 않더라도 배당한 것으로 보고 내국인에 대하여 소득세나 법인세를 과세하는 제도이다.[164]

---

164) 이경근, '조세피난과세제도의 주요 개정내용', 한국세무사회, 2006.

조세피난처라 함은 OECD 또는 그 회원국이 조세피난처로 지정·고시한 국가 또는 지역을 고려하여 국세청장이 기획재정부장관의 승인을 얻어 지정·고시하는 국가 또는 지역을 말한다(국조법 제17조 ①항 138, 영 제30조 ①).

(3) 적용대상 특수관계 범위

세계 각국의 조세피난과세제도의 공통적인 특징 중의 하나는 내국인이 외국법인의 대다수의 주식을 보유하는 등의 방법으로 동 외국법인에 대해 지배력을 행사할 수 있는 경우에 한정하여 제도를 적용하고 있다는 점이다.

'외국법인에 대한 내국인의 지배력이 제도적용의 전제가 되는 이유는 동 제도의 핵심적 부분이 외국법인의 유보이익이 있는 경우 실제 배당을 하지 않았음에도 불구하고 배당을 했다고 간주하여 내국인에 대해 과세하는 것'인데 이와 같은 과세조치가 정당화되기 위해서는 내국인이 외국법인의 배당의사결정을 마음대로 통제할 수 있어야 하고 이는 다시 말해 내국인이 외국법인에 대해 확실한 지배력을 보유하고 있어야 한다는 것을 의미한다.

지배력이 어떤 경우에 발생했다고 보는가 하는 것이 조세피난처 과세제도의 설계에 있어 매우 중요하다. 대다수의 외국 제도를 보면 먼저 이와 같은 지배관계에 대한 명확한 규정을 두고 있다.

한국의 조세피난처 과세제도에 있어 지배관계를 비교적 간접적인 방식으로 규정하고 있다. 즉 조세피난처에 있는 외국법인의 각 사업연도 말 현재 발행주식의 총수 또는 출자금액의 20% 이상을 직접 또는 간접으로 보유하고 있는 내국인(거주자·내국법인)으로서 당해 외국법인(특정외국법인)과 특수관계가 있는 자를 말한다(국조법 제17조 ②항).

지배관계를 직접적으로 언급하고 있지 않다는 것이다. 이러한 이유는 내국인과 특수관계 있는 외국의 과세실체 사이에 발생하는 부당한 조세회피를 막기 위한 장치로 보고 있기 때문에 일반 세법에 대해 특별법적 지위에 있는 국조법에서 이들을 일괄하여 규정하고 있다고 보아야 할 것이다.

(4) 조세피난처 적용범위

특정외국법인이 조세피난처에 사업을 위하여 필요한 사무소, 점포, 공장 등의 고정된 시설을 가지고 그 시설을 통하여 사업을 실질적으로 영위하는 경우에는 조세피난처 과세 제도를 적용하지 않는다.

다만, 다음 요건에 해당하는 특정외국법인은 조세피난처에 고정된 시설을 가지고 있고, 그 시설을 통하여 사업을 실질적으로 영위하는 경우라도 조세피난처 과세 제도를 적용한다.

도매업, 금융·보험업, 부동산업, 임대업 및 사업서비스업(사업서비스업 중 정보처리 및 컴퓨터운영관련업, 건축기술 및 엔지니어링서비스업은 제외)을 영위하는 특정외국법인으로서 위 업종에서 발생한 수입금액 또는 매입원가의 합계액이 총 수입금액 또는 총 매입원가의 50%를 초과하고 특수 관계자와 거래한 금액이 이들 업종에서 발생한 수입금액 또는 매입원가 합계액의 50%를 초과할 것(국조령 제35조)이어야 한다.

주된 사업(총 수입금액 중 50%를 초과하는 수입금액을 발생시키는 사업)이 주식 또는 채권의 보유, 지적재산권의 제공, 선박·항공기·장비의 임대, 투자신탁 또는 기금에 대한 투자인 법인이다.

(5) 배당간주금액 산출과 실제배당금 처분

내국인에게 배당으로 간주되는 금액은 특정외국법인의 배당가능 유보소득에 당해 내국인의 특정외국법인에 대한 주식보유비율을 곱하여 계산한다(국조령 제32조). 내국인의 배당소득으로 간주된 금액은 특정외국법인의 당해 사업연도 종료일의 다음날부터 60일이 되는 날이 속하는 내국인의 과세연도의 익금에 산입한다(국조법 제19조).

(6) 조세피난처 지정고시(국조령 제30조 ①)

2008년 2월 5일 국세청 고시 제2008-5호를 발표하여 조세피난처 명단을 고시했는데 그 내용을 보면 리히텐슈타인, 모나코, 안도라 등 3개국이다(동 단서동항에서 특정외국법인의 부담세액이 당해 실제 발생 소득의 100분의 15 이하인 국가 또는 지역도 해당된다고 규정하고 있음). 이들 국가 또는 지역들은 사실상 OECD가 최근 10년 동안 추진해 온 유해조세경쟁 방지사업에 비협조적인 조세피난처들로서 OECD가 2004년 보고서에서 최종 지목한 국가 또는 지역들과 동일하다.

OECD회원국 중에서도 영국, 이탈리아 등은 실제로 매우 광범위한 조세피난처 명단을 작성·운영하고 있다. 조세피난처 공표제도의 취지가 납세자의 편의 도모라는 점을 감안하면 영국, 이탈리아 등과 같은 OECD 국가들의 고시내용을 참고하여 그와 유사한 정도의 명단 공표제 실시도 검토되어야 한다.

2) 조세조약

(1) 조세조약의 개념

조세조약이란 통상 소득 및 자본에 대한 국제적 이중과세를 방지하기 위하여 2개의 당사자국 간에 문서에 의하여 체결된 명시적 합의로 실무적으로는 조세조약, 조세협정 등으로 사용되고 있으며 국회의 비준을 거쳐 효력이 발효되므로 국내법과 같거나 경우에 따라서는 우월적인 지위의 효력을 갖는다. 한국은 2009년 6월 현재 74개국과의 조세조약이 시행되고 있다.

한국이 체결한 각국과의 조세조약 중 비과세조항 및 특별규정 등 조세조약의 남용 가능성이 있는 부분을 중심으로 개관하여 보면 아래와 같다.[165]

(2) 이자 · 배당 · 사용료소득

이자소득, 배당소득, 사용료소득은 대부분 조세조약상의 제한세율이 적용되며, 소득의 수취인이 수익적 소유자가 아닌 경우에는 제한세율이 적용되지 아니한다.

조세조약 본문의 예시(이자소득)

일반체약국에서 발생하여 타방체약국의 거주자에게 지급하는 이자에 대하여는 타방체약국에서 과세할 수 있다. 그러한 이자에 대하여는 이자가 발생하는 체약국에서도 동국의 법에 따라 과세할 수 있으나 수취인이 동 이자의 수익적 소유자인 경우에 그 조세는 이자총액의 ( )%를 초과할 수 없다.

1. Interest arising in a Contracting State and paid to a resident of the other Contracting State may be taxed in that other Contracting State.
2. However, such interest may also be taxed in the Contracting State in which it arises and according to the laws of that State, but if the recipient is the beneficial owner of the interest, the tax so charged shall not exceed( ) percent of the gross amount of the interest.

조세조약 본문의 예시(사용료소득)

일반체약국에서 발생되어 타방체약국의 거주자에게 지급되는 사용료에 대하여는 동 타방체약국에서 조세를 부과할 수 있다. 그러한 사용료는 사용료가 발생된 체약국에서도 그 체약국의 법령에 따라서 조세를 부과할 수 있으나 그 수취인이 동 사용료의 수익적 소유자인 경우에 그렇게 부과되는 조세는 동 사용료 총액의 ( )%를 초과하지 못한다.

---

165) 비거주자 · 외국법인의 국내원천소득 과세제도 해설, 국세청(2005).

한국과 헝가리, 아일랜드, 러시아와 체결한 조세조약에서는 이자소득에 대하여 거주지국에서만 과세할 수 있다. 그리고 한국과 헝가리, 아일랜드, 몰타와 체결한 조세조약에서는 사용료에 대하여 거주지국에서만 과세할 수 있고 원천지국에서는 과세할 수 없다.

사용료의 제한세율은 대부분 10%~15%이나 러시아, 불가리아, 벨라루스 등은 제한세율이 5%이며, 이스라엘, 영국, 독일, 오스트리아 등은 산업적·상업적·학술적 장비의 사용 또는 사용권에 대한 대가에 대하여 제한세율이 2%로 되어 있다.

OECD 모델협약의 입장에서는 1960년대 초기부터 국제적인 Treaty Shopping의 심각성이 인식되기 시작하였으나, 1963년 OECD 초안협약 본문은 물론이고 그 주석에서조차 조약의 남용에 대한 언급이 없었다.

1977년의 OECD 모델협약에서 비로소 본문의 조문에서 수익적 소유자의 개념이 (beneficial owner, B/O) 도입되고 주석에서도 조세조약의 남용에 대해 언급함으로써 Treaty Shopping에 대처하기에 이르렀다.

2003년 OECD 모델협약 주석에서는 국제투자 및 교역 촉진을 위해 국가 간에 체결되는 이중과세방지협약이 국제적 조세회피 및 탈세를 조장해서는 아니 되므로 조세조약 남용행위에 대해 실질과세원칙을 엄격히 적용하여 적극 과세할 것을 회원국에 권장하고 있다.

이러한 조세회피 대응방안으로 조세조약에 조세회피 및 탈세방지를 위한 각종 규제 장치를 삽입하는 방안을 강구할 필요가 있다. 만약 조세조약에 이러한 문구가 삽입되지 아니한 경우 한국 내국세법의 실질과세원칙 등 조세회피 및 탈세에 대응하기 위한 규제제도는 조세조약에 의해 영향을 받지 않음을 천명하고 있다. 따라서 조세조약에서 특별히 규정하지 않은 경우 내국세법상 조세회피 규제제도는 조세조약의 해석 및 적용 시 일반적으로 원용가능하다.

(3) 사업소득[166]

고정사업장이 되는 건설공사 등의 지속기간에 대하여 한국은 조세조약에서 대부분 6개월을 채택하고 있다.

그러나 프랑스, 룩셈부르크, 오스트리아, 이탈리아[167], 헝가리 등 일부 조약에서는 12월을 초과하여 존속하는 건축 · 건설 · 설비 또는 조립공사에 대하여, 독일의 경우는 12월을 초과하여 존속하는 건축 · 건설 · 설치공사와 동 공사와 관련된 감독활동에 대해서 고정사업장이 되도록 규정하고 있다.

(4) 독립적 인적용역 소득

한국 내 사업장(조약상 고정사업장)이 없는 외국법인이 내국법인에게 한국 내에서 인적용역을 제공하고 받는 대가가 사업소득으로 취급되는 경우에는 한국 내에 사업장이 없으므로 한국에서 과세되지 아니하나, 인적용역소득에 해당되는 경우에는 당해 조약상 면세요건을 충족시키지 못하면 한국에서 과세된다.

한국이 체결한 조세조약 중 미국, 독일, 호주, 스리랑카, 인도, 러시아 등과 맺은 조세조약은 개인에 한해서만 독립적 인적용역을 허용하고, 법인의 인적용역소득은 사업소득으로 규정하고 있다. 따라서 이러한 경우 한국 내에서 고정사업장을 통하여 당해 인적용역을 제공하지 않는 한 한국에서 비과세된다.

(5) 유가증권 양도소득

조세조약상 주식 양도소득에 대하여는 거주지국에서만 과세할 수 있는 경우가 대부분이나, 일부 조약에서는 일정 요건을 갖춘 주식의 양도소득에 대하여는 원천지국에서 과세할 수 있도록 하고 있다.

네덜란드, 덴마크, 말레이시아, 벨기에, 스리랑카, 인도네시아 등은 거주지국에서만 과세가 가능하며, 노르웨이, 독일, 미국, 영국, 아일랜드, 일본, 중국, 프랑스, 캐나다 등은 거주

---

166) 한국세법상으로는 비거주자 등의 한국 내 사업장이 없더라도 한국 내 원천 사업소득에 대하여 과세할 수 있으나, 조세조약상으로는 그 비거주자 등이 국내에 고정사업장을 가지고 있는 경우에 한하여 사업소득에 대하여 과세할 수 있다.

167) 룩셈부르크의 경우 건축 · 건설 · 설비 · 조립공사와 관련된 감독활동은 6월, 이탈리아의 경우에는 '설비공사'가 제외되어 있으며, 오스트리아의 경우에는 '조립공사'가 제외되어 있다.

지국과세가 원칙이나 부동산 점유비율이 높은 법인의 주식에 대하여는 원천지국(한국)에서 과세가 가능하다.

독일, 일본[168], 이탈리아, 캐나다, 프랑스 등은 일정기간 25% 이상 소유하였던 주식의 양도소득에 대하여는 원천지국(한국)에서 과세가 가능하며 노르웨이, 네덜란드, 프랑스, 영국 등은 양도자가 주식의 양도직전 5년 중 한국 내 거주자였던 경우 원천지국에서 과세가 가능하다.

2. 적용상의 문제점

1) 조세피난처 세제

(1) 사업을 실질적으로 영위하는지 여부

국조법 제18조 ①에서 열거한 업종이 아닌 사업을 영위(제조업, 광업, 건설업, 농·축·수산업, 소매업, 소비자용품 수리업, 운수·창고 및 통신업 등)하는 특정 외국법인은 조세피난처에 소재하여도 고정시설을 두고 이를 통하여 영위하는 경우에는 조세피난처 과세제도가 적용되지 않는다.

조세피난처의 특성을 고려할 때 Trust Company(위탁회사)를 통하여 용이하게 회사설립을 할 수 있으므로 실질사업 여부를 납세자의 성실한 신고에 의존할 수밖에 없어 실체가 있는 회사와 조세회피를 위한 우회회사의 구분이 사실상 어렵다.

(2) 과세당국이 조세피난처 지정·고시에 소극적

국조령 제30조 ①항 [조세피난처의 결정]은 법 제17조의 ①에서 법인의 실제발생소득의 전부 또는 상당부분에 대하여 조세를 부과하지 아니하는 국가 또는 지역이라 함은 OECD 또는 그 회원국이 조세피난처로 지정고시한 국가 또는 지역을 고려하여 국세청장이 기획재정부장관의 승인을 얻어 지정·고시하는 국가 또는 지역을 말한다고 규정하고 있다.

그러나 한국 국세청은 해당 국가 또는 지역과의 조세 마찰이 발생할 소지가 있는 관계로 원천징수 특례제도의 시행과 함께 최소한의 지역만을 지정·고시하고 있는 상태이다(2008. 2. 5 국세청 지정고시지역 : 리히텐슈타인, 모나코, 안도라).

---

168) 독일·일본은 5% 양도비율을 충족해야 한다.

국세청장 지정고시는 상기 3개국 외에 단서조항에서 특정법인의 부담세액이 당해 실제발생소득의 100분의 15 이하인 국가 또는 지역도 해당된다고 하고 있다. 조세피난처 판정의 책임을 납세자에게 넘기고 있어 납세자들에게 불필요한 부담을 지우고 있을 뿐만 아니라, 조세피난처 과세 제도의 적용 대상이 되는 법인이라 하더라도 관련 서식 및 과세 자료를 자발적으로 제출하지 않는 경우에는 과세 당국에서 적시에 과세권을 행사할 수 없는 문제가 있다.

(3) 조세피난처 세제 적용범위의 미비

① 조세피난처 세제 적용을 받는 내국인의 범위

조세피난처 세제 적용을 받는 내국인의 범위를 특정 외국법인의 각 사업연도말 현재 발행주식의 총수 또는 출자금액의 100분의 20 이상을 직접 또는 간접으로 보유하고 있는 자로 규정하고 있으나 2개 이상의 특수 관계있는 내국법인이 분산하여 출자하는 경우 조세피난처 세제를 적용받지 않을 수 있다.

② 조세피난처 세제 적용범위

주된 사업이 주식 또는 채권의 보유, 지적재산권의 제공, 선박 · 항공기 · 장비의 임대, 투자신탁 또는 기금에 대한 투자인 외국법인은 조세피난처 세제 적용범위에 포함하도록 되어 있다. 겸업자의 경우 그 중 수입금액이 가장 큰 사업의 해당 수입금액을 조세피난처 과세조정 적용범위 판정명세서에 기재하도록 되어 있어 상기 업종에 해당하는 2개 이상의 사업이 당해 특정 외국법인의 총 수입금액 중에서 차지하는 비율이 50%를 초과하여 조세피난처 적용대상이나 각각으로 볼 때는 50% 이하일 경우 조세피난처 세제를 적용받지 않게 된다.

(4) 정보교환 및 자료수집의 어려움

일반적으로 조세피난처는 대부분 조그마한 도서국가 또는 식민지(현재 또는 과거) 등으로서 금융 및 재정의 자유화정책으로 외국기업을 자국에 최대한 유치하여 현지인 고용증대, 등기료 등 수수료 수입 확보, 변호사 · 회계사 등의 집합 및 관광지 활용 등에 의한 소득증대를 기본정책으로 하고 있다.

세무당국 간의 정보교환으로 납세자의 비밀이 노출되는 것에 부정적인 반응을 보이는 경향이 많아 기업실체의 확인 및 소득 자료의 수집이 어려운 실정이다.

(5) 기타 제출서류 불명확 등

국조법 시행규칙에 조세피난처 과세조정 판정명세서 및 국외출자명세서 등이 규정되어 있으나 조세피난처 관련 서식의 제출 대상자가 명확하지 않아 실무에 혼란을 초래하고 있으며 제출대상자가 미제출 했을 경우 제재 규정도 마련되어 있지 않아 법적 실효성이 떨어지고 있다.

2) 조세조약

(1) 조약의 허점을 이용한 외국계 펀드의 우회투자

현재 한국이 체결한 대부분의 조세조약의 내용에 따르면 부동산 양도소득의 과세권은 원천지국에 있고 유가증권 양도소득의 과세권은 거주지국에 있다. 이러한 조세 조약의 허점을 교묘히 이용하여 거래의 실질은 부동산 양도소득이지만 형식적으로 지분을 양도하는 방법을 동원하여 막대한 양도 차익에 대하여 조세를 부담하지 않고 있으며 최근에 실제 여러 개의 외국계 펀드가 이러한 방법으로 조세조약을 남용하여 조세를 회피한 사례가 보도되기도 하였다.[169]

외국계 펀드의 우회투자에 대한 과세를 하기 위해서는 조세회피 의도여부와 기업실체의 존재여부를 확인하여야 하나 다른 나라 기업에 대한 정보 및 자료수집에 현실적으로 어려움이 많다. 특히 외국계 펀드는 단순 우회투자가 아닌 다단계로 거미줄처럼 연결되어 혼합된 구조를 갖추고 있기 때문에 어느 단계의 어느 국가를 실질적 투자자로 보아야 할 것인지와 그 단계에서의 투자자의 인격을 법인, 개인 또는 파트너 중 어느 기준으로 판단할 것인지 등의 문제이다.

(2) 조약체결 후 체약상대국의 특혜제도 신설

조세조약 체결 후에 체약상대국에서 국내 규정을 변경하여 조세조약 남용(Tax Treaty Abuse)이 일어나는 경우 이를 방지하기 위한 규정이 조세조약에 포함되지 않음으로써 당초

---

169) 한국 서울 역삼동 소재 스타타워빌딩을 2006년 말 약 9,300억 원에 싱가포르투자청(GIC)에 팔아 2,600억 원이 넘는 차익을 올린 것으로 알려진 Lone Star도 펀드 우회지가 우리와 이중 과세 방지 협약을 맺은 벨기에를 통함으로써 세금을 신고하지 않은 것으로 전해졌다.

조세조약의 취지와는 다르게 변질되는 경우가 있다.

예를 들어 한국은 말레이시아와의 조세조약은 1982년 쿠알라룸푸르에서 서명한 후 1983년 1월 발효하였으나, 그 후 1990년 역외회사법에 의해 라부안(Labuan)을 역외금융센터(IOFC)로 지정하여 조세피난처 역할을 하고 있으며 외국계 펀드 및 국내투기 자본이 조세를 회피하기 위하여 많이 이용하고 있는 것은 이미 앞에서 언급한 바 있다.

(3) 수익적 소유자(The beneficial ower of the interest) 여부 확인 곤란

수익적 소유자란 법적, 경제적으로 실질적 소유자를 의미하는 조세조약상의 용어로 대부분의 조약에서 이자, 배당, 사용료 소득에 대하여 실질적수익자 개념을 사용하여 특별한 조세회피사례에 대처하고 있다.

수익적 소유자 여부를 확인하기 위하여 네덜란드나 벨기에와의 조약에서는 거주자증명서 제도를 시행하고 있으나 이 또한 근본적인 방지대책이 되지 못하고 있고 다른 나라와의 조약에서는 그러한 규정이 없어 현실적으로 수익적 소유자인지 파악이 어려워 제3국의 거주자가 조세조약을 남용할 수 있다.

(4) OECD의 조세피난처 대응

OECD는 조세피난처 국가의 제도개선 유도의 시간을 확보하기 위하여 2000년 7월을 제도개선의 공개 확약(scheduled commitment) 시한으로 설정하고 이때까지도 제도개선확약을 하지 않는 국가들은 비협조적 조세피난처(uncooperative tax haven)로 규정하여 명단을 발표하고 OECD 차원의 공동대응조치를 시행키로 하였는데 2000년 7월 발표된 조세피난처 국가는 35개국으로 다음과 같다.

> 영국령 앙길라(UK), 바하마, 바베이도스, 벨리즈, 영국령 버진아일랜드, 리베리아, 몬트세라트, St Kitts & Nevis, Turks & Caicos Islands, 안도라, Antigua and Barbuda, 아루바, 도미니카, 그레나다, 세인트 루시아, 모나코, 네덜란드령 안틸레스, 파나마, St Vincent and the Grenadines, 미국령 버진아일랜드, 바레인, 지브롤타, 건지, 맨섬, 저지, 리히텐슈타인, Cook Islands, 몰디브, 마아샬 군도, 나우루, 니우에, 서사모아, 세이셜, 통가, 바누아투

OECD가 조세피난처 폐해의 심각성을 인식하여 1997년부터 유해조세경쟁포럼(Forum on Harmful Tax Competition)을 창설운영하고 있는데 유해조세경쟁포럼이 시작된 이후 지난 2003년 5월 바누아투까지 총 32개 국가가 자국의 유해조세제도의 개선 및 정보교환과 투명

성 제고에 대해 공개적인 확약(committment)을 하였다.

이렇게 됨으로써 2000년 리포트를 통해 발표된 조세피난처 국가 중 안도라, 리히텐슈타인, 리베리아, 모나코, 마아샬 군도 등 5개국만이 제도개선을 확약하지 않은 비협조적 조세피난처(Unco operative Tax Havens)로 남게 되었다. 이들 비회원국에 대해서도 OECD에서는 제도개선 등을 위해 건설적인 대화를 계속 진행하고 있다.

(5) 각국 국제조세회피 방지제도

① 미국

미국의 피지배 외국법인(CFC ; Controlled Foreign Corporation)에 대한 과세제도[170]는 한국의 조세피난처 세제에 해당하는 것으로 특징적인 것을 보면 다음과 같다.

이 제도의 적용을 받는 피지배외국법인은 당해 외국법인이 설립된 국가의 세율수준에 관계없이 적용된다. 적용대상이 되는 미국주주는 피지배 외국법인의 의결권 있는 주식의 10% 이상을 소유한 미국시민 · 미국거주 외국인 · 미국법인 · 미국조합 등을 의미한다. 미국주주에게 배당되지 않는 경우에도 합산과세 되는 소득은 피지배 외국법인의 전 소득이 아니고 「Subpart F 소득[171]」에 한정된다.

미국은 treaty shopping을 통한 조세조약의 남용에 대해 강경한 입장[172]을 취하고 있는데 1996년 개정한 모델조약을 보면 조세조약 남용(Abuse of Tax Treaties)방지 조항을 대폭 보완하여 조세조약의 혜택을 받을 수 있는 경우와 그렇지 못한 경우를 구분하는 기준을 명확하게 제시하였다.

제3국 거주자에 의해 지배되는 체약국 기업에 대해 투자규모와 실질적인 투자 등에 대한 구체적인 요건을 명확하게 규정하고 그 요건을 충족시키는 경우에만 제3국 투자자가 조세조약을 남용할 의사가 없다고 인정하여 조세조약을 적용[173]하며 그렇지 않은 경우에는 제3

---

170) 미국에서는 피지배 외국법인(자국민이 지배하는 외국법인을 말함)의 소득 중 실질적인 사업활동을 통해 얻어진 소득이 아닌 것 즉, 수동적인 투자활동을 통해 얻은 소득(passive income)을 Subpart F 소득으로 간주하여 소득이 발생한 즉시 그것이 국내로 환수되지 않더라도 국내에서 발생한 소득과 동등하게 과세한다.

171) 미국재산에 대한 보험소득, 외국기지회사 판매소득, 외국기지회사 용역소득, 외국 인적지주회사 소득, 외국기지회사의 해운소득, 미국재산에 투자된 소득, 석유 · 가스회사의 채굴소득, 저개발국에 투자로부터 생긴 소득이다.

172) 조세조약상에 남용방지 조항을 삽입하는 문제에 대해서는 미국이 적극적인 태도를 보여 다른 국가와의 조약체결이나 개정 시 적극적으로 반영하고 있다.

국 투자자가 조세조약 남용을 목적으로 체약국에 투자한 것으로 간주하여 조세조약의 적용을 거부한다.

미국의 거주자나 기업들이 조세를 회피하기 위하여 조세피난처로 거주지를 이전하는 경우가 발생하고 있는 바 이와 같은 조세회피 목적의 거주지 이전을 억제하기 위해 미국은 순전히 조세회피만을 목적으로 국적을 포기하는 경우 포기 후 10년 간은 과세목적상 자국 거주자로 간주하여 국적 포기 이전과 동일하게 과세한다는 규정을 도입하였다.

② 일본

일본의 Tax Haven 대책세제는 미국의 「Subpart F Rule」을 준용하였는데 Tax Haven에 본점 등을 가진 외국법인으로 일본 거주자 · 내국법인 등에 의하여 그 발행주식의 50% 이상이 직 · 간접으로 보유되어 있는 법인의 유보소득 중 당해 외국법인의 발행주식의 5% 이상을 직 · 간접으로 보유하는 거주자 또는 내국법인의 당해 보유주식에 대응하는 부분은 그 거주자 또는 내국법인의 소득에 합산하여 과세한다.

특정 외국자회사의 주식을 특수관계 간에 분산 보유함으로써 상기 납세의무를 회피하는 경우에 대비하기 위하여 그 특정 외국자회사 주식의 직접 또는 간접의 보유자 중 서로 특수관계에 있는 내국법인 또는 거주자로 이루어진 그룹이 전체로서 그 주식을 직 · 간접으로 5% 이상 보유하는 경우에는 그 그룹에 소속하는 내국법인(직 · 간접의 보유가 5% 미만이더라도)은 납세의무가 있다.

일본의 경우 조세피난처는 외국 관계 회사의 본점 소재지국 중 법인세 부담이 일본에 비하여 현저히 낮은 나라, 다시 말하면 법인세가 존재하지 않거나 또 존재한다 해도 그 세율이 25% 이하인 나라 또는 지역으로 규정하고 있으며 종전에는 조세피난처를 지정하여 대장성에서 고시하였으나 1992년도 세법을 개정하면서 조세피난처세제 적용대상 여부를 개개의 자회사마다 그 세 부담의 다과에 의해 판정하도록 하였다.

조세조약과 관련하여 일본 정부는 미국계 투자 펀드인 리플우드(Ripple Holdings Japan)가 공적 자금이 투입된 신세이(新生) 은행 지분을 매각해 막대한 차익을 챙기고도 세금을 한푼

---

173) 판단기준 중 중요한 것 두 가지를 정리하면 ① 체약국의 거주자인 공개법인과 그 공개법인의 계열회사는 조세조약 적용대상에 포함되며, ② 공개법인 여부와 상관없이 체약국의 거주자가 거주지에서 능동적으로 사업을 수행하며, 체약 상대국에서 취득한 소득은 그 교역이나 사업과 직접적인 연관을 맺고(in connection with)있거나 부수적(incidental to)인 것이고, 그 교역이나 사업은 상대 체약국에서 소득을 창출하는 활동과 상당한 정도의 관계가 있는 경우 조세조약 적용대상에 포함된다.

도 내지 않게 되자 미국을 설득해 공적자금을 투입한 일본계 금융회사를 외국인 주주가 팔 때 면세 혜택을 취소하는 '신세이 조항'을 조세 협정에 새로 넣었다.

마지막으로 일본의 국제조세 동향[174]을 보면 자본거래가 자유화되면서 명목상 본점을 외국에 두고 내국법인으로서의 무제한 납세의무를 면제받으려고 하는 자가 증가하고 있다는 우려에서 본점소재지주의에 더하여 법인의 실질적 경영·관리장소의 유무에 따라 판정하는 관리 지배지주의도 병용할 필요가 있다는 지적이 있으며 외국법인의 지점 등에 대하여 외국법인 자회사의 경우와 마찬가지로 과세하여야 한다는 의견도 있다.

③ 영국

영국의 경우 조세를 회피하기 위하여 조세피난처에 설립한 피지배 외국회사의 미처분소득에 대하여는 그 피지배 외국회사의 주주 중 10% 이상의 지분을 직접 또는 간접으로 소유하고 있는 영국거주회사에게 그 지분에 따라 영국의 법인세가 부과된다.

조세피난처라 함은 당해 과세연도의 이익에 대하여 문제의 피지배 외국회사가 그 거주지국에서 지급한 법인세액이 그 소득에 대한 영국의 법인세 상당액보다 50% 이상 적은 경우의 그 거주지국을 말하며 피지배 외국회사의 이익에 대한 영국의 법인세 상당액은 그 법인이 영국에 거주한다고 가정하고 일정한 조정을 통하여 산출한 피지배 외국회사의 이익에 대하여 과세된 세액을 뜻한다.

현행 국제조세 기준은 국가 간 자본 투자를 촉진하기 위해 자본이득에 대한 세금은 법인 소재지 나라에서만 매기는 것을 원칙으로 하고 있으나 최근 예외 조항을 두는 경우들이 생겨나고 있는데 영국 정부의 경우 공익사업체를 인수했다가 매각해 거둔 자본 이득이 클 경우 '횡재세(Windfall Tax)'를 매기고 있다.

④ 그 외 나라

프랑스는 프랑스 기업 중 조세회피처에 고정사업장이나 현지법인을 통해서 이익을 실현한 경우 이들에 대한 소득을 프랑스에서 과세할 수 있도록 규정하고 있는데 1992년 10월 이후에 조세회피처에 법인을 설립하거나 인수한 경우에는 프랑스 법인이 직·간접으로 10% 이상 소유하고 있으면 적용대상이 된다.

독일은 거주지 이전을 통하여 국내과세로부터 도피하는 것에 대한 방어조처로 대외조세

---

174) 일본정부세제조사회(2000년)에서 논의된 사항이다.

법에서 제한적 납세의무자를 확대하는 조항을 두고 있다. 조항의 내용은 최근 10년 중 5년 이상의 기간을 독일의 무제한 납세의무자였던 자연인이 거주지를 저세율 국가로 바꾸면서도 동시에 독일 국내와 상당한 경제적인 관계를 유지하는 경우 적용하는데 이 조항에 해당하는 납세의무자들은 국내소득뿐만 아니라 일부 외국소득을 제외한 모든 종류의 소득에 대하여 독일에서 납세의무가 존재한다.

호주는 조세피난처와의 거래 시 국세청장이 발행한 Tax Clearance Certificate를 제출하도록 하고 있다.

⑤ 조세조약 및 협정 개정

특정지역의 유해조세경쟁이 문제되는 경우 <표 7-12>와 같이 해당 국가와의 조세조약 개정을 통해서 문제를 해결하는 것이 가장 바람직한 접근방식이다. 이에 룩셈부르크, 태국, 호주, 싱가포르 등과 조세조약 개정을 통하여 주식양도소득의 원천지국 과세근거를 마련하였다.

일본, 네덜란드, 영국은 조세조약 개정을 통하여 라부안에 설립된 역외회사의 역외사업활동(offshore business activity)을 수행하는 개인이나 법인에 대하여는 조세조약상 혜택을 부인하는 규정을 신설하여 문제를 해소하였다.[175]

하지만 말레이시아의 경우 한국정부에서 조세조약 개정 및 라부안을 조세조약 적용대상에서 제외해 달라고 요구하였으나 말레이시아에서 거부하였고 역외회사의 사업내역 등의 정보교환요청에도 특별한 이유 없이 거부하거나 미온적이다.

이에 조세조약남용(Treaty abuse, Treaty shopping)에 대해서는 조약혜택을 제한(Limitation of Benefits)하고 실질과세원칙을 적용하는 조항을 각 조세조약에 도입하는 것이 필요하다.

【일본 · 말레이시아 조세조약 의정서 제5항】

The exemption or reduction of tax provided for in the Agreement shall not apply to any person carrying on offshore business activity under the provisions of Section 2(1) of the Labuan Offshore Business Activity Tax Act 1990 of Malaysia as they are in force at the date of the signature of the Agreement, and any subsequent modification of those provisions which shall not affect the general principle hereof, or such other

---

175) 일본(1999년 서명, 2000년 발효)은 일 · 말레이시아 조세조약 의정서를 개정하여 조세혜택을 배제한다.
영국(1996년 서명, 2000년 발효), 네덜란드(1996년 12월 발효)는 교환각서(Exchange of Note)로 조세조약 적용을 배제한다.

persons who enjoy a similar special fiscal treatment by virtue of the laws of Malaysia as may be agreed upon between the Governments of the two Contracting States.

【영국 · 말레이시아 조세조약 교환각서 제2항】

the provisions of this Agreement shall not apply to persons carrying on offshore business activity under the Labuan Offshore Business Activity Tax Act 1990(as amended); "Offshore business activity" means an offshore business activity as defined under Section 2(1) of the Labuan Offshore Business Activity Tax Act 1990(as amended).

【네덜란드 · 말레이시아 조세조약 교환각서 제2항】

With reference to paragraph 2 of Article 6, the provisions of Chapter III of this Agreement shall not apply to persons carrying on offshore business activity under the Labuan Offshore Business Activity Tax Act 1990(as amended).

【조세회피방지 일반규정(GAAR)】

조세회피방지 일반규정(General Anti-Avoidance Rule ; GAAR)은 납세자가 세법규정을 부적절하게 이용하여 조세부담을 회피할 목적으로 일정한 거래 또는 행위를 할 경우 과세관청이 특정 유형의 거래 또는 행위에만 국한되지 않고 널리 납세자가 조세회피 목적으로 행한 거래 또는 행위 일반에 대해 이로 인해 얻게 되는 조세혜택을 부인할 수 있는 포괄조항을 말한다. 현재 호주, 캐나다, 독일 등 9개국이 공격적 조세회피에 대한 대응방안으로 채택하여 운영하고 있다.

GAAR은 특정한 유형의 조세회피에 대해서만 규정하고 있는 「조세회피방지 개별규정[176]」과는 달리 '납세자의 거래 · 행위가 조세혜택의 획득을 주된 목적으로 하여 이루어진 경우 과세관청은 그로 인해 납세자가 얻게 될 조세혜택을 부인할 수 있다' 라는 취지로 규정하여 조세회피행위를 일반적으로 규제하는 법적 근거로 활용할 수 있다. 특히 '세 부담을 회피하기 위하여 세법을 남용한 경우 경제적 실질에 상응하게 과세한다.' 는 형식으로 규정되어 상당히 폭넓은 사례에 적용 가능한 것이 특징이다.

GAAR이 세법에 도입될 경우 현행 규정에 의해 규제할 수 없는 복잡 · 다양한 납세자의

---

176) 각 세법에 규정되어 있는 부당행위계산부인이 대표적인 예이다.

조세회피행위를 방지할 수 있을 것으로 판단되는데 그 이유로는 첫 번째로 GAAR은 납세자의 행위가 조세회피에 해당되면 납세자가 선택한 거래구조·거래상대방에 구속되지 않고 일반적으로 적용 가능하고 두 번째 납세자가 거주자인지 비거주자인지 여부에 불구하고 적용 가능하며 마지막으로 조세회피행위를 구체적 행태가 아닌 추상적인 요건으로 규정함으로써 과세단계에서 사후에는 입증이 어려운 납세자의 고의성이나 결과를 전제로 하지 않기 때문에 과세가 쉽다.

OECD 모델협약 주석서는 조세협약을 해석함에 있어 국내법상 실질과세원칙을 적용하는 것은 조세협약의 목적·취지와 상충되지 않는다고 밝히고 있다. 그 이유는 과세가 궁극적으로 국내법 규정에 의해 이루어지고 조세조약의 규정은 과세를 제한하는 성격을 지니기 때문에 조약 규정의 남용은 과세근거가 되는 국내법 규정의 남용을 가져오기 때문이고 이때 조세조약에 국내법의 남용방지 조항이나 법원칙이 적용될 수 있는지가 문제가 되는 바 OECD 모델협약 주석서는 위와 같은 사유로 실질과세원칙과 같은 국내법상 남용방지 규정을 조세협약에서는 다루지 않는 것이고 양자 간에는 상충이 없다고 해석한다.

【Tax Shelter】

Tax Shelter란 Tax Planning[177] 중 과세관청이 잠재적 조세회피 가능성이 있는 것으로 보아 신고의무를 부여한 것으로 보고대상인 Tax Shelter가 모두 규제대상은 아니며 이중 조세회피에 해당되는 것을 Abusive Tax Shelter라 하여 규제대상으로 한다.

표 7-10 | **Tax Shelter 요약**

구 분		법익의 침해 양상	보고의무(Tax Shelter)	규제대상	규제수단
Tax Planning	절세	적법행위		규제대상 아님	×
	조세	법의 미비 이용		규제대상	GAAR
	회피	법의 취지에 반하는 법의 남용			
Tax Evasion	탈세	위법행위			Tax Law

<표 7-10>과 같이 Tax Shelter는 조세회피의 우려가 있는 거래 또는 상품의 특성을 법령에 규정하는데 미국은 보고대상인 Tax Shelter의 구체적 내용을 국세청장이 고시하며 캐나다는 Tax Shelter를 소득세법에 규정하고 법의 목적에 부합되지 않는 Tax Shelter를

---

177) Tax Planning이란 납세자가 세금을 줄이기 위한 계획으로 합법적인 절세는 물론 조세회피도 포함되었다.

Abusive Tax Planning으로 보아 규제한다.

Tax Shelter에 해당되는 조세회피상품을 판매하는 조장자와 그러한 상품을 구매하는 납세자는 일정한 양식에 따라 국세청에 신고의무가 있으며 신고된 내용은 국세청의 전담부서에서 취합·누적관리하며 이 자료를 이용하여 개별납세자의 조세회피여부를 검토하여 필요시 세무조사를 하며, 무신고 및 허위신고의 경우 이를 제재하기 위한 수단으로 징벌적 가산세 부과 및 형사상 제재조치가 가해진다.

【KPMG의 Blips(Bond Linked Issue Premiun Structure) 사례(2005년)】
① 서류상의 회사를 설립한 후 이 회사를 통하여 조기상환 시 거액의 손실이 예상되는 대출을 은행으로부터 받은 것으로 위장하고
② 역시 서류상으로 설립한 펀드에 동 대출금을 양도하고 동 펀드는 대출은행과 1회의 통화SWAP 거래를 한 후 대출을 조기상환함으로써 거액의 손실 초래(실제적으로 자금이 수수된 적은 없음)한 것으로 위장하고
③ 펀드의 손실은 서류상의 회사에 귀속되며 납세자는 회사를 청산함으로써 회사의 손실을 자신의 손실로 하여 위 상품을 개인에 판매하여 14억 달러의 탈세를 조장하였으나 이를 의도적으로 미등록하는 등의 혐의로 기소되어 KPMG는 4억 5,600만 달러의 벌금을 납부하기로 미 법무부와 합의하였다.

표 7-11 | **조세조약 체결국 현황 (2009년 6월 현재)**

시 행 국(74)

국가	시행연도	국가	시행연도	국가	시행연도
그리스	('98. 7. 10)	남아공	('96. 1. 7)	네덜란드	('81. 4. 17)
네팔	('03. 5. 29)	노르웨이	('84. 3. 1)	뉴질랜드	('83. 4. 22)
덴마크	('78. 1. 7)	독일	('78. 5. 4)	라오스	('06. 2. 9)
러시아	('95. 8. 24)	루마니아	('94. 10. 6)	룩셈부르크	('86. 12. 26)
리투아니아	('07. 7. 14)	멕시코	('95. 2. 11)	모로코	('00. 7. 1)
말레이시아	('83. 1. 2)	몽골	('93. 6. 6)	미국	('78. 10. 20)
몰타	('98. 3. 21)	방글라데시	('84. 8. 22)	베네수엘라	('07. 1. 15)
미얀마	('03. 8. 4)	벨라루스	('03. 6. 17)	벨지움	('79. 9. 19)
베트남	('94. 9. 9)	스리랑카	('86. 6. 20)	불가리아	('95. 6. 22)
브라질	('91. 11. 21)	스페인	('94. 11. 21)	스웨덴	('82. 9. 9)
스위스	('81. 4. 22)	싱가포르	('08.11. 25)	슬로바키아	('03. 7. 8)
슬로베니아	('06. 3. 2)	아제르바이잔	('81. 2. 11)	아랍에미리트	('05. 3. 2)

시 행 국(74)

국가	시행연도	국가	시행연도	국가	시행연도
아일랜드	('91. 12. 27)	알바니아	('07. 1. 13)	알제리	('06. 8. 31)
영국	('78. 5. 13)	오만	('06. 2. 13)	오스트리아	('87. 12. 1)
요르단	('05. 3. 28)	우즈베키스탄	('98. 12. 25)	우크라이나	('02. 3. 19)
이스라엘	('97. 12. 13)	이집트	('94. 2. 6)	이탈리아	('92. 7. 14)
인도	('86. 8. 31)	인도네시아	('89. 5. 3)	일본	('70. 10. 29)
중국	('94. 9. 28)	체코	('95. 3. 3)	카타르	('09. 4. 15)
카자흐스탄	('99. 4. 9)	캐나다	('80. 12. 19)	칠레	('03. 7. 25)
크로아티아	('06. 9. 15)	태국	('07. 6. 29)	쿠웨이트	('00. 6. 13)
튀니시아	('89. 11. 25)	파키스탄	('87. 10. 20)	터키	('86. 3. 27)
포르투갈	('97. 12. 21)	폴란드	('92. 2. 21)	파푸아뉴기니	('98. 3. 21)
핀란드	('81. 12. 23)	필리핀	('86. 11. 9)	프랑스	('81. 2. 1)
호주	('84. 1. 1)	휘지	('95. 2. 17)	헝가리	('90. 4. 1)
사우디아라비아	('08. 12. 1)	스웨덴	('82. 9. 09)		

서 명 국(4)

국가	서명연도	국가	서명연도
수단	('04. 9. 9)	나이지리아	('06. 11. 6)
라트비아	('08. 6. 15)	이 란	('06. 7. 6)

가서명국(3)

국가	가서명연도	국가	가서명연도
탄 자 니 아	('99. 4. 1)	에 스 토 니 아	('99. 12. 10)
카르키즈스탄	('08. 11. 18)		

개 정(12)

국가	개정연도	비고	국가	개정연도	비고
핀 란 드	('91. 8. 13)	– 가서명	프 랑 스	('92. 3. 1)	– 발 효
영국	('96. 12. 29)	– 발 효	벨 지 움	('96. 12. 31)	– 발 효
뉴 질 랜 드	('97. 10. 10)	– 발 효	네 덜 란 드	('99. 4. 2)	– 발 효
일 본	('99. 11. 22)	– 발 효	오 스 트 리 아	('02. 3. 30)	– 발 효
독 일	('02. 10. 31)	– 발 효	태 국	('07. 6. 29)	– 발 효
캐 나 다	('06. 12. 18)	– 발 효	쿠 웨 이 트	('07. 10. 2)	– 서 명

1. 개요

국세조정에 관한 법률은 국제거래에 관한 조세의 조정에 관한 사항과 국가간의 조세행정 협조에 관한 사항을 규정함으로써 국가 간의 이중과세 및 조세회피를 방지하고 원활한 조세 협력을 도모함을 목적으로 한다.

규정체계

제1장 총칙
제2장 국외특수관계자와의 거래에 대한 과세조정 : 이전가격 세제
제3장 국외지배지주에게 지급하는 이자에 대한 과세조정 : 과소자본세제
제4장 특정외국법인의 유보소득에 대한 합산과세
제5장 국외증여에 대한 증여과세 특례
제6장 상호 합의 절차
제7장 국가 간 조세협력

---

2. 이전가격세제

1) 개요

이전가격세제란 기업이 국외특수관계자와의 국제거래에 있어 그 거래가격이 정상가격보다 높거나, 낮은 경우 정상가격을 기준으로 기업의 과세소득금액을 재계산하여 조세를 부과하는 제도이다.

▼ **국외특수관계자의 범위**
① 거래당사자 일방이 타방의 의결권 있는 주식의 50% 이상을 직·간접으로 소유하고 있는 관계
② 제3자가 거래당사자 쌍방의 의결권 있는 주식의 50% 이상을 직·간접으로 소유하고 있는 경우 그 쌍방 간의 관계(예 : 형제회사)

③ 일방과 타방 간에 소득을 조정할 수 있는 공동의 이해관계가 있고, 일방이 타방의 사업방침의 전부 또는 중요한 부분을 실질적으로 결정할 수 있는 경우 그 일방과 타방과의 관계 등이다.

▼ 정상가격

정상가격이란 거주자·내국법인 또는 외국법인 국내사업장과 이들의 국외특수관계자 간의 거래와 동일·유사한 거래로써 특수 관계가 없는 독립기업 간의 거래(비교대상거래)에서 적용되었거나 적용될 것으로 기대되는 가격, 즉 일반적으로 거래된 시장가격을 말한다.

2) 정상가격의 결정방법

(1) 비교가능 제3자 가격방법(comparable uncontrolled price method)

조건, 수량 등에 있어서 동일·유사한 상황에서 특수 관계가 없는 독립기업 간에 거래된 금액을 참고하여 정상거래가격을 정하는 방법이다.

(2) 재판매가격방법(resale price method)

일반적으로 생산자가 관계회사에 제품을 판매하고 그 관계회사는 추가 공정 없이 제3자에게 판매하는 경우 사용되는 방법으로 당해 재판매가격에서 일정이윤을 공제하여 독립기업 간 가격을 산정하는 방법이다.

> ※ **계산방법** : 특수 관계없는 자로부터 매입가격(100원), 특수 관계없는 자에게 매출가격(200원)에 근거한 매출총이익률(100/200)을 고려하여 정상가격 산정 : 120(재판매가격) − 120 × 0.5 = 60

(3) 원가가산방법(cost plus method)

주로 생산자가 관계회사에 제품을 판매하고 그 관계회사가 추가공정 등을 통해 부가가치를 증가시켜 제3자에게 재판매하는 경우 사용되는 방법으로 생산원가에 적정이윤을 가산하여 정상가격을 산정하는 방법이다.

> ※ **계산방법** : 특수 관계없는 자로부터 매입원가(100원), 특수 관계없는 자에게 공급가격(200원)에 근거한 원가가산율(100/100)을 고려하여 정상가격 산정 : 50(매출원가) − 50 × 1 = 100

(4) 이익분할방법(profit split method)

해당거래와 관련된 특수관계자의 손익을 합산하고, 총손익(결합이익)을 관련 기업별 기여도(자산, 기능, 위험 등)에 따라 이익을 분할하는 방법이다.

> ※ **계산방법** : B의 영업자산(200), 제조비용(50), C의 영업자산(100), 판매관리비(10)인 경우 자산비용(200 : 100 = 10 : 5), 비용비율(50 : 10 = 10 : 2)의 결합비율(20 : 7)로 영업이익을 안분 B의 영업이익 = 200 × 20 / 27 = 148, C의 영업이익 = 200 × 7 / 27 = 52

(5) 거래순이익율방법(transactional net margin method)

기능분석, 비교가능분석, 영업환경분석을 통하여 규모 및 여건이 유사한 제3자 기업이 실현하였을 이익을 다양한 이익지표(자산이익률, 판매액대비 영업이익, 자본이익률)를 바탕으로 추정하여 개별기업의 이익을 계산하는 방법이다.

3) 정상가격 산출방법 사전승인(Advance Pricing Approval)제도

(1) 의의

정상가격의 결정방법을 과세당국과 기업이 사전에 협의하여 승인하는 제도이다.

(2) 신청

거주자는 정상가격 산출방법을 적용하고자 하는 신청대상기간 과세연도 중 최초과세연도 종료일까지 ① 정상가격 산출방법 사전승인신청서, ② 거래당사자의 사업연혁·사업내용·조직 및 출자관계 등에 대한 설명자료, ③ 거래대상자의 최근 3년 간의 재무제표, 세무신고자료, 국제거래계약서류, ④ 기타 국조법 시행령 제9조에서 정하는 사항의 국제거래에 대한 자료를 첨부하여 국세청장에 신청한다.

(3) 심사 및 승인

국세청장은 납세지 관할세무서장 및 지방 국세청장의 검토의견 또는 신청인의 동의가 있는 경우 중립적 전문가의 의견을 참고하여 승인하며 상대방 국가와 상호합의에 의해 사전

승인하는 경우는 부과제척기간 범위 내에서, 상호합의 없이 사전 승인하는 경우는 경정청구 기간 범위 내에서 정상가격 산출방법 소급적용 승인이 가능하다.

4) 정상가격에 의한 과세조정 및 소득처분

(1) 정상가격에 의한 과세조정

① 과세당국은 거래당사자의 일방이 국외특수관계자인 국제거래에 있어서 그 거래가격이 정상가격에 미달하거나 초과하는 경우 정상가격을 기준으로 거주자의 과세표준 및 세액을 결정 또는 경정하는 것이다. 그리고 체약상대국이 국외특수관계자에 대하여 정상가격을 기준으로 먼저 소득금액을 증액 조정하여 과세한 경우 한국 과세당국도 이에 대응하여 거주자의 과세소득을 감액 조정한다.

② 제3자 개입 거래에 대한 과세조정 적용

다국적기업이 특수관계자 간 이전가격과세를 회피하기 위하여 제3자를 개입시켜 거래 외관이 마치 독립된 제3자 간 거래인 것처럼 위장하는 경우에도 정상가격 기준으로 과세조정을 말한다.

③ 상대거래의 안정

거주자와 특수관계자가 간의 국제거래에 있어서 어느 한 거래가격이 정상가격과 다르더라도 동일한 국외특수관계자와의 다른 거래에 있어서 그 차액이 상계된다고 거주자가 입증하는 경우, 상계되는 모든 거래를 하나의 거래로 보아 정상가격에 의한 과세조정을 할 수 있다.

(2) 소득처분 및 세무조정

① 국외특수관계자가 내국법인의 주주인 경우 : 내국법인의 소득조정결과 익금 산입되는 금액은 국외특수관계자에게 귀속되는 배당으로 소득처분

② 거주자 또는 내국법인이 국외특수관계자의 주주인 경우 : 내국법인의 소득 조정결과 익금산입되는 금액은 국외특수관계자에 대한 출자의 증가(자본금증가)로 세무조정

③ 기타의 경우는 배당으로 소득처분

3. 과소자본과세제도

1) 과소자본세제의 의의

(1) 과소자본의 개념

① 외국법인의 국내 자회사(국내사업장 포함)에 대한 자금지원 형태는 지분출자와 자금대여로 구분되고, 배당과 이자에 대한 비용 인정여부가 상이하다.
그리고 자본에 대한 배당은 과세소득 계산 시 손금으로 인정되지 아니하는 반면 차입금에 대한 지급이자는 손금으로 인정한다.
② 국내 자회사는 과세상의 차이로 인해 외국법인(국외지배주주)으로부터 자금을 조달할 때 출자 형식(equity capital)보다 차입금 형식(debt capital)을 더 선호함에 따라 자본대신 차입금이 증가하는 것을 과소자본이라 한다.

(2) 과소자본세제

내국법인(국내사업장 포함)의 차입금 중 국외지배주주로부터 차입금이 그 국외지배주주의 출자지분의 3배(금융업은 6배)를 초과하는 경우, 그 초과분에 대한 차입금 지급이자를 배당으로 간주하여 손금불산입하는 제도이다.

(예) 미국계은행 U의 갑기금(자본)이 10억 원이고, 본점으로부터 차입금이 70억 원인 경우 10억 원에 대한 지급이자를 손금불산입한다.

▼ 국외지배주주

내국법인의 의결권 있는 주식의 50% 이상을 직·간접으로 소유한 외국주주, 동 외국주주가 50% 이상을 직·간접으로 소유한 외국법인(형제회사), 내국법인을 실질적으로 지배하는 관계에 있는 자 등을 말한다.

2) 적용대상 차입금 및 소득처분

(1) 차입금의 범위 및 유형

이자 및 할인료를 발생시키는 부채로써 국외지배주주로부터 차입금 또는 국외지배주주의 지급보증으로 제3자로부터 차입금(담보 제공 등 실질적 지급보증 포함)을 말한다.

(2) 소득처분

① 국외지배주주로부터의 차입금(제3자가 개입되어 국외지배주주로부터 차입하는 거래포함) 이자 중 손금부인된 이자는 동 지배주주에 대한 배당으로 처분한다.
② 국외지배주주의 보증에 의하여 제3자로부터 차입한 금액 중 손금부인된 이자는 기타 사외유출로 처분한다.

4. 국외증여에 대한 증여세 과세특례

1) 제도취지

① 상속세 및 증여세법에 의하면 한국 증여세는 취득과세형(수증자에게 과세)으로서 수증자가 국내에 주소를 두고 있거나 증여재산이 국내에 있는 경우에만 증여세를 과세한다.
② 거주자가 국외재산을 비거주자에게 증여하는 경우 비거주자의 거주국에서 취득과세형을 취하고 있다면 비거주자의 국가에서 증여세가 과세될 것이나 비거주자의 거주지국이 유산과세형(증여자에게 과세)을 취하고 있다면 그 재산이 그 나라에 소재하고 있지 않은 경우 국제적인 이중과세가 발생한다. 국제적인 이중비과세를 방지하기 위해 상속세 및 증여세법의 규정에 불구하고 거주자인 증여자에게 증여세를 부과할 수 있도록 하는 규정을 두고 있다.

2) 구체적인 내용

내국인이 국외에 있는 재산을 국외에 주소를 둔 자에게 증여할 경우 증여자에게 증여세 납세의무를 부여한다.

다만, 수증자가 주소를 둔 국가에서 수증자에게 증여세를 과세(면제하는 경우 포함)하는 경우 적용을 배제한다.

5. 상호합의 절차

1) 개요

국가 간의 조세분쟁을 해결하기 위하여 납세자가 상호합의를 신청하는 경우 기획재정부 장관 또는 국세청장이 외국과세당국과 협의하는 절차이다.

상호합의 절차가 진행되는 기간은 행정심판, 행정소송의 청구기간 계산 시 산입하지 아니함으로써 상호합의 절차 종료 후에도 권리구제절차를 밟을 수 있다.

2) 개시요건

조세조약의 적용 및 해석에 관하여 체약상대국과 협의가 필요(기획재정부 장관)하다. 그리고 체약상대국의 과세당국으로부터 조세조약에 부합하지 아니하는 과세처분을 받거나 받을 우려가 있는 경우 조약에 따라 한국과 체약상대국가 간에 조세조정이 필요한 경우(국세청장)이다.

3) 상호합의 절차개시에 따른 국세 징수유예 시 국세에 부과되는 지방세도 별도의 절차 없이 징수 유예된다.

6. 국가 간의 조세협력

① 조세조약 우선적용

조세협약상의 소득구분과 국내법상 소득구분이 상이한 경우에는 조세협약이 국내법에 우선하여 적용한다.

② 세율적용방법

조세조약상 이자, 배당, 사용료에 대한 제한세율과 국내법상의 세율 중 낮은 세율을 적용한다.

③ 기타

과세당국 간 조세징수 협조요청과 조세에 관한 정보교환, 세무조사협력사항이 있다.

참고문헌

1. 국내문헌

권혁재,『표준통계학』, 청목출판사, 2010.
기획재정부,『조세개요』, 신진기획, 2009.
김경환 외 1,『맨큐의 경제학』, 교보문고, 1999.
김동건,『현대재정학』, 박영사, 1992.
김완석,『소득세법론』, (주)조세통람사, 1997.
김완순,『재정학원론』, 다산출판사, 1990.
김예기 외 1,『조세론』, 탑21북스, 2003.
김용민,『알기쉬운 소득세』, (주)조세통람사, 2000.
김인근,「재산세의 소득재분배효과」,
　　　월간고시 ,1988.
김태호,『지방세의 이론과 실무』, 세경사, 2010.
나성린 외 1,『공공경제학』, 학현사, 1998.
노태욱,『부동산경제학』, 부연사, 2007.
민태욱,『부동산조세법』, 부연사, 2010.
박태규 외 3,『재정과 경제복지』, 박영사, 1991.
안정근,『현대부동산학』, 양현사, 2008.
안종석 외 1,『국제조세 회피의 행태 및 경제적 효과
　　　분석』, 2003.
양재옥,『부동산조세정책의 현황과 평가』,
　　　건국대, 2009.
우명동,『재정학 방법론과 재정론』,
　　　도서출판 해남, 1999.
이경근,『조세피난과세제도의 주요 개정내용』, 한국
　　　세무사회, 2006.
이용만 외 2,『 부동산정책론』 법문사, 2009.
이용섭,『조세조약의 이론과 실무』, 세경사, 1985.
이준구,『재정학』, 다산출판사, 2002.
이진순,『재정학』, 조세통람사, 1990.
이창석,『부동산학개론』, 형설출판사, 2002.
이필우,『조세론』, 법문사, 1997.
임병준,『계량세미나』, 한성대학교, 2008.
장희순 외 1,『부동산학개론』, 부연사, 2007.
정근호,『주요국의 조세제도(미국편)』,
　　　한국조세연구원, 2004.
정운찬,『거시경제론』, 다산출판사, 1988.
정태식,『부동산경제정책용어사전』,
　　　굿인포메이션, 2007.
정태식,『해외부동산투자론』, 형설출판사, 2009.
재정경제부,『세법개요 및 국세심판 · 판례해설』,
　　　국세심판원, 2004.
조주현,『부동산경제학원론』,
　　　건국대학교출판부, 2006.
최광,『현대경제학의 이해』, 비봉출판사, 1988.
최명근,『세무학의 이해』, 세학사, 1998.
최영한,『객관식재정학 Ⅱ(조세론편)』, 경음사, 1991.

2. 외국문헌

Atkinson, A.B. and J. E. Stiglitz,『Lectures on Public Economics』, New York: McGraw-Hill, 1980.

Wagner, Richard E, "Tax Norms, Fiscal Reality, and the Democratic State: User Charges and Earmarked Taxes in Principle and Practice", R. E, Wagner,(ed), Charging for Government: User Charges Earmarked Taxes in Principle and Practice, London: Routledge, 1991.

W. Bartley Hidreth James A. Richardson『Handbook on Taxation』, 1999.

W. Corlett & D. Hague, 'Complementarity and the excess burden of taxation' 1953.

Young Sang Kim, Suggestions for the Stabilization of the Real Estate and Property Market(Comparative Study between Korea and the U.S.), 2009.

3. 참고사이트

기획재정부, http//www.mosf.go.kr/
국세청, www.nts.go.kr/
국토해양부, www.mltm.go.kr/
OECD tax database(www.oecd.org)
지식경제부, http//www.mke.go.kr/
통계청, http//www.nso.go.kr/
한국은행, http//www.bok.or.kr/

가림출판사 · 가림M&B · 가림Let's에서 나온 책들

문학

바늘구멍
켄 폴리트 지음 / 홍영의 옮김
신국판 / 342쪽 / 5,300원

레베카의 열쇠
켄 폴리트 지음 / 손연숙 옮김
신국판 / 492쪽 / 6,800원

암병선
니시무라 쥬코 지음 / 홍영의 옮김
신국판 / 300쪽 / 4,800원

첫키스한 얘기 말해도 될까
김정미 외 7명 지음 / 신국판 / 228쪽 / 4,000원

사미인곡 上·中·下
김충호 지음 / 신국판 / 각 권 5,000원

이내의 끝자리
박수완 스님 지음 / 국판변형 / 132쪽 / 3,000원

너는 왜 나에게 다가서야 했는지
김충호 지음 / 국판변형 / 124쪽 / 3,000원

세계의 명언
편집부 엮음 / 신국판 / 322쪽 / 5,000원

여자가 알아야 할 101가지 지혜
제인 아서 엮음 / 지창국 옮김
4×6판 / 132쪽 / 5,000원

현명한 사람이 읽는 지혜로운 이야기
이정민 엮음 / 신국판 / 236쪽 / 6,500원

성공적인 표정이 당신을 바꾼다
마츠오 도오루 지음 / 홍영의 옮김
신국판 / 240쪽 / 7,500원

태양의 법
오오카와 류우호오 지음 / 민병수 옮김
신국판 / 246쪽 / 8,500원

영원의 법
오오카와 류우호오 지음 / 민병수 옮김
신국판 / 240쪽 / 8,000원

석가의 본심
오오카와 류우호오 지음 / 민병수 옮김
신국판 / 246쪽 / 10,000원

옛 사람들의 재치와 웃음
강형중 · 김경익 편저 / 신국판 / 316쪽 / 8,000원

지혜의 쉼터
쇼펜하우어 지음 / 김충호 엮음
4×6판 양장본 / 160쪽 / 4,300원

헤세가 너에게
헤르만 헤세 지음 / 홍영의 엮음
4×6판 양장본 / 144쪽 / 4,500원

사랑보다 소중한 삶의 의미
크리슈나무르티 지음 / 최윤영 엮음
신국판 / 180쪽 / 4,000원

장자-어찌하여 알 속에 털이 있다 하는가
홍영의 엮음 / 4×6판 / 180쪽 / 4,000원

논어-배우고 때로 익히면 즐겁지 아니한가
신도희 엮음 / 4×6판 / 180쪽 / 4,000원

맹자-가까이 있는데 어찌 먼 데서 구하려 하는가
홍영의 엮음 / 4×6판 / 180쪽 / 4,000원

아름다운 세상을 만드는 사랑의 메시지 365
DuMont monte Verlag 엮음 / 정성호 옮김
4×6판 변형 양장본 / 240쪽 / 8,000원

황금의 법
오오카와 류우호오 지음 / 민병수 옮김
신국판 / 320쪽 / 12,000원

왜 여자는 바람을 피우는가?
기젤라 룬테 지음 / 김현성 · 진정미 옮김
국판 / 200쪽 / 7,000원

세상에서 가장 아름다운 선물
김인자 지음 / 국판변형 / 292쪽 / 9,000원

수능에 꼭 나오는 한국 단편 33
윤종필 엮음 / 신국판 / 704쪽 / 11,000원

수능에 꼭 나오는 한국 현대 단편 소설
윤종필 엮음 및 해설 / 신국판 / 364쪽 / 11,000원

수능에 꼭 나오는 세계단편(영미권)
지창영 옮김 / 윤종필 엮음 및 해설
신국판 / 328쪽 / 10,000원

수능에 꼭 나오는 세계단편(유럽권)
지창영 옮김 / 윤종필 엮음 및 해설
신국판 / 360쪽 / 11,000원

대왕세종 1·2·3
박충훈 지음 / 신국판 / 각 권 9,800원

세상에서 가장 소중한 아버지의 선물
최은경 지음 / 신국판 / 144쪽 / 9,500원

건강

아름다운 피부미용법
이순희(한독피부미용학원 원장) 지음
신국판 / 296쪽 / 6,000원

버섯건강요법
김병각 외 6명 지음 / 신국판 / 286쪽 / 8,000원

성인병과 암을 정복하는 유기게르마늄
이상현 편저 / 캬오 샤오이 감수
신국판 / 312쪽 / 9,000원

난치성 피부병
생약효소연구원 지음 / 신국판 / 232쪽 / 7,500원

新 방약합편
정도명 편역 / 신국판 / 416쪽 / 15,000원

자연치료의학
오홍근(신경정신과 의학박사 · 자연의학박사) 지음
신국판 / 472쪽 / 15,000원

약초의 활용과 가정한방
이인성 지음 / 신국판 / 384쪽 / 8,500원

역전의학
이시하라 유미 지음 / 유태종 감수
신국판 / 286쪽 / 8,500원

이순희식 순수피부미용법
이순희(한독피부미용학원 원장) 지음
신국판 / 304쪽 / 7,000원

21세기 당뇨병 예방과 치료법
이현철(연세대 의대 내과 교수) 지음
신국판 / 360쪽 / 9,500원

신재용의 민의학 동의보감
신재용(해성한의원 원장) 지음 / 신국판 / 476쪽 / 10,000원

치매 알면 치매 이긴다
배오성(백상한방병원 원장) 지음
신국판 / 312쪽 / 10,000원

21세기 건강혁명 밥상 위의 보약 생식
최경순 지음 / 신국판 / 348쪽 / 9,800원

기치유와 기공수련
윤한홍(기치유 연구회 회장) 지음
신국판 / 340쪽 / 12,000원

만병의 근원 스트레스 원인과 퇴치
김지혁(김지혁한의원 원장) 지음
신국판 / 324쪽 / 9,500원

김종성 박사의 뇌졸중 119
김종성 지음 / 신국판 / 356쪽 / 12,000원

탈모 예방과 모발 클리닉
장정훈 · 전재흥 지음 / 신국판 / 252쪽 / 8,000원

구태규의 100% 성공 다이어트
구태규 지음 / 4×6배판 변형 / 240쪽 / 9,900원

암 예방과 치료법
이춘기 지음 / 신국판 / 296쪽 / 11,000원

알기 쉬운 위장병 예방과 치료법
민영일 지음 / 신국판 / 328쪽 / 9,900원

이온 체내혁명
노보루 야마노이 지음 / 김병관 옮김
신국판 / 272쪽 / 9,500원

어혈과 사혈요법
정지천 지음 / 신국판 / 308쪽 / 12,000원

약손 경락마사지로 건강미인 만들기
고정환 지음 / 4×6배판 변형 / 284쪽 / 15,000원

정유정의 LOVE DIET
정유정 지음 / 4×6배판 변형 / 196쪽 / 10,500원

머리에서 발끝까지 예뻐지는 부분다이어트
신상만 · 김선민 지음 / 4×6배판 변형
196쪽 / 11,000원

알기 쉬운 심장병 119
박승정 지음 / 신국판 / 248쪽 / 9,000원

알기 쉬운 고혈압 119
이정균 지음 / 신국판 / 304쪽 / 10,000원

여성을 위한 부인과질환의 예방과 치료
차선희 지음 / 신국판 / 304쪽 / 10,000원

알기 쉬운 아토피 119
이승규 · 임승엽 · 김문호 · 안유일 지음
신국판 / 232쪽 / 9,500원

120세에 도전한다
이권행 지음 / 신국판 / 308쪽 / 11,000원

건강과 아름다움을 만드는 요가
정판식 지음 / 4×6배판 변형 / 224쪽 / 14,000원

우리 아이 건강하고 아름다운 롱다리 만들기
김성훈 지음 / 대국전판 / 236쪽 / 10,500원

알기 쉬운 허리디스크 예방과 치료
이종서 지음 / 대국전판 / 328쪽 / 12,000원

소아과 전문의에게 듣는 알기 쉬운 소아과 119
신영규 · 이강우 · 최성항 지음
4×6배판 변형 / 280쪽 / 14,000원

피가 맑아야 건강하게 오래 살 수 있다
김영찬 지음 / 신국판 / 256쪽 / 10,000원

웰빙형 피부 미인을 만드는 나만의 셀프 피부건강
양해원 지음 / 대국전판 / 144쪽 / 10,000원

내 몸을 살리는 생활 속의 웰빙 항암 식품
이승남 지음 / 대국전판 / 248쪽 / 9,800원

마음한글, 느낌한글
박완식 지음 / 4×6배판 / 300쪽 / 15,000원

웰빙 동의보감식 발마사지 10분
최미희 지음 / 신재용 감수
4×6배판 변형 / 204쪽 / 13,000원

아름다운 몸, 건강한 몸을 위한 **목욕 건강 30분**
임하성 지음 / 대국전판 / 176쪽 / 9,500원

내가 만드는 **한방생주스 60**
김영섭 지음 / 국판 / 112쪽 / 7,000원

몸을 살리는 건강식품
백은희 · 조창호 · 최양진 지음
신국판 / 384쪽 / 11,000원

건강도 키우고 성적도 올리는 자녀 건강
김진돈 지음 / 신국판 / 304쪽 / 12,000원

알기 쉬운 **간질환 119**
이관식 지음 / 신국판 / 264쪽 / 11,000원

밥으로 병을 고친다
허봉수 지음 / 대국전판 / 352쪽 / 13,500원

알기 쉬운 **신장병 119**
김형규 지음 / 신국판 / 240쪽 / 10,000원

마음의 감기 치료법 **우울증 119**
이민수 지음 / 대국전판 / 232쪽 / 9,800원

관절염 119
송영욱 지음 / 대국전판 / 224쪽 / 9,800원

내 딸을 위한 **미성년 클리닉**
강병문 · 이향아 · 최정원 지음
국판 / 148쪽 / 8,000원

암을 다스리는 기적의 **치유법**
케이 세이헤이 감수
카와키 나리카즈 지음 / 민병수 옮김 /
신국판 / 256쪽 / 9,000원

스트레스 다스리기
대한불안장애학회 스트레스관리연구특별위원회 지음
신국판 / 304쪽 / 12,000원

천연 식초 건강법
건강식품연구회 엮음 / 신재용(해성한의원 원장) 감수
신국판 / 252쪽 / 9,000원

암에 대한 모든 것
서울아산병원 암센터 지음 / 신국판 / 360쪽 / 13,000원

알록달록 컬러 다이어트
이승남 지음 / 국판 / 248쪽 / 10,000원

당신도 부모가 될 수 있다
정병준 지음 / 신국판 / 268쪽 / 9,500원

키 10cm 더 크는 키네스 성장법
김양수 · 이종균 · 최형규 · 표재환 · 김문희 지음
대국전판 / 312쪽 / 12,000원

당뇨병 백과
이현철 · 송영득 · 안철우 지음
4×6배판 변형 / 396쪽 / 16,000원

호흡기 클리닉 119
박성학 지음 / 신국판 / 256쪽 / 10,000원

키 쑥쑥 크는 롱다리 만들기
롱다리 성장클리닉 원장단 지음
4×6배판 변형 / 256쪽 / 11,000원

내 몸을 살리는 건강식품
백은희 · 조창호 · 최양진 지음
신국판 / 368쪽 / 11,000원

내 몸에 맞는 운동과 건강
하철수 지음 / 신국판 / 264쪽 / 11,000원

알기 쉬운 **척추 질환 119**
김수연 지음 / 신국판 변형 / 240쪽 / 11,000원

베스트 닥터 박승정 교수팀의 심장병 예방과 치료
박승정 외 5인 지음 / 신국판 / 264쪽 / 10,500원

암 전이 재발을 막아주는 **한방 신치료 전략**
조종관 · 유화승 지음 / 신국판 / 308쪽 / 12,000원

식탁 위의 위대한 혁명 **사계절 웰빙 식품**
김진돈 지음 / 신국판 / 284쪽 / 12,000원

우리 가족 건강을 위한 **신종플루 대처법**
우준희 · 김태형 · 정진원 지음 / 신국판 변형 / 172쪽 / 8,500원

교육

우리 교육의 창조적 백색혁명
원상기 지음 / 신국판 / 206쪽 / 6,000원

현대생활과 체육
조창남 외 5명 공저 / 신국판 / 340쪽 / 10,000원

퍼펙트 MBA
IAE유학네트 지음 / 신국판 / 400쪽 / 12,000원

유학길라잡이 I - 미국편
IAE유학네트 지음 / 4×6배판 / 372쪽 / 13,900원

유학길라잡이 II - 4개국편
IAE유학네트 지음 / 4×6배판 / 348쪽 / 13,900원

조기유학길라잡이.com
IAE유학네트 지음 / 4×6배판 / 428쪽 / 15,000원

현대인의 건강생활
박상호 외 5명 공저 / 4×6배판 / 268쪽 / 15,000원

천재아이로 키우는 두뇌훈련
나카마츠 요시로 지음 / 민병수 옮김
국판 / 288쪽 / 9,500원

두뇌혁명
나카마츠 요시로 지음 / 민병수 옮김
4×6판 양장본 / 288쪽 / 12,000원

테마별 고사성어로 익히는 **한자**
김경익 지음 / 4×6배판 변형 / 248쪽 / 9,800원

生生 공부비법
이은승 지음 / 대국전판 / 272쪽 / 9,500원

자녀를 성공시키는 **습관만들기**
배은경 지음 / 대국전판 / 232쪽 / 9,500원

한자능력검정시험 1급
한자능력검정시험연구위원회 편저
4×6배판 / 568쪽 / 21,000원

한자능력검정시험 2급
한자능력검정시험연구위원회 편저
4×6배판 / 472쪽 / 18,000원

한자능력검정시험 3급(3급II)
한자능력검정시험연구위원회 편
4×6배판 / 440쪽 / 17,000원

한자능력검정시험 4급(4급II)
한자능력검정시험연구위원회 편
4×6배판 / 352쪽 / 15,000원

한자능력검정시험 5급
한자능력검정시험연구위원회 편저
4×6배판 / 264쪽 / 11,000원

한자능력검정시험 6급
한자능력검정시험연구위원회 편저
4×6배판 / 168쪽 / 8,500원

한자능력검정시험 7급
한자능력검정시험연구위원회 편저
4×6배판 / 152쪽 / 7,000원

한자능력검정시험 8급
한자능력검정시험연구위원회 편저
4×6배판 / 112쪽 / 6,000원

볼링의 이론과 실기
이택상 지음 / 신국판 / 192쪽 / 9,000원

고사성어로 끝내는 천자문
조준상 글 · 그림 / 4×6배판 / 216쪽 / 12,000원

논술 종합 비타민
김종원 지음 / 신국판 / 200쪽 / 9,000원

내 아이 **스타 만들기**
김민성 지음 / 신국판 / 200쪽 / 9,000원

교육 1번지 강남 엄마들의 **수험생 자녀 관리**
황송주 지음 / 신국판 / 288쪽 / 9,500원

초등학생이 꼭 알아야 할 **위대한 역사 상식**
우진영 · 이양경 지음
4×6배판 변형 / 228쪽 / 9,500원

초등학생이 꼭 알아야 할 **행복한 경제 상식**
우진영 · 전선심 지음
4×6배판 변형 / 224쪽 / 9,500원

초등학생이 꼭 알아야 할 **재미있는 과학상식**
우진영 · 정경희 지음
4×6배판 변형 / 220쪽 / 9,500원

한자능력검정시험 3급 · 3급II
한자능력검정시험연구위원회 편저
4×6판 / 380쪽 / 7,500원

교과서 속에 꼭꼭 숨어있는 **이색박물관 체험**
이신화 지음 / 대국전판 / 248쪽 / 12,000원

초등학생 독서 논술(저학년)
책마루 독서교육연구회 지음
4×6배판 변형 / 244쪽 / 14,000원

초등학생 독서 논술(고학년)
책마루 독서교육연구회 지음
4×6배판 변형 / 236쪽 / 14,000원

놀면서 배우는 경제
김솔 지음 / 대국전판 / 196쪽 / 10,000원

건강생활과 레저스포츠 즐기기
강선희 외 11명 공저 / 4×6배판 / 324쪽 / 18,000원

아이의 미래를 바꿔주는 **좋은 습관**
배은경 지음 / 신국판 / 216쪽 / 9,500원

다중지능 아이의 미래를 바꾼다
이소영 외 6인 지음 / 신국판 / 232쪽 / 11,000원

체육학 자연과학 및 사회과학 분야의 석 · 박사 학위 논문, 학술진흥재단 등재지, 등재후보지와 관련된 학회지 **논문 작성법**
하철수 · 김봉경 지음 / 신국판 / 336쪽 / 15,000원

공부가 제일 쉬운 공부 달인 되기
이은승 지음 / 신국판 / 256쪽 / 10,000원

글로벌 리더가 되려면 영어부터 정복하라
서재희 지음 / 신국판 / 276쪽 / 11,500원

중국현대30년사
정재일 지음 / 신국판 / 364쪽 / 20,000원

생활 호신술 및 성폭력의 유형과 예방
신현무 지음 / 신국판 / 228쪽 / 13,000원

글로벌 리더가 되는 최강 속독법
권혁천 지음 / 신국판 변형 / 336쪽 / 15,000원

취미실용

김진국과 같이 배우는 **와인의 세계**
김진국 지음
국배판 변형 양장본(올컬러) / 208쪽 / 30,000원

배스낚시 테크닉
이종건 지음 / 4×6배판 / 440쪽 / 20,000원

나도 디지털 전문가 될 수 있다!!!
이승훈 지음 / 4×6배판 / 320쪽 / 19,200원

건강하고 아름다운 **동양란 기르기**
난마을 지음 / 4×6배판 변형 / 184쪽 / 12,000원

애완견114
황양원 엮음 / 4×6배판 변형 / 228쪽 / 13,000원

경제경영

CEO가 될 수 있는 성공법칙 101가지
김승룡 편역 / 신국판 / 320쪽 / 9,500원

정보소프트
김승룡 지음 / 신국판 / 324쪽 / 6,000원

기획대사전
다카하시 겐코 지음 / 홍영의 옮김
신국판 / 552쪽 / 19,500원

맨손창업 · 맞춤창업 BEST 74
양혜숙 지음 / 신국판 / 416쪽 / 12,000원

무자본, 무점포 창업! FAX 한 대면 성공한다
다카시로 고시 지음 / 홍영의 옮김
신국판 / 226쪽 / 7,500원

성공하는 기업의 인간경영
중소기업 노무 연구회 편저 / 홍영의 옮김
신국판 / 368쪽 / 11,000원

21세기 IT가 세계를 지배한다
김광희 지음 / 신국판 / 380쪽 / 12,000원

경제기사로 부자아빠 만들기
김기태 · 신현태 · 박근수 공저
신국판 / 388쪽 / 12,000원

포스트 PC의 주역 **정보가전과 무선인터넷**
김광희 지음 / 신국판 / 356쪽 / 12,000원

성공하는 사람들의 **마케팅 바이블**
채수명 지음 / 신국판 / 328쪽 / 12,000원

느린 비즈니스로 돌아가라
사카모토 게이이치 지음 / 정성호 옮김
신국판 / 276쪽 / 9,000원

적은 돈으로 큰돈 벌 수 있는 **부동산 재테크**
이원재 지음 / 신국판 / 340쪽 / 12,000원

바이오혁명
이주영 지음 / 신국판 / 328쪽 / 12,000원

성공하는 사람들의 **자기혁신 경영기술**
채수명 지음 / 신국판 / 344쪽 / 12,000원

CFO 교텐 토요오 · 타하라 오키시 지음
민병수 옮김 / 신국판 / 312쪽 / 12,000원

네트워크시대 네트워크마케팅
임동학 지음 / 신국판 / 376쪽 / 12,000원

성공리더의 7가지 조건
다이앤 트레이시 · 윌리엄 모건 지음
지창영 옮김 / 신국판 / 360쪽 / 13,000원

김종결의 **성공창업**
김종결 지음 / 신국판 / 340쪽 / 12,000원

최적의 타이밍에 **내 집 마련하는 기술**
이원재 지음 / 신국판 / 248쪽 / 10,500원

컨설팅 세일즈 Consulting sales
임동학 지음 / 대국전판 / 336쪽 / 13,000원

연봉 10억 만들기
김농주 지음 / 국판 / 216쪽 / 10,000원

주5일제 근무에 따른 **한국형 주말창업**
최효진 지음 / 신국판 변형 양장본 / 216쪽 / 10,000원

돈 되는 땅 돈 안되는 땅
김영준 지음 / 신국판 / 320쪽 / 13,000원

돈 버는 회사로 만들 수 있는 109가지
다카하시 도시노리 지음 / 민병수 옮김
신국판 / 344쪽 / 13,000원

프로는 디테일에 강하다
김미현 지음 / 신국판 / 248쪽 / 9,000원

머니투데이 송복규 기자의 **부동산으로 주머니돈 100배 만들기**
송복규 지음 / 신국판 / 328쪽 / 13,000원

성공하는 슈퍼마켓&편의점 창업
나명환 지음 / 4×6배판 변형 / 500쪽 / 28,000원

대한민국 성공 재테크 **부동산 펀드와 리츠로 승부하라**
김영준 지음 / 신국판 / 256쪽 / 12,000원

마일리지 200% 활용하기
박성희 지음 / 국판 변형 / 200쪽 / 8,000원

1%의 가능성에 도전, **성공 신화를 이룬 여성 CEO**
김미현 지음 / 신국판 / 248쪽 / 9,500원

3천만 원으로 부동산 재벌 되기
최수길 · 이숙 · 조연희 지음
신국판 / 290쪽 / 12,000원

10년을 앞설 수 있는 재테크
노동규 지음 / 신국판 / 260쪽 / 10,000원

세계 최강을 추구하는 도요타 방식
나카야마 키요타카 지음 / 민병수 옮김
신국판 / 296쪽 / 12,000원

최고의 설득을 이끌어내는 **프레젠테이션**
조두환 지음 / 신국판 / 296쪽 / 11,000원

최고의 만족을 이끌어내는 **창의적 협상**
조강희 · 조원희 지음 / 신국판 / 248쪽 / 10,000원

New 세일즈 기법 물건을 팔지 말고 가치를 팔아라
조기선 지음 / 신국판 / 264쪽 / 9,500원

작은 회사는 전략이 달라야 산다
황문진 지음 / 신국판 / 312쪽 / 11,000원

돈되는 슈퍼마켓&편의점 창업전략(입지 편)
나명환 지음 / 신국판 / 352쪽 / 13,000원

25 · 35 꼼꼼 여성 재테크
정원훈 지음 / 신국판 / 224쪽 / 11,000원

대한민국 2030 독특하게 창업하라
이상헌 · 이호 지음 / 신국판 / 288쪽 / 12,000원

왕초보 주택 경매로 돈 벌기
천관성 지음 / 신국판 / 268쪽 / 12,000원

New 마케팅 기법 〈실천편〉
물건을 팔지 말고 가치를 팔아라 2
조기선 지음 / 신국판 / 240쪽 / 10,000원

퇴출 두려워 마라 홀로서기에 도전하라
신정수 지음 / 신국판 / 256쪽 / 11,500원

슈퍼마켓&편의점 창업 바이블
나명환 지음 / 신국판 / 280쪽 / 12,000원

위기의 한국 기업 재창조하라
신정수 지음 / 신국판 양장본 / 304쪽 / 15,000원

취업 닥터
신정수 지음 / 신국판 / 272쪽 / 13,000원

합법적으로 확실하게
세금 줄이는 방법
최성호, 김기근 지음 / 대국전판 / 372쪽 / 16,000원

선거수첩
김용한 엮음 / 4×6판 / 184쪽 / 9,000원

주식

개미군단 대박맞이 주식투자
홍성걸(한양증권 투자분석팀 팀장) 지음
신국판 / 310쪽 / 9,500원

알고 하자! **돈 되는 주식투자**
이길영 외 2명 공저 / 신국판 / 388쪽 / 12,500원

항상 당하기만 하는 개미들의 매도 · 매수타이밍
999% 적중 노하우
강경무 지음 / 신국판 / 336쪽 / 12,000원

부자 만들기 주식성공클리닉
이창희 지음 / 신국판 / 372쪽 / 11,500원

선물 · 옵션 이론과 실전매매
이창희 지음 / 신국판 / 372쪽 / 12,000원

너무나 쉬워 재미있는 주가차트
홍성무 지음 / 4×6배판 / 216쪽 / 15,000원

주식투자 직접 투자로 높은 수익을 올릴 수 있는 비결
김학균 지음 / 신국판 / 230쪽 / 11,000원

억대 연봉 증권맨이 말하는 슈퍼 개미의 수익 나는 원리
임정규 지음 / 신국판 / 248쪽 / 12,500원

역학

역리종합 **만세력**
정도명 편저 / 신국판 / 532쪽 / 10,500원

작명대전
정보국 지음 / 신국판 / 460쪽 / 12,000원

하락이수 해설
이천교 편저 / 신국판 / 620쪽 / 27,000원

현대인의 창조적 **관상과 수상**
백운산 지음 / 신국판 / 344쪽 / 9,000원

대운용신영부적
정재원 지음 / 신국판 양장본 / 750쪽 / 39,000원

사주비결활용법
이세진 지음 / 신국판 / 392쪽 / 12,000원

컴퓨터세대를 위한 新 **성명학대전**
박용찬 지음 / 신국판 / 388쪽 / 11,000원

길흉화복 꿈풀이 비법
백운산 지음 / 신국판 / 410쪽 / 12,000원

새천년 **작명컨설팅**
정재원 지음 / 신국판 / 492쪽 / 13,900원

백운산의 **신세대 궁합**
백운산 지음 / 신국판 / 304쪽 / 9,500원

동자삼 작명학
남시모 지음 / 신국판 / 496쪽 / 15,000원

구성학의 기초
문길여 지음 / 신국판 / 412쪽 / 12,000원

소울음소리
이건우 지음 / 신국판 / 314쪽 / 10,000원

법률 일반

여성을 위한 **성범죄 법률상식**
조명원(변호사) 지음 / 신국판 / 248쪽 / 8,000원

아파트 난방비 75% 절감방법
고영근 지음 / 신국판 / 238쪽 / 8,000원

일반인이 꼭 알아야 할 **절세전략 173선**
최성호(공인회계사) 지음 / 신국판 / 392쪽 / 12,000원

변호사와 함께하는 **부동산 경매**
최환주(변호사) 지음 / 신국판 / 404쪽 / 13,000원

혼자서 쉽고 빠르게 할 수 있는 **소액재판**
김재용 · 김종철 공저 / 신국판 / 312쪽 / 9,500원

"술 한 잔 사겠다"는 말에서 찾아보는 **채권 · 채무**
변환철(변호사) 지음 / 신국판 / 408쪽 / 13,000원

알기쉬운 **부동산 세무 길라잡이**
이건우(세무서 재산계장) 지음
신국판 / 400쪽 / 13,000원

알기쉬운 **어음, 수표 길라잡이**
변환철(변호사) 지음 / 신국판 / 328쪽 / 11,000원

제조물책임법
강동근(변호사) · 윤종성(검사) 공저
신국판 / 368쪽 / 13,000원

알기 쉬운 **주5일근무에 따른 임금 · 연봉제 실무**
문강분(공인노무사) 지음
4×6배판 변형 / 544쪽 / 35,000원

변호사 없이 당당히 이길 수 있는 **형사소송**
김대환 지음 / 신국판 / 304쪽 / 13,000원

변호사 없이 당당히 이길 수 있는 **민사소송**
김대환 지음 / 신국판 / 412쪽 / 14,500원

혼자서 해결할 수 있는 **교통사고 Q&A**
조명원(변호사) 지음 / 신국판 / 336쪽 / 12,000원

알기 쉬운 **개인회생 · 파산 신청법**
최재구(법무사) 지음 / 신국판 / 352쪽 / 13,000원

생활 법률

부동산 생활법률의 기본지식
대한법률연구회 지음 / 김원중(변호사) 감수
신국판 / 472쪽 / 13,000원

고소장 · 내용증명 생활법률의 기본지식
하태웅(변호사) 지음 / 신국판 / 440쪽 / 12,000원

노동 관련 생활법률의 기본지식
남동희(공인노무사) 지음 / 신국판 / 528쪽 / 14,000원

외국인 근로자 생활법률의 기본지식
남동희(공인노무사) 지음 / 신국판 / 400쪽 / 12,000원

계약작성 생활법률의 기본지식
이상도(변호사) 지음 / 신국판 / 560쪽 / 14,500원

지적재산 생활법률의 기본지식
이상도(변호사) · 조의제(변리사) 공저
신국판 / 496쪽 / 14,000원

부당노동행위와 부당해고 생활법률의 기본지식
박영수(공인노무사) 지음 / 신국판 / 432쪽 / 14,000원

주택 · 상가임대차 생활법률의 기본지식
김운용(변호사) 지음 / 신국판 / 480쪽 / 14,000원

하도급거래 생활법률의 기본지식
김진흥(변호사) 지음 / 신국판 / 440쪽 / 14,000원

이혼소송과 재산분할 생활법률의 기본지식
박동섭(변호사) 지음 / 신국판 / 460쪽 / 14,000원

부동산등기 생활법률의 기본지식
정상태(법무사) 지음 / 신국판 / 456쪽 / 14,000원

기업경영 생활법률의 기본지식
안동섭(단국대 교수) 지음 / 신국판 / 466쪽 / 14,000원

교통사고 생활법률의 기본지식
박정무(변호사) · 전병찬 공저
신국판 / 480쪽 / 14,000원

소송서식 생활법률의 기본지식
김대환 지음 / 신국판 / 480쪽 / 14,000원

호적 · 가사소송 생활법률의 기본지식
정주수(법무사) 지음 / 신국판 / 516쪽 / 14,000원

상속과 세금 생활법률의 기본지식
박동섭(변호사) 지음 / 신국판 / 480쪽 / 14,000원

담보 · 보증 생활법률의 기본지식
류창호(법학박사) 지음 / 신국판 / 436쪽 / 14,000원

소비자보호 생활법률의 기본지식
김성천(법학박사) 지음 / 신국판 / 504쪽 / 15,000원

판결 · 공정증서 생활법률의 기본지식
정상태(법무사) 지음 / 신국판 / 312쪽 / 13,000원

산업재해보상보험 생활법률의 기본지식
정유석(공인노무사) 지음 / 신국판 / 384쪽 / 14,000원

처 세

성공적인 삶을 추구하는 여성들에게 **우먼파워**
조안 커너 · 모이라 레이너 공저 / 지창영 옮김
신국판 / 352쪽 / 8,800원

이익이 되는 말 話 손해가 되는 말
우메시마 미요 지음 / 정성호 옮김
신국판 / 304쪽 / 9,000원

성공하는 사람들의 **화술테크닉**
민영욱 지음 / 신국판 / 320쪽 / 9,500원

부자들의 생활습관 가난한 사람들의 생활습관
다케우치 야스오 지음 / 홍영의 옮김
신국판 / 320쪽 / 9,800원

코끼리 귀를 당긴 원숭이-히딩크식 창의력
을 배우자
강충인 지음 / 신국판 / 208쪽 / 8,500원

성공하려면 **유머와 위트로 무장하라**
민영욱 지음 / 신국판 / 292쪽 / 9,500원

등소평의 **오뚝이전략**
조창남 편저 / 신국판 / 304쪽 / 9,500원

노무현 화술과 화법을 통한 이미지 변화
이현정 지음 / 신국판 / 320쪽 / 10,000원

성공하는 사람들의 **토론의 법칙**
민영욱 지음 / 신국판 / 280쪽 / 9,500원

사람은 칭찬을 먹고산다
민영욱 지음 / 신국판 / 268쪽 / 9,500원

사과의 기술
김농주 지음 / 신국판 변형 양장본 / 200쪽 / 10,000원

취업 경쟁력을 높여라
김농주 지음 / 신국판 / 280쪽 / 12,000원

유비쿼터스시대의 **블루오션 전략**
최양진 지음 / 신국판 / 248쪽 / 10,000원

나만의 블루오션 전략 – 화술편
민영욱 지음 / 신국판 / 254쪽 / 10,000원

희망의 씨앗을 뿌리는 **20대를 위하여**
우광균 지음 / 신국판 / 172쪽 / 8,000원

끌리는 사람이 되기위한 **이미지 컨설팅**
홍순아 지음 / 대국전판 / 194쪽 / 10,000원

글로벌 리더의 소통을 위한 스피치
민영욱 지음 / 신국판 / 328쪽 / 10,000원

오바마처럼 꿈에 미쳐라
정영순 지음 / 신국판 / 208쪽 / 9,500원

여자 30대, 내 생애 최고의 인생을 만들어라
정영순 지음 / 신국판 / 256쪽 / 11,500원

인맥의 달인을 넘어 인맥의 神이 되라
서필환 · 봉은희 지음 / 신국판 / 304쪽 / 12,000원

아임 파인(I'm Fine!)
오오카와 류우호오 지음 / 4×6판 / 152쪽 / 8,000원

미셸 오바마처럼 사랑하고 성공하라
정영순 지음 / 신국판 / 224쪽 / 10,000원

용기의 법
오오카와 류우호오 지음 / 국판 / 208쪽 / 10,000원

긍정의 신
김태광 지음 / 신국판변향 / 230쪽 / 9,500원

위대한 결단
이채윤 지음 / 신국판 / 316쪽 / 15,000원

명 상

명상으로 얻는 깨달음
달라이 라마 지음 / 지창영 옮김
국판 / 320쪽 / 9,000원

어학

2진법 영어
이상도 지음 / 4×6배판 변형 / 328쪽 / 13,000원

한 방으로 끝내는 영어
고제윤 지음 / 신국판 / 316쪽 / 9,800원

한 방으로 끝내는 영단어
김승엽 지음 / 김수경 · 카렌다 감수
4×6배판 변형 / 236쪽 / 9,800원

해도해도 안 되던 영어회화 **하루에 30분씩 90일이면 끝낸다**
Carrot Korea 편집부 지음
4×6배판 변형 / 260쪽 / 11,000원

바로 활용할 수 있는 **기초생활영어**
김수경 지음 / 신국판 / 240쪽 / 10,000원

바로 활용할 수 있는 **비즈니스영어**
김수경 지음 / 신국판 / 252쪽 / 10,000원

생존영어55
홍일록 지음 / 신국판 / 224쪽 / 8,500원

필수 여행영어회화
한현숙 지음 / 4×6판 변형 / 328쪽 / 7,000원

필수 여행일어회화
윤영자 지음 / 4×6판 변형 / 264쪽 / 6,500원

필수 여행중국어회화
이은진 지음 / 4×6판 변형 / 256쪽 / 7,000원

영어로 배우는 중국어
김승엽 지음 / 신국판 / 216쪽 / 9,000원

필수 여행 스페인어회화
유연창 지음 / 4×6판 변형 / 288쪽 / 7,000원

바로 활용할 수 있는 **홈스테이 영어**
김형주 지음 / 신국판 / 184쪽 / 9,000원

필수 여행 러시아어회화
이은수 지음 / 4×6판 변형 / 248쪽 / 7,500원

여행

우리 땅 우리 문화가 살아 숨쉬는 **옛터**
이형권 지음 / 대국전판(올컬러) / 208쪽 / 9,500원

아름다운 산사
이형권 지음 / 대국전판(올컬러) / 208쪽 / 9,500원

맛과 멋이 있는 낭만의 **카페**
박성찬 지음 / 대국전판(올컬러) / 168쪽 / 9,900원

한국의 숨어 있는 아름다운 풍경
이종원 지음 / 대국전판(올컬러) / 208쪽 / 9,900원

사람이 있고 자연이 있는 아름다운 **명산**
박기성 지음 / 대국전판(올컬러) / 176쪽 / 12,000원

마음의 고향을 찾아가는 여행 **포구**
김인자 지음 / 대국전판(올컬러) / 224쪽 / 14,000원

생명이 살아 숨쉬는 한국의 아름다운 **강**
민병준 지음 / 대국전판(올컬러) / 168쪽 / 12,000원

틈나는 대로 **세계여행**
김재관 지음
4×6배판 변형(올컬러) / 368쪽 / 20,000원

풍경 속을 걷는 즐거움 **명상 산책**
김인자 지음 / 대국전판(올컬러) / 224쪽 / 14,000원

3. 3. 7 세계여행
김완수 지음
4×6배판 변형(올컬러) / 280쪽 / 12,900원

레포츠

수열이의 브라질 축구 탐방 **삼바 축구, 그들은 강하다**
이수열 지음 / 신국판 / 280쪽 / 8,500원

마라톤, 그 아름다운 도전을 향하여
빌 로저스 · 프리실라 웰치 · 조 헨더슨 공저
오인환 감수 / 지창영 옮김
4×6배판 / 320쪽 / 15,000원

인라인스케이팅 100%즐기기
임미숙 지음 / 4×6배판 변형 / 172쪽 / 11,000원

스키 100% 즐기기
김동환 지음 / 4×6배판 변형 / 184쪽 / 12,000원

태권도 총론
하웅의 지음 / 4×6배판 / 288쪽 / 15,000원

수영 100% 즐기기
김종만 지음 / 4×6배판 변형 / 248쪽 / 13,000원

건강을 위한 **웰빙 걷기**
이강옥 지음 / 대국전판 / 280쪽 / 10,000원

쉽고 즐겁게! 신나게! 배우는 **재즈댄스**
최재선 지음 / 4×6배판 변형 / 200쪽 / 12,000원

해양스포츠 카이트보딩
김남용 편저 / 신국판(올컬러) / 152쪽 / 18,000원

골프

퍼팅 메커닉
이근택 지음 / 4×6배판 변형 / 192쪽 / 18,000원

아마골프 가이드
정영호 지음 / 4×6배판 변형 / 216쪽 / 12,000원

골프 100타 깨기
김준모 지음 / 4×6배판 변형 / 136쪽 / 10,000원

골프 90타 깨기
김광섭 지음 / 4×6배판 변형 / 148쪽 / 11,000원

KLPGA **최여진 프로의 센스 골프**
최여진 지음
4×6배판 변형(올컬러) / 188쪽 / 13,900원

KTPGA **김준모 프로의 파워 골프**
김준모 지음
4×6배판 변형(올컬러) / 192쪽 / 13,900원

골프 80타 깨기
오태훈 지음 / 4×6배판 변형 / 132쪽 / 10,000원

신나는 골프 세상
유용열 지음 / 4×6배판 변형(올컬러) / 232쪽 / 16,000원

이신 프로의 더 퍼펙트
이신 지음 / 국배판 변형 / 336쪽 / 28,000원

주니어출신 박영진 프로의 **주니어골프**
박영진 지음
4×6배판 변형(올컬러) / 164쪽 / 11,000원

골프손자병법
유용열 지음
4×6배판 변형(올컬러) / 212쪽 / 16,000원

박영진 프로의 **주말 골퍼 100타 깨기**
박영진 지음
4×6배판 변형(올컬러) / 160쪽 / 12,000원

10타 줄여주는 클럽 피팅
현세용 · 서주석 공저
4×6배판 변형 / 184쪽 / 15,000원

단기간에 싱글이 될 수 있는 **원포인트 레슨**
권용진 · 김준모 지음
4×6배판 변형(올컬러) / 152쪽 / 12,500원

이신 프로의 더 퍼펙트 쇼트 게임
이신 지음
국배판 변형(올컬러) / 248쪽 / 20,000원

인체에 가장 잘 맞는 **스킨 골프**
박길석 지음
국배판 변형 양장본(올컬러) / 312쪽 / 43,000원

여성실용

결혼준비, 이제 놀이가 된다
김창규 · 김수경 · 김정철 지음
4×6배판 변형(올컬러) / 230쪽 / 13,000원

아동

꿈도둑의 비밀
이소영 지음 / 신국판 / 136쪽 / 7,500원

부동산조세론

2010년 4월 15일 제1판 1쇄 발행

지은이/정태식 · 김예기
펴낸이/강선희
펴낸곳/가림출판사

등록/1992. 10. 6. 제4-191호
주소/서울시 광진구 구의동 57-71 부원빌딩 4층
대표전화/458-6451   팩스/458-6450
홈페이지 http://www.galim.co.kr
전자우편 galim@galim.co.kr

값 33,000원

ⓒ 정태식 · 김예기, 2010

무단 복제 · 전재를 절대 금합니다.

ISBN 978-89-7895-335-1 13320